U0112661

世界百年大变局

左凤荣等　著

湖南人民出版社·长沙

目 录

SHIJIE BAINIAN
DABIANJU

导 言

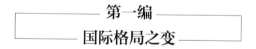

第一编

国际格局之变

一、风光不再：英法惨胜的代价 /003

二、美苏争雄：两极世界的稳定与动荡 /013

三、两极之外的第三种力量 /027

四、美国的单极霸权遭遇挑战 /038

五、新世纪的新现象：新兴国家群体性崛起 /053

六、中国的崛起影响着世界 /069

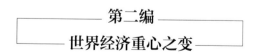

第二编

世界经济重心之变

一、欧美经济地位与影响的悄然变化 /081

二、苏联迅速发展的冲击与沉寂 /092

三、世界经济重心从欧洲转向亚太 /102

四、中国成为世界经济增长的新引擎 /118

五、后疫情时代如何重塑世界经济格局 /130

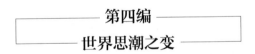

第三编
科学技术与产业革命之变

一、第一次世界大战催生的航空与汽车工业 /147

二、原子能工业的兴起与发展 /160

三、美苏的竞争促进了航天与信息技术的发展 /174

四、互联网的发展开启了互联互通新时代 /187

五、数字经济的崛起与发展 /203

第四编
世界思潮之变

一、促进人类进步的社会主义思潮 /219

二、影响深远的民族主义 /232

三、罪大恶极的法西斯主义 /246

四、和平主义的兴起及其影响 /258

五、反全球化浪潮中的民粹主义思潮 /274

---- 第五编 ----
大国关系之变

一、全局性的大国关系：中美关系 /289

二、大国关系典范：中俄关系 /300

三、具有战略影响的伙伴：中欧关系 /314

四、复杂的邻邦：中日关系 /328

五、中印两个新兴大国的共处 /343

---- 第六编 ----
国际秩序与全球治理之变

一、凡尔赛－华盛顿体系：成效有限的全球治理 /363

二、以联合国为核心的战后国际秩序的创建 /374

三、经济治理新格局：全球与地区一体化并举 /381

四、全球治理的新趋势与新需求 /394

五、中国积极参与全球治理 /407

结束语

导　言

世界处于百年未有之大变局，成为我们对当今世界最流行，也最被认可的描述。经常有人问，百年大变局从何开始，又是如何形成当今这样的局面，大变局变了什么，还有哪些没有变。

任何事物的变化都有一个从量变到质变的过程，世界的变化也一样。当今世界百年大变局的起点可以从第一次世界大战算起。自近代国际关系形成以来，大国间经常由于利益冲突而发生战争，但第一次世界大战与此前的战争不同。这是一场参加国家和规模都空前的战争，30多个国家和地区、15亿以上人口卷入其中，参战国不仅有传统的欧洲强国，还包括亚洲的中国、日本和美洲的美国，战场横跨欧、亚、非三个大陆，参战者达6500万人；这也是一场破坏性空前的战争，战争不仅造成严重的经济损失，将曾经繁盛的欧洲打得残破不堪，也造成严重的人力损失，1000多万人丧生，2000多万人受伤；这还是一场埋葬旧帝国催生新国家的战争，德意志帝国、奥匈帝国、奥斯曼帝国（土耳其）、沙俄帝国在战争中崩溃，在四大帝国的废墟上诞生了许多新兴民族国家，战争还促进了亚非民族独立国家的形成和殖民地人民的觉醒。第一次世界大战还成为各种新式武器如飞机、毒气、坦克、远程大炮的试验场，并在战后催生了许多新兴产业，如飞机制造、汽车制造等都迅速发展了起来；第一次世界大战最重要的影响是出现了人类历史上一个新的社会制度，社会主义从理论变成了现实。列宁领导的十月革命取得胜利，建立了世界上第一个社会主义国家，20世纪人类历史发展被深深打上了苏维埃社会主义共和国联盟的印迹。第一次世界大战作为世界百年大变局的开端是无可争议的。第一次世界大战结束一百多年来，世界发生的变化是以加速度进行的。现今我们说世界面临百年未有之大变局，这一"变"既有剧烈的变化，也有潜移默化的演变，是一个从量变到质变的过程。

一、百年大变局的"变"

百年大变局的重要表现是世界上大国角色与地位的变换。在这百年里，最剧烈的变化是起主要作用大国的变化。20世纪之初，英国还是"日不落帝国"，法国也是欧洲强国，美国、德国、俄国等列强并起，各具优势，但第一次世界大战大大改变了国际格局。英国和法国虽然是战胜国，但战争的消耗使其威风不再，勉强维持着大国地位；德国战败，处于被宰割的地位。在这场大战中，美国从隔岸观火到积极参与，成为战争的赢家，威尔逊总统信心满满，准备领导世界，怎奈美国国民还未摆脱孤立主义，并不愿过多卷入世界事务。沙皇俄国发生了革命，退出世界大战，没有参与瓜分胜利果实，一度被孤立，但到30年代中期，苏联成了欧洲实力最强的国家。在1929年至1933年经济大萧条的打击下，英法实力进一步削弱，德国法西斯崛起，美国置身事外，大国关系陷入"金德尔伯格陷阱"，没有国家愿意承担国际责任，没有挺身而出制止法西斯侵略的大国。第二次世界大战的结果，是传统的欧洲强国衰落，美国和苏联崛起成为两个世界超级大国，大航海时代开始以来，欧洲列强主宰世界命运的时代彻底结束。美国取代英国成为世界霸主，实现了权力的和平转移。与德国不同，美国有广阔的发展空间，并没有直接向英国发起挑战。美国接过英国人曾倡导的自由贸易原则，倡导门户开放，也就是要求各国都对美国开放，美国依靠自由贸易的力量称雄世界。第二次世界大战后，美国的军事力量在世界上首屈一指，建立了美元霸权，在与苏联的冷战中形成了一系列同盟体系，完成了美国霸权的制度化。20世纪70年代，日本和德国的崛起改变了世界经济格局。冷战结束后，随着中国的崛起、欧共体发展为欧盟，国际战略格局进一步演变，作为世界霸主的美国需要面对一个不同文明、不同制度、人口规模超过整个发达国家的、从富向强的中国。美国外交学会会长理查德·哈斯与美国外交学会高级研究员查尔斯·库普钱撰文称："国际体系正处于历史拐点。随着亚洲继续其经济崛起，两个世纪以来西方对世界的主宰——先是在英国治下的和平，然后是在美国治下的和平——即将结束。西方不仅正在失去物质方面的主导地位，而且正在失去意识形态方面的影响力。"① 面对中国崛起，美国有强烈的焦虑感和危机感。中美建立什么样的大国关系是一个新的历史课题，这两个实力超强国家如何相处成为影响世界大变局最重要的因素。

百年大变局变化的基础是科学技术和经济之变。20世纪，人类不幸经历了两场世界大战，战争造成的损失巨大，第二次世界大战结束之后，美苏开始了长达半个世纪的冷战，但20世纪也是科

---

① 转引自徐坚：《中国共产党的国际关系理论创新——从和平共处五项原则到人类命运共同体》，《外交评论》2021年第4期。

技进步最快的世纪。第二次世界大战无论是参加的国家和涵盖的范围，还是造成的人力物力损失，都远远超过第一次世界大战。但战争也有意想不到的结果，即促进了科学技术的进步和新产业的形成，作为强国经济支柱的飞机制造、汽车制造、原子能工业、电子工业等的迅速发展，都与两次世界大战直接相关，这些工业带动了一系列产业的兴起，大大加快了各国经济的发展，提高了人民生活的便利化程度。人类在这一百年取得技术进步的速度远超过去几百年。人们不仅加速了在地球表面的运动，1924 年，查尔斯·林德伯格（Charles Lindbergh）驾机飞越大西洋花了 33 个小时。50 年之后，协和式飞机飞越大西洋需要 3 个小时①，还飞上了太空，遨游宇宙，下到深海，真正实现了"可上九天揽月，可下五洋捉鳖"。更重要的是，经济全球化也在迅速发展，特别是冷战结束后，原社会主义国家加入了经济全球化的洪流，经济全球化真正具有了世界规模，各国更紧密地联系在一起，形成了相互依赖、相互依存的局面。经济之变还表现在世界经济重心的变化。一百年前，世界经济的重心在大西洋两岸，也就是欧美国家。从 20 世纪 70 年代起，世界经济的重心开始向亚太地区转移。进入 21 世纪，随着中国的崛起、东盟国家的发展，以及东盟与中日韩经济合作的加强，世界经济重心进一步东移，出现了"东升西降"的趋势。

百年大变局的变还包括世界思潮之变。20 世纪初，随着几大帝国的解体，民族主义迅速发展，涌现出一批新独立国家。随着两次世界大战和帝国主义的衰落，亚非拉的民族主义迅速发展，民族

---

① ［美］小约瑟夫·奈、［加拿大］戴维·韦尔奇著，张小明译：《理解全球冲突与合作：理论与历史》，上海人民出版社 2018 年版，第 2 页。

独立浪潮风起云涌，进一步改变了世界政治地图。20世纪，影响百年大变局的最重要思潮当属社会主义。1917年的十月革命把马克思主义从理论变成了现实，随着1919年共产国际的建立，国际共产主义运动得到迅速发展，社会主义思想和社会主义运动不仅在发达国家存在，也影响到殖民地半殖民地国家。在资本主义受经济大危机困扰之时，苏联通过两个"五年计划"成为欧洲工业强国。苏联作为社会主义国家，实行完全不同于资本主义的政治经济体制，依靠国家的力量迅速发展，给资本主义带来了严重冲击；在反法西斯战争中成为打败德国法西斯的主力，大大增强了社会主义的威信。第二次世界大战后更多国家走上了社会主义道路，形成了社会主义阵营。但历史的发展从来都不是一帆风顺的，从20世纪50年代开始，苏联模式面临危机，80年代末90年代初，苏东发生剧变，社会主义遭遇严重挫折。在过去一百年中对世界影响大的思潮还有法西斯主义，这是最反动的社会思潮，德日意法西斯陷人类于战火之中，给人类带来了严重损失。第二次世界大战后，和平主义思潮迅速发展，防止战争成为人们的共同诉求。进入21世纪以来，贸易保护主义、单边主义、民粹主义等思潮的影响也很突出。近年来，欧洲的右翼力量发展较快，战后力量曾经很强的社会民主党影响力下降。在2021年9月大选中，德国社会民主党得票率25.7%，成为议会第一大党。经过近3个月的谈判，12月与绿党、自民党组成联合政府，成为德国历史上"最弱势的主要执政党"，社民党获得总理、国防部长、劳动部长等职，自民党和绿党则分别获得财政部长和外交部长等职。法国勒庞的国民阵线、德国的选择党、意大利的五星运动党等右翼力量的影响在增强。

百年大变局的重要之变是全球治理的出现。第一次世界大战后，战胜国试图通过建立一些国际机制来调解国家之间的矛盾，防止战争再次爆发，没有成功。建立的国际联盟、签署的非战公约都没能有效约束侵略者。反法西斯同盟的主要强国——美英苏在第二次世界大战结束前后建立了维护国际秩序的政治经济机制，试图维护世界和平和经济秩序，但由于美苏很快从联盟走向了冷战，世界形成了两大阵营，全球治理大打折扣。冷战结束以来，世界实现了真正意义上的全球化，全球治理才真正具有全球意义。全球治理的议题也日益广泛，从维护和平、调解经济矛盾、维护政治经济秩序发展到解决全球性的问题与挑战，如防止大规模杀伤性武器的扩散，应对传染病的大流行、气候变化、粮食危机，制定新兴领域如网络安全、防止太空军事化等领域的规则等。全球治理面临的重大挑战是大国关系的不和谐和大国对国际秩序的破坏。随着实力地位的相对下降，美国等西方国家参与全球治理的愿望下降，特朗普提出"美国优先"，频繁"退群"，限制WTO（世界贸易组织）作用的发挥，影响着全球治理的效能，新冠病毒全球大流行就与此有很大关系。拜登上任后虽然在回归全球治理体系，但其把中俄作为战略竞争对手，而不是解决全球问题的合作伙伴，热衷于搞所谓民主共同体，奉行小集团的多边主义，不利于通过全球治理应对人类面临的挑战。

百年大变局之变还表现在世界上出现了资本主义和社会主义两种制度。这两种制度如何相处，成为影响国际关系的重要因素。欧美强国曾经武装干涉苏俄，想把社会主义扼杀在摇篮里；苏联曾计划通过世界革命埋葬资本主义。两种制度较量的结果是谁也消灭不了谁，二者只能和平共处、和平竞争。第二次世界大战后，在社会主义运动和社会主义制度国家的压力下，资本主义进行了重大改革。在国内政策上，发展福利国家制度，改善工人处境，缓和阶级矛盾，防止发生革命；在对外政策上，欧美资本主义国家加强了团结，缓和了彼此之间的矛盾。英美法等战胜国对德国、日本等战败国没有像第一次世界大战后对德国那样严厉处罚。20世纪50年代以后，社会主义国家在改革的过程中开始吸收资本主义国家一些成功的做法，在这方面中国的表现最为突出。在加入WTO的进程中，中国对经济体制进行了重大改革，确立了以社会主义市场经济为目标的经济体制改革，突破了苏联模式的束缚，焕发了社会主义生机与活力。冷战结束之时，美国以冷战的胜利者自居，认为"美国赢得冷战"，战胜了社会主义苏联，人类历史终结于西方的自由民主政治制度。但历史证明，社会主义与资本主义两种制度还将长期存在，意识形态因素仍会影响国家之间的关系。

百年大变局之变表现在民众对国际政治的影响增强。英国著名学者卡尔在分析两次世界大战之间的国际关系时，把国家在国际领域的政治权力分为三类：（1）军事力量；（2）经济力量；（3）支配舆论力量。[①] 军事和经济力量都是大国影响世界的主要手段，近代以来西方列强的扩张主要依靠的就是这两大力量。"军事力量是国家生活中的核心因素。它不仅仅是一种手段，而且本身就是一种目的。人们说战争刻意寻求的目的是扩大贸易和扩张领土。但在过去100年里，几乎没有什么重大战争是因为这类目的而爆发的。最重

---

① ［英］爱德华·卡尔著，秦亚青译：《20年危机（1919—1939）：国际关系研究导论》，世界知识出版社2005年版，第103页。

大的战争为的是加强本国的军事实力，在更多的情况下，是为了防止另外一个国家加强军事实力。"①军事力量背后是经济实力，英国成为"日不落帝国"依赖的是工业优势。20世纪相较过去有个明显的变化——舆论的力量增强了。随着政治活动基础的扩大，民众对政治的参与度提高，获得民众的支持需要舆论。1919年在强大舆论的反对下，中国政府没有在《巴黎和约》上签字，是舆论影响外交决策的重要例证。"当代政治实际上依赖于具有一定政治意识的广大民众的舆论。"第一次世界大战中协约国的宣传对德国的崩溃起了重要作用，"1918年的胜利是军事力量、经济力量和支配舆论的力量这三种因素成功结合的结果"。②在苏联影响扩大、冷战结束的过程中，我们也可以看到舆论的力量。在中国由富向强的进程中，习近平总书记也特别强调增强中国的国际话语权。

二、中国成为影响百年大变局的重要因素

中国本来就是世界的一员，但在很长一段时间里，中国只是国际社会的被动参加者，对国际社会的影响很小，主要受国际社会的影响。以往大国地位更迭也好，科学技术和经济发展也罢，基本与中国无关。在近代资本主义发展起来，特别是工业革命之后，西方列强开始了全球殖民的时代，中国沦为被西方宰割的对象。马克思和恩格斯在《共产党宣言》中形象地说："资产阶级，由于一切生产工具的迅速改进，由于交通的极其便利，把一切民族甚至最野蛮

---

① ［英］爱德华·卡尔著，秦亚青译：《20年危机（1919—1939）：国际关系研究导论》，世界知识出版社2005年版，第105页。

② ［英］爱德华·卡尔著，秦亚青译：《20年危机（1919—1939）：国际关系研究导论》，世界知识出版社2005年版，第121、124页。

的民族都卷到文明中来了。它的商品的低廉价格，是它用来摧毁一切万里长城、征服野蛮人最顽强的仇外心理的重炮。它迫使一切民族——如果它们不想灭亡的话——采用资产阶级的生产方式；它迫使它们在自己那里推行所谓的文明，即变成资产者。一句话，它按照自己的面貌为自己创造出一个世界。"正是在这一时代背景下，中国被列强强行纳入西方国际体系中，沦为半殖民地国家，但中国也因此接触到了工业文明，开始了自己的工业化进程。

进入20世纪，中国发生了辛亥革命，走上了资本主义发展道路。由于资本主义与资产阶级的先天不足以及列强的侵略干涉，中国并没有走上富强之路。中国虽然参与了第一次世界大战，并站在了胜利者一方，但在巴黎和会上，中国的要求并没有得到满足。德国战败，其在中国的权益却被英法让与了日本，中国代表愤而没在《巴黎和约》上签字，第一次在世界上说"不"。第一次世界大战胜利者决定的《巴黎和约》没有满足中国的要求，说明中国的弱国地位并未改变。第二次世界大战结束之时，中国因进行战争时间最长、付出的牺牲最大以及在亚洲地区维护和平方面发挥的巨大作用，成为联合国安理会常任理事国和世界银行、国际货币基金组织、关贸总协定创始会员国，但是国家地位是无法与美英苏相比的。美苏两大强国背着中国在雅尔塔会议上拿中国利益做交易，达成雅尔塔秘密协定。

经过改革开放40多年的发展，中国与世界更紧密地联系在一起，中国的崛起与发展成为世界变局的新因素。当今世界面临百年未有之大变局，很大程度上是由中国成为世界重要国家引起的。对于当今处于世界霸主地位的美国来说，中国是其从未遇到过的对手。美国崛起之时，面对的英国与其体制和文化相同；冷战时期的对手苏联，与美国社会制度不同，不参与美国主导建立的世界经济体系，双方争夺势力范围，意识形态成为对立的借口。现在完全不同。中国虽然与美国文化与社会制度不同，但两国的经济紧密联系在一起，两国都是世界经济体系的重要成员，中国还是美国最大的债权国，美国长期是中国最大的贸易伙伴，两国在世界上有许多共同利益。在特朗普发起贸易争端前，中美之间每17分钟就有一个航班起降，平均每天1.4万人来往。中国留学生是美国国际学生最大群体，近33万人，几乎是第二名印度的两倍。来自中国的留学生每年至少给美国带来了100亿美元的收入，约12万个工作机会。中美两个大国如何相处，不仅影响两国关系，还将影响整个世界和人类的未来。美国战略家基辛格多次警告，除非中美之间相互理解并实现共存，否则一个充斥核武器并为人工智能所支配的世界，将面临类似第一次世界大战的灭顶之灾。这并不是危言耸听，在这个各国相互依存程度日益加深的世界，中美对抗是危险的，将危及人类的生存。

在中国崛起的21世纪，美国仍然以传统的权力转移范式看待中国，"进攻性现实主义"很流行，认为中美还会陷入"修昔底德陷阱"。无论是特朗普政府还是拜登政府，都拒绝接受与中国的平等关系，拜登在就任后第一个外交政策演说中就信誓旦旦地宣称，在他任内中国不会超过美国。确实，中国不会在拜登的4年任期内超过美国，但拥有14亿多人口的中国在经济实力上超过美国是早晚的事。即使中国国内生产总值超过了美国，也不意味着中国要取代美国的霸权地位，成为另一个世界霸主。中国外交的总目标是构建人类命运共同体，也就是说各国都是国际社会平等的一员，都是合作的伙伴，全球的事务由各国依据共商共建共享的原则来解决，因此，中国的崛起与发展并不意味着下一次"权力转移"。中国虽然是社会主义国家，但与苏联不同，并没有像苏联那样在国际社会推行世界革命和自己的制度模式。中国不是现行国际秩序的挑战者，而是在与世界的良性互动中发展的，中国始终不渝做世界和平的建设者、全球发展的贡献者、国际秩序的维护者。中国提出建设相互尊重、公平正义、合作共赢的新型国际关系，是推动现行国际秩序向着更公平合理的方向发展，并不是推倒重来。美国一些政客为了阻止中国崛起，逆历史潮流而动，试图重启冷战，是不会成功的。

三、新冠肺炎疫情、俄乌冲突与百年变局相交织，加强了世界的不确定性

2020 年伊始暴发的新冠肺炎疫情，至今仍然没有消退的迹象。尽管有了疫苗，也采取了许多措施，但病毒不断变异，阿尔法、贝塔、德尔塔、伽马、奥密克戎等变异毒株，使感染者和死亡者每天都在增加，据世界卫生组织网站公布的数据，截至北京时间 2022 年 2 月 15 日，全球确诊病例达到 4.1057 亿，死亡达到 581.088 万人。习近平主席在 2022 年世界经济论坛视频会议发表演讲时说："当今世界正在经历百年未有之大变局。这场变局不限于一时一事、一国一域，而是深刻而宏阔的时代之变。时代之变和世纪疫情相互叠加，世界进入新的动荡变革期。"[1] 此次疫情对世界的影响是多方面

---

[1] 习近平：《坚定信心 勇毅前行 共创后疫情时代美好世界——在 2022 年世界经济论坛视频会议的演讲》，《人民日报》2022 年 1 月 18 日。

的，并不亚于 1929 年至 1933 年的世界经济大萧条。

第一，世界经济复苏艰难，全球化在退潮。受疫情影响，2020 年全球经济快速下滑，在主要经济体中，只有中国实现了经济增长，其他均为负增长，美国经济下降了 3.5%，欧盟下降了 6.2%。2021 年各国经济普遍回暖，但复苏之路仍是不确定、不平衡的，中国经济增长超过 8%，美国达到 5.7%，欧盟疫情不断反复，影响了经济复苏。虽然 2021 年经济增长普遍好于 2020 年，但不断推升的通货膨胀率让民众感受不到经济的好转。2021 年，美国通胀率同比增长 6.8%，达到了近 40 年来的新高，民众认为 2021 年是最差的一年。德国联邦统计局表示，德国 2021 年的全年通胀率上升至 3.1%，达到 1993 年以来的历史最高水平。欧元区 2021 年 11 月消费价格指数达到了 4.9%，接近欧洲央行预期的 2.5 倍。未来的经济发展仍具高度的不确定性，发达国家经济增长乏力，新的产业革命并未带来新兴工业部门的大量出现，发展中国家受疫情等影响，除中国外，经济增长比发达国家更差，面临的问题更多，发展中国家群体性崛起的趋势受到抑制。同时，全球化进程也受到了很大影响。冷战结束以来，在高歌猛进的全球化进程中，传统产业不断从发达国家向发展中国家转移。在这一进程中，发达国家获利的主要是企业家和投资者，传统工业地区的衰落造成大量工人失业，加剧了社会的两极分化，从而影响了社会稳定。美国的政治极化现象、欧洲的右翼力量崛起，民族主义、民粹主义的发展等均与此有很大关系。新冠肺炎疫情使发达国家的政府和民众都在反思全球化：发达国家认识到传统产业转移带来的风险，防疫物资和基本药物原料的缺乏，让执政者开始重视经济安全问题，努力争取使传统产业回归本国；民众的反全球化和贸易保护主义情绪抬头，给政府施加更大压力；各国封锁停工导致的产业链断裂，客观上也影响着全球化。全球化退潮、多经济中心的发展将是后疫情时代的重要特征。

在世界经济艰难复苏之际，俄乌冲突爆发，欧美国家对俄罗斯发起了最为严厉的经济金融制裁。战事与经济制裁对世界经济产生重大冲击，石油、天然气、粮食等大宗商品的价格飞涨，各国通货膨胀水平升高，股市、债市普遍遭受冲击，供应链、产业链再次受到严重影响，世界经济复苏的势头受阻。综合各权威机构的预测，受俄乌冲突的影响，2022 年世界经济将下降 1 ~ 2 个百分点。

第二，大国战略博弈明显加剧，大国关系向传统竞争回归。疫情的发展并没有促进大国的合作，大国地缘政治的争夺在加剧。美国为了维持霸主地位，不断强化冷战时期建立的北约、美日、美韩等军事政治同盟，同时又与英国、澳大利亚建立了"奥库斯"联盟，并努力使印太战略机制化。美国在欧洲不断推进北约东扩的行为，特别是承诺吸收乌克兰加入北约，引起了俄罗斯的强烈反应。2021 年下半年以来，美俄在乌克兰问题上争斗激烈，许多人担心乌克兰东部会重燃战火，西方媒体声称俄罗斯要入侵乌克兰。普京把乌克兰加入北约作为俄罗斯不接受、美国不能碰的"红线"，俄方提出了与北约就地区安全进行谈判的具体方案。乌克兰加入北约的问题不具有现实性，鉴于俄乌存在领土争端，北约不会贸然接纳乌克兰，但会从各方面支持乌克兰，特别是增强乌克兰的军事力量。俄罗斯利用乌克兰危机向西部地区增兵，也是向西方施压的手段，迫使西方与其谈欧洲东部地区的安全问题。在美国拒绝了俄罗斯的要求后，俄罗斯用出兵乌克兰的方式阻止乌克兰加入北约，俄乌武装冲突爆发。美国和北约不会因此与俄罗斯发生战争，但会全力援助乌克兰，促使乌克兰顶住俄罗斯的进攻。欧美国家借机努力削弱俄罗斯，增强乌克兰抵抗俄罗斯的能力，俄乌战事比俄罗斯预期的要长得多。在乌克兰危机的刺激下，欧洲发展军备的势头增强。在冷战时期美苏进行的激烈的军备竞赛让双方都遭受严重伤害，最终双方坐下来达成了一系列协议，包括限制和削减军备的条约。但特朗普上台后，在令美国再次伟大的名义下，加强了大国间的军事竞争，美俄间原有的削减和限制军备的条约失去了效用。拜登上任以来，继续加强大国竞争。俄乌冲突发生后，一直低调的德国明确表示要增加1000亿欧元的国防预算，未来的年度国防预算比重将不低于GDP（国内生产总值）的2%。欧洲一些非北约成员加入北约的愿望增强，还有些国家明确要求加入欧盟。欧美国家在对俄问题上形成了立场一致的阵线，欧洲分裂为俄罗斯与反俄罗斯两个对立方。在后俄乌冲突时代，大国相处的方式将是合作、竞争与对抗并存，在涉及双边层面及地缘政治的问题时，竞争与对抗的倾向明显，在涉及诸如气候变化、传染病的防治、核扩散等全球性议题时，合作的比重更大一些。但双边的竞争肯定影响多边的合作，未来世界向何处去，主要取决于大国领导人的选择。

第三，政治极化和民族主义、民粹主义相交织，影响国家稳定。疫情的持续冲击着经济的发展，造成许多企业倒闭，工人失业。2021年6月2日国际劳工组织发布的《世界就业和社会展望：

2021 年趋势》报告预测,2022 年全球失业人口总数预计将达到 2.05 亿，大大超过 2019 年的 1.87 亿，全球失业率将达到 5.7%。2022 年 1 月初，哈萨克斯坦因提高天然气价格引发民众抗议，最后发展成席卷全国主要大城市的暴乱，导致 200 多人死亡，造成严重的经济损失。哈萨克斯坦事件是疫情发生以来的第一起灰犀牛事件，其根源在于疫情造成的困难与此前社会存在的严重不公相叠加，引燃了社会早已积聚的不满。类似的事件在其他国家也许还会出现。2022 年是多国的大选之年。韩国新总统尹锡悦表现出了与文在寅不同的风格；法国总统马克龙虽然得已连任，面临的挑战不小；10 月巴西举行总统选举，卢拉有可能再次当选；日本迎来参议院改选，248 个议席中的一半要进行改选；美国将在 11 月迎来中期选举。在疫情反复、阿富汗撤军不利、通胀压力等诸多因素影响下，拜登的支持率快速下滑，民主党的选情不乐观。乌克兰难民大量涌入欧洲，给欧洲各国带来了沉重负担，加之居民消费的油气等商品价格高涨，社会不稳定性升高。大选会激发人们的政治热情，放大社会矛盾，为民族主义和民粹主义提供表演的舞台，发达国家是否能很好地遏制极端民族主义和非理性的民粹主义，避免政治的极化，关系着许多国家的未来稳定与发展，也必将影响国际形势。

第四，世界大变局演进速度加快，挑战增多。1929 年至 1933 年的经济大萧条曾引起大国内政外交的剧烈变化，成为第二次世界大战爆发的重要原因。在疫情影响下，原有的矛盾被放大，新的问题与冲突增多，要避免重蹈历史覆辙，需要各国人民共同努力，更需要大国的协调与合作。20 世纪 30 年代恰恰是各大国都不愿承担责任，世界陷入了"金德尔伯格陷阱"，没有大国出面遏制法西斯国家的侵略和战争的风险，最终使世界遭受了空前劫难。历史的教训必须吸取，习近平主席强调："推动世界经济走出危机、实现复苏，必须加强宏观政策协调。主要经济体要树立共同体意识，强化系统观念，加强政策信息透明和共享，协调好财政、货币政策目标、力度、节奏，防止世界经济再次探底。主要发达国家要采取负责任的经济政策，把控好政策外溢效应，避免给发展中国家造成严重冲击。国际经济金融机构要发挥建设性作用，凝聚国际共识，增强政策协同，防范系统性风险。"[1] 只追求自己的利益，不顾及世界的共同利益，无助于问题的解决。当今世界已经是个"地球村"，需要世界各国特别是大国加强合作，但2022年2月12日美国公布的《印太战略文件》表明，美国的战略重心在于应对"中国的挑战"，要重组产业链和制定新规则。俄罗斯对乌克兰用兵，则直接向国际秩序发起了挑战，进一步激化了美俄、俄欧矛盾。大国的不合作难以有效应对人类面临的挑战，进一步增强了世界的不确定性。

四、世界大变局中没变的因素

当今世界处于百年未有之大变局，不确定性、不稳定性增多，但人们经常会问，是不是还存在着不变的因素，存在着确定性。答案是肯定的，不变的因素实际上强于变的因素。

第一，第二次世界大战后建立起来的国际秩序仍在发挥作用。

---

[1] 习近平：《坚定信心 勇毅前行 共创后疫情时代美好世界——在2022年世界经济论坛视频会议的演讲》，《人民日报》2022年1月18日。

现行国际秩序是由联合国、国际货币基金组织、世界贸易组织等国际组织和机构，以及《联合国宪章》、国际人权公约等维系的，这些虽然主要是在西方大国主导下形成和创设的，但反映了第二次世界大战的胜利成果，体现了人类的文明与进步。与以往的国际秩序不同，第二次世界大战后，无论是传统强国，还是后独立的亚非拉国家，甚至冷战后出现的新兴市场经济国家，都没有哪个国家挑战这一秩序，基本上都认同这一秩序，是现有国际秩序与体系的重要参与者、支持者和贡献者，都不同程度参与国际组织和国际分工，在与世界的互动中发展自己。无论是西方大国，还是新兴市场经济国家，都是联合国成员国，都拥护《联合国宪章》弘扬的主权平等原则，维护现行国际秩序与体系。虽然霸权主义和强权政治依然存在，个别国家热衷于对其他国家进行单边制裁，热衷于搞小集团，破坏着现行秩序，但要想再建一套新秩序显然也是不现实的，以联合国为核心的国际体系和以《联合国宪章》为基础的国际法体系并未发生根本性变化。

第二，世界和平与发展的主题也没有变。1984年10月，邓小平在会见缅甸总统吴山友时说："国际上有两大问题非常突出，一个是和平问题，一个是南北问题。还有其他许多问题，但都不像这两个问题关系全局，带有全球性、战略性的意义。"1985年3月，邓小平在会见日本商工会议所访华团时指出："我们多年来一直强调战争的危险。后来我们的观点有点变化。我们感到，虽然战争的危险还存在，但是制约战争的力量有了可喜的发展。日本人民不希望有战争。欧洲人民也不希望有战争。第三世界，包括中国，希望自己发展起来，而战争对他们毫无好处。第三世界的力量，特别是第三世界国家中人口最多的中国的力量，是世界和平力量发展的重要因素。""现在世界上真正大的问题，带全球性的战略问题，一个是和平问题，一个是经济问题或者说发展问题。和平问题是东西问题，发展问题是南北问题。概括起来，就是东西南北四个字。南北问题是核心问题。"①现在虽然世界面临百年未有之大变局，但和平与发展的主题并未变。根据传统的国际关系理论，影响国际社会发展的重要因素是个人、国家和国际体系，"维系国家间关系的规范与制度纽带越强大，国家间关系就越密切，国家防止体系解体的利害关系就更大，国家就有更多的途径防止冲突失控并解决冲突"②。在当今这个全球化的世界上，各国相互依赖程度日益加深，已经形成了一荣俱荣、一损俱损的局面。新冠肺炎疫情的全球大流行、恐怖主义的危害、气候异常变化的影响等，都说明世界已经连成一体。以《联合国宪章》为基础的国际法体系，明确要求各国以和平手段解决争端，核武器的出现使大规模的战争具有更大的危险性，核大国之间发生战争是不可想象的。同时，人们的观念也在发生变化，经历过战争的人民更渴望和平，"最坏的和平也比最好的战争好"，和平解决争端成为国际共识。维护持久和平，需要经济发展做保障，经济发展也促进了世界和平。新冠肺炎疫情的全球扩散和世界经济遭受的严重冲击，以及大国间关系的不睦，再次凸显了和平与发展的重要性。"人类是一个整体，地球是一个家园。面对共同挑战，任何人任何国家都无法独善其身，人类只有和衷共济、和合共生这

---

① 《邓小平文选》第3卷，人民出版社1993年版，第96、105页。
② ［美］小约瑟夫·奈、［加拿大］戴维·韦尔奇著，张小明译：《理解全球冲突与合作：理论与历史》，上海人民出版社2018年版，第61页。

一条出路。"[1] 未来的世界大国间不可能发生战争,和平是有保障的,解决世界经济发展不平衡、不充分的问题,是世界面临的主要问题。

第三,世界经济全球化的趋势也没有变。虽然美国经济在20世纪70年代初严重下滑,由债权国变为债务国,被迫放弃金本位,但美国的盟友——德国和日本经济复苏和起飞,大大加强了西方的整体实力。冷战结束以来,世界经济体系真正具有了全球规模,全球化迅猛发展,中国和原苏联东欧地区的国家都成为世界贸易组织的成员。2008年世界金融危机以后,西方国家经济实力整体下滑,发展中国家的经济总量占世界经济比重接近40%,新兴市场经济国家和发展中国家对世界经济增长的贡献率达80%。发达国家全球治理的意愿下降,保护主义和反全球化思潮抬头,冲击着全球化进程。但是,进入21世纪以来,全球产业链、价值链已经形成,美国、日本等出台了不少措施吸引制造业回流,收效不大,资本的力量强于政治家的意志,世界经济全球化的潮流是难以改变的。

第四,主权国家仍是国际关系的主要主体。从1648年《威斯特伐利亚和约》签订以来,主权国家便成为国际关系的主体。随着全球化的扩展,跨国公司和各种非政府组织对国际政治的影响力在增强,但新冠肺炎疫情发生后的现实告诉人们,主权国家的作用不可忽视,国际关系的主体仍是主权国家。在抗击疫情、开发疫苗、国际合作抗疫、经济恢复等一系列问题上,国家的组织动员作用显得十分重要。行动能力强的国家往往做得更有效率,效果更好。

第五,国内治理先于国际治理的状况也没有变。大国对国际社

---

① 习近平:《加强政党合作 共谋人民幸福——在中国共产党与世界政党领导人峰会上的主旨讲话》,《人民日报》2021年7月7日。

会有特殊责任，但参与全球治理首先需要治理好自己的国家。老布什在1992年大选时，曾以"赢得冷战"为竞选口号。对此，美国的"冷战之父"乔治·凯南予以驳斥：如果任何一届政府宣称，它可以对地球另一面的一个大国内部的混乱不堪施以决定性的影响，那一定是十分幼稚的……没有任何国家、任何政党、任何个人"赢得"了冷战。孟德斯鸠曾在其名著《论法的精神》中断言：小国亡于外敌，大国毁于内乱。大国兴衰的事实也证明，国内治理好了，才有国际作为的根基，否则像苏联那样长期把目光投向外部，忽视解决本国的问题，最后国内爆发的总危机摧毁了联盟的大厦，在国际上获得的成果也化为乌有。大国自身的衰弱与危机，有利于竞争对手，正如管子所说"国修而邻国无道，霸王之资也"。大国自身的失误会为对手提供机会，苏联的解体使美国建立了单极霸权，美国的相对衰落也有利于其他战略力量发挥作用，促使世界向多极化发展。因此，做好自己的事，提高国家治理的现代化水平，保障本国经济的可持续发展和人民的安全感、幸福感，是大国的必然选择。

习近平总书记提出当今世界面临百年未有之大变局，这一大变局并非一夜之间完成的，有一个从渐变到质变的过程。本书以宽广的视角观察世界百年的沧桑巨变，从多个角度全方位、立体地考察世界大变局"变"的进程。在世界发生巨变的过程中，中国的角色地位也在不断发生变化，从中国适应世界的变化到世界要适应中国的变化，中国成为世界大变局的重要因素。从百年世界看中国，从中国看未来世界的百年变局，会使人有许多感悟，得到有益的启迪。

第一编
国际格局之变

SHIJIE BAINIAN
DABIANJU

　　国际格局是指国际舞台上各种力量（主要是主权国家和国家集团）相互联系、相互作用，在一定历史时期形成的一种结构，反映的是国际战略力量的对比。世界经济重心的变化、大国力量的消长，自然会引起国际格局的变化。

　　第一次世界大战时，英国、法国、俄国、德国、意大利、奥地利是当时影响局势的主要战略力量。第一次世界大战改变了国际格局。英法老牌资本主义国家开始衰落，美国虽然是实力最强的国家，但奉行孤立主义政策，不愿过多介入世界事务。20 世纪 30 年代，苏联成为欧洲第一、世界第二强国。德国崛起，实力削弱的英法对德国法西斯采取了绥靖政策。第二次世界大战彻底改变了近代以来形成的以欧洲为中心的国际格局，20 世纪的世界大部分时间是在美苏两极格局下度过。苏东剧变和冷战结束初期，国际战略力量态势出现"一超多强"局面。2008 年金融危机再次改变了国际战略力量对比，美国实力相对下降，中国、俄罗斯、印度等一批新兴国家崛起。2010 年，中国超过日本成为世界第二大经济体，此后又成为世界上两个 GDP 超过 10 万亿美元的国家之一。在世界历史上，中国第一次成为影响国际局势变化的重要力量。

一、风光不再：英法惨胜的代价

　　1815 年维也纳体系建立后，欧洲长期处于英、法、俄、普、奥等诸强势力均衡的状态，在欧洲大陆之外的英国奉行"光荣孤立"政策。英国的外交理念是帕麦斯顿提倡的"没有永久的盟友，也没有永久的敌人，只有利益是永久的和不变的"，英国从本国的实际利益出发，维持着欧洲大国间的力量平衡，不与其他欧洲大国缔结具有长期义务，特别是军事义务的同盟条约，以防止卷入诸强间的冲突，从而充分利用各强国间的矛盾以扮演调停者的角色。但是，到 19 世纪末，随着德国不断挑战英国的霸权，诸列强从均势走向了结盟，形成了两大军事政治集团，最终酿成了第一次世界大战。第一次世界大战又为第二次世界大战埋下了祸根。两次世界大战的结果之一是英法这两个传统强国风光不再，无法再掌握世界的命运。

（一）第一次世界大战严重削弱了英法两国实力

　　1871 年德国统一后发展很快。德国的重工业在 19 世纪 90 年代超过了英国，20 世纪初德国国内生产总值的增长速度为英国的两倍。在 19 世纪 60 年代，英国工业产量占世界工业产量的 25%，但是到了 1913 年，英国的份额下降到 10%，而德国的比重上升到 15%。[①] 德国统一后，宰相俾斯麦谨慎地维持着欧洲列强的均势，继续拉拢英国、俄国和奥地利，集中力量排挤和限制强邻法国，防止法俄结盟。俾斯麦认为共同的国家利益是国家之间联合的纽带，他的政策为德国皇帝威廉二世的扩张政策所不容，1890 年俾斯麦被解职。此后，德国的对外政策越来越具有侵略性，从谋求欧洲霸权转变为谋求世界霸权，必然与英国发生冲突。

德国威廉二世的"世界政策"要获取"阳光下的地盘"，即争夺殖民地。1880 年代，德国开始在海外扩张，扩张对象首先是非洲。1884 年，德国把西南非的纳米比亚变成自己的殖民地。1893 年，德国从土耳其取得建筑巴格达铁路租让权，企图把柏林、君士坦丁堡（古称拜占庭，现伊斯坦布尔）、巴格达连结起来，把土耳其和小亚细亚变成自己的势力范围并进而威胁英国的东方殖民地。1897 年 11 月，强占中国的胶州湾。1898 年 3 月《中德胶澳租借条约》签订，德国成为瓜分中国的列强之一。与此同时，俄国在中亚的推进威胁到英属印度的安全，在远东的扩张动摇了英国在中国的利益。为了改变不利的局面，英国开始放弃"光荣孤立"政策，1902 年与日本结盟，防范的对象主要是俄国；1904 年又与法国订立协约，两国停止争夺海外殖民地，开始合作对抗新崛起的德意志帝国；1907 年与俄国订立协约，协调两国在波斯、阿富汗与中国西藏地区的势力范围。在这些条约与协定的基础上建立了英法俄协约国集团，协调它们之间的矛盾，共同防范德国。

德国除了在世界上进行扩张外，还支持奥地利和奥斯曼土耳其帝国镇压民族解放运动，巴尔干地区成为欧洲的"火药桶"。巴尔干国家分裂为两个对立阵营：俄国控制下的塞尔维亚、希腊、罗马尼亚和门的内哥罗；投入同盟国怀抱的是保加利亚和奥斯曼土耳其。20 世纪初，塞尔维亚出现

---

① ［美］小约瑟夫·奈、［加拿大］戴维·韦尔奇著，张小明译：《理解全球冲突与合作：理论与历史》，上海人民出版社 2018 年版，第 116 页。

反奥团体，最著名的是1908年成立的"国防会"和1911年成立的"黑手会"。奥匈帝国决定对塞尔维亚进行军事恫吓，并加紧进行以征服塞尔维亚为目标的战争准备。1914年6月28日，发生了奥匈帝国皇储斐迪南大公被刺杀事件，这一事件成为第一次世界大战的导火线。

奥地利得到了德国无条件支持的保证，俄法相互保证一旦对德国开战，就履行作为盟国的义务。英国政府伪装中立，施用两面手法，既给德奥保持中立的错觉，又向法俄保证支持其对德奥作战。1914年7月28日，奥匈帝国对塞尔维亚宣战；8月1日，德国对俄国宣战；8月3日，德国对法国宣战；8月4日，英国对德国宣战，第一次世界大战爆发。

第一次世界大战开战后的形势发展出乎所有参与方的预料。战场成了杀戮的场地，凡尔登战役双方投入的兵力达200万，死伤约100万。英国在索姆河对德军发动攻击，造成42万官兵阵亡。在这场战争中，法国每3名军人中就有2人死伤，英国失去了整整一代——50万名30岁以下的男子在大战中身亡，其中尤以上层阶级损失最重。"这一阶层的青壮年人生来就得做绅士、当军官，为众人立榜样，在战场上身先士卒，自然也就先倒在敌人的炮火之下。1914年从军的牛津、剑桥学生，25岁以下者半数不幸为国捐躯。"[1] 战争持续了4年零3个月，造成了大量人员伤亡和物质损失，这场战争真正说明了现代战争没有胜利者。俄国在战争中发生了革命，沙皇不仅失去了国家，还丧失了性命。奥斯曼土耳其帝国解体，奥匈帝国解体。德国未能扩大"阳光下的地盘"，反而失去了海外殖民地。英国和法国虽然战胜了德国这个对手，但自己也开始衰落。

英国非但没能巩固霸权地位，反而大大削弱了它的殖民统治权和金融领导权。法国经济在1919年以后经济在很长时间里处于动荡之中，20世纪20年代中期以后开始发展但又遭到1929—1933年的大危机的打击。

---

[1] ［英］艾瑞克·霍布斯鲍姆著，郑明萱译：《极端的年代：1914—1991》，中信出版集团2017年版，第31页。

1931 年 9 月，英国将英镑与金本位制脱钩。1936 年 9 月，法国也放弃了金本位制。1938 年，法郎的价值只是 1928 年的 36%，法国工业生产只是 10 年前的 83%，钢产量和建筑面积仅为 10 年前的 64% 和 61%。1938 年法国的国民收入比 1929 年下降了 18%。[①]20 世纪 20 年代，法国在军事上是欧洲霸主，许多小国聚集在法国周围，30 年代德国的军事力量超过法国，大部分小国选择中立，法国失去了在欧洲大陆的权势。

1929 年开始的经济危机使本就脆弱的英国经济再受打击。占英国出口 40% 的纺织品生产削减了 2/3；占出口 10% 的煤下降了 1/5；造船业遭到的打击最为惨重，到 1933 年时，其生产下降到战前的 7%；钢铁生产在 1929—1932 年的 3 年里下降了 45%，生铁产量下降了 53%。英国在全球贸易中所占份额继续呈下降趋势，从 1913 年的 14.15%，下降到 1929 年的 10.75%，继而下降到 1937 年的 9.8%。[②]英国工业直到 1939 年才恢复到战前生产水平。正是因为实力地位的下降，英法面对希特勒咄咄逼人的态势只能妥协退让。

第一次世界大战最大的受益者是美国。1913 年美国事实上已经成为全世界经济最强大的国家，工业生产量占全球总量 1/3 以上，仅次于英法德三国的总和。到了 1929 年，美国已经占据全世界经济总量 42% 以上；而英法德欧洲三大工业国家的总和，却只有区区 28%。1913—1920 年间，美国钢铁产量增加了 1/4，世界其他地区却减少了约 1/3。[③]美国还从一战开始时的债务国变成了世界最大的债权国。英国为了应付战争，不得不变卖许多海外资产。到 1929 年，英国对美欠债相当于英国全国总收入的一半，

① ［英］保罗·肯尼迪著，王保存等译：《大国的兴衰：1500—2000 年的经济变迁与军事冲突》（下），中信出版社 2013 年版，第 42—43 页。

② ［英］保罗·肯尼迪著，王保存等译：《大国的兴衰：1500—2000 年的经济变迁与军事冲突》（下），中信出版社 2013 年版，第 48 页。

③ ［英］艾瑞克·霍布斯鲍姆著，郑明萱译：《极端的年代：1914—1991》，中信出版集团 2017 年版，第 114 页。

法国对美欠债则等于法国总收入的 2/3。

（二）二战使英法沦为二流国家

《凡尔赛和约》想通过对德国的严厉惩罚，使其从此一蹶不振，从而保障欧洲的和平，但事与愿违。"由于第一次世界大战没能解决德国问题，所以发生第二次世界大战的可能性在 1918 年就已经存在了。如果西方民主国家在 20 世纪 20 年代选择安抚德国的政策，而不是那样严厉地惩罚德国，那么魏玛共和国民主政府或许可以生存下来。或者假如美国批准了《凡尔赛和约》，并且留在欧洲以维护均势（就如同第二次世界大战后美国的做法一样），希特勒可能就不会上台。欧洲可能会发生战争，但不一定会爆发世界大战。20 世纪 30 年代的经济大萧条，促使了那些美化侵略行为的意识形态之兴起，使得爆发战争的可能性变大。"① 正是英法政治家的短视，埋下了第二次世界大战的祸根。

第一次世界大战后，各国经济在艰难复苏，1929 年爆发的经济大危机使资本主义强国的经济雪上加霜，改变了欧洲的政治格局。1933 年德国法西斯上台后，利用民众的民族主义情绪，走上了军国主义道路。德国从受凡尔赛体系打击的对象变成有能力对这一体系发起挑战的国家。1935年德国突破《凡尔赛和约》的束缚，用义务兵役制取代志愿兵役制，军队人数从 10 万扩大到 20 万，和平经济开始转向战争经济，实施扩充军备的"四年计划"。面对咄咄逼人的德国，经济实力下降的英国试图用新的条约对其进行约束，1935 年 6 月 18 日英国和德国签订了关于两国海军军备力量的条约——《英德海军协定》。协定规定，德国海军舰艇总吨位不超过《五国限制海军军备条约》（《华盛顿海军条约》）和《限制和削减海

---

① ［美］小约瑟夫·奈、［加拿大］戴维·韦尔奇著，张小明译：《理解全球冲突与合作：理论与历史》，上海人民出版社 2018 年版，第 158 页。

军军备条约》（《伦敦海军条约》）所规定的英联邦国家海军舰艇总吨位的 35%；在潜艇方面，德国保证保有的潜艇吨位不超过英联邦国家海军潜艇总吨位的 45%。实际上当时德国海军全数舰艇的总吨位不足英国皇家海军的 10%，所谓德国"自愿限制在 35%"的保证，给了德国突破《凡尔赛和约》限制的契机。但是如果没有这个协定，法西斯德国可能彻底抛开《凡尔赛和约》的束缚，像第一次世界大战前那样大造军舰，同英国海军一争长短。而英国要对付的不仅有德国，还有远东的日本，实在力不从心。《英德海军协定》反映了英国的软弱和无奈，它开了一个恶劣的先例，使德国扩军合法化。

1936 年 3 月 7 日，德军占领莱茵非军事区。莱茵非军事区直接关系到法德军事和安全，这是法国为了把握主动、控制德国而在《凡尔赛和约》中确定的，但对于德国的行为，法国政府并未做出强硬反应。希特勒从以上事件中看到了英法不会对德国突破《凡尔赛和约》有实质性行动，胆子越来越大，不断加强战备。

《凡尔赛和约》明确规定禁止德奥合并，但 1938 年 3 月 12 日纳粹德国武装占领奥地利，在其高压胁迫下，99% 的投票者都赞成德奥合并。奥地利地处欧洲心脏地带，战略地位重要，德奥合并使德国增加了 17% 的领土、10% 的人口，大大增强了德国的实力。对此，英法只是口头抗议，没有采取任何行动。当时英法普遍弥漫着和平主义的情绪，它们企图通过对希特勒妥协，靠牺牲小国的利益来满足德国的侵略胃口，从而避免战争。

面对德国企图吞并捷克斯洛伐克的苏台德地区，英法再一次向德国妥协。1938 年 9 月 29 日至 30 日，英国、法国、纳粹德国、意大利四国首脑在慕尼黑会议上签订条约，将苏台德地区割让给纳粹德国。《慕尼黑协定》是整个 20 世纪 30 年代英法对德绥靖政策的高潮，不仅纵容了希特勒德国侵略扩张的气焰，也进一步打击了英法内部主张对德强硬的声音。希特勒没有因此停下侵略的脚步。面对德国的步步进逼，英法苏三国开始谈判建立针对德国的集体防御体系，但三国互不信任，都担心希特勒这股祸水伤到自己，最终谈判没有进展。1939 年 8 月 23 日，苏联与纳粹德国在莫斯科签订了《苏德互不侵犯条约》，同时还附加有秘密议定书，划分了苏德在东欧地区的势力范围。德国因此稳定了东方，不再担心会两线作战。

1939 年 9 月 1 日，德国发动了对波兰的进攻，英法相继宣布对德宣战，第二次世界大战爆发，欧洲再一次陷入战火之中。英法对战争准备不足，战争初期并没有抓住战机，而是宣而不战，直到德国征服了波兰挥师西进，拥有欧洲第一陆军强国的法国很快被占领，雷诺政府投降。在西线的 22 万英军和 7 万法军上演了人类历史上最大规模的撤退，撤到了英伦三岛，保存了实力。欧洲战场发生了决定性变化，希特勒占领了除苏联以外的欧洲大陆。英国在进行顽强抵抗，苏联在搞"东方战线"，美国通过租借法案，使英国获得一些战争物资以支撑战事。德国由于不掌握制空权，也没有庞大的舰队把军队送到英国，并不能真正征服英国。为了以战养战，德国转而进攻苏联，虽然在闪击战初期占了一些便宜，但德国显然不是苏联的对手，失败是必然的。

1945 年 5 月 8 日，德国战败投降，欧洲被战争折磨得满目疮痍。英国和法国虽然是战胜国，但已经无力恢复被战争破坏的经济，同时，它们还担心苏联借机把欧洲变成红色。于是，美国自然成了欧洲的救世主，英国拱手把世界霸主的地位让给了美国。

（三）非传统欧洲强国崛起

第二次世界大战结束之时，大英帝国风光不再，被美国取而代之。二战耗费了英国 250 亿英镑，英国国债从战前 72.4 亿英镑飙升到战后的 237.4 亿英镑。黄金外汇储备剧减，商船业损失惨重，工业固定资产无力更新换代，海外投资一路下跌。在贸易方面，1946 年英国对外出口量下降了 69%，殖民地闹独立，特别是印度独立后，英国失去了最大的财源。二战中美国经济空前繁荣，大发战争财。1947 年占世界人口 6% 的美国生产着世界制造业产品的 50%、石油的 62%、钢的 57%、汽车的 80%，黄金储备占资本主义世界总储备的 3/4，出口占世界总出口量的 1/3。美国成了名副其实的超级大国。

苏联也成了世界级强国，其主要强在军事方面。二战中，苏联损失最为惨重，在经济上是个"穷汉"。从 1946 年 3 月起，苏联宣布启动第四个"五年计划"，1950 年初，苏联政府宣布第四个"五年计划"提前 9 个月完成，工业总产值比战前增长了 73%。战后头 5 年，尽管苏联的经济实力无法与美国相比，但这种高速发展使苏联牢牢确立了作为世界第二大工业国的地位，开始和美国分庭抗礼。

与美国相比，苏联也有自己的优势。在第二次世界大战中，苏联红军解放了东欧，在欧洲大陆取得了地缘政治的优势。战后一些国家的边界发生了有利于苏联的变动。苏联帮助波兰把边界西移至奥得河，波兰则放弃了西白俄罗斯和西乌克兰。苏联还要求把沿尼曼河左岸一带的东普鲁士北部，包括蒂尔西特和哥尼斯堡城划归苏联，苏联直接从德国得到了大约 13.8 万平方公里的土地，获得了不冻港。斯大林的理由是：俄国人遭受过苦难和流过这么多血，他们渴望得到一些领土，来略微满足千百万在此战争中受过苦难的居民的心意。斯大林"东方战线"的成果基本得到了确认，苏联在第二次世界大战中共得到了 687707 平方公里的土地。苏联占有地缘政治的优势还在于欧洲已无强国，从大国战略力量对比看，苏联在欧洲大陆占有绝对优势。同时，苏联在战胜德国法西斯中所发挥的重要作用，也让许多人看到了社会主义苏联的强大，苏联拥有道义上的优势。正如德国商业理论家冯·霍尼希所说，一个国家当前富强与否不取决于它本身拥有的力量和财富，而主要取决于邻国力量的大小与财富的多寡。战后苏联国际地位突出也在于传统欧洲强国普遍处于衰落状态。20 世纪 50 年代中期以后，随着欧洲经济的恢复和欧美盟国关系的发展，苏联在欧洲不再有战后初期的优势的地位。

从 20 世纪两场世界大战的结果来看，英国和法国作为欧洲的强国，在两次战争中都是获胜的一方，同时也是损失很大的一方，也是得不偿失的。英法的命运给后世留下了许多教训，其中有两点特别值得记取：

一是大国之间的战争没有胜利者，大国有责任维护世界和平。在第一次世界大战前，大国之间也有过战争，如英法百年战争、拿破仑战争等，那时武器还没有那么先进，战争的代价还可以接受。但是，从第一次世界大战看，战争所带来的人力物力损失都是空前的，大国之间的战争成本过大，即使对于胜利者，意义也不大。1917 年俄国之所以发生革命，退出战争，很大程度上是因为民众已经无法忍受战争所付出的代价，胜利变得没有意义。如果第一次世界大战爆发前英国明确表明，如果战争爆发，英国一定会参加反对战争发动者的战争，也许德国就不会轻易允许奥匈帝国率先动武。第二次世界大战前同样如此。如果英法能够与苏联联合起来，及时制止德国破坏和平的行为，希特勒也不会得寸进尺，一步步走向战争。

二是大国领导人要有长远目光，不能只计较一时得失。德国之所以在一战结束 20 年后再发动一场战争，很大程度上是因为《凡尔赛和约》对德国过于苛刻。法国一直把德国作为宿敌，力主削弱德国，《凡尔赛和约》把大战责任都推到德国身上，要求德国赔偿战争损失，到 1921 年确定的德国赔款总额高达 1320 亿金马克，几乎等于德国 1929 年总收入的 1.5 倍，德国无法偿还。同时，德国的削弱，实际上也不利于欧洲经济的恢复，最后同样损害英法的利益。第二次世界大战后，欧洲的联合对于经济的恢复和发展发挥了重要作用，也从反面说明一战后英法政治家的短视，严惩德国实际上不利于自己。

大国从两次世界大战中吸取了教训。美国总统罗斯福在设计战后和平秩序时注意大国的协调，联合国安理会的安排就是这一点的体现。美国在战后承担起了领导世界经济的责任，主导建立了一系列国际经济机制，对于战后经济的恢复发展起了一定的积极作用。英法德告别了过去，不再纠结于历史恩怨，在经济上加强了联合，从煤钢联营到欧共体再到欧盟，实现了战后欧洲的和平发展。但是，世界总是在矛盾中运动的，随着各国力量对比与国际形势的变化，世界的不确定性再次突出，新的难题有待大国解决。是团结还是对抗，是合作还是冲突，又成为大国领导人需要面对的问题。

〔左凤荣，中共中央党校（国家行政学院）国际战略研究院副院长、教授〕

二、美苏争雄：两极世界的稳定与动荡

在第二次世界大战开始前，当时的世界强国有英国、法国、德国、日本、苏联和美国，但是到 1945 年德国和日本战败投降之时，国际格局发生了根本性变化。传统的欧洲强国有的战败，有的实力受到严重削弱，都需要靠美国的帮助恢复经济；日本则被美国单独占领。美国和苏联这两个非传统欧洲国家成为全球超级大国，实力远在他国之上。1835 年法国思想家托克维尔在《论美国的民主》一书中说，当今世界上有两大民族，从不同的起点出发，但好像在走向同一目标。这就是俄国人和英裔美国人。……他们起点不同，道路各异。然而，其中的每一个民族都好像受到天意的密令指派，终有一天要各主宰世界一半的命运。托克维尔的预言在第二次世界大战后变成了现实，随着两大阵营的形成，美国主宰着西方，苏联主宰了东方。

（一）美苏两极体系的形成

随着反法西斯战争进入尾声，美苏的争夺便开始了。战略利益的冲突，使美苏从战时盟友变成了战略竞争对手。在这一过程中，西方过高估计了苏联的侵略意图，苏联也不顾国内经济亟待恢复的实际，走上了与美国硬碰硬的道路，在你一拳我一脚的互动中，形成了两极对峙的体系。美苏的对峙被称为"冷战"，它以意识形态的对抗为特征，表现为除军事热战之外的政治、经济、军事、外交等诸多方面的对抗，它阻碍了各国之间正常的交流与合作，对人类社会的发展产生了极为不利的影响。

1946 年 2 月 9 日，斯大林在莫斯科选民大会上发表了重要演说，颂扬苏维埃制度，批判资本主义制度。斯大林认为：二战的结果表明"获得胜利的是我们的苏维埃社会制度，苏维埃社会制度在战火中胜利地经住了考验，并证明它具有充分的生命力。……苏维埃社会制度比非苏维埃社会制度更有生命力，更稳固，苏维埃社会制度是比任何一种非苏维埃社会制度更优越的社会组织形式"[1]。斯大林把帝国主义与战争机械地画上了等号，说："资本主义的世界经济体系包含着总危机和军事冲突的因素，因此现代世界资本主义并不是平稳地均衡地向前发展，而是经历着危机和战祸的。问题在于，各资本主义国家发展的不平衡，通常经过相当时期就要剧烈破坏世界资本主义体系内部的均势，那些认为自己没有得到足够的原料产地和销售市场的资本主义国家，通常就要用武力来改变这种状况，重新划分'势力范围'，以求有利于自己。因而，资本主义世界就分裂为两个敌对的营垒而进行战争。"[2]"资本主义国家发展不平衡将使资本主义世界分裂成两个敌对的阵营，进而打起仗来。只要资本主义制度还存在，战争就不可避免。苏联人民必须对 30 年代往事重演有所准备，必须发展基础工业，削减消费品生产。总之，我看今后少说也得在 3 个五年计划期间作出重大牺牲。和平是不会有了，国内和国外的和平都不会有了。"

当时美国对苏联在战后实行怎样的对美政策并不清楚，在战后建立的国际机制中，苏联只参加了联合国，不愿意参加国际货币基金组织和世界银行、关贸总协定。斯大林的演说在美国引起了极大反响，美国要求驻莫斯科大使馆对此进行评估。1946 年 2 月 22 日，美国驻苏联大使馆临时代

---

[1] 《斯大林文集（1934—1952 年）》，人民出版社 1985 年版，第 475 页。

[2] 《斯大林文集（1934—1952 年）》，人民出版社 1985 年版，第 472 页。

办凯南向华盛顿发送了一封长电报，这封长电报与当时在华盛顿占上风的强硬派要求改变美国对苏政策的主张相吻合，成为促使美苏走向冷战的重要文献。

凯南认为，苏联官方对外部世界的认识及其行为，是俄国传统的不安全感的产物。他说："克里姆林宫有关世界事务的神经质的看法，根植于俄国传统的和本能的不安全感——最初是一个和平的农业民族，在辽阔的平原上与凶悍的游牧民族为邻并努力生存，而产生的不安全感。随着俄国同经济上更先进的西方进行接触，又增加了它对西方更能干、更强大和更好地组织起来的社会之恐惧。后一种不安全感与其说是在折磨着俄国人民，毋宁说是在折磨着俄国的统治者；因为俄国的统治者一贯认为，自己的统治在形式上是相对陈旧的，在心理基础上是脆弱的和不自然的，经不起同西方国家的政治制度进行比较和接触。由于这个原因，他们总是害怕外来渗透，害怕西方世界同他们直接接触，担心一旦俄国人了解了外部世界的真相或外国人知晓了俄国内部的真相，便会导致某种后果。"美国所面对的苏联是这样一个"政治力量"——"它狂热地坚信，它同美国之间不可能有永久性的妥协。它坚信，如果苏联政权要得到巩固，那么搞乱美国社会的内部和谐，破坏美国传统的生活方式，以及损害美国在国际舞台上的权威，这种做法是可取的和必要的"。[1] 从中可以看到，"长电报"并没有把苏联的行为动机都归为意识形态，但苏联的行为对美国构成了挑战，美国应该遏制苏联扩张势力范围。电文明确表示："这个问题是我们有能力解决的，而且不必通过一场全面的军事冲突来解决。""世界共产主义运动就像恶性寄生虫一样，它只靠生了病的肌体来养活自己。这是国内政策和外交政策汇合的地方。凡是解决我们自己社会的内部问题，加强我们人民的自信、纪律、士气和集体精神的每一项果断有力的措施，都是对莫

---

[1] 转引自张小明：《重读乔治·凯南的"长电报"》，《美国研究》2021年第2期。

斯科的一次外交胜利，其价值可以抵得上 1000 份外交照会和联合公报。如果我们在自己社会的缺陷面前不能抛弃宿命论和漠不关心的态度，那么莫斯科将从中得到好处。"①凯南给政府开出的对付苏联的药方首先是解决好自己的国内问题。但美国政府所需要的是对苏联的遏制，而不是先解决好自己的问题。

1946 年 3 月 5 日，英国前首相丘吉尔在美国的富尔敦发表题为《和平砥柱》的演说，他着重攻击了苏联的制度。"在这些国家里，各种包罗万象的警察政府对老百姓强加控制，达到了压制和违背一切民主原则的程度。或是一些独裁者，或是组织严密的寡头集团，他们通过一个享有特权的党和一支政治警察队伍，毫无节制地行使着国家的大权。"他对俄国需要一个安全的边境表示理解，但是不能容忍的是"从波罗的海的什切青，到亚得里亚海的里雅斯特，一幅横贯欧洲大陆的铁幕已经降落下来。在这条线的后面，坐落着中欧和东欧古国的都城。华沙、柏林、布拉格、维也纳、布达佩斯、贝尔格莱德、布加勒斯特和索菲亚——所有这些名城及其居民无一不处在苏联的势力范围之内，不仅以这种或那种形式屈服于苏联的势力影响，而且还受到莫斯科日益增强的高压控制"。丘吉尔呼吁英美建立特殊的关系，联合阻止苏联的扩张。1947 年 3 月 12 日，杜鲁门总统在国会发表讲话，请求对困境中的希腊、土耳其进行援助，以免它们落入极权主义者之手。杜鲁门演说的主要意图是向全世界表明美国对"极权主义"的立场，他公开谴责苏联的社会制度和生活方式，称苏联的生活方式是一种极权主义的生活方式，它所依赖的是恐怖、压迫、舆论统制、指令性选举和压制个人自由。极权政权通过直接或间接的侵犯，危害国际和平和美国的安全。美国的政策是支持各国自由人民以抵制少数武装分子或外来压力所强加的征服企图。杜鲁门的讲话可以被看成是美国外交政策的转折点。

---

① 转引自张小明：《重读乔治·凯南的"长电报"》，《美国研究》2021 年第 2 期。

它实际上宣布，不论什么地方，不论直接或间接侵略威胁了和平，都与美国的安全有关。

为了防止贫困与混乱使欧洲爆发革命，1947年6月5日，美国国务卿马歇尔在哈佛大学发表演说，提出由美国出钱帮助西欧国家复兴经济的设想。其条件是受援国必须同美国签订多边或双边协定，采取措施稳定通货、维持有效的汇率和降低关税壁垒，受援国须接受美国对使用美援的监督，并向美国提供部分战略物资等，这就是"马歇尔计划"。该计划原定五年，提前一年，到1951年底完成，美国共向欧洲提供130亿美元的援助，对战后西欧经济的恢复起了很大的促进作用。

苏联没有参加马歇尔计划，也不允许东欧国家参加。为了与马歇尔计划相对抗，苏联于1947年七八月间先后与东欧各国签订了双边贸易协定，被称为"莫洛托夫计划"。在此基础上，1949年1月苏联与东欧国家成立了经济互助委员会，形成了与西方资本主义国家相对抗的苏联东欧经济集团。1947年9月，斯大林违背东欧各国共产党的意愿，建立了欧洲九国共产党和工人党情报局，这一机构的主要活动是批判南斯拉夫。继之东欧各国都开始清洗本党内的"铁托分子"，即那些主张独立自主决定本国事务的人，苏联借此加强了对东欧的控制，并把苏联模式推广到东欧。

1949年4月，以美国为首的北大西洋公约组织成立。同一年，苏联原子弹爆炸成功，中国革命取得胜利。1950年2月14日，《中苏友好同盟互助条约》签署，中苏结成军事政治同盟。"以马克思列宁主义和无产阶级国际主义原则为指导思想，以我们两国根本利益的完全一致为基础的伟大的中苏同盟是一种掌握了政权的无产阶级的完全新型的同盟关系。"[①]面对强大的社会主义阵营，1950年1月，杜鲁门指示国务院、国防部重新审议整个美国的防务及外交战略。4月14日，以保罗·尼采为主席的特别委员会将起草的文件提交给国家安全委员会，即国家安全委员会第68号

---

① 《建国以来毛泽东文稿》第九册，中央文献出版社1996年版，第29页。

文件（NSC-68）。文件重点分析了苏联的意图、目标与能力，强调"苏联谋求统治全世界"，并称克里姆林宫把美国看作主要敌人，在拥有足够核力量的情况下，可能会对美国发动攻击。文件认为美国要加强对苏的遏制战略。实际上，战后苏联主要是防止再发生类似德国突袭苏联这样的事件，致力于在周边构筑安全带，扶植对苏友好的政府，并无统治全世界的计划。即使斯大林仍把世界革命作为对外战略目标，但目标也是有限的，主要还是维护第二次世界大战的成果。美国对苏联存在严重的误判。

1950年6月25日，朝鲜战争爆发。美国将之看成是苏联在亚洲推广共产主义的行动，如果不制止，后果严重。于是美国以联合国的名义组织了联合国军进入朝鲜半岛，战争持续了3年时间，最后回到了起点。鉴于对抗的代价太大，1953年3月斯大林去世后，美苏关系开始缓和，促成了《奥地利国家条约》的签署和朝鲜停战，但是双方关系的主流仍是对抗。1955年西德加入北约。作为回应，同年5月苏联等8国成立了华沙条约组织。至此，美苏对峙的两极体系最后形成，政治、经济、军事的对抗都实现了机制化。

（二）美苏对抗的危险性与缓和

美苏的对抗是大国博弈的零和游戏。对于两个都掌握了核武器的大国来说，直接的军事冲突无异于自杀，因此，美国对苏实施的是"遏制战略"，避免两个大国直接发生热战。

1961年5月，美国总统肯尼迪决定把特种部队派往越南，用"特种战争"扶植南越傀儡政权。美苏在亚洲的争夺逐渐升级，并从东南亚扩展到整个亚洲。1961年6月，柏林危机爆发，美国拒不向苏联的要求让步。为了阻止大量东德人西逃，从8月13日开始，民主德国开始封锁西柏林四周的全部边界，并沿边界筑起一道混凝土墙，史称"柏林墙"。美苏都不愿为统一德国冒核战争的风险，寻求通过外交途径缓解紧张关系，达成了双方均能接受的处理危机的"游戏规则"。

随着战后苏联经济的恢复和实力的增强，苏联的活动舞台扩大了。从赫鲁晓夫开始，苏联比以往更积极地支持民族解放运动。当1959年古巴革命成功后，苏联积极发展与古巴的关系。1962年10月，苏联领导人赫鲁晓夫开始在古巴部署战略弹道导弹，以保障古巴的安全，实际上也是加强对美国的威慑。美国总统肯尼迪马上做出强烈反应，要求苏联拆除导弹。在美苏激烈对抗的13天里，两个超级大国挣扎在全球战争的边缘，赫鲁晓夫甚至住在了克里姆林宫，以防反应不及时造成误判。最后经过讨价还价，美国答应撤出在土耳其的导弹，苏联宣布把运到古巴的导弹运回苏联，古巴导弹危机结束。这场导弹危机让美苏领导层深受震动，双方都看到了对抗的危险性。美苏之间如果爆发战争，将是一场核大战，后果难料。因此两国需要管控分歧，防止走向热战。此后，军备控制谈判取得了进展。1963年美苏签署了《禁止在大气层、外层空间和水下进行核武器试验条约》，1968年又签署了《核不扩散条约》，美苏之间的贸易逐渐增长。

为了防止共产主义扩张，美国卷入了越南战争。"为此导致58000名美国人丧生，200万~300万的越南人失去生命，美国花费了6000亿美元，美国国内出现了动荡局势，遏制政策因此失去民众的支持。美国除了在南越遏制共产主义，还在世界其他地方采取类似的行动，因为美国担心，假如它不能遏制共产主义的扩张，美国的信誉将受到损害。"[1] 在美国撤出越南，越南完成统一后，并没有出现东南亚地区多米诺骨牌式的倒塌。如果美国遵守《联合国宪章》，允许越南人民实现民族独立和民族自决，这些人力物力的损失是完全可以避免的。美国卷入越南战争的结局说明大国

---

① [美]小约瑟夫·奈、[加拿大]戴维·韦尔奇著，张小明译：《理解全球冲突与合作：理论与历史》，上海人民出版社2018年版，第188—189页。

的战略误判是危险的。

1969 年 1 月 20 日，尼克松就任美国总统，开始改变对外政策。尼克松从现实主义出发，承认美国相对衰弱的现实，根据国际环境的变化，调整美国的外交政策。在对苏政策上，尼克松以缓和为手段，实行"联系"原则，希望通过联系原则，把美苏关系的改善同苏联的国际行为联系起来，要求苏联在谋求某种目的时必须在另一方面做出一定让步，利用苏联的配合达到自己的目的。尼克松在给国务卿罗杰斯等人的信中说："应该让苏联领导人了解，他们不能指望，当他们在一个地区谋求紧张或对抗的利益的时候，还能够在另一个地区取得合作的利益。"同苏联进行的战略武器谈判只有在如下情况下才会有成效，"谈判的方式和时机要同时能够促进悬而未决的政治问题取得进展"。[①] 苏联拒绝美国把发展两国经贸关系与苏联的国内政治联系起来的这种干涉内政的做法。

1972 年 5 月尼克松访问苏联，实现美苏首脑会晤，被认为是战后美苏关系发展的突破口。双方发表了联合公报和《美苏相互关系原则》，5 月 26 日达成第一阶段限制战略武器协定。该协定由两个基本文件组成，其一是《美苏关于限制反弹道导弹系统条约》，双方反弹道导弹系统的部署限定为两处（1974 年 7 月 3 日又修订为一处），其中一处用于保卫首都，另一处用于保卫洲际导弹基地。其二是为期 5 年的《苏美关于限制进攻性战略武器的某些措施的临时协定》，规定将洲际导弹冻结在现有的水平上：陆基导弹，美国可有 1054 枚，苏联为 1618 枚；潜射洲际导弹，美国为 650 枚，苏联为 740 枚；洲际导弹潜艇，美国为 44 艘，苏联为 62 艘。协定未禁止多弹头分导导弹，美国在核弹头数量上超过苏联，在技术上领先。这是美苏签订的第一个限制军备的条约，苏联长期追求的与美国的战略力量均势得到承认，有助于缓和紧张关系。由于协定对双方的战略武器数量

---

① ［美］亨利·基辛格著，陈遥华等译：《白宫岁月——基辛格回忆录》（第一册），世界知识出版社 1980 年版，第 180、171 页。

留有发展的余地，因此协定并不能禁止双方的军备竞赛。

美苏关系的缓和推动了欧洲局势的缓和。从 1972 年 11 月 22 日到 1973 年 6 月 8 日，欧洲国家和美国、加拿大共 35 个国家的代表在芬兰首都赫尔辛基召开大使级的欧安会筹备会议。1973 年 7 月 3 日，包括苏联在内的欧洲国家（除阿尔巴尼亚）和美国、加拿大共 35 个国家的外长聚会赫尔辛基，举行欧洲安全和合作会议（简称欧安会）。1975 年 7 月 30 日，35 国国家元首和政府首脑参加的欧安会第三阶段会议在赫尔辛基举行。8 月 1 日，签署《欧洲安全与合作会议最后文件》（以下简称《文件》）。《文件》既纳入了苏联坚持的欧洲各国边界"不可侵犯性"，又接受了西方坚持的"尊重人权""人员和文化交流"的所谓"第三篮子"。《文件》是缓和的一项重要成果。美苏双方都对此表示满意。对苏联来说，十多年来谋求西方承认欧洲现状的外交努力终于有了结果，中欧、东欧的领土与政治现状，特别是民主德国得到西方资本主义国家的承认。但是，《文件》中"第三篮子"是苏联所反感的，表明苏联虽然在军事上处于攻势地位，但在意识形态方面开始处于守势。西欧、美国借苏联东欧国家的某些内部问题，如限制犹太人移居国外、萨哈罗夫事件、捷克"七七宪章"等攻击苏联违反"人权"原则。苏联不得不于 1976 年 5 月成立了以尤里·奥尔洛夫为首的小组，监督苏联政府对赫尔辛基会议最后文件中有关人权条款的执行情况。

美苏领导人在 20 世纪 70 年代互动比较频繁，达成了一些限制战略武器的协议。1973 年 6 月勃列日涅夫访问美国，美苏双方签订了《关于进一步限制进攻性战略武器谈判的基本原则》《关于防止核战争的协定》《关于接触、交流和合作的总协定》等共 13 项协定。1974 年 6 月 27 日，尼克松访问苏联，双方没有在限制战略进攻性武器方面达成协议，但就进一步限制反弹道导弹系统、限制地下核试验，以及就经济、技术、能源等方面的合作达成协议。1974 年 11 月，美国总统福特和苏联最高领导人勃列日涅夫又在符拉迪沃斯托克（原称海参崴）举行会谈。1975 年 7 月欧安会期间，福特与勃列日涅夫再次举行会谈。1979 年 6 月，美国总统卡特与勃列日涅夫在维也纳举行会晤，双方在维也纳签署《美苏关于限制进攻性战略武器条约》，该条约规定的限额较高。但因为苏联入侵阿富汗，美国没有批准该条约。

美国本来想利用缓和政策把苏联纳入国际体系之中，但苏联却认为，美国推行缓和政策是因为实力下降，借机进行扩张。苏联利用第三世界国家的反美运动，积极推动新独立国家走非资本主义发展道路。1975 年葡萄牙允许安哥拉和莫桑比克独立后，苏联支持古巴军队进入那里，支持当地倾向社会主义的政府。苏联和古巴还介入埃塞俄比亚内战，令美国恼火。1979 年 12 月，苏联入侵阿富汗。美国认为苏联已经成了自己的威胁，重新开始加大对苏联遏制的力度，美苏缓和终结，双方又开始了新一轮冷战。苏联失去了一次调整国家发展战略、跟上世界科技革命浪潮的机会。

在美苏建立的两大体系中，其内部关系的范式是不同的。社会主义阵营是以苏联为首，苏联在阵营中处于领导地位，常常把自己的意志强加于人。苏联与南斯拉夫、波兰、匈牙利、中国等国家的冲突，实质上都是国家利益的冲突，正如邓小平在会见戈尔巴乔夫时所说的：中苏两党从 20 世纪 60 年代中期起关系基本上隔断了，"这不是指意识形态争论的那些问题，这方面现在我们也不认为自己当时说的都是对的。真正的实质问题是不平等，中国人感到受屈辱"①。正是由于社会主义阵营本身存在的结构性矛盾，社会主义国家之间的关系不是建立在主权平等、相互尊重、利益互惠基础上，这种国家关系范式没有为调整国家间的利益关系提供可以协商的途径。相比而言，西方阵营主要协调的是各国的对苏政策，美国并不干涉各国的内政，成员国之间的关系总体是平等的。因此，在冷战结束后，以美国为首的联盟体系仍然存在，原苏联东欧地

---

① 《邓小平文选》第 3 卷，人民出版社 1993 年版，第 294—295 页。

区的国家纷纷要求加入北约。

（三）冷战结束与两极体系的终结

苏联以一国之力与整个西方发达资本主义国家进行对抗，虽然达到了与美国的战略力量平衡的目的，但也付出了惨重的代价。苏联入侵阿富汗，遭到了世界各国的谴责，里根竞选总统时直接把苏联称为邪恶帝国。为了反击苏联，里根一上台就开始增加军费，1982—1986 年的五年防务计划开支总额达 15000 亿美元，还有一个 1800 亿美元的战略核力量六年计划。鉴于 1977 年苏联就开始在欧洲部署先进的 SS-20 中程导弹，里根也要在欧洲部署中程导弹。1983 年 11 月，美国在欧洲部署中程导弹。苏联也增加了部署数量。1983 年 3 月 23 日，里根在演说中首次提出了"战略防御计划"，也就是俗称的"星球大战"计划，把与苏联的军备竞赛转向太空。里根以实力求和平的政策给苏联造成了很大的压力。

1985 年 3 月，在苏联 2 年零 5 个月的时间连续走了 3 位高龄总书记后，54 岁的戈尔巴乔夫走马上任。戈尔巴乔夫面对的是一个危机四伏的苏联，要解决国内问题，需要有一个良好的国际环境，缓和与美国的关系成为他必须做的事。

苏联长期的战略失误是没有正确认识苏联社会主义在世界上的地位，把对外战略长期建立在希望用苏联式社会主义代替资本主义上。戈尔巴乔夫承认了现实的社会主义并不能取代资本主义，而只是"这个世界的组成部分"。1986 年 3 月，苏共二十七大提出苏联战略的主要目标是"保证使苏联人民在持久和平和自由的条件下劳动"，把和平共处作为苏联"绝对遵循的政治方针"。"党在世界舞台上的活动的主要方向，依然是为反对核危险和军备竞赛、为争取维护和加强普遍和平而斗争。""如果说到美国与苏联的关系，安全只能是相互的，而如果以整个国际关系而论，安全只能是普遍的。""资本主义和社会主义国家之间的对抗仅仅并且完全通过和平竞赛与和平竞争的方式进行。"苏共二十七大改变了苏联外交政策的方向，"它把资本主义和共产主义国家以阶级斗争为基础的思想转变成东西方在较低和较少危险的军备状况下共享安全的观念"。① 苏共二十七大还提出了"加强国家社会经济发展"的国家战略，将苏联的战略目标变为谋求与西方国家的和平共处，创造有利于国内进行经济建设的和平环境。这一战略转变是符合苏联与历史发展实际的。

1987 年 12 月，戈尔巴乔夫第一次出访美国。美苏领导人在华盛顿签署了《关于消除两国中程导弹和中短程导弹条约》。条约规定：在条约正式生效后，立即禁止所有射程 500 ~ 5500 公里中短导和中导的生产和试验；3 年内将全部消除双方的中导，其中双方的中短导应在 18 个月内全部消除；销毁实现之后则将禁止一切有关这种导弹的部署、储存、修理和生产；双方可进行严格的相互核查，包括在对方领土上，特别是在生产或装配导弹的工厂，派驻常设核查小组，对原部署、储存、生产的场所以及销毁情况均可进行就地核查，也可突击核查。根据这一条约，美国应该销毁导弹数 86 枚，弹头数 867 枚；苏联应该销毁导弹数 1836 枚，弹头数 3136 枚。这是自核武器出现后第一个真正裁减军备的条约，它突破了过去双方一直坚持的均衡裁减的原则，开创了谁多谁多裁的先例。苏联不仅同意销毁部署在欧洲的全部 SS-20 导弹，还同意销毁部署在亚洲的这种导弹，此举受到欧洲和亚洲国家的普遍欢迎。戈尔巴乔夫还表示要大幅度削减常规武器，以消除常规武器上的不平衡和不对称现象。苏联销毁了全部中短程导弹，并向西方公开基地和武器装备情况，以加强相互信任。美苏两个超级大国出乎意料地在中程导弹和战略性核武器以及阿富汗、常规军事力量以及德国统一等问题上签订了协议。1989 年，东欧发生剧变，

---

① ［俄］阿纳托利·多勃雷宁著，肖敏等译：《信赖：多勃雷宁回忆录》，世界知识出版社 1997 年版，第 679 页。

全球政治格局发生了不可逆转的变化。1989年12月2日至3日，美苏首脑在马耳他会晤，布什和戈尔巴乔夫宣布不再把对方当对手，美苏从竞争转向合作，冷战结束。

许多苏联人认为，戈尔巴乔夫在与美国达成裁军协议时让步过多，没有利用自己的军事资源争取更多利益。或许他们的说法不无道理，但是戈尔巴乔夫考虑的是不惜代价地退出军备竞赛。"他敢于冒那个'险'，这是因为他勇敢地看到，这不会有危险，因为即使我们彻底裁军，也不会有人来进攻我们。为了将国家引上路面坚实的道路，必须抛弃沉重的、耗尽经济实力的军备负担。"①1989年5月16日，邓小平在会见戈尔巴乔夫时说："长期以来，我们面临的国际形势是非常严峻的。冷战和对抗的局面一直没有得到缓和。坦率地说，世界的中心问题是美苏关系。长期以来，总的局势是军备竞赛，水涨船高。戈尔巴乔夫同志在海参崴的讲话全世界人民都看到了，有新内容。""当时我们看到，美苏军备竞赛可能有一个转折，有一个解决的途径，美苏关系可能由对抗转向对话，这是全人类的希望。"戈尔巴乔夫当政期间，苏美举行了7次首脑会晤，双方对话的广度与深度都达到了前所未有的程度，并最终签署了削减战略核武器条约，停止了军备竞赛，并真正开始削减军备。遗憾的是，戈尔巴乔夫并没有利用外部环境的改善来进行内部改革，也没有实现使苏联走出危机的目标，他的改革反而加剧了各种矛盾，最后苏共和联盟解体了。

从冷战的进程来看，冷战是苏联靠军事实力扩大影响的战略目标与美国称霸全球政策迎头相撞的结果。美苏关系过度意识形态化，导致大国关系的变形，美苏的对抗对双方而言，代价都是极大的，教训也是深刻的，这种大国相处的方式与历史发展潮流相违背，应该避免。美苏在冷战中形成的势均力敌的两极体系，在战略武器上旗鼓相当，形成"相互确保毁灭"

---

① ［俄］阿·切尔尼亚耶夫著，徐葵等译：《在戈尔巴乔夫身边六年》，世界知识出版社2001年版，第67页。

的格局，在一定程度上也使美苏能够避免"热战"，因为双方都明白，战争中没有胜利者，但把无数财富浪费在发展军备上，也是一种犯罪。冷战结束后，两极体系被全球化体系所取代，世界开始了真正的全球化进程，一大批新兴国家在这一进程中崛起，改变了由少数国家决定世界命运的国际格局，这是一种历史的进步。

［左凤荣，中共中央党校（国家行政学院）国际战略研究院副院长、教授］

三、两极之外的第三种力量

在美苏两极对抗的世界上，还存在第三种力量，这一力量的主体是摆脱了殖民体系，实现了民族独立的亚非拉新独立的民族国家。对于如何看待国际力量，20世纪70年代毛泽东提出的"三个世界"划分理论，无疑是很有影响的。1974年2月22日，毛泽东在会见赞比亚总统卡翁达等人时说："我看美国、苏联是第一世界。中间派，日本、欧洲、加拿大，是第二世界。咱们是第三世界。"他还说"第三世界人口很多""亚洲除了日本，都是第三世界。整个非洲都是第三世界，拉丁美洲也是第三世界"。从这一论述中我们看到，毛泽东所说的"第三世界"，实际上就是除美苏两大集团之外的国家。1974年4月10日，邓小平在联合国大会第六届特别会议上对"三个世界"划分的思想进行了全面系统的阐述。在两极对抗时期，在对抗的两极之外的第三种力量，对促进世界的和平与发展、促进国际关系的民主化、缓和国际紧张局势发挥了重要作用。

（一）殖民体系的瓦解

20世纪最大的成就是帝国主义几百年以来建立的殖民体系彻底崩溃了。联合国刚成立的时候有51个创始会员国，现在联合国有193个成员国，绝大多数都是第二次世界大战后新独立的原西方强国的殖民地。殖民体系崩溃的第一个重要原因，是英法等殖民强国在第二次世界大战中人力物力消耗过大，遭到了严重削弱，无力再维护殖民地。第二，是殖民地国家人民的觉醒，在欧洲工人运动和十月革命的影响下，许多受民族压迫的国家都建立了政党，以寻求独立。第三，在第二次世界大战中，一些殖民地国家加入宗主国一方参战，在第二次世界大战中经受了军事指导与训练，提高了战斗力。战争结束后，他们无法再容忍被奴役，要求独立。第四，也许也是更重要的，第二次世界大战是一场正义反对邪恶的战争，在战争期间发表的一系列宣言和战后通过的《联合国宪章》，要求给予各民族自由决定自己命运的权利，允许被压迫民族有民族自决权，反对存在殖民体系。

殖民体系首先在亚洲破产。随着殖民帝国的衰落，亚洲国家纷纷走上了独立的道路。1946年法属叙利亚和黎巴嫩独立。随着日本战败，朝鲜半岛出现了两个独立国家。1946年菲律宾独立。1947年英国从印度撤离，印度和巴基斯坦独立。1948年缅甸、斯里兰卡、印度尼西亚独立。法国在日本战败后重返印度支那，企图恢复殖民统治，遭到当地人民的反抗，1954年7月21日，日内瓦会议通过《日内瓦会议最后宣言》，实现了印度支那的停战，结束了法国在这个地区的殖民战争，确认了印支三国的民族权利。美国不愿放手，担心共产主义扩张，在越南进行了10年战争，到1975年不得不撤出，越南实现国家统一。

殖民地国家最多的是非洲大陆。从新航路发现开始，欧洲殖民者便来到非洲大陆，他们除了把2000多万非洲黑人贩运到美洲为奴外，还把非洲变为大国瓜分的对象。1884年11月，英国、法国、比利时、西班牙、意大利、德国、葡萄牙等15个国家在柏林召开会议，以协议形式瓜分了非洲。在第二次世界大战前，非洲只有埃塞俄比亚、利比里亚、埃及3个独立的国家。埃及只是名义上独立，1922年埃及宣告独立时，英国仍保留了在埃及的国防、外交等重要权力。第二次世界大战后，非洲利用国际形势的巨大变化纷纷要求独立。1951年利比亚获得独立。1952年，纳赛尔领导埃及自由军官组织发动政变，推翻英国控制的傀儡政权，建立了埃及共和国。1956年，纳赛尔总统宣布从英、法殖民者手中将苏伊士运河收归国有。1956年突尼斯、摩洛哥和苏丹宣布独立。此后，独立运动在非洲引发了连锁反应，绝大多数非洲殖民地先后获得独立，4亿多非洲人民获得了自由和解放。在北非独立运动的影响下，撒哈拉沙漠以南非洲的独立运动逐渐高涨。1960年被称为"非洲独立年"，这一年有17个非洲国家获得独立：喀麦隆、多哥、马达加斯加、刚果（利）[现刚果（金）]、索马里、达荷美（现贝宁）、尼日尔、上沃尔特（现布基纳法索）、象牙海岸（现科特迪瓦）、乍得、乌班吉沙立（现中非）、刚果（布）、加蓬、塞内加尔、马里、毛里塔尼亚和尼日利亚。这样，非洲独立国家达26个，其面积约占非洲总面积的2/3，人口约占非洲总人口的3/4。1990年，纳米比亚共和国获得独立，纳米比亚为当时非洲最后独立的一个国家，标志着殖民时代的结束。现在，非洲共有60余个国家和地区，其中有54个独立国家。非洲的独立运动改变了非洲的面貌，也使世界殖民体系最终瓦解。非洲的新兴独立国家成为一支重要的反殖反帝力量，在国际舞台上发挥着日益重要的作用。

在非洲国家独立过程中，绝大多数都是宗主国在面对殖民地独立要求时放弃了宗主国地位，允许这些国家独立。也有少数国家在独立过程中经历了战争，典型的是阿尔及利亚。阿尔及利亚是非洲面积最大的国家，位于北非。法国在19世纪中叶征服了阿尔及利亚，将其变成原料基地和战略大后方。二战期间，戴高乐曾向阿尔及利亚人许诺如果帮助法国赢得战争胜利就允许其独立。二战结束后，法国如愿以偿地成为战胜国，它急于修补战争创伤，并没有履行承诺。1954年11月1日，阿尔及利亚"民族解放阵线"开始武装反抗法国人的统治，阿尔及利亚民族解放战争正式打响。1958年9月19日，阿尔及利亚共和国临时政府宣告成立。阿尔及利亚"民族解放阵线"与法国殖民者进行了顽强的武装斗争，给法国殖民者带来了很大损失，从 1955 年到 1959 年，法军死伤数万人，耗费 80 多亿美元军费。1960 年 6 月，法国被迫与阿尔及利亚谈判，同时法国当局进一步强化军事行动，法军从 40 万增加到 80 多万人。法军采取"固守要点，全面封锁"的战略方针，专门修筑了一条长 3000 公里、宽约 1 公里、由数道电网、堡垒、电子报警系统、观察哨、地雷场组成的"莫里斯防线"，企图扼守主要城镇和石油产区，严密封锁阿尔及利亚与突尼斯和摩洛哥的边境。阿尔及利亚解放军多次攻破"莫里斯防线"。阿尔及利亚人民的解放战争得到包括中国在内的许多国家的声援。维护殖民统治不得人心，1962 年 3 月 18 日，法国政府被迫同阿尔及利亚临时政府签订《埃维昂协议》，承认阿尔及利亚人民的自决权。同年 7 月 3 日，阿尔及利亚宣告独立。9 月 25 日，定名为阿尔及利亚民主人民共和国，民族解放战争取得最后胜利。阿尔及利亚独立再一次表明，历史规律是不可抗拒的。有学者评论，"1958 年 5 月戴高乐的东山再起不但是法国历史的分水岭，而且也是战后欧洲史的分水岭。一眼看上去，他似乎不会推动欧洲经济的一体化，更不会毁灭法国的阿尔及利亚。但是，戴高乐永远都不是可以貌相的人。他在现代历史上算得上是一位聪明绝顶的人物，心细如发而又善于思辨，冷嘲热讽让人难以捉摸。他是一个战前人物，但却具有战后思想，确切地说他具有未来思想。他支持君主政体，相信德雷福斯是无辜的。他生来热爱法兰西帝国，也热爱法兰西的外省，所谓乡土法国，但事实上他既结束了法兰西帝国又结束了法兰西的外省"[①]。20 世纪 50 年代中期至 60 年代初期，法国政府不得不承认非洲各法属殖民地相继独立。

拉丁美洲的民族解放运动从 18 世纪末便已经开始，许多国家先后建立。独立后的大部分拉美国家在战后都建立起了稳固的统治基础，并效仿西方一些国家的民主政治体制，为后来的经济发展奠定了基础。1823 年

① ［英］保罗·约翰逊著，李建波等译：《现代——从 1919 年到 2000 年的世界》，江苏人民出版社 2001 年版，第 702—703 页。

开始美国奉行"门罗主义"，把整个拉美看作自己的势力范围。拉丁美洲等国家面对的主要是美国，随着国力增强，美频繁干涉拉美国家政权。1903年，美国入侵哥伦比亚，并策划巴拿马从哥伦比亚独立；同年，又抢占古巴关塔那摩，以充当美军控制加勒比海的基地。第一次世界大战时，美借口防止德国向海地渗透，出兵占领海地。拉美国家远离欧洲，没有受到第二次世界大战战火的影响，经济状况比亚非国家好，但殖民地经济色彩明显。与北美地区相比，拉丁美洲的问题也比较多，有些国家严重依赖大宗商品出口，经济结构单一，在经济发展模式上经常左右摇摆，并受世界经济动荡的影响，这造成拉美国家的政局动荡和经济发展受挫，一些国家的发展进程被打断。

殖民体系的崩溃，改变了联合国的面貌。联合国刚成立时只有51个创始会员国，到1961年9月成员国达到100个，1984年底达到159个，到2006年7月达到192个，现有会员193个。

（二）不结盟运动的兴起

美苏两大军事政治集团的对抗殃及广大中小国家。南斯拉夫是最早被斯大林赶出社会主义阵营的国家。斯大林对铁托的独立性不满，1948年3月，苏联冻结了同南斯拉夫的经济、军事关系，中断了苏南贸易谈判，接着宣布撤走驻在南斯拉夫的军事顾问、教官及一切文职专家。苏联领导人公开指责南共领导人背离了马列主义，并要求撤换南共领导人。1948年6月20—28日，共产党和工人党情报局在布加勒斯特召开第三次会议，在苏共的坚持下，会议最后通过了《共产党情报局关于南斯拉夫共产党情况的决议》，宣布南共"背离了苏联和人民民主国家"，是"民族主义者""富农党"，实际上把南共开除出情报局。此后，苏联和东欧国家对南斯拉夫实行经济封锁和军事威胁，并在1949年11月情报局第四次会议上作出了

《南斯拉夫共产党在杀人犯和间谍掌握中》的决议，煽动南斯拉夫人民起来"战胜""铁托集团"。苏联东欧国家对南斯拉夫实行经济封锁，给南斯拉夫带来了很大困难，铁托被迫去寻找一条适合南斯拉夫国情的独立的发展道路。在1949年9月第四届联合国大会上南斯拉夫总理卡德尔发言，批评"把世界划分为集团和势力范围"，主张各国之间应和平共处、积极合作，主张各国人民的独立以及政治和经济的自由，主张各国人民有权自己选择本国的社会制度，反对一个国家干涉其他国家的内政。南斯拉夫在对内政策上探索不同于苏联模式的自治社会主义，在对外政策上努力缓和与西方，特别是与美国的关系，并在东西方两大阵营对抗的格局中保持中间状态，为不结盟政策打下了基础。

1954年，印度总理尼赫鲁在斯里兰卡发表的一场演说中使用"不结盟"一词，尼赫鲁将一年前中国总理周恩来为处理中印两国政治分歧所提出的和平共处五项原则（即互相尊重主权和领土完整、互不侵犯、互不干涉内政、平等互利和和平共处）作为"不结盟运动"的基础。

1955年4月，29个亚非国家和地区的代表在印度尼西亚首都万隆召开了亚非会议。在万隆会议上，与会的29个亚非国家领导人向世界表明自己不愿意卷入美国和苏联之间的冷战，而将反对帝国主义和殖民主义、争取和维护民族独立、消除贫穷和经济发展作为自己的目标。万隆会议是不结盟运动发展的重要里程碑。

1956年7月，印度总理尼赫鲁、埃及总统纳赛尔和南斯拉夫总统铁托在南斯拉夫举行会议，对当时东西方两大军事集团严重对抗表示不满，三位领导人发表共同宣言反对把"世界分成强有力的国家集团"，提出了不结盟的主张。1960年9月在第15届联合国大会期间，这三位领袖又与印度尼西亚总统苏加诺和加纳总统恩克鲁玛在纽约会晤，磋商建立代表美苏之外的第三股政治势力的机制。

1961年9月1—6日，第一届不结盟国家和政府首脑会议在南斯拉夫首都贝尔格莱德召开，25 个国家的代表参加，除了南斯拉夫外都是亚非拉国家。会议通过了《不结盟国家和政府首脑宣言》，提出不结盟运动宗旨：不参加可能导致卷入大国冲突的军事同盟，不允许在本国建立军事基地。确立了独立、自主、不结盟、非集团的基本原则和宗旨，反对任何形式的殖民主义、帝国主义和新殖民主义，标志着不结盟运动的兴起。会议签订了国际性的裁军条约，消除经济不平衡，废除国际贸易中心的不等价交换。同时宣言还明确表态支持阿尔及利亚、安哥拉、突尼斯、古巴等国的民族解放运动，以及争取中华人民共和国在联合国的席位。不结盟运动逐渐成为独立于超级大国对抗之外的"第三种势力"，它的兴起是促进第三世界崛起的历史性事件。

1964 年 10 月，第二届不结盟国家和政府首脑会议在开罗召开，成员增至 47 个。这次会议除了重申反对殖民主义和帝国主义的立场外，将焦点放在了以色列与巴勒斯坦以及印度与巴基斯坦的冲突上。1970 年，第三次不结盟国家和政府首脑会议在赞比亚首都卢萨卡举行，此次会议发表的宣言与前两次不同，以往主要批评英国等老牌殖民主义国家，此次着重批评美国和苏联的霸权主义。尽管受到了来自苏联的强大压力，会议最终还是通过了《卢萨卡宣言》，宣称"超级大国之间的恐怖均势没有给世界其他地区带来和平与安全"，并指责两个超级大国粗暴干涉别国内政，甚至通过武力颠覆别国政府，呼吁国际关系的民主化。此后，不结盟国家和政府首脑会议实现了机制化，每三年举行一次。1973 年 9 月在阿尔及利亚首都阿尔及尔举行第四次不结盟运动首脑会议，恰逢世界石油危机，经济问题成为会议焦点。但是，这时的不结盟运动其实已经开始被边缘化，一些出产石油的不结盟运动成员国已经跻身"富国"行列。

不结盟运动的成立是发展中国家走向联合自强的新开端。不结盟运动不设总部，无常设机构，无成文章程，各种会议均采取协商一致的原则，如有分歧，各成员国可采取书面形式向主席国正式提出保留意见，以示不受有关决议或文件的约束。不结盟运动奉行独立、自主和非集团的宗旨和原则，支持各国人民维护民族独立、捍卫国家主权以及发展民族经济和文化的斗争，在支持和巩固成员国民族独立和经济发展、维护成员国权益等方面发挥了重要作用，成为国际社会的重要力量。

随着国际形势的变化，不结盟运动也在发生分化。许多国家虽然依然表示奉行独立自主的外交政策，但实际上却不得不屈服于现实政治的考虑，如古巴始终是苏联忠实的盟友，在越南战争中一些中东、东南亚国家倒向美国，甚至连作为不结盟运动创始国之一的印度，也开始倒向苏联。1979年在古巴举行的第六届不结盟国家首脑会上，因柬埔寨（当时被越南占领）的地位问题发生了争执，导致缅甸决定退出不结盟运动。

冷战结束之后，不结盟运动失去了继续存在的价值，各国的重心纷纷从冷战时期的政治领域转移到了经济领域。后冷战时期的多个发展中国家的经济组织在为发展中国家争取利益方面发挥着比不结盟运动更大的作用。值得注意的是，中国和巴西这两个大的发展中国家都不是不结盟运动的正式成员。

（三）争取建立公正合理的世界秩序

在新独立国家作为重要力量登上世界舞台后，这些国家面临的最重要任务是发展，是实现工业化和现代化。为了与不公平、不公正的世界经济秩序进行斗争，也为发展争取良好的国际环境，这些发展中国家走上了联合自强之路，建立了一系列国际组织。20 世纪 60 年代以来，出现了许多由第三世界国家组成的国际组织，除不结盟运动外，还有东盟、非洲国家统一组织、阿拉伯国家首脑会议、伊斯兰国家首脑会议、七十七国集团、安第斯条约组织、石油输出国组织等。

1967 年 8 月 8 日，泰国、菲律宾、印度尼西亚、新加坡四国外长和马来西亚副总理发表《东南亚国家联盟成立宣言》（简称《东盟宣言》），正式宣告东南亚国家联盟（东盟）成立。《东盟宣言》聚焦经济、社会、文化、技术、科学和行政管理等功能性议题，明确反对任何形式的外来干涉，主张依照各国人民的观念和抱负维护其国家认同及其稳定和安全，所有外国军事基地都不能从事伤及本区域国家独立和自由的活动，不能危及各国正常的发展进程。该组织的宗旨是本着平等和合作的精神，通过共同努力来加速本地区经济增长、社会进步和文化发展，奠定一个繁荣、和平的东南亚共同体的基础，并促进地区的和平与稳定，增进地区的组织合作和相互援助，同国际组织保持紧密和有益的合作。东盟成立以来，影响不断扩大，在地区稳定发展中发挥着重要作用。1984 年 1 月文莱独立后加入，1995 年 7 月越南加入，1997 年 7 月老挝和缅甸加入，1999 年 4 月柬埔寨加入。东盟在推进地区经济一体化方面发挥了重要作用，东盟加中国的 10+1 机制、东盟加中日韩的 10+3 机制，推进了地区经济的一体化。2020 年 11 月，东盟 10 国加中国、日本、韩国、新西兰、澳大利亚签署《区域全面经济伙伴关系协定》（RCEP），极大地推进了地区经济一体化的进程，对于克服新冠肺炎疫情对经济造成的冲击发挥了重要作用。

在中东，1960 年成立了石油输出国组织（OPEC，简称欧佩克），协调各国的石油政策，1968 年又成立了阿拉伯石油输出国组织。产油国利用该组织协调成员国的石油政策，采取集体行动，同国际石油垄断公司进行谈判，维护自己的石油利益。在 20 世纪 70 年代，该组织为保护成员国的石油收益，多次迫使西方石油公司签订提高石油标价的协议，并单方面做出提高石油标价的决定，从而取得了调节世界石油价格的支配权，一度使西方国家陷入石油危机，对推动国际经济旧秩序的改革起了积极作用。进入 20 世纪 80 年代后，由于世界石油市场需求量急剧下降，该组织先后采取 "减产保价" 和 "减价保产" 等措施，来保障成员国的利益。

随着非洲殖民体系的崩溃，一系列独立的民族国家在非洲大陆出现。

1963 年 5 月，非洲统一组织成立，促进了非洲民族独立运动的团结。2002 年 7 月非洲统一组织改组为非洲联盟。该组织在维护非洲国家的独立、促进非洲地区的发展上发挥了重要作用。

拉丁美洲各国也加强了团结与合作。1960 年《中美洲经济一体化总条约》签署，旨在建立中美洲共同市场。拉丁美洲国家不愿被美国和苏联的争夺所左右，于 1967 年 2 月签署《拉丁美洲禁止核武器条约》，1969 年 5 月建立了安第斯集团。

调整南北关系，建立新的国际经济秩序，是第三世界国家解决世界发展不平衡问题的必然要求。在旧的国际秩序中，发展中国家出口原料和初级产品，在资金技术上高度依赖西方强国。发展中国家充分利用联合国这一大舞台，在发展中国家的努力下，联合国不再是一两个超级大国为所欲为的场所，逐渐成为第三世界伸张正义的讲坛。1964 年 3—6 月，第一届联合国贸易与发展会议在日内瓦召开，会上 77 个发展中国家联合发表宣言，推动联合国把贸发会议作为常设机构，设立了理事会和秘书处。1974 年联合国大会把第三世界国家要求变革国际经济关系的呼声列入会议日程，通过了《关于建立国际经济新秩序宣言》和行动纲领。同年 12 月，联合国大会通过《各国经济权利和义务宪章》，规定每个国家对其财富、自然资源和经济活动享有充分的永久主权包括拥有权、使用权和留置权，并得自由行使此项主权；每个国家有权对其国家管辖范围内的外国投资加以管理，有权将外国财产的所有权收归国有、征用或转让，但在收归国有时应给予适当的赔偿，并且任何争执均应按实行国有化国家的国内法解决，除非有关各国同意用其他和平解决办法；强调各国应进行合作，以促进较为公平合理的国际经济关系，并在一个均衡的世界经济范围内鼓励结构变革，变革需要符合各国特别是发展中国家的需要和利益，并为此目的而采取适当的措施；各国为发展其民族经济均有成立初级商品生产者组织的权利；国际经济关系应受主权平等、公平互利、国际合作以谋发展等项原则的指导。该宪章还要求发达国家在国际经济合作中应尽可能给予发展中国家非互惠的普惠待遇。

第三世界国家是两极格局之外的重要力量，对促进国际关系的民主化发挥着重要作用，但是，发展中国家本身在发展的过程中也存在许多问题，这在一定程度上限制了其作用的发挥。民族宗教矛盾和利益冲突，造成了一些地区的动荡和战争，伊朗和伊拉克为了争地区霸权进行了长达8年的战争，最后在国际社会干预下才停战。以色列与巴勒斯坦的争端至今都没有解决。发展中国家还受到债务问题的困扰。1982年，拉美各国债务高达3153亿美元，当年需还本付息几百亿美元。许多国家在独立后并没有建立起稳定的政治体制，军事政变、内部冲突时有发生，且时常遇到外来强国的干涉等，这些都制约着发展中国家的发展，也限制了其作用的发挥。尽管如此，第三世界国家作为独立于两大军事集团之外的政治力量，有力地冲击了战后国际关系中的两极格局。

［左凤荣，中共中央党校（国家行政学院）国际战略研究院副院长、教授］

四、美国的单极霸权遭遇挑战

20世纪80年代末90年代初，东欧剧变、苏联解体，二战后形成的两极格局终结，美国成为世界上唯一的超级大国。20世纪的最后10年中，美国的经济总量增长可观，科技创新领先全球，"软实力"也大大增强，超级大国的地位得到了进一步巩固。21世纪后，三次重大危机事件改变了这一局面：一是2001年的"9·11"恐怖袭击事件，二是2008年的世界金融危机，三是2020年以来的新冠病毒肺炎的大流行。回顾历史，重大事件往往会成为改变历史走向的关键转折点。这三次重大危机极大地冲击了美国的单极霸权，危机背后深藏的原因值得我们深入挖掘。

（一）美国谋求单极霸权的实力基础

美国霸权实力是长期积累的结果。早在一战前，美国就凭借强大的经济实力跻身于世界经济强国之列。但由于政治影响力与话语主导权有限，一战后美国想要主导欧洲和全球事务的野心未能充分实现。二战爆发为美国再次争取到了发展的机会。战争初期，美国选择中立，通过向各国出售武器，大发战争财。珍珠港事件后美国加入战争，推动建立反法西斯同盟，成功地联合各种力量，打败轴心国，赢得最终的胜利。经此一战，美国的综合国力空前提升，国际地位也得到了大幅提高。战后，美国强化雅尔塔体系、推动建立联合国、创建布雷顿森林体系等多边机制，逐渐形成对国际经济、政治、制度的主导权。虽然冷战期间，苏联在军事领域对美国的世界地位构成一定威胁，但在经济和科技方面，美国把苏联远远地甩在了后面。1989年12月，美苏首脑马耳他会晤标志着冷战结束。1991年12月，苏联解体，美国少了最大的竞争对手，其谋求单极霸权的野心达到顶点。

1. 美国的经济霸权

冷战结束后，美国经济绝对实力总体上呈现稳步上升态势。从整体经济形势来看，美国国内生产总值总量从1990年时的5.75万亿美元增加到2011年的15.094万亿美元，增长了近1.63倍。除2008年至2009年间美国经济出现衰退迹象，2009年国内生产总值总量有明显下降外，其他年份都保持着稳步增长[①]。同时，与其他主要大国相比，美国国内生产总值的实际增量也是最大的，特别是在克林顿政府时期，美国迎来了新经济时代。这一时期，克林顿政府通过调整财政货币政策、科技与产业政策以及贸易政策，让美国再次进入一个高速发展的阶段。

美元霸权也为美国的霸权战略提供了重要支撑。20世纪70年代初布雷顿森林体系崩溃后，美元地位并没有随着该体系的瓦解而终结。相反，美国凭借其市场开放与发达的、具有广度和深度的金融市场，建立起美元发挥关键货币功能的国际货币体系，以及在此基础上形成了以美元为核心的短期、中长期国际信用周转体系，即"美元体制"。冷战结束后，美元作为全球大宗商品交易的国际性货币地位进一步凸显，在各国经贸联系日益密切的全球化时代，发挥着至关重要的作用。

---

① 仇朝兵：《冷战结束以来美国经济实力之变化》，《中国国情国力》2013年第7期，第55页。

2. 美国的军事霸权

冷战结束后，美国的军事实力达到巅峰。冷战期间，得益于里根政府的"星球大战"计划，美国的军事技术又跃升了一个台阶，为美军建立现代战争体系和新型威慑能力奠定了基础。克林顿政府时期，美军开始新军事革命。冷战结束使得美国的国际安全环境发生巨变，美国国防部在重新评估国防理念和国防计划后，完成了一系列新军事项目的现代化。之后，美国在这些核心项目中投入重金，极大地提升了美军的现代化水平，建设了一批高技术的作战平台并装备了先进武器。

海外军事基地与同盟体系也构成了美国军事霸权的重要组成部分。冷战结束后，虽然因为军事战略的调整以及驻在国民众的反对，美国军事基地的数量较二战后已大大减少，但总量仍多达数百个，居世界第一，分布于140多个国家和地区，驻军高达30多万人。从这些海外基地的地理位置来看，其布局基本控制了全球绝大部分海上咽喉，满足了美国对全球自然资源、科技资源以及人才资源的争夺需要。同时，坚实的军事同盟也为美国的霸权梦提供支持。冷战后期，以苏联为首的华沙条约组织宣布解散，以美国为首的北约却完整保留下来。冷战结束后，北约进行了体制改革，拓展权力运行范围，增强政治与军事效能，内聚力与行动力进一步加强，成为美国跨越大西洋控制欧洲的重要支撑。此外，亚太地区、大洋洲均有美国的军事同盟，从而形成对这些地区的有力控制。

3. 美国的制度霸权

与历史上出现的霸权国有所不同，美国企图通过制度控制世界。二战结束后，美国就开始着手构建由其主导的国际制度。首先，在政治和安全领域，联合国的成立充分体现了美国民众的价值观和政治传统，美国人甚至将其视为自己的"一系列伟大的实验"之一。其次，在经济领域，由美国主导建立的，由国际货币基金组织、世界银行和关贸总协定（之后被世界贸易组织取代）组成的布雷顿森林体系确立了美国控制世界经济的霸权布局。再次，美国搭建了以《反弹道导弹条约》《不扩散大规模毁灭性武器及其运载工具制度》以及数十个限制和削减武器的协定为基础的军控制度框架，确保美国在军事上的绝对优势地位。冷战结束后，以上的制度性规范绝大多数仍在正常运作，为美国寻求单极霸权提供了制度保障。

4. 美国的文化霸权

美国自建国起就热衷于文化输出，这根植于美国自身的价值理念。从五月花号上的清教徒抵达北美大陆东海岸时起，他们就力图要将这片土地建设成为"真正的民主国家"。因此，美国人始终认为美国就是世界的典范，并且他们有责任将先进的制度与价值观向世界各个角落传播。随着美国实力的壮大，文化输出日益成为美国称霸的重要组成部分。在文艺领域，美国的文化霸权主要表现为美国影视作品、音乐作品和文学作品的感召力与吸引力，各种奖项，如奥斯卡、格莱美和普利策等奖项已成为业界的标杆。在教育领域，美国的教育制度吸引了来自世界各地的民众，引领着全球教育的潮流。冷战结束后，赴美留学的人数不断上升，世界多个国家和地区以美国的教育体系为标准和样板进行教育改革。在意识形态领域，美国一直大力推广自由、民主和人权等普世价值。此外，美国将文化输出同本国的经济发展相结合，形成相互促进之势。比如，塑造"美国梦"，使大量移民涌入美国，为美国经济腾飞注入一股股新鲜血液；向全世界传播"美国式消费主义"的大众文化，将文化与商品融合，促进美国文化产业的发展。

（二）全球化冲击美国单极霸权

美国想要打造单极世界的企图主要基于自身强大的实力和对国际形势的判断。虽然美国拥有塑造单极霸权的实力基础，但国际形势的走向却并未按照美国手中的剧本发展。冷战结束后，两极格局解体，国际上实际形成了一超多强的局面。美国仍是唯一的超级大国，但其单极霸权梦受到来自"多强"的冲击。这本质上是由于全球化的持续推进。事实上，世界早已开始了全球化的进程，20世纪三四十年代以来一批新兴技术开始兴起，诸如原子能技术、空间技术、电子计算机技术、激光技术等，为全球化的发展按下了快进键。

1. 经济全球化冲击美国的经济霸权

经济全球化是受到生产力推动并紧随社会分工国际化衍生而来的，属于客观的发展趋势，它并不会因为个人意志发生转移，因此任何国家都无法避免。虽然经济全球化的过程主要由西方发达国家主导，他们是最大的受益者，然而发展中国家也凭借自身特有的优势，在经济全球化的过程中获得了前所未有的发展机遇，进而冲击美国的经济霸权。

经济全球化的特征之一是贸易的自由化。在这一背景下，世界多边贸易体制逐渐成熟，国际贸易的增长速度不断加快，商品在不同国家、不同地区的流动更是达到前所未有的规模。发展中国家凭借部分商品物美价廉的优势，出口到发达国家的数量逐年增加，甚至在某些领域出现对发达国家巨大的贸易顺差。以中美两国间的贸易往来为例。据中国海关统计，2018年，中美双边货物贸易总额6335.2亿美元，同比增长8.5%，占同期中国货物进出口总额13.7%。其中，中国对美国出口4784.2亿美元，同比增长11.3%，占中国货物出口总额19.2%；自美国进口1551.0亿美元，同比增长 0.7%，占中国货物进口总额 7.3%。中国对美货物贸易顺差 3233.3 亿美元，同比上升 17.2%。相关数字仍在不断扩大。另外，据美国商务部公布的数据，2018 年全年，美国对外贸易逆差达 6210 亿美元，较 2017 年增加 688 亿美元，增幅 12.5%，为 10 年以来最大贸易逆差。巨大的逆差数字给美国带来不小压力，特朗普政府时期为了扭转这一不利形势，美国政府不惜挑起同多国的贸易战，但成效甚微。

经济全球化的特征之二是生产的国际化。以互联网为标志的科技革命从时间和空间上缩小了各国之间的距离，促使世界贸易结构发生巨大变化，生产要素跨国流动已成为平常事。一款产品从研发、制造到最终的销售要经历多国的游历，发展中国家在其中发挥着重要作用。起初，跨国公司看中的是发展中国家的廉价劳动力，纷纷在当地设厂招工。可时间一久，发达国家开始面临自家工厂的外流，本国的就业情况持续恶化。美国虽已认识到了这一点，并且呼吁美国企业将工厂迁回，但这并不是解决问题的根本办法，寻求商品生产链成本的优化，力争获得商品的最低价格，已是全球化时代经济的自然法则，想扭转恐怕并不容易。

经济全球化的背景下，国与国间的互动越来越频繁、深化，涉及商品、技术、资本、生产等各个经济领域，世界经济已连成一片，甚至达到牵一发而动全身的程度。发展中国家与发达国家的经济差距也在缩小。2010 年，中国 GDP 超过日本，成为仅次于美国的世界第二大经济体。巴西、印度、南非等国的经济近年来也保持着乐观增长。美国想要凭借一己之力打造其经济帝国已经行不通。

2. 政治格局多极化制约美国的制度霸权

马克思主义认为，经济基础决定上层建筑。经济基础是上层建筑赖以存在的根源，上层建筑是经济基础在政治上和思想上的表现。经济全球化推动了政治多极化，并且这一趋势正在不断加强，美国的制度霸权遭遇挑战。

首先，各国都在积极寻求独立自主与政治权利。以美国的坚实盟友日本为例。日本的经济在20世纪50至80年代实现重振与腾飞，并在进入70年代后超过德国长期居于世界第二的位置。经济实力强大后，日本开始谋求政治上的独立。美日两国签订的重要同盟条约《日美安全保障条约》经过几次修改，在此过程中日本均要求更多的对等性与自主性，希望美国减少对日本国内事务的干预。在国际舞台，日本也在不断尝试活跃于联合国大会、G7峰会等多边场合，谋求向政治大国转型。日本对美国离心倾向明显，日美同盟根基有所松动。事实上，除日本外，西欧各国、有美国"后院"之称的南美各国在政治上均有独立自主的表现，美国无法再利用超级大国的身份震慑甚至是威胁盟友。此外，近年来发展中国家在国际舞台上的表现也十分亮眼，给美国造成不小的压力。随着经济全球化的发展，"南南合作""南北对话"日益增多，发展中国家开始在不同的场合发出自己的声音，希望国际政治经济秩序朝着更加合理的方向发展，比如G20峰会、七十七国集团等，使得美国无法再忽视其合法的利益与诉求。同时，为了获得更好的发展，发展中国家也开始尝试构建符合自身发展利益的框架协议。比如，2012年东盟国家发起《区域全面经济伙伴关系协定》（RCEP），2022年1月1日已经正式实施，目前协定有效成员数为12个；2013年中国提出"一带一路"倡议，目前已获得100多个国家和地区的积极响应；2018年，日本、加拿大、澳大利亚、智利、新西兰、新加坡、文莱、马来西亚、越南、墨西哥和秘鲁签署《全面与进步跨太平洋伙伴关系协定》（CPTPP），2020年11月，中国领导人明确表示将积极考虑加入该协定；2021年1月1日，非洲大陆自贸区（AfCFTA）启动，成为非洲区域一体化和经济转型的一个重要里程碑。

其次，国际关系舞台上的行为体更加多元化。如果说历史上民族国家一直是国际关系互动中最重要的行为主体，那么随着经济全球化的推进，经济、社会、宗教、文化、科技、环境等非政治、军事化因素的作用增强，极大地丰富了国际关系的内涵，国际组织、跨国公司乃至各种各样类型的非政府组织都已成为活跃的国际行为主体。从数量上看，政府间国际组织从一战前的 50 多个发展到 20 世纪 90 年代以后的 300 多个，非政府间国际组织从一战前的 170 多个发展到 20 世纪 90 年代后的 4600 多个①。从活动领域上看，非国家行为体渗透于国家间经济、政治、文化、外交等各种活动领域，显然已成为当今国际社会不容忽视的一部分。第二次世界大战后美国主导建立的国际组织与规则体系仍然存在，但随着新成员国的加入，以及新的国际组织和非政府组织的不断涌现，美国的主导作用正在被稀释。各国、各个组织的利益相互交织，美国无法再对某个国家发号施令，也无法再独善其身。

再次，各国追求互利共赢，意识形态分歧被淡化。冷战放大了国家间的意识形态与制度分歧。冷战结束后，随着经济全球化的推进，国与国之间的互动开始转向务实合作，各国都希望利用全球化的时机促进自身的发展，根据意识形态选边站队已经成为"过去式"。美国企图打着意识形态的幌子实施霸权行径，已不再被绝大多数国家所接受。另外，经济全球化的进程也带来了一系列问题，尤其是非传统安全领域逐渐对世界各国构成一定的威胁，包括生态环境安全、信息安全、资源安全、恐怖主义、武器扩散、疾病蔓延、跨国犯罪等。对美国造成巨大破坏的"9·11"事件就是现代恐怖主义势力向世界发出的一次警告。各国仅凭一己之力已无法应对各种问题，只有通过与别国的协商、合作，才能聚各方之力，为自身发展争取和平、稳定的环境。

---

① 陈颂良：《经济全球化背景下国际关系的新变化与挑战》，《理论月刊》2004 年第 8 期，第 116 页。

（三）国内诸多难题制约美国霸权

"9·11"事件与2008年金融危机的爆发，使国际关系学界开始了对一个问题新一轮的热切讨论：美国霸权是否已经衰落？这样的疑问自20世纪50年代以来就有过多次争论，不同的学者有不同的看法。有些学者认为，2008年金融危机的爆发是美国走下"神坛"的标志，昔日的超级大国已经失去了光彩；另一些学者则认为，美国具有强大的自我纠错与调整的能力，目前的问题不会对美国的综合实力造成大的影响，待美国恢复之后，仍具有称霸的实力。不论是哪种观点，不可否认的一点是，美国确实正在经历一种相对衰落。这背后不仅有来自外部的冲击，更重要的是美国自身出现了棘手的问题。2020年突如其来的新冠肺炎疫情再一次给美国造成巨大打击。经济方面，2020年美国实际GDP萎缩3.5%，创1946年以来最大年度跌幅。这也是美国经济自2008年金融危机以来首次出现全年萎缩。政治方面，2020年总统大选将美国的党派斗争和极化政治演绎得淋漓尽致，两党在诸多议题上形成"为了反对而反对"的态势。社会方面，疫情之下，美国的种族、阶层间的不平等进一步凸显，由弗洛伊德事件引发的"黑人的命也是命"运动、针对亚裔的仇恨犯罪以及中下阶层民众居高不下的失业率，深刻揭露出美国社会内部正在经历的撕裂。

1. 经济发展失衡

新经济时代的泡沫破裂之后，美国经济增长点迷失，经济发展空间受限。首先，创新科技等优势相对减弱。曾经，美国经济霸权的重要支撑点之一就是其领先全球的创新科技，如今这一优势再难现20世纪90年代的辉煌。2000年互联网泡沫破灭，小布什政府上台后"9·11"事件突发，迫使美国将战略资源与战略关注转向安全领域，并以打击恐怖主义为重点，开发新技术的脚步放缓，迄今尚未找到使其生产力出现革命性变革的产业[1]。即使之后发现纳米科技、新能源页岩气等，其领先程度也无法与曾经的信息、生物技术的绝对优势相提并论。其次，美国正面临金融发展过度压倒实业的窘境。在这种情况下，金融资本主要用于自身系统的运作和增值，减少了对实业的资金服务甚至在很大程度上主导实业，结果是金融业恶性发展、实业急剧衰退[2]。2000—2010年，美国制造业中产品研发、设备更新之类的资本投资下滑超过了1%，在汽车制造等行业中，这种下滑更为明显，下滑比例高达40%。实业发展的动能与创新力不足造成了美国经济增长率的下降。由于实业的低迷，美国已陷入产业空心化、本土工作岗位流失，以及工人薪酬下降等困境。金融大亨获得资金后并没有投资于本土的实业企业，而是将钱继续投入房地产及股市，制造了百年难见的房地产与股市泡沫，酿成金融危机。而以美国现有的政治和经济结构，想要回归金融和实业的良性互动面临不少困难。

巨额债务一定程度上制约着美国经济的发展。美国目前是全球第一大负债国。根据美国 US Debt Clock 网站的实时统计数据，截至北京时间2021年3月15日下午，美国国家债务总额已经超过28万亿美元，平均到每个纳税人身上有约2.24万美元，达到二战以后的最高值。债务占GDP比重已经达到129.81%，其中2/3由公众持有，包括外国政府、个人和企业；剩下的1/3则是政府内部债务，由其他政府机构持有。适度的国家负债有益于推动经济发展，但从长期来看，背负过多的债务会对经济发展产生不利影响。为减少财政赤字、控制债务规模，美国财政预算总体会处于较为紧缩的状态。不仅国内的财政投入会相应缩减，美国在全球的资源投入水平也会下降，从而进一步制约美国各项内外政策的实施。

---

[1] 袁鹏：《金融危机与美国经济霸权：历史与政治的解读》，《现代国际关系》2009年第5期，第3页。

[2] 卢凌宇、鲍家政：《从制造者到索取者：霸权衰落的逻辑》，《世界经济与政治》2019年第9期，第86页。

2. 政治极化现象严重

在当下对美国政治的诊断中，"极化"成为其主要的症状。大致表现为美国国内社会的各种价值观念和政治诉求极其繁多，相互间的共识越来越少，有些派别之间甚至达到水火不容的程度。在这种多元极化中，政党极化表现得最为突出。美国学者史蒂文·赫斯特德曾指出，从1944年至1964年，共和党与民主党在总统选举中谈及对外政策议题时，对47%的议题是有共识的，只在6%的议题上存在严重分歧。但自20世纪70年代以来，两党分歧日益严重①。尤其在特朗普政府时期，共和党与民主党可谓将党派分歧演绎得淋漓尽致。近年来，美国国内中间温和派选民数量减少，更多选民的诉求表现出极左或者极右的特征，而政党往往能迅速捕捉到这些特征，反映在其政党纲领和大选中以获得选民的支持。特朗普善于抓住选民的心理，反对政治精英，承诺上任后会为美国中下层白人民众谋取更多利益，加上其特立独行、口无遮拦的表现与历任总统都不同，在2016年的总统大选中最终打败民主党人希拉里成功当选。这为两党分歧埋下伏笔。以民主党人、众议院议长佩洛西领衔的国会众议院同特朗普展开多轮缠斗，针对特朗普的两次弹劾就是最直接的证明。历史上，美国国会对于启动弹劾程序十分谨慎，特朗普之前仅有3位总统被弹劾过。民主党人主导的两次弹劾虽然形式大过结果，但充分体现了两党间的激烈斗争。2020年的总统大选更是将政党极化推向顶点，这背后则是美国民主自产生之初就存在的固有矛盾和制度困境。首先，美国宪法体系对政党规制有所忽视，导致美国政党缺乏法律的有效规范；其次，美国总统权力的迅速扩张导致三权分立失衡，加强了以总统选举为核心的政党斗争；另外，美国较强的多数选举原则虽确保两党制的长期稳定存续，但也限制了选民的政治选择

---

① 杨卫东：《美国霸权地位的衰落——基于政治领导力的视角》，《国际论坛》2021年第1期，第53页。

和参与的意愿，导致选民投票率下降、选举结果失衡和少数人民主等问题。

政治极化背后反映出的是美国政治制度、规则方面的症结。美国式的自由民主体制以代议制、选举制、两党制和三权分立为总体框架，这种政治制度和规则设计，在一定程度上为政治极化提供了条件。20世纪70年代以来，相关制度与规则设计经过一系列改革之后，加剧了政治极化。例如，现代美国的政党初选制度更为直接和开放，导致政策主张更加极端的候选人更容易获胜，由此扩大了党派间的政策分歧。又如，民主、共和两党每10年一次的选区重划，增加了各自基于自身利益而进行操纵的概率，各自的"安全选区"增多、"摇摆选区"减少，加速了政党极化的趋势。总之，美国的政治制度和规则已成为两党斗争的有效工具，很大程度上降低了政府政策出台及实施的效率。各种民生问题得不到及时解决，进一步加剧了民众的不满，而这种不满又会反过来表现在选票上，形成恶性循环。

3. 社会面临空前分裂

2020年的总统大选让世界看到了一个空前撕裂的美国。特朗普与拜登的相互攻击，多地爆发拒绝接受大选结果的游行示威，持不同政治立场的团体和民众纷纷上街发泄不满，甚至演变为对国会的暴力冲击，这一系列令人唏嘘的政治事件背后，反映出的是美国社会分裂的残酷现实。

揭开美国整体实力强劲的面具，显露出的是美国巨大的贫富差距。目前，美国在西方国家中贫富分化最为严重。在收入分配方面，美联储2019年的数据显示，过去10年，美国最富裕的1%家庭掌控了美国上市公司和私营企业一半以上的股权。截至当年第二季度末，美国最富裕的1%的家庭拥有约35.4万亿美元资产，几乎与全美整个中产和中上阶层所拥有的财富总额相当。而从1989年至2018年，最底层50%的家庭财富净增长基本为零①。美国贫富分化的另一大表现是中产阶级的规模持续萎缩。美联社 2016 年曾报道，美国 90% 城市中的中产阶级境况趋于恶化，不少美国家庭已掉出中产阶级行列。盖洛普公司同年发布的研究报告显示，将自己定位为中产阶级或中上阶层的美国人从 2000 年至 2008 年的平均 61% 降到了 2016 年的 51%，这意味着至少有 2500 万人的经济生活质量急剧下滑②。贫富差距导致美国中下阶层在居住地选择、医疗、就业、教育、住房和退休养老诸等方面的支配权日益缩小甚至丧失。无家可归者生存状况恶劣，美国每年都有数百万人因交不起房租而被赶出住房。贫困压力导致民众健康状况下降。联合国官员曾表示，美国与同等发展水平国家之间的"健康差距"继续拉大，其国民预期寿命更短，更容易得病身亡。低收入人群还在逐渐失去平等的受教育机会。近年来，美国富人阶级花高价送子女进顶尖名校学习的报道屡见不鲜，有钱人家的孩子所享受的教育资源已远远超过中低收入家庭的子女。贫富分化已成为酿成美国社会矛盾的主要原因。

与移民问题相关的种族矛盾等也成为美国社会的顽疾。过去，移民为美国经济、社会以及文化的发展注入了活力，美国也曾被形象地比喻为"大熔炉"。但是，随着近年来白人人口占比的持续减少，以及"9·11"事件与 2008 年金融危机的冲击，美国白人民众同少数族裔的相处出现了裂痕。目前，美国的人口状况正面临一个基本事实：白人人口占比正在下降，拉美裔和亚裔美国人占比呈现明显增长。根据美国人口普查局的数据，到 2019 年，白人人口所占比例下降了近 9 个百分点，降至 60.1%。拉美裔和亚裔美国人的比例则分别增长到 18.5% 和近 6%。此外，白人人口数量在 2016 年至 2019 年期间出现连续 3 年下降。虽然白人人口仍占据美国人口比例的一半以上，但人口多元化的趋势愈加明显。这让白人内心的焦虑与

---

① 郭言：《美国社会分裂鸿沟难以弥合》，《经济日报》2020 年 11 月 29 日。

② 中国人权研究会：《贫富分化导致美国人权问题日益严重》，《人民日报》2020 年 7 月 15 日。

不安全感不断增加。同时，相当一部分中下层白人将收入、工作、福利状况变差的原因指向少数族裔，认为是其抢占了他们的社会资源，种族歧视现象屡见不鲜。而特朗普政府时期针对非法移民采取的一系列政策，包括"禁穆令"、骨肉分离政策、修建边境墙、减少签证颁发数量等，进一步激化了种族矛盾。在2020年新冠肺炎疫情的大背景下，美国的种族问题被放大。以非洲裔美国人弗洛伊德被白人警察压颈致死为导火索，美国爆发大规模示威游行，疫情期间亚裔群体遭歧视、殴打等消息被频频曝出，可见种族矛盾在美国仍普遍存在。

冷战结束后，美国以胜利者自居，没有看到自身面临的危机和问题，而是把注意力放在国外，发动伊拉克战争和阿富汗战争，耗费了国力，并没有解决问题。奥巴马意识到了问题的存在，在竞选中提出"我们需要变革"的口号，但奥巴马第一任期不得不集中精力缓解2008年金融危机给美国带来的负面影响，第二任期又转向较为保守的政策，美国面临的问题没有得到充分解决。特朗普政府上任后，大肆宣扬"美国优先"，还想维护美国单极霸权，四面出击，实行了一系列偏激的内外政策，美国的软实力受到很大削弱。无论是多次"退群"，要求盟友承担更多义务，还是面对疫情一味甩锅、拒不与他国合作，美国作为超级大国的国际形象受到较大损害，国内则愈加分裂。从历史发展趋势看，在不可抵挡的全球化浪潮和世界大变局中，美国已经无法再维持单极霸权。拜登上任后，强调要与盟友团结合作，以应对来自中国和俄罗斯的挑战。中美两国恢复了对话与沟通，拜登政府寻求在气候变化、全球疫情防控等方面加强与中国的合作。为了维持美国的世界地位，拜登需要集中精力解决国内问题，重视抗击疫情，恢复和发展经济，修补民主制度，努力弥合社会分裂。俄乌冲突发生后，美国与欧盟迅速采取行动，以应对俄罗斯的威胁。美欧协调立场，接收乌克兰难民，对俄罗斯进行严厉的经济、贸易和金融制裁，北约迅速增强了在东欧地区的军事力量，并向乌克兰提供军事援助。美国与欧盟关系得到加强，其国内两党在应对俄罗斯的问题上也有高度共识，美国的国际影响力得到进一步提升。

［魏雪巍，中共中央党校（国家行政学院）国际战略研究院博士研究生］

五、新世纪的新现象：新兴国家群体性崛起

　　新兴国家的群体性崛起是21世纪世界政治中最令人瞩目的现象之一，也是百年未有之大变局的最显著特征之一，为开辟南南合作新局面与塑造国际经济新秩序提供了强大动能。以中国、俄罗斯、印度、巴西等非西方大国为首的新兴市场力量不断推进现代化与工业化进程，在全球供应链、产业链和价值链中持续升级，缩小了同传统发达国家的实力差距。新兴国家的群体性崛起与全球治理体系的改革是一体两面的关系。新兴国家自发合作，以国际制度为平台，就共同关切的全球问题提出自主的认知与方案，推动全球治理体系朝着更为公平正义的方向转型。这些行为挑战了霸权国家的实力地位及其所主导的国际秩序，增加了国际政治的不确定性。

（一）新兴国家的特征与身份建构

　　在任何时空条件下的国际体系中，新兴国家与霸权国家构成了一对主要矛盾。在传统国家间政治中，新兴国家通常具有军事、政治内涵，与"修正主义国家""潜在争霸国"等身份相联系。当新兴国家缩小同霸权国家的实力差距时，对现有国际秩序的权力分配现状的不满程度随之上升。根据实力转变理论，当新兴国家综合实力达到霸权国家的80%时，

便成为名副其实的争霸国。21世纪的新兴国家呈现两大特点：第一，自二次世界大战结束以来，大国间战争不再作为国际秩序变革的最主要路径，国际政治的权力竞争发生本质变化。新兴国家更多指的是新兴市场国家，其所呼吁改革的国际秩序也侧重于经济领域。德国、日本作为20世纪七八十年代成功的新兴国家，依赖的并非军事实力，而是在世界经济中因势利导，创造出自身的竞争优势。第二，新兴国家多数为南方国家，参加过不结盟运动，构建过第三世界的集体认同，致力于建立国际经济新秩序。1955年万隆会议所确立的尊重主权与领土完整、不干涉他国内政、互利合作等原则，依然指导着这些新兴国家的国际交往实践。坦桑尼亚总统尼雷尔认为，"火车头"国家的缺位是冷战时期南南合作失败的重要原因。"火车头"国家必须具备一定经济实力、多元的经济结构以及恪守承诺的领导人，从而为南南合作提供必要而持久的动力。这些新兴国家有望解决领导赤字问题，为新时期南南合作的成功提供可能性。

"金砖国家"等新兴国家集团最初属于投资概念。世纪之交，高盛首席经济学家吉姆·奥尼尔敏锐地意识到巴西、中国、印度和俄罗斯等大型新兴经济体的增长潜力，把这四国合称为"金砖国家"。而后，吉姆·奥尼尔又力推"新钻11国""MIKT国家"[①]"薄荷国家（MINT）"[②]等概念。根据实力标准，新兴国家可以细分为新兴大国和新兴中等强国。巴西、中国、印度和俄罗斯可纳入新兴大国的范畴。阿根廷、印度尼西亚、韩国、墨西哥、南非、沙特阿拉伯以及土耳其等国属于新兴中等强国范畴。从2000年至2019年，11个新兴国家的国内生产总值从4.94万亿美元增加到27.86万亿美元，占全球国内生产总值比重从14.66%上升至30.93%。其中，尤以中国、印度的发展成就最为突出。中国在2010年跃居为全球第二大经济体，在2019年占全球国内生产总值比重达16.34%。印度则

---

① MIKT为墨西哥、印尼、韩国与土耳其的英语首字母缩写。

② MINT为墨西哥、印尼、尼日利亚与土耳其的英语首字母缩写。

在2019年跃升全球第五大经济体，占全球国内生产总值比重为3.27%（见下面两表）。

表1-1：2000—2019年全球主要经济体的国内生产总值（单位：万亿美元）

	2000	2005	2010	2015	2019
阿根廷	0.28	0.20	0.42	0.60	0.45
巴 西	0.66	0.89	2.21	1.80	1.84
中 国	1.21	2.29	6.09	11.06	14.34
印 度	0.47	0.82	1.68	2.10	2.87
印度尼西亚	0.17	0.29	0.76	0.86	1.84
韩 国	0.58	0.93	1.14	1.47	1.65
墨西哥	0.71	0.88	1.06	1.17	1.27
俄罗斯	0.26	0.76	1.52	1.36	1.70
沙特阿拉伯	0.19	0.33	0.53	0.65	0.79
南 非	0.14	0.26	0.38	0.32	0.35
土耳其	0.27	0.51	0.78	0.86	0.76
澳大利亚	0.42	0.69	1.15	1.35	1.40
加拿大	0.74	1.17	1.61	1.56	1.74
法 国	1.36	2.20	2.64	2.44	2.72
德 国	1.94	2.85	3.40	3.36	3.86
意大利	1.14	1.86	2.13	1.84	2.00
日 本	4.89	4.76	5.70	4.39	5.08
英 国	1.66	2.54	2.48	2.93	2.83
美 国	10.25	13.04	14.99	18.22	21.43

资料来源：世界银行"世界发展指数"（WDI）数据库。

表1-2：2000—2019年全球主要经济体占全球国内生产总值的比重（%）

	2000	2005	2010	2015	2019
阿根廷	0.85	0.42	0.64	0.79	0.51
巴　西	1.95	1.88	3.34	2.40	2.10
中　国	3.60	4.81	9.21	14.71	16.34
印　度	1.39	1.73	2.53	2.80	3.27
印度尼西亚	0.49	0.60	1.14	1.14	1.27
韩　国	1.71	1.97	1.73	1.95	1.88
墨西哥	2.11	1.85	1.60	1.56	1.45
俄罗斯	0.77	1.61	2.31	1.81	1.94
沙特阿拉伯	0.56	0.69	0.80	0.87	0.90
南　非	0.41	0.54	0.57	0.42	0.40
土耳其	0.82	1.07	1.17	1.15	0.87
澳大利亚	1.23	1.46	1.73	1.80	1.59
加拿大	2.21	2.46	2.44	2.07	1.98
法　国	4.05	4.62	4.00	3.24	3.09
德　国	5.78	5.99	5.14	4.46	4.40
意大利	3.40	3.91	3.23	2.44	2.28
日　本	14.54	10.01	8.62	5.84	5.79
英　国	4.93	5.34	3.74	3.89	3.22
美　国	30.49	27.43	22.67	24.23	24.41

资料来源：世界银行"世界发展指数"（WDI）数据库。

　　投资概念转变为政治概念取决于新兴国家之间、新兴国家与发达国家之间的身份理解与认同。在政府间层面，最先意识到新兴国家角色的不是自身，而是它们的赶超对象——七国／八国集团。八国集团自2003年认识到既有制度现状的代表性赤字问题，开始邀请巴西、印度等非西方国家参加八国集团峰会。2007 年，八国集团邀请巴西、中国、印度、墨西哥和南非五国（被称为 Outreach-5，即外延五国），参与海利根达姆进程就主要经济议题展开磋商，形成了"G8+5"的格局。面对这些建设性接触，同为南方国家的外延五国担心在八国集团中难以掌握议题主导权，反而会削弱发展道路选择的自主性。它们开始就共同关心的全球治理议题协调立场，如 2003 年由巴西、印度与南非成立的印巴南论坛（IBSA），2009 年由巴西、中国、印度和南非组成的"基础四国"（BASIC）气候变化议题联盟等。俄罗斯虽然在 1998 年加入七国集团而形成八国集团，但是西方国家仍然保留七国集团机制，在全球经济治理议题上边缘化俄罗斯。貌合神离的八国集团在 2014 年因克里米亚危机而瓦解。

自 2000 年至 2019 年，11 个新兴国家的经济增长率整体上显著高于 8 个发达国家，领先于全球平均水平（见表 1-3）。11 个新兴国家对世界经济增长的贡献率整体为 41.01%，而 8 个发达国家的贡献率则为 37.28%（见表 1-4）。2008 年的金融危机是新兴国家身份普遍觉醒的催化剂，为新兴国家国际地位的提升与合作深化提供契机。全球经济和主要发达经济体经济普遍陷入低迷，而新兴经济体中的中国、印度继续维持高速增长。对危机中心的美国而言，加强同新兴国家关系既有利于增强其应对金融危机的能力，也可以用来制衡欧盟，美国因此在 2008 年主办第一次二十国集团首脑峰会，这标志着新兴大国和部分发展中国家进入全球治理机制核心决策圈，初步获得全球经济治理制度化、机制化权力[1]。

---

[1] 何亚非著：《选择：中国与全球治理》，中国人民大学出版社 2015 年版，第 41 页。

表1-3：2000—2019年全球主要经济体的国内生产总值增长率（%）

	2000	2005	2010	2015	2019
阿根廷	−0.79	8.85	10.13	2.73	−2.09
巴　西	4.39	3.20	7.53	−3.55	1.14
中　国	8.49	11.39	10.64	7.04	6.11
印　度	3.84	7.92	8.50	8.00	4.18
印度尼西亚	4.92	5.69	6.22	4.88	5.02
韩　国	9.06	4.31	6.80	2.81	2.04
墨西哥	4.94	2.31	5.12	3.29	−0.05
俄罗斯	10.00	6.40	4.50	−1.97	1.34
沙特阿拉伯	5.63	5.57	5.04	4.11	0.33
南　非	4.20	5.28	3.04	1.19	0.15
土耳其	6.93	8.99	8.43	6.08	0.92
澳大利亚	3.93	3.20	2.07	2.19	2.16
加拿大	4.92	5.00	3.09	0.66	1.66
法　国	3.92	1.66	1.95	1.11	1.51
德　国	2.91	0.73	4.18	1.49	0.56
意大利	3.79	0.82	1.71	0.78	0.34
日　本	2.78	1.66	4.19	1.22	0.65
英　国	3.44	3.18	1.95	2.36	1.46
美　国	4.13	3.51	2.56	2.91	2.16

资料来源：世界银行"世界发展指数"（WDI）数据库。

表1-4：2000—2019年全球主要经济体对世界经济增长的贡献率（%）

新兴国家	世界经济增长的贡献率	发达国家	世界经济增长的贡献率
阿根廷	0.30	澳大利亚	1.81
巴　西	2.19	加拿大	1.84
中　国	24.24	法　国	2.50
印　度	4.43	德　国	3.54
印度尼西亚	1.76	意大利	4.43
韩　国	1.98	日　本	0.36
墨西哥	1.04	英　国	2.16
俄罗斯	2.66	美　国	20.64
沙特阿拉伯	1.11		
南　非	0.40		
土耳其	0.90		

资料来源：世界银行"世界发展指数"（WDI）数据库。

　　金砖国家机制也在这一关键时刻应运而生。2009年6月，巴西、中国、印度以及俄罗斯在叶卡捷琳召开金砖国家首次领导人峰会。在2011年吸纳南非加入金砖国家机制后，金砖国家成员覆盖了亚非拉三个大陆，开创金砖五国（BRICS）的格局。金砖五国持续深化战略伙伴关系和扩展合作领域，形成政治安全、经贸财金、人文交流"三轮驱动"的格局。除金砖国家外，墨西哥、印度尼西亚、韩国、土耳其同澳大利亚在2013年成立中等强国合作体（MIKTA），在能源、反恐、维和、经贸、性别平等领域谋求合作。金砖国家等新兴国家还致力于合作红利的分享，起着南南合作"火车头"的作用。新兴国家还积极探索"一国对多边的伙伴关系"模式。中国政府在新世纪陆续成立中非合作论坛、中阿合作论坛、中拉合作论坛。印度、土耳其、伊朗和俄罗斯也先后主办面向非洲国家的首脑峰会。

（二）新兴国家群体性崛起的制度选择

新兴国家群体性崛起存在着两个指标。第一是实力指标，即新兴国家整体的政治经济实力能够同以美西方为主的发达国家群体处于同一水平。第二是地位指标，即新兴国家在主要国际制度中能够同发达国家平等地分享权力。制度地位是实力地位之"锚"。自二战结束以来，美国通过构筑以国际货币基金组织、世界银行和关贸总协定为核心的布雷顿森林体系，主导着国际经济秩序。基于同样的逻辑，新兴国家需要扩大在国际制度中的发言权与代表性，嵌入反映自身偏好的国际规则，为本国发展营造良好国际环境。习近平总书记强调，推进全球治理体制变革已是大势所趋。这不仅事关应对各种全球性挑战，而且事关给国际秩序和国际体系定规则、定方向；不仅事关对发展制高点的争夺，而且事关各国在国际秩序和国际体系长远制度性安排中的地位和作用。[①]

国际制度是界定国家间合作与竞争方式的一系列规则。主权国家可以在两个维度实施国际制度竞争。第一，从规则类型来看，制度竞争可以反映在规范体系和决策控制两方面。规范体系包括强调信仰与价值观的构成性规则，以及强调权利与义务、具体行为标准的实体性规则。规范体系的竞争主要表现为规范间优先或等级次序的争论，以及规范在具体情境中适用问题的争论；决策控制的竞争主要表现在表决权上。全体一致、协商一致、多数决、加权与多数决等是国际谈判中常见的表决方式。第二，从场域来看，制度竞争可以发生在制度内部或者制度外部。前者

---

① 《推动全球治理体制更加公正更加合理，为我国发展和世界和平创造有利条件》，《人民日报》2015 年 10 月 14 日。

主要指的是主权国家在制度内部推动规则体系与决策控制的改革；后者主要指的是主权国家"另起炉灶"，建立更能反映自身偏好的平行制度，对既有制度构成同行压力。

2008 年，首届二十国集团首脑峰会承诺推进布雷顿森林机构改革，使其更充分反映世界经济格局的变化，增强其合法性与有效性。为此，新兴国家与发达国家在贸易、金融与货币、环境等领域交锋激烈。

1. 国际贸易治理

国际贸易体系涉及国家间管理跨境货物与服务贸易的制度安排。南方国家通过谈判斗争使得世界贸易体系形成"特殊与差别待遇"规范，作为以非歧视性原则、公平贸易原则为核心的自由贸易规范体系的例外状态。到 2018 年 12 月为止，世贸组织协定中涉及"特殊与差别待遇"的条款达到 155 条。[①] 南北双方都对这种现状不满。前者的不满在于这些规范的义务性程度不高，难以约束北方国家；后者的不满在于发展中国家地位可以自我认定，缺乏明确标准，使得可以"毕业"的发展中国家攫取不正当的竞争优势。

尽管协商一致是世贸组织正式的决策机制，但由美国、欧盟、加拿大和日本组成的四方集团长期掌握贸易谈判议程设定的权力，将南方国家实际上排斥于决策之外。自 2001 年多哈回合以来，巴西、印度和中国先后加入核心谈判圈，改变了原本具有"密室政治"色彩的决策过程。新兴国家尽管产业结构存有差异并且利益存有实质性分歧，但为了应对来自发达国家的共同威胁而能求同存异、协同行动。在世贸组织中，巴西、中国、印度等新兴国家形成 G20、G33 等议题联盟，在农业、非农产品市场准入、

---

① 张生：《世界贸易组织改革背景下发展中成员的特殊与差别待遇问题》，《太平洋学报》2019 年第 11 期，第 67 页。

服务、知识产权、谈判规则、争端解决、贸易与环境、贸易与发展等领域同发达国家展开规则竞争。新兴国家在制度内的集体行动有效地提升了南方国家的话语权，也使得多哈回合陷入僵局。新兴国家与发达国家纷纷转换战场，致力于推动双边和区域投资协定、自由贸易协定等来主导新游戏规则的制定，使得国际贸易领域呈现复杂的"意大利面碗效应"。

2. 国际金融与货币治理

国际金融与货币领域涉及国家间通过主权贷款、投资以及收支平衡等政策来管控跨国资本流动。世界银行的主要使命是为发展中国家提供长期贷款以促进经济发展，而国际货币基金组织的主要使命则是为主权国家提供中短期信贷以解决流动性问题。两大国际制度均采取加权与多数决机制，使得股本认缴最多的美西方国家占据主导地位。美西方国家还控制亚洲开发银行、欧洲投资银行、美洲开发银行等，构筑了其所主导的国际发展合作网络。

在决策控制权上，世界银行和国际货币基金组织进行了有限度的改革。世界银行在 2010 年、2018 年两度增资，一定程度增加了新兴国家群体的投票权，中国跻身世行国际复兴开发银行第三大股东之列。国际货币基金组织在 2009 年决定把特别提款权（SDR）扩大一倍。中国由此跃居为第三大份额持有国，巴西、印度和俄罗斯也进入前十的行列。人民币在 2016年 10 月正式加入 SDR 中，成为货币篮子中的第三大货币。然而，美国依然保持对世行旗下国际复兴开发银行和国际金融公司、国际货币基金组织的单边否决权。在规范体系上，新兴国家扩大发展援助规模，挑战了由美西方控制下的经合组织发展援助委员会（OECD–DAC）所主导的国际发展合作规范。发展援助委员会在冷战后先后倡导"援助有效性"规范、"发展有效性"规范等，尤其是 2005 年提出自主性、跟进、协调、结果导向、相互问责制等五项援助管理原则。然而，新兴国家对这些规范的具体内涵与进程都存在不同的理解，没有予以充分支持而导致相关规范发展的停滞。

在制度内改革无法令人满意的情况下，新兴国家积极采取制度外策略。金砖国家在2014年的《福塔莱萨宣言》中承诺，设立金砖国家开发银行和应急储备安排协议。前者的法定资本为1000亿美元，初始认缴资本为500亿美元，承诺重点为新兴国家和发展中国家的基础设施建设融资。它在决策控制上的一大创新是没有任何国家具有单边否决权，保证任何决议都是基于最广泛共识而达成的。后者初始资金规模为1000亿美元，目的在于预防成员国的短期流动性压力，加强全球金融安全网。这些制度创举都是现有多边和区域金融机构的补充。

3. 国际环境治理

国际环境谈判通常在联合国层面进行，在决策程序上偏重于协商一致，一定程度保障南方国家的制度性权力，但也导致硬法性质的国际规范难以达成。环境与发展的关系是国际环境治理进程中的普遍矛盾。南北国家自1972年斯德哥尔摩会议起便争论不休，而后妥协达成"共同但有区别的责任"原则。然而，随着新兴国家的经济增长，"共区原则"对这些国家的适用性遭到发达国家的强烈质疑。气候变化是冷战后国际环境治理中的最重要议题，深刻影响着能源等关键经济部门的发展。在1997年《京都议定书》中，"共区原则"具体表现为发达国家与转轨国家负有"自上而下"的强制减排义务，而巴西、中国、印度在内的发展中国家则享有免责待遇。俄罗斯在2004年批准《京都议定书》，标志着这项国际条约正式生效。随着新兴国家排放量的增大，特别是2007年中印分别超越美日成为第一、第四大碳排放国，发达国家弱化"共区原则"中"区别"内涵的意愿更加强烈，施压新兴国家分担更多的国际责任。

从 2007 年巴厘岛大会开始，各国探索双轨路径，在《京都议定书》框架下继续谈判使发达国家的责任明确化，同时开辟新的轨道来讨论发达国家与发展中国家的责任分配问题。在 2009 年哥本哈根大会上，"基础四国"联盟同美国奥巴马政府一同主导了《哥本哈根协议》的制度设计。"基础四国"在使"共区原则"向"共同"内涵偏转的同时，也在减排、适应、减缓和筹资等议题上为发展中国家积极发声。沿着哥本哈根大会确立的方向，南北国家在 2015 年达成以"自下而上"和国家自主贡献为核心特征的《巴黎协定》。对于新兴国家而言，这是一种次优选择，虽然增加了碳中和、碳达峰的压力，但是能够根据本国国情确立减排目标，避免气候治理"自上而下"模式的硬约束。然而，美国政府对气候治理承诺的态度经常随着政党轮替而大起大落，使得这些国际条约的遵守处于极其不确定性状态中。

（三）新兴国家群体性崛起面临的内外挑战

新兴国家的群体性崛起涉及三类行为体，即新兴国家、作为"天然同盟军"的发展中国家以及作为竞争对手的霸权国家。新兴国家的经济增长是否可持续，南方国家间的立场能否协调一致，霸权国家是否能够保持开放性都会影响到群体性崛起的进程。

第一，新兴国家的发展质量总体较低，经济增长可持续性较差。多数新兴国家仍然处于低质量发展阶段。新兴国家基本采取要素投入型经济模式，重点以劳动力、机器、能源等物质生产要素投入来刺激经济增长，具有高投资、高消耗、低质量和低产出等特征。到一定阶段后，要素投入型经济体的国民经济总成本会全面上升，既有的比较优势逐渐消失，如果未能及时转型升级，便会陷入"中等收入陷阱"。中国、印度是以低廉劳动力要素与资源高消耗驱动的"世界工厂"，而俄罗斯、巴西则是依靠大宗商品出口支撑的世界"资源库"。① 在许多关键性经济指标上，传统发达国家继续维持领导位置，而且有些优势甚至扩大。根据世界银行"世界发展指数"数据，在人均 GDP 指标上，美国、日本、欧盟 2019 年度分别达到 6.53 万美元、4.02 万美元、3.49 万美元。与此同时，二十国集团中的新兴国家，除韩国、沙特阿拉伯、俄罗斯、中国外，均不超过 1 万美元。中国在 2019 年首次超过 1 万美元，仅相当于美国 1981 年的水平和日本 1982 年的水平。尽管在货物贸易方面取得长足进步，新兴国家在全球服务贸易的占比低于 30%，在金融、通信及其他高附加值服务业方面则更处于下风，在人均能源使用量、研发能力、网络普及率、跨国公司效率等具体标准上也存在明显差距。

第二，发展中国家内部的利益分歧凸显，南南团结与合作的脆弱性上升。发展中国家是新兴国家的"天然同盟军"，新兴国家也以发展中国家的代言人为己任来获取道义优势。然而，经济实力的分化客观上侵蚀了新兴国家与发展中国家之间、新兴国家之间的共同利益基础。与此同时，发达国家也有意识地把发展中国家分类碎片化，企图达到分化瓦解这些"天然同盟军"的效果。在气候变化议题上，金砖国家与 77 国集团的分歧凸显。77 国集团的原始立场是坚决抵制任何偏离《京都议定书》的制度安排与任何弱化"共区原则"的规范解释。然而，俄罗斯是框架公约中的附录一国家，不愿意履行《京都议定书》的承诺。其他金砖国家弱化了对强制义务的坚持，愿意承担适当的减排责任。非洲国家代表在哥本哈根大会前夕，用集体离席方式来表达对"谋杀京都"的抗议。在联合国安理会改革上，新兴国家未能达成一致意见，尤其是遭遇到本地区竞争国家的强烈阻挠。巴西与印度同日本、德国组成"四国集团"，并争取到尼日利亚、南非的支持，同时还组成涵盖 40 多个发展中国家的

---

① 林跃勤：《新兴经济体经济增长方式评价——基于金砖国家的分析》，《经济社会体制比较》2011 年第 5 期，第 127 页。

L69集团。阿根廷、墨西哥、韩国和巴基斯坦等国则组成"团结谋共识"联盟加以抵制。此外，非洲集团、阿拉伯集团、小国集团等也纷纷形成自己的主张。中国、俄罗斯的立场更接近"团结谋共识"联盟，而美国政府则借机拉拢印度和挑拨中印关系。[①]

第三，自由国际秩序的开放性呈现衰退趋势，新兴国家群体性崛起的外部环境恶化。自二战胜利之后，美国一直致力于通过盟友体系、技术、货币和市场优势把西方自由秩序向非西方世界扩散。安全捆绑性、霸权的互惠性、对半主权和局部大国的吸纳性、经济开放性构成自由国际秩序的基石。换言之，政治关系与经济关系是相互交织的。冷战时期的日本、西德是半主权国家和局部大国的典型，在安全上高度依赖美国保护，在政治上服从美国的权威，从而得以在美国主导的开放型国际经济体系中发展。然而，强调独立自主的新兴国家很难同霸权国家达成同等程度的政治信任。在后冷战时代初期，政治信任基础脆弱的问题还不太显著。美国政府倾向于对中国、俄罗斯等转轨国家采取"接触"战略来达到欲求的政治秩序转变。这些新兴国家尚处于全球供应链、价值链与产业链的中低端，尚未被美西方国家视为经济安全的真正威胁。而且，美西方国家也需要同新兴国家在反恐战争、金融危机、气候变化等议题领域加强合作。

随着新兴国家实力的增长，霸权国家主动把新兴国家塑造为竞争对手乃至敌手，逐渐收缩对新兴国家的开放度。美国特朗普政府在2017年发布的《国家安全战略报告》中认为，过去20年的接触战略是错误的。特朗普政府通过退出、威胁退出、人事任免竞争、联系策略等，迫使国际经济组织减少或取消对新兴国家的优惠待遇。世贸组织是美国政府最为不满的国际组织之一，理由是它的决策程序和自我认定式的发展中国

---

① 毛瑞鹏：《争论焦点和集团重组——政府间谈判阶段的安理会改革》，《国际展望》2017年第1期，第88页。

家标准设定，为新兴国家所谓"不正当竞争优势"提供便利。2019 年 2 月 15 日，美国政府向世贸组织提议，满足下列条件之一的国家不得享受特殊与差别待遇：经合组织成员；二十国集团成员；世行所列的高收入国家；在全球货物贸易中占比不低于 0.5% 的成员。韩国、巴西等成员方被迫宣布在国际贸易谈判中放弃发展中国家地位。美国政府尤其防范在技术赶超上取得显著成效的新兴国家。为了巩固自身技术霸权，美国政府积极在前沿科技领域构筑排他性的"技术联盟"，重点在 5G、6G、人工智能、量子技术、半导体、太空科技、绿色创新和新兴基础设施等方面加紧重组供应链、价值链和生产链。

2019 年末突如其来的新冠肺炎疫情诱发人类二战结束以来最严重的经济衰退，充分暴露出新兴国家群体性崛起的艰巨性。首先，它重创了世界经济的增长趋势，加剧了全球分配的不平等。新兴市场和发展中经济体整体在 2020 年经济增长率为 - 2.2%。除中国外，其他金砖国家均为负增长。国际货币基金组织预测，由于各国经济结构与财政政策的差异，新兴市场和发展中经济体面临更严重的长期创伤，而低收入国家遭受的损失最为严重。其次，它助推了逆全球化浪潮，加速了地缘政治的重构。面对真正意义上的全球大流行病，各国采取更加严格的边境管控政策和贸易保护主义政策，阻断商品、服务、人员、资本乃至数据的交流。围绕着新冠病毒的溯源与疫苗的分配而展开的国际斗争进一步侵蚀各国原本脆弱的信任基础。从长远来看，产业本地化和经济安全化思潮蔚然成风，促使各国把目光进一步从错综复杂的全球供应链转移到地区内部的自给自足上，导致世界经济难以回归长期健康稳定发展的轨道。

新兴国家的群体性崛起不是一帆风顺的，全球治理体系的改革也并非坦途。在传统观念中，新兴国家往往是修正主义者，而霸权国家是维持现状者。然而，在实践中却不尽然。传统发达国家使用零和思维看待其曾鼓吹的经济全球化及其后果，对各大问题领域的区别原则具有强烈的修正意图，重点对界定为竞争对手的新兴国家采取所谓"脱钩""筑墙""撤梯子"等策略，加剧新兴国家群体性崛起与有效全球治理的不确定性。作为新生力量和相对弱势一方，新兴国家更需要稳定的外部环境以实现可持续发展，更需要制定合宜的战略与策略来防范化解危险。新兴国家应当坚持"共商共建共享"的交往原则，高举多边主义的旗帜，厉行国际法治，加强同发达国家的宏观政策协调，坚定维护发展中国家的正当发展权益，克服南北发展鸿沟，积极寻求全球性挑战中的利益共同点，推动更加开放、包容、普惠、平衡、共赢的经济全球化。

[卓振伟，中共中央党校（国家行政学院）国际战略研究院助理研究员]

六、中国的崛起影响着世界

中国是引起当今世界发生巨变的重要因素之一。中国有 960 万平方公里的土地和 14 亿多人口，具备成为大国的天然条件，但由于工业基础薄弱以及照搬苏联模式带来的问题，中国很长一段时间处于大而不强的状态，并长期游离于国际秩序之外。1971 年中国恢复在联合国的合法席位，以及 1972 年改善与美国的关系，大大改善了中国的国际环境。1978 年实行改革开放以来，中国人的聪明才智得到充分发挥，长期积累的能量得以释放，中国取得了举世瞩目的巨大成就。2001 年中国加入世界贸易组织，中国经济迅速融入世界，促进了中国经济的快速发展，2010 年中国超过日本成为世界第二大经济体。现在，中国对世界经济的贡献率超过美国，成为世界上 120 多个国家的最大贸易伙伴。中国的发展与崛起不仅改变了中国，也在影响着世界。

（一）改革开放改变了中国

2021 年 7 月 1 日，习近平总书记向世界庄严宣告："经过全党全国各族人民持续奋斗，我们实现了第一个百年奋斗目标，在中华大地上全面建成了小康社会，历史性地解决了绝对贫困问题，正在意气风发向着全面建成社会主义现代化强国的第二个百年奋斗目标迈进。"① 中国取得今天这样的成绩，得益于改革开放，是改革开放改变了中国。在中国实行改革开放不久，苏联和东欧社会主义国家也陆续开始改革，但是它们的改革并没有成功，到 20 世纪 80 年代末 90 年代初相继发生巨变，普遍放弃了社会主义制度，实行联邦制的多民族国家还发生了国家解体。中国的改革取得了成功，很大程度上是因为中国的改革与苏东的改革有明显的不同。

其一，中国共产党人敢于突破教条。1978 年中国进行改革之时，经济濒临崩溃的边缘，人民温饱都成问题，国家建设百业待兴。而且在很长一段时间里，高度集中的计划经济思维模式和体制机制就像紧箍咒束缚着人们的思想。在改革的起步阶段，许多人阻挠改革措施的实行，认为不符合社会主义原则。改革的总设计师邓小平同志指出，改革开放迈不开步子，不敢闯，说来说去就是怕资本主义的东西多了，走了资本主义道路。要害是姓"资"还是姓"社"的问题。判断的标准，应该主要看是否有利于发展社会主义社会的生产力，是否有利于增强社会主义国家的综合国力，是否有利于提高人民的生活水平。正是从发展生产力、解决人民群众最切实的利益问题出发，我们突破了长期束缚人们头脑的传统理论，以勇于担当的大无畏精神和敢闯敢干的魄力，从实践是检验真理的标准出发，闯出了新路。例如，实行农村家庭联产承包责任制，首先解决了民众的吃饭问题，激发了农民的劳动积极性；突破所有制的障碍，发展多种所有制，很快解决了返城知青的工作问题，解决了人民生活不便和日用消费品短缺的问题；广大人民的衣食住行越来越便利，也激发了他们投身改革开放和社会主义现代化建设事业的热情，不断发挥主动性与创造性。正是这种良性的循环，推动着生产力的迅速发展，也改变了国家的面貌。

其二，中国改革实现了党和人民群众的良性互动。改革开放是人民

---

① 习近平：《在庆祝中国共产党成立 100 周年大会上的讲话》，《人民日报》2021 年 7 月 2 日。

的要求和党的主张的统一。中国共产党尊重人民的首创精神，对那些人民群众率先实行的、能够推动生产力发展的措施进行总结，形成党的政策。例如，安徽小岗村农民的试验取得了极大成功，得到了中央的认可并向全国推广，迅速改变了农村长期落后的局面；搞经济特区，是中央做出的战略选择，进而逐步形成了从沿海到内地的全方位开放格局。正如习近平总书记所总结的：我们坚持加强党的领导和尊重人民首创精神相结合，坚持"摸着石头过河"和顶层设计相结合，坚持问题导向和目标导向相统一，坚持试点先行和全面推进相促进，既鼓励大胆试、大胆闯，又坚持实事求是、善作善成，确保了改革开放行稳致远。改革发展稳定任务越繁重，越是加强和改善党的领导，越是保持党同人民群众的血肉联系。我们党善于通过提出和贯彻正确的路线方针政策带领人民前进，善于从人民的实践创造和发展要求中完善政策主张、获得前进动力。党和人民同心协力，共同推动中国特色社会主义事业蒸蒸日上。

其三，中国坚持独立自主与参与经济全球化相结合。中国的改革开放能够不断推进中国特色社会主义伟大事业，其中一条重要的经验在于我们在开放中坚持了自己的独立性。在改革开放中，我们始终坚持以我为主，坚持把马克思主义普遍真理与中国的具体实践相结合，不照抄照搬任何国家的模式或经验。把积极参与国际宏观经济政策协调作为以开放促发展促改革的重要抓手，坚持以我为主、为我所用、有所贡献。开放使我们实现了从封闭半封闭到全方位开放的历史转变，使中国积极参与经济全球化进程，加入了经济全球化的世界潮流，让我们在与发达国家的比较和竞争中认识到了自己的差距和不足，并从差距中奋起追赶，学习其他国家和民族的成功经验，不断深化改革，促进发展，改革与开放实现了良性互动。在开放中我们确实学习到了许多先进的东西，但学什么，主动权始终掌握在我们自己手中。我们学习的是能够解放和发展社会生产力、能够增强社会主义国家综合国力的东西，也就是说，开放是为坚持和发展中国特色社会主义和实现中华民族伟大复兴的根本任务服务的。

在苏东剧变之初，有人预言历史终结于自由资本主义，社会主义退出了历史舞台。但是，中国特色社会主义的成功，证明了社会主义是有生命力的。2008 年以来，世界经济始终在低速发展，许多国家找不到经济增长的突破口，而中国经济的平稳发展，为许多国家提供了可靠的市场，成为推动世界经济增长的重要动力。改革开放 40 年不仅极大地改变了中国的面貌，也改变了世界的面貌，社会主义的中国成为参与全球治理的重要角色，推动构建人类命运共同体有了越来越大的感召力。

（二）中国的崛起震撼世界

在近百年来世界跌宕起伏的发展进程中，中国在很长一段时间里只是大国争夺的棋子，无法影响世界历史的发展进程。从 20 世纪 70 年代起，奉行独立自主外交政策的中国才成为一支影响世界历史发展的独立力量，在中美苏大三角关系中占有一席之地。到 20 世纪 80 年代末，随着苏联改革的失败和中国改革取得成功，中国越来越成为影响世界的一支力量。进入新世纪以来，中国改革开放的成果进一步显现，中国经济的影响力进一步增强。1978 年中国经济总量在世界上排名第 11 位，占世界份额只有 1.8%，现在中国国内生产总值则居世界第二，占世界份额达到 18% 左右；1978 年中国外汇储备只有 1.67 亿美元，居世界第 38 位，2017 年底中国外汇储备达到 31399 亿美元，居世界第一。经过改革开放以来 40 多年的发展，中国货物贸易进出口总额达 6 万多亿美元，居世界首位；服务贸易进出口总额 2017 年达到 6956.8 亿美元，居世界第二位；吸引外商投资 1363 亿美元，居世界第二位；全社会研发经费投入 1.76 万亿人民币，仅次于美国，位居世界第二。1980 年中国人均收入仅为 193 美元，现在超过了 1 万美元，完全摆脱了贫困。随着中国的发展进步，中美关系也在发生着变化，

2017 年中美双边货物贸易额达 5837 亿美元，是 1979 年建交时的 233 倍，是 2001 年中国加入世界贸易组织时的 7 倍多。这些数字的背后是中国实实在在的影响力，正如哈佛大学教授格雷厄姆·艾利森所说："从来没有哪个国家方方面面的国际排名像中国一样攀升得如此之高、如此之快。仅仅一代人的时间，这个国内生产总值曾经不及西班牙的国家成了世界第二大经济体。"

在后冷战的全球化时代，中国是发展进步最快的国家。把中国与俄罗斯做个对比的话，对此看得更清楚。中国和俄罗斯都是大国，从计划经济体制向市场经济体制过渡的时间也差不多，中国人口多于俄罗斯，但俄罗斯资源比中国丰富得多，人口素质也强于中国。在中俄百年交往中，无论是沙皇俄国还是苏联，其国力一直都在中国之上，中国在大多数时间里处于受其宰割的地位，中国因此失去了大片领土。进入新世纪以来，中俄两国的国力实现了历史上第一次大反转，中国和美国同为 GDP 超过 10 万亿美元的国家，而俄罗斯的 GDP 仅相当于中国的 1/10。中国的发展在俄罗斯引起了很大反响，在中国共产党建党百周年之时，俄罗斯不少学者发文总结中国的经验。

对中国的发展反应最激烈的是美国。作为第一强国的美国警惕地注视着中国的发展，美国战略界把中国当成了"需要认真考虑的潜在敌人"[1]。美国抱怨其制造业向新兴国家转移，导致美国"铁锈带"蓝领工人失业严重，是中国的成功使美国中产阶级、传统制造业地区"铁锈带"成为全球化的失败者。当然，我们不认同这种说法，认为这是全球产业分工发展的结果。从另一个侧面，这也说明中国的实力强了，中国的改革取得了巨大成功。

特朗普认为，利用贸易攻击中国有助于"让美国再次伟大"。美国针对中国的高科技产业，包括航空、新能源汽车、新材料等，对中国产品加

---

[1] ［美］格雷厄姆·艾利森著，陈定定等译：《注定一战：中美能避免修昔底德陷阱吗？》，上海人民出版社 2019 年版，第 8 页。

征关税，对中国高科技企业进行打压。这表明美国打着贸易保护主义旗号对中国进行赤裸裸的遏制，企图遏制中国强大。但是，中国的发展并不取决于美国，而取决于中国政府和中国人民。

第一，中国有14亿多人口，人口数超过发达经济体国家的总人口数，中国人年均国民收入超过了1万美元，这意味着中国能容纳越来越大的市场。世界上任何国家都不会无视这个市场的存在，美国的企业家也不会都听任特朗普指挥，特斯拉到中国设厂就是明证。因此，美国的贸易战不会吓倒中国人，更无法阻止中国的发展。

第二，中国坚持走与世界各国合作之路，构建开放型经济，得到了WTO成员国的拥护。美国的贸易保护政策不得人心，2018年4月，国际货币基金组织发布的《世界经济展望》报告，指出关税和非关税贸易壁垒的增加将破坏全球价值链，减缓新技术的扩散，并将导致生产效率和投资下降，加剧全球产业链低效化的风险。2018年6月5日世界银行发布的《全球经济展望》报告指出，全球关税广泛上升将会给全球贸易带来重大负面影响，至2020年全球贸易额下降可达9%。世界贸易组织总干事罗伯特·阿泽维多也说，若关税回到关税总协定/世界贸易组织之前的水平，全球经济将立即收缩2.5%，全球贸易量削减60%以上，其影响将超过2008年国际金融危机，美国也不会从中得益。中国努力加强与世界各国在多边框架下的合作，推动贸易和投资自由化便利化，推动经济全球化朝着更加开放、包容、普惠、平衡、共赢的方向发展。

第三，中国不会受中美贸易战的影响，坚持走改革开放之路。改革开放促进了中国的发展与进步，也是中国国力增强的法宝，中国自然不会放弃。2018年4月以来，中国明显加大了改革开放力度，降低关税、促进投资便利化、扩大开放领域、实行供给侧改革等。6月26日，中国对部分亚太贸易协定国家下调进口关税，大豆零关税。6月29日，中国发布了新的外商投资准入负面清单，共在22个领域推出开放措施，基本完全放开了制造业的投资限制。9 月 30 日，中国国务院关税税则委员会宣布自 11 月 1 日起降低部分商品进口关税，降税商品共涉及 1585 个税目，约占中国税目总数的 19%，平均税率由 10.5% 降至 7.8%，平均降幅为 26%，中国的市场越来越开放。2021 年，中国取消金融领域所有外资股比限制，显示了中国全方位推进开放，努力建设高水平市场经济和开放体制的决心。

（三）中国的选择关系世界的未来

中国如何处理与世界的关系，不仅是中国自己的问题，也直接影响着世界的发展方向。新加坡国父李光耀曾说："中国对世界平衡的改变是如此巨大，因此世界必须找到新的平衡。不可能假装只把中国当作一个世界舞台上的较大参与者。中国是世界历史的最大参与者。"[①] 习近平总书记明确表示："我们提出实现中华民族伟大复兴的中国梦，但这个梦绝不是'霸权梦'。我们没有准备去取代谁，只不过是让中国恢复应有的尊严和地位。我们已经取得了辉煌成就，但我们不会在世界上颐指气使，而是继续秉持'和而不同'的传统理念，坚持走和平发展道路，致力于与世界各国开展互利合作。"[②] 对于美国担心中国的发展威胁其世界霸主地位，他强调，中美应该建立不冲突不对抗、相互尊重、合作共赢的新型大国关系。

未来的世界取决于中美两大强国如何相处，从这个意义上讲，中国已经成为影响当今世界变局的重要因素。中美是否可以摆脱历史上崛起国与守成国那种必有一战的"修昔底德陷阱"，关系着世界的未来。从 20 世纪发展的历史看，美国遏制和打压可能与之竞争的强国是其习惯性

---

① ［美］格雷厄姆·艾利森著，陈定定等译：《注定一战：中美能避免修昔底德陷阱吗？》，上海人民出版社 2019 年版，第 18 页。
② 《习近平会见出席 2019 年"创新经济论坛"外方代表》，《人民日报》2019 年 11 月 23 日。

政策，美国把中国看成是系统性战略竞争对手，发起对华贸易战，并企图把中国拖入"制度之战"和"价值观之战"。但是，中国不会掉入美国的"陷阱"里，我们按照自己的节奏和需要，反对大国对抗，积极推动大国关系实现良性发展。有人鼓吹大国竞争对抗，仍然信奉零和博弈，强调在不考虑动机时，当一个崛起国威胁取代现有守成国时，由此产生的结构性压力就会导致暴力冲突，无一例外。这发生在公元前 5 世纪的雅典和斯巴达之间，也发生在一个世纪前的德国和英国之间，更是发生在 20 世纪 50 年代和 60 年代的美国和苏联之间，几乎导致了二者之间的战争^①。这种历史经验，并不适合当今这个各国相互依赖不断加深的世界，更不适合主张走和平发展道路的社会主义中国。历史的规律不依逆历史潮流而动者的意志而转移，中美贸易额居高不下就是最好的说明。2019 年中美贸易额高达 5588.7 亿美元，2020 年中美贸易额为 5867.21 亿美元，同比增长 8.3%。根据海关总署提供的资料，2021 年上半年，中国对美国进出口 2.21 万亿元，增速达 34.6%。这些充分说明经济规律强于某些人的意志，中美相互依赖的关系不会改变，目前中美关系这种不正常的状况不会长久。中俄关系一直在高位运行，中欧的共同利益也远大于分歧。中国有信心推动大国关系向良性互动的方向发展。

中国共产党从世界发展的大势出发，既服务于中华民族伟大复兴，也服务于构建人类命运共同体，中国成为推动世界经济全球化、促进世界和平与发展的重要力量。习近平总书记在党的十九大报告中指出："中国共产党是为中国人民谋幸福的政党，也是为人类进步事业而奋斗的政党。中国共产党始终把为人类作出新的更大的贡献作为自己的使命。"^② 中国是经济全球化的受益者，也是经济全球化的推动者。中国积极推进世界经济

① 〔美〕格雷厄姆·艾利森著，陈定定等译：《注定一战：中美能避免修昔底德陷阱吗？》，上海人民出版社 2018 年版，第 5—6 页。

② 习近平：《决胜全面建成小康社会　夺取新时代中国特色社会主义伟大胜利——在中国共产党第十九次代表大会上的报告》，人民出版社 2017 年版，第 57—58 页。

的全球化，做大各国的共同利益。在一些大国过分强调自身的经济安全、疫情阻碍人员与货物往来、产业链和供应链受影响的背景下，中国坚信各国走向开放、走向合作的大势没有改变，经济全球化仍存在更多动力。"中国共产党愿同各国政党加强沟通，共同引导经济全球化朝着更加开放、包容、普惠、平衡、共赢的方向发展。我们愿同国际社会加强高质量共建'一带一路'合作，共同为促进全球互联互通做增量，让更多国家、更多民众共享发展成果。"[①]《中共中央关于制定国民经济和社会发展第十四个五年规划和二〇三五年远景目标的建议》提出构建以国内大循环为主体、国内国际双循环相互促进的新发展格局，提出要打好关键核心技术攻坚战，并不是只专注于国内市场，而是依托我国大市场优势，促进国际合作，实现互利共赢。中国很清楚，只有参与国际竞争，加入经济全球化的潮流，中国才会有更大进步。以往中国更多适应世界经济体系，未来中国将通过建设更高水平开放型经济新体制，形成具有更强创新力、更高附加值、更安全可靠的产业链供应链，推动经济全球化行稳致远。《区域全面经济伙伴关系协定》（RCEP）成功签署和中国提出加入《全面与进步跨太平洋伙伴关系协定》（CPTPP），都表明中国将深度参与经济全球化和区域一体化进程。经济全球化把各国利益紧密联系在一起，不管愿意与否，人类都将命运与共，中国共产党顺应和推进这一历史潮流，不仅有利于中国，也有利于世界。

中国坚持开放的发展、合作的发展、共赢的发展，通过争取有利的国际环境发展自己，又以自身发展维护和促进世界和平与发展。在中国共产党建党百年之时，习近平总书记庄严地向世界宣告，中国共产党将"高举和平、发展、合作、共赢旗帜，奉行独立自主的和平外交政策，坚持走和平发展道路，推动建设新型国际关系，推动构建人类命运共同体，推动共

---

① 习近平：《加强政党合作　共谋人民幸福——在中国共产党与世界政党领导人峰会上的主旨讲话》，《人民日报》2021 年 7 月 7 日。

建'一带一路'高质量发展，以中国的新发展为世界提供新机遇"①。这既是对中国共产党成功经验的总结，也是指导未来实践的指针，中国的发展不仅有利于中国，也有利于世界。世界上的许多问题都与经济不发展相关，发展是解决许多问题与纷争的良方。中国通过自己的和平发展，推动世界的和平发展，中国与世界将更加密切地联系在一起。

世界正进入一个高度不确定的时期，中国是世界稳定的重要力量。中国清楚中美关系的重要性，始终坚持构建与美国不冲突不对抗、相互尊重、合作共赢的新型大国关系。我们相信，中美关系不会回到美苏对抗的冷战时期，因为中国不是苏联，中美关系有良好的社会基础。美国需要学会与一个日益强大的中国打交道。无论美国怎么看中国，中国都会保持自己的战略定力，把自己的事办好，继续深化改革、扩大开放。中华民族有五千年文明史，我们爱好和平，决心要走出一条大国崛起的新路，走和平发展的道路，把推进构建人类命运共同体作为自己的外交目标。历史的大潮在滚滚向前，经济全球化的趋势不可阻挡，相信第二次世界大战后建立的以联合国为核心的国际政治经济秩序是全球稳定的基础，相信中国有力量能使国际秩序朝着公正合理的方向发展。

[左凤荣，中共中央党校（国家行政学院）国际战略研究院副院长、教授]

---

① 习近平：《在庆祝中国共产党成立100周年大会上的讲话》，《人民日报》2021年7月2日。

第二编
世界经济重心之变

工业革命发端于西欧，西欧很长一段时间是世界经济的中心。19世纪末，大西洋另一岸的美国迅速崛起，取代英国成为经济实力最强大的国家，世界经济的重心开始向大西洋的另一岸转移。第二次世界大战结束之时，世界上保持经济繁荣的大国只有美国，美国通过马歇尔计划扶植欧洲，欧洲国家通过联合，迅速恢复了经济。20世纪六七十年代，世界经济形成了美国、欧洲、日本三足鼎立的局面。20世纪70年代以后，日本的崛起带动了亚洲地区的发展，东亚地区的经济地位上升。随着日本和亚洲"四小龙""四小虎"经济的发展，世界经济重心开始向亚太地区转移。2008年以后，在世界金融危机的打击下，欧美经济增长率下降，经济复苏乏力，加上新兴国家经济迅速发展，特别是中国经济总量超过日本，世界经济的重心进一步向亚洲转移，出现了"21世纪是亚洲世纪"的说法。在新冠肺炎疫情的冲击下，2020年中国是世界上唯一实现经济正增长的主要经济体，世界经济"东升西降""南升北降"的趋势更加明显。中国经济的迅速发展再次改变了世界。

一、欧美经济地位与影响的悄然变化

现代民族国家建立以来，欧洲曾是世界的中心。19世纪英国称霸世界，欧洲主导着世界经济格局。19世纪与20世纪之交，形势发生了变化。美国悄然崛起，跃升为世界强国，进而取代英国成为全球性霸权国家。世界和国际关系的面貌由于美国力量的增长和对这一力量的运用而发生巨大改变。欧美之间的权力与地位的转换过程是渐进的，尤其是英美霸权的交接十分"和谐"。

（一）欧洲曾是世界经济的中心

大航海时代，欧洲人凭借坚船利炮开辟殖民地，将世界大量的财富聚集到了欧洲。欧洲拥有优越的经济、政治和军事权势，不仅欧洲的意愿和事态对外部世界的影响远甚于外部世界对欧洲的影响，而且几乎所有的非欧地区都先后沦于欧洲的统治或支配之下，欧洲列强大体左右了世界政治的基本格局。

19世纪大部分时间，欧洲大陆总体和平为欧洲的繁荣奠定了基础。1814—1815年的维也纳会议确立均势格局之后，5个欧洲强国——奥地利、英国、法国、普鲁士和俄国——为国际政治体系带来一个相对和平时期，即所谓的"欧洲协调"。直到1854年英法与俄国进行的克里米亚战争，那场战争中奥地利和普鲁士保持了中立。在其他短暂的地方性战争中，5个大国中的某些国家也保持了中立。第一次世界大战之前超过30次的会见，使这个集团成了一个志同道合的领袖俱乐部，而且通过这些会见，它们既为新欧洲国家的独立赋予了合法性，也为殖民国家对非洲的瓜分赋予了合法性。①

19世纪下半叶，欧洲所有注意力都集中在工业化进程上。英国逐渐在欧洲诸国中脱颖而出，成为工业化的领头羊，在煤炭、钢和铁的产量上，以及在手工制品的出口方面，都超过所有竞争对手。另外，英国成为金融资本的源泉、欧洲大陆的银行家，并且在20世纪成为整个世界的银行家。②

英国当时是世界首屈一指的贸易强国，英国的进口量占世界出口总额的比重在1860年超过了30%，在1890年达到20%。英国是制成品和服务的最主要的出口商，也是对进口食品和原材料永无餍足之时的消费者。殖民利益促使英国建立了一个复杂的经济体系，将资源和财富汇集到本土。英国在整个19世纪都倡导"自由贸易"理念，尽管世界上大多数国家继续奉行保护主义政策。贸易促使英国建立了世界上最强大的海军，并在全球建立了一系列战略性的海军补给基地，以保护商业和军事通信的关键线路。

在19世纪，英国依靠推行上述经济政策，增强了权力，提升了国际地位，成为世界霸主。到1870年，英国的人均GDP为3190美元，世界第一（当时美国为2445美元），英国从1820年到1913年保持了2%的年经济增长率。这个岛国还得到了另一项政策助力：采用英镑作为全球储备货币，使英国有能力制定国际经济规则和规范。1860年至1914年，世界贸易的约40%是以英镑计值和结算的。英国还通过建立和维持世界上最大

---

① ［美］卡伦·明斯特、伊万·阿雷奎恩－托夫特著，潘忠岐译：《国际关系精要》，上海人民出版社2018年版，第26页。

② ［美］卡伦·明斯特、伊万·阿雷奎恩－托夫特著，潘忠岐译：《国际关系精要》，上海人民出版社2018年版，第26页。

的海军来支撑其整个 19 世纪的商业帝国。

第一次工业革命后，在维多利亚女王时代，英国凭借着先进的生产技术取得了高效的生产率，产品成本大大降低，产量不断提高，因而可以冲破各国的关税壁垒实行倾销，所以英国当时被称为"世界工厂"，同时也确立了英镑的金本位地位。从 19 世纪到 20 世纪初，英镑一直是资本主义世界最重要的国际支付手段和储备货币。

除英国之外，欧洲大陆的德国也逐步走向强盛。18 世纪末 19 世纪初，德意志诸邦国受法国大革命和拿破仑战争的洗礼，封建因素受到不同程度的破坏，各邦统治者为稳定自己的统治，纷纷进行资本主义性质的改革，旧的领主制度逐步瓦解，国家政权逐步强大起来。因此，进入 19 世纪以后，德国的社会和政治环境较之以往更有利于工业革命的展开。以农业资本主义发展的"普鲁士式道路"为特点的农业改革，为德国资本主义工业的发展提供了雄厚的资金和充足廉价的劳动力。1871 年，德国完成统一，形成了统一的国内市场和独立的经济体系，为资本主义发展开辟了广阔的道路。资本主义工厂工业在德国全境得到普遍发展并取得了统治地位。普法战争中，德国从法国勒索 50 亿法郎的军事赔款，吞并拥有丰富煤铁矿的阿尔萨斯和洛林，为发展工业增加了巨额资金和丰富的矿产资源，德国由此进入迅速发展的时期。统一后大约二三十年的时间里，德国的所有工业指数都超过了英国，其 GDP 短暂成为世界第一。德国崛起比英法等国晚，此时，列强已瓜分完世界上绝大部分殖民地，并完成了工业化，制定了国际规则，主导着国际秩序。德国要想突破地缘格局的限制，只能打破既有的国际秩序。

工业革命为欧洲国家提供了使之得以从事领土扩张的军事和经济能力。一些帝国主义国家受经济收益的驱使，需要为工业制品寻找外部新市场，并获取原材料以支持工业增长。19 世纪末，几乎整个地球都被置于欧洲国家的"统治之下"。英国是最大的和最成功的帝国主义国家，即使像葡萄牙和荷兰这样小的国家也在海外拥有重要殖民地。[①] 这时的欧洲无比辉煌。然而，20 世纪之初，欧洲的荣光逐渐消退，欧洲的权势在大西洋彼岸的一个新兴国家崛起的衬托之下，渐渐显得黯淡无光。

（二）美国的崛起

广袤的土地、众多的人口和强大的工业能力是那个时代衡量大国的标准，美国正是一个在这三个方面都较为突出的国家。19 世纪初，美国人口约占世界人口的 1%，仅仅一个世纪后，由于大量移民的涌入，这个比例接近 5%。相比之下，老牌欧洲国家英国和法国的人口数量增长率极低，1900 年美国人口总数已经接近英、法两国之和（见表 2-1）。更重要的是，整个 19 世纪美国的 GDP 几乎以 4% 的稳定速度增长，而欧洲主要强国的

表2-1：1890—1938年世界主要大国总人口（单位：百万人）[②]

	1890 年	1900 年	1910 年	1913 年	1920 年	1928 年	1938 年
俄　国	116.8	135.6	159.3	175.1	126.6	150.4	180.6
美　国	62.6	75.9	91.9	97.3	105.7	119.1	138.3
德　国	49.2	56.0	64.5	66.9	42.8	55.4	68.5
奥匈帝国	42.6	46.7	50.8	52.1	——	——	——
日　本	39.9	43.8	49.1	51.3	55.9	62.1	72.2
法　国	38.3	38.9	39.5	39.7	39.0	41.0	41.9
英　国	37.4	41.1	44.9	45.6	44.4	45.7	47.6
意大利	30.0	32.2	34.4	35.1	37.7	40.3	43.8

---

① ［美］卡伦·明斯特、伊万·阿雷奎恩－托夫特著，潘忠岐译：《国际关系精要》，上海人民出版社 2018 年版，第 29 页。
② ［美］保罗·肯尼迪著，陈景彪等译：《大国的兴衰：1500—2000 年的经济变化和军事冲突》，国际文化出版公司 2006 年版，第 192 页。

GDP 却徘徊在 2% 左右。这两个百分点的优势，每年加起来，在 1900 年转化为平均每人 5000 美元的收入，超过了包括英国在内的欧洲人，英国的贵族历史继续限制财产权和经济流动性。外国对美国的直接投资也随之增加，因为海外利益寻求将财富投资到政府支持稳定产权的不断增长的市场。在这种情况下，美国、加拿大和澳大利亚都成了英国财富的投资目标。此外，美国一直抵制其他国家贬值其货币的趋势，并继续以黄金支持美元，直到 20 世纪 70 年代初，为国际汇兑提供了一个稳定的环境。1890 年，美国人口从 1790 年的 400 万增至 6300 万，领土面积从 90 万平方英里增至 360 万平方英里，美国以巨大的能量和势头进入了 20 世纪。

与此同时，工业革命促进了美国的经济发展。美国钢铁工业利用了本国丰富的天然矿石资源和现代化的生产方法，降低了成本，提高了质量，帮助美国经济以指数级增长。19 世纪 70 年代以后，英国逐渐丧失工业垄断地位，后起的美国在工业技术领域厚积薄发。在达到了北美大陆的自然极限，充满了经济动力之后，这个国家自然而然地开始把目光投向大海。

19 世纪 80 年代早期，美国的海洋地位发生了转变。随着美国制造商把海外市场作为他们繁荣生产的出口，白宫和国会的领导人开始投资扩大海军。第一批现代舰艇包括钢铁外壳的巡洋舰亚特兰大号、波士顿号和芝加哥号，以及邮包快运船海豚号开始建造。建造这些船只刺激了美国经济的关键部门投资于专业化、尖端的制造技术，旧的材料和装置很快被压制钢板和冲压装置取代，而压制钢板和冲压装置对战舰的建造至关重要。蒸汽推进、水力和电力方面的创新也迅速跟进。这第一批钢铁船只，以及随后出现的无数巡洋舰和战列舰，预示着美国帝国主义的到来。

如果说经济、工业的迅猛发展是美国实力骤增的基础，那么美西战争则加速了美国的壮大，让美国充足的商品有了海外市场。19 世纪末的美国已经拥有了较为雄厚的经济资本和军事实力，并且已经建立起一支较强大的海军，这驱使美国向外扩张，寻求新的原料产地、商品销售市场和投资场所，以榨取更多的高额垄断利润。正当美国准备向海外扩张时，整个世界已经被老牌殖民大国瓜分完毕。1898年，美国为了夺取西班牙在美洲和亚洲的殖民地——古巴、波多黎各和菲律宾，发动了美西战争。在这场战争中，西班牙单打独斗对抗美国、古巴和菲律宾3个国家，结果是美国获胜，获得了关岛和波多黎各的土地，西班牙把菲律宾卖给了美国，古巴独立。美西双方战斗时，西班牙的军队有7艘巡洋舰，其中一艘是开裂的、5艘是老式的巡洋舰，而且只有1100吨，还有一艘是木质的巡洋舰。无论是6英寸主炮的数量还是依次舰炮齐射的弹药量，都只有美国杜威舰队的1/3。虽然美国军队只有4艘巡洋舰，但是这4艘巡洋舰的质量均在3000吨以上。美国凭借雄厚的实力获得这场战争的胜利，占领了古巴和菲律宾。古巴在1902年获得独立，菲律宾直到20世纪30年代一直是美国的殖民地。对美国来说，美国并不想要古巴和菲律宾的领土，而是想将其变成美国产品的海外市场和保护航线的海军舰艇基地。这次战争拉开了美国大规模海外扩张的序幕。美西战争是美国由大陆扩张发展为海上扩张的转折点，标志着美国的外交政策已由孤立主义转向对外扩张主义。加强了美国与拉丁美洲和东南亚的联系，使美国开始成为太平洋和加勒比海地区的世界强国。拥有海外殖民地是帝国的标志之一，美国发动美西战争并占领菲律宾使美国拥有了海外殖民地，成为帝国俱乐部的一员。

随着经济和军事实力的上升，美国开始步入世界政治舞台并日益活跃。美国在中美洲地区扮演"国际警察"，干涉中美洲事务。塔夫脱政府通过"金元外交"对拉丁美洲国家进行控制，进一步杜绝欧洲国家对拉丁美洲事务的干涉。美国还以大国的身份调停日俄战争，同时介入欧洲事务，让欧洲感受到美国崛起。在摩洛哥危机中，美国积极促成法德谈判，调停法德矛盾。威尔逊总统雄心勃勃说服民众介入欧洲事务，追求世界领导地位。

（三）美国取代欧洲成为世界霸主

20 世纪初，盛极一时的大英帝国开始走向衰落。追求奢华的英国人最终把发展金融业、商贸业放在首位，大量资本向海外输出，对产业的技术升级和改造日益落后于美国和德国。[①] 英国主宰世界的时代很快结束了，美国填补了这个核心角色。

英布战争加速了英国的衰落。1899 年 10 月 11 日至 1902 年 5 月 31 日，英国与荷兰移民后裔布尔人建立的两个共和国——德兰士瓦共和国和奥兰治自由联邦为争夺南非的领土和矿产资源而发生战争。这场战争耗时 31 个月，双方精疲力尽，大英帝国的元气大伤。英布战争的结束，标志着英国的海外扩张史的终结。此后，英国开始了全球范围内的战略收缩，将部分海外势力范围转托给加拿大、澳大利亚、新西兰等白人自治领，战略重点转回到了欧洲。显然，此时的英国已经难以维持庞大的殖民地，美国抓住时机，逐步运用强大实力干涉英国无力维持秩序的地方。

如果说英布战争损耗了英国的实力，那么 1914 年至 1918 年的第一次世界大战则是欧美之间地位转换的催化剂。一战后，帝国主义各国的力量对比发生了变化。德国战败，割地赔款；奥匈帝国彻底瓦解；俄国无产阶级革命胜利，建立了苏维埃政权；英国和法国虽然获胜，但在战争中被严重削弱；美国从战争中获得暴利，成为世界经济强国。欧洲国家和美国之间的 GDP 已经拉开了相当大的距离。如表 2-2 所示，从 1872 年到 1913 年，虽然美国 GDP 增速迅猛，但欧洲主要大国的 GDP 也在持续增长，然而一战结束时的 1918 年，德国和法国的 GDP 都远远低于战前水平，美国的 GDP 比英、法、德三国总和还要多。

[①] 　徐焰著：《徐焰讲军史：战争与经济》，人民出版社 2014 年版，第 69 页。

表2-2：1871—1918年欧美主要国家GDP

（按1990年美元币值计算，单位：亿美元）[1]

年　份	美　国	英　国	德　国	法　国
1872	1063.60	1057.95	766.58	783.13
1890	2147.14	1502.69	1155.81	950.74
1898	2788.69	1787.96	1502.31	1116.90
1913	5173.83	2246.18	2373.32	1444.89
1918	5939.56	2542.68	1946.12	923.28

第一次世界大战刺激了西方强国和日本的海军发展，为了限制英国和日本海军的力量，重新瓜分远东及太平洋地区的势力范围，美国倡议召开华盛顿会议（1921年11月—1922年2月）。美国的首要任务是废除英日同盟。经过一系列复杂的谈判，在美国的坚持下，美、英、法、日签订了《关于太平洋区域岛屿属地和领地的条约》（《四国条约》），规定各缔约国彼此尊重它们在太平洋地区所有领岛和属岛的权利，并废除了1911年7月13日缔结的《英日同盟条约》，这无疑削弱了英国的力量，加强了美国在太平洋地区的势力。此外，美国还提出了关于限制海军军备的方案，主导签订了《美英法意日五国关于限制海军军备条约》（《五国海军条约》）。条约规定，美、英、日、法、意5国主力舰的吨位比例为5.25∶5.25∶3.15∶1.75∶1.75（5.25即525000吨）。英国由于战后经济实力削弱，无力与美国竞争。为了调整英美关系，只能同意美国的建议，放弃海军的"两强标准"。[2]这就使英国被迫承认美、英海军力量的对等原则，意味着英国海上霸权开始瓦解。日本也受到一定的打击，被迫承认海军居

---

[1]　转引自王立新著：《踌躇的霸权：美国崛起后的身份困惑与秩序追求（1913—1945）》，中国社会科学出版社2015年版，第15页。

[2]　王绳祖主编：《国际关系史（17世纪中叶—1945年）》，法律出版社2002年版，第339页。

于第二流的地位，这使日本的扩军计划受到限制。从这个意义上说，华盛顿会议是美国外交的一大胜利，美国借此削弱了有力的竞争对手。

欧美地位转换还体现在金融和货币领域。以个别银行发行的纸币为基础的货币体系具有不可靠性和不稳定性，在这种情况下，美联储按照1913年《联邦储备法案》应运而生。当时，美国经济已经超过英国，成为世界上最大的经济体，但英国仍然是世界贸易的中心，全球贸易大部分以英镑进行交易。同时，大多数发达国家都将本国货币与黄金挂钩，从而稳定货币兑换。然而，在一战爆发时，为了能够用纸币支付军事开支，许多国家放弃了金本位制，这一做法使这些国家的货币贬值。一战爆发后，为了保持世界领先货币的地位，英国坚定不移地坚持金本位制。1919年，英国最终被迫放弃金本位制，这摧毁了以英镑交易的国际商人的银行账户。而在此时，美元已经取代英镑，成为全球主要储备货币。对于许多愿意购买以美元计价的美国债券的国家来说，美国成为其首选贷款人。美国是一战中主要的武器、物资和其他货物的经营者。战争结束时，美国以黄金的形式获得了大部分的付款，拥有世界上绝大多数的黄金。这就排除了所有已经耗尽其黄金储备的其他国家回归金本位制的可能性。

欧洲在西半球的影响差不多被排挤出去了，到20世纪初，美国已经成为西半球无可争议的霸主。世界经济重心从欧洲转移到了美国。一战后美国一跃成为全球最大的债权国和资本输出国，世界经济重心从大西洋东岸向大西洋西岸转移。

欧美身份彻底调换是在第二次世界大战时期。当二战即将结束，各个西方同盟国在庆祝战争胜利时，美国在日本投下两颗原子弹来展示自身的实力，这时候的世界各国才如梦初醒，一个新的世界超级大国诞生了。美国获得的巨大政治和经济资本以及由此建立起来的庞大军力，让其成为二战的最大受益方，美国当仁不让地成为资本主义世界的领头羊。二战为美国在世界舞台上开辟了一个新的时代，欧洲强国被削弱，美国国力在这一时期飞速增长，并成为欧洲国家的"债主"。英、法、德、意等老牌的欧洲强国因为二战的重创而不得不在世界格局变化中跟在美国身后，成为"二等"国家。至此，美国真正地登上了世界经济和军事霸主的位置。

美国权力的"高光时刻"首先体现在国际政治领域，美国推动了联合国的成立。作为发起国和主导国，美国在联合国规则制定上拥有绝对的话语权。联合国确立了安理会的权威和"大国一致"的原则，5个常任理事国中、美、英、苏、法享有"一票否决权"，也就是5国中有一个国家反对，表决就无效。美国及其盟友英国与法国在5个常任理事国中占据3席。由于美国掌握着联合国大会和安理会的多数投票权，因此确立了美国在国际政治领域的霸权地位。美国也经常被指责操纵、利用联合国干涉他国，维持美国主导的国际秩序。

其次，在国际经济领域，美国确立了以布雷顿森林体系为核心的西方国际经济体系。从19世纪到20世纪初，英镑一直是占主导地位的国际货币，到20世纪四五十年代，美元代替英镑成为国际储备货币。1944年，来自44个西方主要国家的代表在新罕布什尔州的布雷顿森林举行会议，提出一套外汇管理体系。会议决定，全球货币不能与黄金挂钩，但可以与美元挂钩，而美元与黄金挂钩。这一安排后来被称为"布雷顿森林协定"，确立了各国央行将维持本国货币与美元之间的固定汇率。反过来，美国将根据需求用美元兑换黄金。在货币价值相对于美元变得过弱或过强的情况下，各国对货币有一定程度的控制。此外，美国在国际货币基金组织和世界银行的投票权都占到30%以上，对二者拥有绝对的控制权。关贸总协定是美国推进贸易自由主义、打开他国市场的有力工具，以布雷顿森林体系为核心的经济体系确立了美国的经济霸主地位，世界经济霸主完成了更替。

最后，在国际安全领域，美国主导建立了多个多边安全机制与军事联盟来稳固地区安全形势，先是《北大西洋公约》，然后是《里约热内卢条约》《东南亚集体防务条约》《澳新美安全条约》，以及《菲美共同防御条约》《日美安保条约》和《美韩共同防御条约》等。同时，美国还牵头建立了核不扩散机制和联合国的维和机制，并与部分发达国家先后制定了《部分禁止核试验条约》和《防止核武器扩散条约》来长期垄断军事优势，阻止其他国家发展核力量。通过一系列双边和多边条约，美国构建起了强大的同盟体系，这成为美国维持"美国治下的和平"的重要工具。

19世纪既见证了欧洲的辉煌，又目睹了它走向衰落。被称为"日不落帝国"的世界霸主英国由全盛转向衰败，似乎是20世纪欧洲整体性衰落的前兆。与大英帝国盛极而衰相比，在欧洲大陆，德国工业迅猛发展，为其挑战英国霸权积聚实力；在大西洋的对岸，美国开始迅速崛起，在经济实力、工业能力上迅速碾压英国；在亚洲，明治维新后的日本走上了迅速扩张的道路。可以说，这一时期美国、德国和日本都是英国霸权的强有力的挑战者，那么为什么在这场世纪争霸赛中，美国脱颖而出成为了真正的世界霸主，而德国、日本的崛起犹如昙花一现最终无缘霸主地位呢？德国和日本在短时间内迅速攫取社会财富，进行对外扩张，正是它们的急于求成、着急称霸、迫切改变国际秩序导致了二者的最终失败。反观美国，美国坐上霸主宝座的过程是渐进的、和平的，美国实力增强、准备充分，成为霸主水到渠成。

[宋　芳，中共中央党校（国家行政学院）国际战略研究院讲师]

二、苏联迅速发展的冲击与沉寂

1917 年十月革命的胜利，不仅使马克思主义从理论变成现实，也使欧洲出现了不同于其他国家的新型社会制度。第一次世界大战结束后，协约国军队支持苏俄内部反对苏维埃政权的武装力量，试图把这个新生政权扼杀在摇篮里，但没有成功。1920 年底国内战争结束后，苏俄很快实行了新经济政策，1922 年 12 月建立苏维埃社会主义共和国联盟，国民经济迅速恢复，并开始了工业化进程。从 1928 年底开始，苏联开始实施"五年计划"，用 10 年的时间建成了欧洲头号工业强国。第二次世界大战结束之时，苏联成为两个超级大国之一，与美国一起各自主宰半个世界的命运。20 世纪 70 年代中期，以 1977 年苏联新宪法为标志，苏联发展到达鼎盛时期。盛极而衰，苏联体制的活力到此已经耗尽，但勃列日涅夫并不自知，仍然走与美国争霸的道路，并于 1979 年 12 月入侵阿富汗。阿富汗战争成为苏联发生总危机的导火线，阿富汗战争进行的 10 年，也是苏联危机积累的 10 年。1991 年 8 月，苏共解散。同年 12 月 8 日，苏联解体，分裂成 15 个国家。

（一）苏联取得了举世震惊的经济成就

沙皇俄国是相对落后的资本主义国家，因而也成了资本主义链条的薄弱环节。布尔什维克夺取政权和稳固政权后，面临的重要任务是补上生产力发展不足这一课。列宁在 1921 年春决定实行新经济政策，实质是承认农民的利益，给予农民经营自主权，带领农民一道建设社会主义。在新经济政策实行的过程中，农民的积极性有了很大提高，很快就解决了吃饭问题。随着剩余产品的增加，市场发展起来了，满足民众生活需要的私人工商业得到了发展。但是，这种渐进式的道路不能满足斯大林迅速使国家强大的要求。随着工业化的推进，农业生产由个体农民自主决定的政策无法满足迅速扩展的城市和工业化的需要。1929 年，苏联发生了政策大转变，经济体制从发展多种所有制的商品经济转向了发展以公有制为主导的指令性计划经济。为此，苏联制订了高指标的"五年计划"，推动国家向着工业强国跃进。

从 1929 年开始，苏联加速进行工业化，取得了举世瞩目的成就。当时正值资本主义大危机时期，资本主义国家一片萧条，苏联的社会主义建设却热火朝天。经过 20 世纪 30 年代的建设，苏联的面貌发生了根本性变化，从一个农业国变成了一个先进的工业国，从欧洲的弱国变成了欧洲的强国。苏联在世界工业品总量中所占的比重从 1913 年的 2.6% 升到 1937 年的 13.7%。1938 年，苏联的工业产量跃居欧洲第一位、世界第二位。到 1940 年底，苏联工业总产值比第一次世界大战前的 1913 年增长了 7.5 倍，重工业产值增长了 14 倍，机器制造和金属加工业增长了 40 倍。苏联人民的物质文化生活也有了一定改善，并为反法西斯战争的胜利奠定了物质基础。在三个"五年计划"期间，苏联建立了 7500 多个大企业，建立起飞机、汽车、拖拉机、化学、重型和轻型机器制造业等部门，建设了大型冶金工厂、机器制造企业和电站，生产出许多以前不能生产的产品。交通网有了极大扩展，1940 年的铁路里程达到了 10.61 万公里（1913 年 5.8 万公里），并建设了莫斯科地铁和莫斯科运河。1940年，苏联年产钢 1800 万吨、煤 1.6 亿吨、石油 3100 万吨、电 483 亿度。苏联成了工业强国，工业品的产量跃居欧洲第一、世界第二。苏联的成就举世瞩目，但付出的代价也很大，为了保证工业化，推行了农业全盘集体化，农民的反抗破坏了生产力，在集体化高潮时期发生的大饥荒夺走了几百万人的生命。

斯大林强调社会主义工业化与资本主义工业化不同，社会主义工业化要从先发展重工业开始，要以重工业为中心和基础，要把资金和资源优先分配给重工业，集中力量高速度发展重工业，尽快建立强大的重工业基础和国防工业基础。在这一思想指导下的苏联工业化造成了国民经济比例严重失调，人民长期受日用消费品短缺之苦。为了使新生的社会主义能够生存和发展，为了美好的未来，人民满怀社会主义激情，努力建设新社会。

苏联在短时间内从一个农业国成为一个工业强国，令世人震惊。西方学者也承认，"虽然五年计划伴有严格的压制和民众的贫困，但它确实使苏联从一个以农业为主的国家迅速上升为世界第二大工业强国。这种前所未有的成就具有国际性的影响，尤其是当时种种经济困难正使西方陷于困境"[①]。斯特朗写的《斯大林时代》更是对苏联的成就赞誉有加。在第二次世界大战中，苏联主要依靠自己的工业基础，与德国法西斯打了一场海上、空中、地上的立体化战争，莫斯科保卫战、斯大林格勒战役、库尔斯克会战、解除法西斯对列宁格勒的封锁等，显示了苏联的工业实力和军事实力，为反法西斯战争的胜利作出了巨大贡献和牺牲。

第二次世界大战结束后，苏联是率先恢复被战争破坏经济的国家，但因为没有及时进行改革，苏联经济比例失调的问题更加严重。1953年斯大林去世后，苏联才开始进行一些改革，首先提高了粮食的价格，扩大了农民的宅旁园地，提高了农民的生产积极性。在工业发展中，也比以往更重视解决日用消费品短缺的问题。在政治气氛缓和的背景下，人们的社会主义建设热情高涨，促进了经济的发展。1950年代不仅出现了

---

① ［英］斯塔夫里阿诺斯著，吴象婴等译：《全球通史：从史前史到21世纪》，北京大学出版社2004年版，第589页。

德国和日本经济发展的奇迹，还出现了"苏联经济奇迹"。从 1950 年代开始，苏联实现了自身发展中的一次战略跃进，从发展速度看，苏联的GDP 增速超过了所有发达国家。1953—1964 年间，苏联新建了 8070 家企业，有 7.146 亿平方米的住宅被投入使用，居民的生活水平提高了一倍。国民收入的平均增长速度是 10.3%。苏联的人口总数在 1953—1964 年间从 1.88 亿增至 2.267 亿。1962 年，苏联城市人口数（1.112 亿）首次超过农村人口数（1.086 亿）。国家处于世界科技进步的先锋队中，首次开辟了通向宇宙之路，为实现超前的社会纲领创造了前提。苏联率先发射了人类历史上第一颗人造卫星，第一次把人类送上了太空，建造了破冰船。苏联的发展态势并没有延续下去。1964 年 10 月，勃列日涅夫通过"宫廷政变"的方式上台后，不思进取，不支持总理柯西金进行的改革与调整。1968 年出兵捷克斯洛伐克后，苏联的改革停止了。从 20 世纪 70 年代中期开始，苏联经济发展速度下降，体制的潜力被耗尽。苏联错过了信息技术革命的潮流，教条主义、官僚主义大行其道，积累了大量矛盾。

（二）苏联给欧美资本主义造成强烈冲击

十月革命胜利后，布尔什维克认为其所建立的苏维埃制度是世界上最先进的制度，开辟了人类历史的新纪元，代表着人类历史发展的方向。因此，苏俄把推进世界革命作为自己的战略目标，欲建立世界苏维埃共和国。为了推进世界革命，1919 年建立了共产国际，并要求无产阶级政党都称为共产党，还制定了严格的加入共产国际的条件。社会主义制度的建立引起西方资本主义的恐慌。第一次世界大战结束后，英、法、美、日等战胜国开始支持苏俄境内的白卫军向苏维埃政权发动进攻，但未能把苏俄扼杀在摇篮里。1920 年底，国内战争基本结束，年轻的苏维埃政权与资本主义形成了均势。

从 1921 年起，苏俄开始把工作重心转移到国内经济建设上，在外交上奉行和平外交，努力打破资本主义的封锁，1921 年与波兰签署了《里加和约》，1922 年与德国签署了《拉帕洛条约》。1924 年被称为"承认苏联之年"，英国麦克唐纳工党政府承认苏联政府是原属俄罗斯帝国而现在仍旧归其管辖的领土上的合法政府，并认为对苏联政府的承认也意味着苏联承认沙俄与英国签署的条约。苏联对英国政府在法律上承认苏联表示满意，但强调"苏联的政权已在原俄罗斯帝国全部领土上普遍建立，经苏联政府同意分离出去并成为独立国家的地区除外"，同时建议英苏两国就已经废止的或因战后事态的发展而失去法律效力的旧条约达成一项协议，1924 年 8 月 8 日两国签订一般性条约和通商条约。前者规定，在英国提供贷款的条件下，苏联政府将部分满足英国债权人对战前债务的要求；后者承认苏联对外贸易垄断制，相互给予最惠国待遇。到 1925 年初，有 23 个国家承认了苏联，包括中国。除美国外，大国基本都承认了苏联。

随着苏联社会主义建设成就越来越突出，苏联成为许多追求进步人士向往的地方，不少进步知识分子渴望访问苏联。20 世纪 30 年代，法国左翼作家罗曼·罗兰和安德烈·纪德受苏联官方的邀请访问了苏联，美国记者和作家安娜·路易斯·斯特朗长期在苏联工作，还有许多工程师、技术工人参与了苏联的大规模建设，苏联成为资本主义防范的对象。希特勒在重整军备的过程中为了不引起英法等国家的注意，打着防范共产主义的旗号，1936 年 11 月与日本签订《反共产国际协定》，后来意大利加入了该协定。正是在防止共产主义的旗号下，希特勒完成了战争准备。由于对苏联的防备和不信任，英法未能与苏联建立集体安全体制来阻止希特勒的侵略。

第二次世界大战结束之时，苏联的威信空前提高，许多国家把苏联作为榜样。东欧八国建立社会主义制度，虽然有苏联红军占领这一因素存在，但基础也是这些地区存在比较强的社会主义力量，他们希望学习苏联，改变本国的落后状况。在法国、意大利这些国家，共产党的力量都很强，共产党人甚至进入了内阁。在这一背景下，1947年苏共主持建立了欧洲共产党和工人党情报局。

为了防止工人阶级夺取政权，西欧资本主义国家普遍实行了社会福利制度，建立了福利国家，以缓和国内矛盾。英法等国也建立了不少国有企业，至今法国的电力仍主要是由国有企业提供。社会党和工人党在英、法、德等国家长期执政。各国普选权扩大，工人的福利待遇提高，普遍实行高福利政策；北欧国家建立了"从摇篮到坟墓"的保障体系，防止社会出现两极分化，社会不再有尖锐的阶级斗争，实现了平稳发展。

在资本主义矛盾缓和，实现稳定发展的同时，苏联自身却出现了很大问题。民众长期受日用消费品短缺之苦，从20世纪70年代中期开始，苏联经济增长率又逐年下降，错过了信息技术革命，生产的集约化成了纸上谈兵。1985年3月上台的戈尔巴乔夫面临国内外严重危机，不得不进行改革，但其在改革中犯了严重错误，特别是把党当成了改革对象，引发了混乱，不仅未能拯救苏联，还加速了苏共垮台和苏联解体。

（三）苏联剧变出人意料背后有其逻辑

"冰冻三尺，非一日之寒。"苏联在与资本主义的竞争中最终败下阵来，原因是多方面的，既有历史原因、体制原因，也有现实原因和个人原因。

从历史上看，苏联的成就是片面的，并不是整个经济与社会的协调发展。斯大林错误地认为，资本主义国家实现工业化，通常是掠夺其他国家、靠殖民地和战败国、靠借奴役性的外债，苏联没办法走这条路，只能靠内部积累来发展工业，实现国家工业化。而这种内部积累的源泉主要是农民。"农民不仅向国家缴纳一般的税，即直接税和间接税，而且他们在购买工业品时还要因为价格较高而多付一些钱，这是第一；而在出卖农产品时多少要少得一些钱，这是第二。这是为了发展为全国（包括农民在内）

服务的工业而向农民征收的一种额外税。这是一种类似'贡税'的东西，是一种类似超额税的东西；为了保持并加快工业发展的现有速度，保证工业满足全国的需要，继续提高农村物质生活水平，然后完全取消这种额外税，消除城乡间的'剪刀差'，我们不得不暂时征收这种税。"① 集体农庄长期按极低的价格向国家交售农产品，农民没有积极性，苏联的农业长期处于停滞状态，自然影响人民生活。第二次世界大战结束后，民众热切盼望国家改变政策，以改善人民生活为重点发展经济，但斯大林仍坚持以重工业为重点的发展战略。到 1953 年，苏联的农业产值比 1928 年只增长 17%，粮食生产甚至低于 1913 年的水平，重工业增长了 29 倍，轻工业只增长了 6.3 倍。斯大林之后的领导者也未根本改变这一状况，日用消费品长期短缺，购物的队伍越来越长。人民的生活水平与苏联居世界第二强国的地位极不相称，挫伤了人民的积极性。

从体制上看，计划经济体制不能激发人民的积极性和创造性。国家垄断了一切资源，没有社会和个人发挥创造性的空间。计划经济和全部生产资料的公有制，使人成了完成计划的工具，而计划是由国家机构制定的，更多是从强国出发的，生产与民众的需求不挂钩。"斯大林思想上根本的一点看法是，在俄国，共产主义只能通过暴力，而不能通过教育和规劝来实现。党必须鞭策人民走社会主义道路，只有经历了新的生活，他们才会转变。"② 苏联的计划导致了经济发展比例严重失调。苏联工业虽然强大，但强大的主要是重工业和军事工业。苏联轻工业和农业长期落后，直接影响着社会稳定。苏联政治体制过于集权，个人崇拜盛行，地方也没有积极性，20 世纪 30 年代，罗曼·罗兰和安德烈·纪德访问苏联后分别写的《莫斯科日记》和《访苏归来》，他们都认为苏联没有自由，并大搞个人崇拜，

---

① 《斯大林全集》第 11 卷，人民出版社 1955 年版，第 139—140 页。
② ［英］伊恩·格雷著，张志明、朱振国、唐国强译：《斯大林——历史人物》，新华出版社 1981 年版，第 296 页。

这些都与社会主义格格不入。

在国家发展战略上，苏共并没有像列宁说的那样，让人民过上好日子，让人民感受到生活在苏维埃制度下比生活在资本主义制度下好。第二次世界大战后，苏联以一国之力走上了与整个西方世界抗衡之路，这一超出实际可能的大目标严重制约了国家经济发展，也影响了苏联与世界强国的关系，最后导致了苏联的崩塌。苏联赶超资本主义，只是实现了军备上的赶超，科学技术和其他方面则远远落后于美国。1990 年代初，苏联人均拥有电子计算机的数量只是韩国的 10%，是美国的 2%。同以前一样，在国民经济中占据优势的是采掘和燃料工业，依靠科技进步的经济所占的比重只有 38%，而在主要发达国家这一数字为 55% ~ 65%。到 1970 年，美国在科学方面获得了 81 个诺贝尔奖，苏联只有不到 10 名获奖者，多数为物理学奖。

苏联没有专注于把自己的国家建设好，而是致力于在世界上推广苏联模式，搞世界革命。列宁在 1920 年进军波兰失败后，放弃了用武力推进世界革命的目标，实行新经济政策，欲通过榜样的力量吸引其他国家走社会主义道路。斯大林改变了这一政策，他把世界革命定为苏联的战略目标，只要有机会，就不断地扩大苏联的地盘和影响，这一战略一直持续到 20 世纪 80 年代中期。因此，苏联外交耗费巨大，拖累了经济。苏联入侵捷克斯洛伐克、入侵阿富汗、支持亚非拉国家走非资本主义发展道路，都耗资巨大。"第二次世界大战后，苏联在欧洲拥有很强的软实力，但是苏联在 1956 年入侵匈牙利和 1968 年入侵捷克斯洛伐克后，这种权力就被浪费掉了。"① 苏联到处推广革命，干涉他国内政，严重损害了自己的形象。

苏联继承了沙俄的扩张传统，这种扩张影响着苏联的外部环境，促使苏联不得不把更多资源用于防范外部威胁。莫洛托夫描述战后斯大林的喜

---

① ［美］小约瑟夫·奈、［加拿大］戴维·韦尔奇著，张小明译：《理解全球冲突与合作：理论与历史》，上海人民出版社 2018 年版，第 57 页。

悦时说：斯大林把一张地图用图钉钉在墙上，说"咱们来看看，我们都得到了什么……北方一切都好，正常。芬兰对我们是犯有严重罪过的，所以我们把国界从列宁格勒向前推进了。波罗的海沿岸，自古以来就是俄罗斯的土地！现在重归我们所有！咱们的白俄罗斯人现在都集中居住在一起，乌克兰人居住在一起了，摩尔达维亚人也集中住在一起了。西方的情况正常"。说着，他转而指向东方边界："这儿的情况如何呢？千岛群岛现已归我们，萨哈林岛完全属于我们所有，你们看吧，这有多么好！旅顺港是我们的，大连也是我们的。"斯大林边说边用烟斗在地图上的中国一带画了一圈："中东铁路也是我们的，中国、蒙古——这都没问题……可这儿的边界我不喜欢！'斯大林说着指向了高加索以南的地方（指土耳其海峡——引者）。①"

在日本投降时，斯大林发表的《告人民书》把苏联对日本的胜利看成是对1904—1905年日俄战争的报复，他说："1904年日俄战争时期俄军的失败，给人民留下了沉痛的回忆。那次失败是我国的一个污点。我国人民相信，总有一天日本会被打败，污点会被洗清，并且等待着这一天的到来。我们这些老一辈的人等待这一天，已经等了40年。而这一天终于来到了。今天，日本承认自己已被战败，并在无条件投降书上签字了。这就是说，萨哈林南部和千岛群岛将归苏联所有，从此以后，这些地方不再是使苏联同大洋隔绝的工具，不再是日本侵犯我国远东的基地，而是苏联同大洋直接联系的工具，是我国防御日本侵略的基地。"②战后斯大林的民族利己主义思想进一步发展，世界革命变成了为苏联利益服务的工具，苏联不断干涉东欧国家的内政，以苏联为首的社会主义阵营各国是不平等的。

---

① ［俄］费·丘耶夫著，王南枝等译：《同莫洛托夫的140次谈话》，新华出版社1992年版，第123—126页。

② 《斯大林文集（1934—1952年）》，人民出版社1985年版，第469—470页。

苏联没有建立起最高领导人有序更迭的机制。列宁之后的苏联最高领导人都不是同辈中最有才能的，党内违背列宁《给代表大会的信》的建议，没有把斯大林从书记的位置上撤下来。斯大林通过党内斗争，把列宁时期的6位政治局委员都赶下了政治舞台，自己成为没有任何挑战的领袖；赫鲁晓夫也是通过党内斗争，把贝利亚、马林科夫、布尔加宁赶下政治舞台，自己集党政军权于一身；勃列日涅夫是各派妥协推出来的政治人物，他善于玩弄权术，在总书记的位置上待了18年，使苏联由盛转衰；戈尔巴乔夫善于夸夸其谈，治国理政的本领太差，不仅没有把苏联从危机中拉出来，反而加剧了危机，导致联盟国家解体。

无论从幅员、人口还是自然资源上看，苏联都不逊于美国，但制度先进的苏联却始终没能赶上美国。让人不能容忍的是，世界上面积最大的国家连本国人民都养活不了，还要大量进口粮食。20世纪70年代，苏联成为世界上最大的粮食进口国。80年代中期，每3吨粮食食品中就有1吨是用进口的粮食加工出来的。用出卖石油所得的外汇购买粮食还不够，克里姆林宫只好出卖黄金，70年代卖了2000多吨黄金。尽管黄金被不断开采，但国家的黄金储备仍然减少了一半，到1981年只有452吨。戈尔巴乔夫改革并未改变这种情况，经济危机更严重了。当人们感觉美好生活像天边的地平线一样永远都走不到时，人们自然不再相信这种制度了。

［左凤荣，中共中央党校（国家行政学院）国际战略研究院副院长、教授］

三、世界经济重心从欧洲转向亚太

在工业革命到来之前，中国、印度等亚洲文明在世界文明史上占据重要地位。中国有发达的农业和手工业，有人测算，在鸦片战争之前，中国的 GDP 占世界的 1/3。但在工业革命时代，不掌握先进技术的中国遭受数十个列强的侵略，逐渐沦为半殖民地半封建国家。抗日战争的胜利和新中国的建立，改变了中国的命运，中华民族重新屹立于世界民族之林。第二次世界大战后，日本吸取了历史教训，走上了和平发展道路，在美国的核保护下把主要资源用于发展经济，一度成为亚太地区经济发展的引擎。同时，"亚洲四小龙""亚洲四小虎"等相继发展起来，增强了亚洲在世界经济中的地位。1978 年以后中国走上了改革开放之路，以经济建设为中心，大大改变了中国的面貌。2001 年加入 WTO 以后，中国抓住历史机遇，实现了经济的迅速发展，2010 年一跃成为世界第二大经济体。与此同时，东盟、印度在冷战结束后通过改革经济实现了快速增长。与新兴经济体迅速发展相比，欧洲地区经济增长相对缓慢，传统的欧洲强国经济实力相对下降，中国、东盟、印度、俄罗斯等国际地位上升，促使世界经济的重心从欧洲大西洋向亚太地区转移。

（一）亚太地区经济的迅速发展

工业革命以来，世界经济的重心基本在大西洋两岸。从 20 世纪 60 年代开始，东亚地区成为全球经济发展最快的地区，经济增长速度一直居于世界前列，世界经济重心开始向亚太地区转移。

第二次世界大战使日本经济社会遭受重创，日本为发动侵略战争付出了巨大代价。"简直是人造沙漠。""战争结束时，如果简单评价1945年夏的日本经济，一面是已经毫无价值的大量战争用生产设备残骸，歪歪斜斜；另一面是衣不遮体食不果腹的民众，东逃西窜。"①1955年日本国内生产总值占同期美国国内生产总值的6.02%，为240亿美元。1955—1973年日本经济年均增长10%，远远高于其他发达国家，1980年迅速攀升到占美国同期的39.53%，达到10401亿美元。②日本在世界经济中的位置也由1955年的第7位跃居为世界第2位（苏联未在统计之列），成为名副其实的经济大国。据国际货币基金组织统计，1987年日本人均GDP为20158.3美元，超过美国的19536.4美元。1988年日本人均GDP为24278.3美元，仅次于瑞士的28281.9美元，居世界第二；而同年美国、西德、法国和英国分别为20853.1美元、15479.2美元、17548.8美元和14563美元。随着日本国民收入的高速增长，日本开始进入高消费时代，此时人们将家庭收入的80%慷慨地用于消费。1990年是日本人的"生活元年"，高级轿车、移动电话、手提摄像机、高清晰度彩电（定价高达230万日元）等高档商品需求极为旺盛；1990年也是日本的"旅游年"，这年日本到海外旅行者超过1000万人次，国内旅游者也达3亿人次③，充分体现了日本经济的发达和国民生活的富庶。关于战后日本经济迅速崛起的原因，学术界大多认为，日本劳动力充足、教育水平高、资本积累高、设备投资多、企业经营管理水平高等内部因素是日本经济高速增

① 丁敏著：《日本头脑产业》，社会科学文献出版社2004年版，第7页。
② 王琥生、赵军山编：《战后日本经济社会统计》，航空工业出版社1988年版，第471页。
③ 文彬：《日本的国民消费与经济变迁》，《湘潭大学学报（哲学社会科学版）》1996年第5期，第94—97页。

长的主要动力。然而，日本经济学家高桥龟吉认为：一些欧美学者分析的关于日本经济跃进的种种原因，如日本的国民性和独特的经济体制，日本人适应艰苦工作的能力，高度发达的教育、技术和管理水平，企业家的强烈的事业心和果敢精神等，都没有从根本上说明问题。因为这些因素在战前早已存在，但那时的日本经济却没有也几乎不可能达到世界第一流的水平。[①] 日本经济得以迅速发展，主要原因如下：

一是美国为了遏制社会主义苏联和中国，从削弱日本转为对日本实施全方位的扶植政策。二战结束后，美国单独占领日本长达 7 年，保证日本领土的完整性和社会制度、意识形态的单一性，有利于日本长期稳定发展。美国还对日本进行了以民主、法制为基础的政治改造和农地改革，使日本半封建的土地制度基本瓦解，解放了农业生产力，扩大了农村市场，这使日本进入了一个比较纯粹的资本主义社会。美国还保留了日本天皇制，以美国的"三权分立"原则对日本法西斯主义和军国主义政体进行改革。美国的这些措施为日本战后走上和平建设，集中精力抓发展道路提供了可靠保障。

二战后，美国主动提出延缓日本战争赔偿，给日本恢复生产、稳定市场经济奠定了基础。1950 年 6 月朝鲜战争爆发后，美国在这场战争中所需的订货补给，给日本的经济带来了巨大发展机遇。无论是政治上美军的特殊保护，还是经济上美国的大力扶持，都给日本经济迅速恢复和发展提供了有利的环境背景。

二是日本政府强有力的国家干预和领导。战后的日本政府迅速制定了外向型经济发展战略，加入了国际竞争体系。有了美国的扶植和帮助，日本很快完成了战后的经济恢复。为了进一步的发展，日本政府适时地制定了外向型的经济发展战略，看准当代国际经济发展的趋势，根据国内资源

---

① ［日］高桥龟吉著，宋绍英等译：《战后日本经济跃进的根本原因》，辽宁人民出版社 1984 年版，第 17 页。

贫乏的实际情况，选择了以重、化学工业为中心面向国际的加工贸易型发展战略。并且为立足国际市场，日本政府制定了一系列扶持与干预经济的政策，相应地调整产业结构，优化重组国内企业，通过国家干预保护大型企业，提升了日本企业在国际市场中的竞争力。

日本根据本国的实际情况，适时地调整政府政策。20世纪50—70年代是日本经济恢复发展的主要时期，在确立外向型经济发展战略的同时，制定了"科技立国长远发展战略"。政府用国家财政进行巨额投资和金融贷款，引进国际尖端技术，选择以计算机技术的开发、合成材料技术的开发为振兴日本工业的突破口，进而把科学技术转化为生产力，并推行贸易外汇的自由。这一系列政策的实施，使日本的对外贸易呈迅速上升势头，国家综合实力大幅增强。

三是国际技术扩散带动了日本科技创新。国际技术扩散带动日本科技创新，引领日本经济飞速发展。二战后，日本工业生产技术较之欧美发达国家大约落后二三十年。从1950年起，日本开始引进国外先进技术，到20世纪60年代进入高潮。日本在1950—1955年共引进甲类技术525项、乙类技术623项。1956—1960年共引进甲类技术831项、乙类技术941项[1]，分别比前期增长58.3%、51%。1961—1964年共引进甲类技术1712项、乙类技术1824项，分别比前期增长106%、93.8%。1965—1970年共引进甲类技术5256项、乙类技术3291项，分别比前期增长207%、80.4%。1971—1975年共引进甲类技术8368项、乙类技术2406项，其中甲类技术增长59.2%。1976—1980年共引进甲类技术8303项，略低于前期水平。战后的日本采取的技术引进战略不但数量上基本呈现增长的态势，而且引进的技术在日本社会发展中产生了较强的溢出效应。[2] 国际技

---

[1] 甲类技术：合同期限或付款期限超过一年的项目；乙类技术：合同期限或付款期限不满一年的项目。
[2] 刘忠远、张志新：《大国崛起之路：技术引进——二战后日本经济增长路径带来的启示》，《科学管理研究》2010年第12期，第100页。

术扩散不但弥补了战后日本经济发展的技术缺口，同时还把创新思想深深地植根于日本人的头脑中。研究的目的是发明，或是解决一个（技术）问题，成功的开发产生了创新，即发明的生产、推广和商业化应用。日本重视研究开发，更重视技术与创新在生产中的具体应用。

四是日本重视人才。人力资本成了新一轮的技术因素，1955 年日本科学研究机构的研究人员共有 6 万人，到了 1975 年科研人员增加到 39.6 万人。日本科研机关在吸收和推广外国先进技术时，不仅完全消化了引进的技术，而且还在此基础上加以改进和创新，从而使本国工业技术达到世界一流水平。为了保障技术创新和经济发展的后备需要，战后日本的学校还加强了技术专业教育，培养了大批有较高文化水平的技术工人和技术人员。据统计，1950—1974 年的 25 年间，日本高中学生从 193 万人增加到 427 万人，增长了 112 倍；短期大学学生从 1.5 万人增加到 33 万人，增长了 21 倍；大学生从 22 万人增加到 165 万人，增长了 615 倍。日本 90% 以上的人受过高中教育，1/3 的人受过大学教育。这说明，日本为了支持技术进步，政府非常重视高素质劳动力的数量和质量。

日本作为东亚经济发展的"领头雁"，通过直接投资、间接投资及技术转移带动了东亚地区的技术进步、产业结构的升级和出口的迅速增长。1985 年日元升值以前，日本对东亚的直接投资主要是确保对本国的原材料供应和利用当地廉价的劳动力。日元升值以后，日本为降低成本，减少贸易摩擦，将东亚变成自己的出口生产基地，使战后形成的"全面配套主义"的产业基础向东亚地区转移、扩散，并形成梯度转移的雁形模式。使东亚地区成为日本产业分工的延伸，日本与东亚之间的分工也从垂直型变成水平型。在产业转移的同时，日本将大批的成熟技术和适用技术出口到东亚，这在客观上对东亚经济的增长起了积极作用。随后，"亚洲四小龙"经济迅速腾飞。这种态势从 20 世纪 60 年代一直延续到 20 世纪 90 年代初。同时演绎亚洲增长奇迹的还有另外一组国家，即泰国、马来西亚、印度尼西亚和菲律宾组成的"亚洲四小虎"。虽然这些国家在20世纪60年代到90年代的总体增长表现逊于"亚洲四小龙",但进入20世纪90年代,它们的经济高歌猛进,后来又有柬埔寨、老挝、缅甸、越南4个东盟国家经济迅速增长。

中国在20世纪70年代末实行改革开放,也加入到经济高速增长的亚洲经济体行列。尽管经历了两次外部金融危机的冲击,但如今在亚洲经济增长的版图中,中国仍然表现不俗。中国自实行改革开放政策以来,在40多年里取得了举世瞩目的巨大经济发展成就,堪称当代世界发展之奇迹:1978—2017年,中国GDP年均增长率达到9.58%,经济规模增长了近35倍;1978年中国GDP世界排名第9位,2010年跃居世界第2位;2017年GDP达到12.25万亿美元,人均GDP达到8813美元;中国创造了第二次世界大战之后一国GDP增长持续时间最长、增长率最高的世界纪录。1978—2017年,中国农村贫困人口减少了7.39亿,是第一个实现联合国千年发展目标——使贫困人口减半的国家,对全球减贫的贡献率超过70%。[①]正如美国著名作家尼古拉斯·拉迪指出的,自20世纪70年代末启动经济改革以来,中国取得了全球经济史上前所未有的经济成就。没有其他国家经历过如此长时间的快速增长。

1995—2015年,亚洲新兴经济体GDP年均增速为6.2%,大大超过全球同期2.66%的增速。东亚的8个高增长国家和地区,即日本、"亚洲四小龙"加东盟的印尼、马来西亚和泰国的经济增长速度比拉美和南亚高出将近两倍,比撒哈拉以南非洲高5倍,同时也大大高于工业化国家和中东、北非石油输出国。如此集中的区域性高速增长在人类历史上极为罕见。

从经济规模上看,2015年亚洲太平洋经济合作组织(APEC)成员

[①] 程承坪:《中国特色社会主义政治经济学应提炼和总结六大经济实践经验》,《经济纵横》2017年第10期,第28页。

占世界 GDP 总量的 59.47%，接近世界的 2/3；从进出口贸易看，2016 年 APEC 成员占世界贸易总进口额的 49.6%，占世界总出口额的 50.01%，是世界上进出口贸易最活跃的区域；从对外直接投资来看，亚洲新兴经济体吸引的外商直接投资（FDI）流量从 20 世纪 70 年代仅占全球 FDI 流量的 6.5%，逐渐上升到 2008—2015 年的 26.9%，成为全球重要的投资目的地。与此同时，随着自身经济力量的壮大，亚太地区对外投资规模也迅猛提升，从 1980 年仅为世界对外直接投资流量的 2.27% 上升到 2015 年的 22.25%。

表2-3：主要经济体GDP增长率（%）

年　份	1971	1980	1990	2000	2010	2019
欧　盟	3.66	2.07	3.37	3.90	2.21	1.55
亚太地区	5.14	3.59	5.10	4.90	7.07	3.71
美　国	3.29	−0.25	1.89	4.12	2.56	2.16
中　国	7.06	7.83	3.92	8.49	10.63	5.95
日　本	4.70	2.81	4.89	2.78	4.19	0.65
韩　国	10.55	−1.65	9.88	9.06	6.80	2.04
中国香港	7.29	10.11	3.83	7.66	6.77	−1.25
新加坡	12.41	10.11	9.82	9.04	14.53	0.73
泰　国	4.89	2.17	11.17	4.46	7.51	2.35
马来西亚	10.03	7.44	9.01	8.86	7.42	4.30
印度尼西亚	7.02	9.88	7.24	4.92	6.22	5.02
菲律宾	5.42	5.15	3.04	4.41	7.33	6.04
缅　甸	4.13	7.94	2.82	13.75	9.63	2.89

资料来源：基于World Bank Database。

从产业上看，过去 20 年，全球产业链最大的变化来自亚洲，亚洲最大的变化则来自中国。一方面，区域内贸易的重要性不断增加，这一现象在亚洲最为明显。2000—2017 年，区域内贸易增加值在亚洲产业链中的占比从 40.3% 上升至 46%，其中东亚地区在亚洲区域内贸易增加值中占比接近 80%。在全球产业链中，仅有欧洲的情况与亚洲类似，但其区域内贸易增加值占比在 2008 年全球金融危机后开始下降。欧洲的区域内贸易增加值占比从 2000 年的 62.1% 降至 2017 年的 55.1%。这意味着相对其他区域，欧洲和亚洲产业链的内部融合更加紧密。[1]另一方面，北美和欧洲总体的区域内贸易增加值占比下降，但是与亚洲产业链的贸易联系逐渐增强。2000—2017 年，欧洲与亚洲的贸易增加值往来占比由 11.3% 上升至 16.6%，北美与亚洲的贸易增加值往来占比也从 2000 年的 19.3% 提升至 2017 年的 21.6%，而欧洲与北美的往来占比则从 13.5% 下降至 10.6%。中国逐步成长为亚洲产业链的枢纽，并与北美和欧洲产业链（分别以美国和德国为枢纽）保持密切的贸易往来关系。随着亚洲区域内贸易的不断增加，以及与美国、欧洲间贸易往来的愈发紧密，全球产业链逐步从"亚太—欧非"两极模式向北美、欧洲和亚洲"三足鼎立"的格局转变。

根据 2017 年厦门金砖国家领导人会晤上发布的数据，2017 年金砖国家经济总量已占全球的 23%，与 10 年前占比 12% 相比，几乎翻了一番，对世界经济增长的贡献率也已超过 50%。1980 年，改革开放刚开始时中国的 GDP 只占全球的 3%。经过平均每年增速超过 10.3% 的发展，到 2020 年末，中国占全球经济的比重已超过 17%。在此期间，中国的崛起对全球经济产生了巨大影响，塑造了全球供应链，产生了对商品的大规模需求，并创造了数亿中产阶级消费者。

国务院发展研究中心 2018 年 12 月发表的《未来国际经济格局变化和中国战略选择》课题报告预测，到 2035 年，发展中国家的 GDP 将超过发

---

[1] 李颖婷、崔晓敏：《亚洲产业链：现状、演变与发展趋势》，《国际经济评论》2021 年第 2 期，第 149 页。

达经济体，在全球经济和投资中的比重接近 60%，全球经济增长的重心将从欧美转移到亚洲，并外溢到其他发展中国家和地区。

（二）欧美经济地位相对下降

与亚洲经济的高速发展不同，欧洲地区在进入 21 世纪以来，面临人口老龄化严重、失业率高等诸多问题，经济实力相对下降。进入新世纪以来，美国经济增长缓慢，实体经济逐渐萎缩，导致发展动力严重不足。其中主要涉及制造业的衰落，这并不仅限于传统制造业，而且受到日本、德国的冲击，蔓延到了技术密集型产业。例如曾经让美国引以为傲的半导体产业，其制造工艺逐渐被日本赶超。制造业的衰落和元气不足，导致大量过剩的资本远离实体经济而大量涌向金融领域转化为虚拟资本，金融业成为美国 GDP 的最大贡献者。金融业的过度膨胀导致经济泡沫化，最终引发了 2008 年的金融危机，世界经济陷入全面衰退。金融危机后，美国政府采取各种政策积极振兴实体产业，但修复已经被破坏的现代经济体系的核心构造并不是简单之事，加上金融扩张的不可逆转，美国制造业在危机后的十余年里仍然难改下降趋势。发展疲软、恢复乏力是当今美国制造业的典型特征，进而也导致了美国经济一定程度上的衰退。

2008 年国际金融危机对欧洲国家也造成了严重冲击，至今它们仍未走出危机。根据欧盟统计局发布的权威数据，在继 2009 年欧盟经济负增长达到 4.5% 峰值后的缓慢复苏过程中，在 2010 年开始的全球经济刺激的环境下，欧盟经济增长短期恢复到 2%，但随后出现了下滑。2011 年、2012 年、2013 年连续三年欧盟经济增长率分别为 1.6%、-0.4% 和 0.1%。如果分析欧元区国家的数据则可发现在危机后两年，欧元区国家经济增长与欧盟 28 国保持了同步，但从 2012 年开始则出现了明显分化，欧元区经济 2012 年与 2013 年分别获得 -0.7% 和 -0.4% 的增长。这不仅说明欧元区国家经济增长远落后于欧盟非欧元区国家，同时如果考虑到德国在欧元区经济总量比重为28%的体量规模，2012—2013年还连续保持0.7%、0.4%的正增长的话，那么如果剔除德国强劲的经济数据，则可以发现绝大部分欧元区国家在2012—2013年均出现了比较明显的衰退。[①]欧盟经济的规模从1980年占世界GDP总量的34%逐步下滑到2019年末的21%，如果粗略以美国和欧盟的总和代表西方发达国家，那么他们的GDP比例已经从60%下降到46%。在此期间亚太地区从21%成长到36%，几乎正好与欧盟调换了角色。相对于欧洲的人口老化、高福利社会带来的沉重负担，亚太地区相对年轻的人口和生机勃勃的经济，让这个世界继续加快变革。

表2-4：主要经济体GDP及其全球占比

GDP（10亿美元）	1980		1990		2000		2010		2019	
	GDP	占全球(%)	GDP	占全球(%)	GDP	占全球(%)	GDP	占全球(%)	GDP	占全球(%)
全球	11156	100	23521	100	33858	100	66073	100	86599	100
美国	2857	26	5963	25	10252	30	14992	23	21439	25
亚太地区	2327	21	5454	23	9245	27	20167	31	31421	36
欧盟	3805	34	7395	31	8919	26	17020	26	18292	21
中国	305	3	399	2	1215	4	6065	9	14140	16

资料来源：基于World Bank Database。

世界经济重心从欧洲转向亚太地区，还表现在其他许多方面。从世界500强公司的数量来看，2019年中国上榜129家，美国上榜121家，在二战之后美国第一次失去了拥有上榜公司最多的宝座，2020年中国上榜133家，占据500强榜单的26.6%；2017年，全球最大的5000家公司当中，

[①] 余南平：《后金融危机时期欧美经济复苏差异比较——以金融结构为视角》，《欧洲研究》2014年第3期，第50页。

亚洲拥有 43%。另外，亚洲国家的国内消费比例上升，取代了跨境贸易。从 2007 年至 2017 年，在中国生产的劳动密集型产品产值从 3.1 万亿美元增至 8.8 万亿美元，但同时出口产值比重从 15.5% 下降至 8.3%。这意味着更多的商品在中国国内被消费，而不是向西方出口。印度等国家也出现类似状况。

虽然整个亚太地区的经济在近几十年飞速发展，但不可否认，亚太地区还有相当一部分国家仍处于发展中阶段，与欧洲等西方发达国家相比，科技实力、创新能力以及各种高新技术领域还存在着较大差距，亚太地区的经济体还存在着对西方世界较强的科技依赖，容易受到西方各国的掣肘，导致本地区经济发展受阻。亚洲经济体尤其是日本和中国的内需长期不足，导致这些经济体的总体国（地区）内供给与需求严重失衡，过剩的供给只有通过净出口即外需来加以平衡，这样就会形成商品市场和资金两头在外的增长模式，增加了亚洲经济持续增长的不确定性，受国际资本流动影响很大。内生性创新不足与成本刚性的非对称性尤其反映在日本和中国这两个区域内主要经济体的发展过程中。日本在二战之后到 20 世纪 70 年代的经济迅速恢复与高速增长，在很大程度上归因于日本实行的外向型经济政策，即货币汇率稳定条件下的贸易自由化。

我们应该看到，亚洲过去的增长奇迹是增量扩张带来的奇迹，具体表现为货币汇率稳定条件下的外向型经济发展、相对较低的劳动力成本优势以及亚太地区经济体之间的有序产业分工和转移。因此，为了经济的长远发展，亚太经济体必须清楚自身存在的现实问题，并做出正确的战略和政策选择。

（三）经济重心转移的成因

亚洲人口多，劳动力充裕，资源丰富，气候温和，经济有活力，市场需求量大，既有经济发达国家，又有新兴工业化国家和发展中国家，亚洲是 21 世纪全球有巨大潜力的市场之一。亚洲大部分经济体的高储蓄率、高教育水准再加上体制优势等一系列良好的宏观经济增长因素，为亚洲经济的持续稳定增长注入了充足的动能。

第一，亚太地区大量的年轻人口为经济发展提供了足够的劳动力供给，带动了经济快速增长。劳动年龄人口占全部人口比例高，一方面可以保证经济增长所需要的充足劳动力供给，另一方面意味着人口负担减轻，经济剩余多，有利于达到和维持较高的储蓄率。亚太地区更加具有生产性的人口结构为经济增长提供了额外的源泉，即所谓的人口红利。在经济增长的作用下，亚太地区国家的失业率长期维持在 5% 以下甚至更低。反观欧洲各国，则面临十分严重的失业问题。从劳动成本角度看，过高的劳动保护立法水平使雇用及解雇成本太高而导致欧洲企业雇佣意愿低下，较高劳动成本和就业保护造成工作岗位大批向新兴工业国家流失，特别是传统就业结构中以工业－制造业中等技能、男性全职劳工为核心的"标准就业岗位"不断减少。欧洲地区的失业者数量居高不下，导致欧洲劳动力市场极不稳定，进而使得所有行业中均出现中等技能工作岗位比例下降，特别是制造业出现整体萎缩，这一系列因素导致欧洲经济情况不容乐观。

第二，高储蓄率对亚太地区的经济增长产生积极作用。对国家而言，经济发展的核心在于资金形成是否畅通，研究资金形成的重点在于正确认识储蓄和投资的相互关系。通常，通过提高本国储蓄率并保证储蓄有效向投资转化是各国解决其经济发展资金问题的根本办法。在市场经济条件下，储蓄和投资互相推动、息息相关，储蓄是投资的必要条件，投资是经济增长的助燃器，储蓄是否充足以及是否能有效转化为投资，关系着经济发展的速度。储蓄不仅代表着明天的消费，还意味着未来生产能力的提高。高储蓄率可以为经济增长提供充足的资金来源，是支持经济快速增长的重要因素。亚太地区的一些主要经济体，如中国、韩国、

表2-5：主要经济体人口总数（亿）

年 份	1970	1980	1990	2000	2010	2019
欧 盟	3.86	4.08	4.20	4.29	4.4	4.48
亚太地区	12.9	15.6	18.22	20.48	22.07	23.41
美 国	2.05	2.27	2.50	2.82	3.09	3.28
中 国	8.18	9.81	11.35	12.63	13.38	13.98
印 度	5.55	6.99	8.73	10.57	12.34	13.66
日 本	1.04	1.17	1.24	1.27	1.28	1.26
韩 国	0.32	0.38	0.43	0.47	0.50	0.52
中国香港	0.04	0.05	0.06	0.07	0.07	0.08
新加坡	0.02	0.02	0.03	0.04	0.05	0.06
泰 国	0.37	0.47	0.57	0.63	0.67	0.70
马来西亚	0.11	0.14	0.18	0.23	0.28	0.32
印度尼西亚	1.15	1.47	1.81	2.12	2.42	2.71
菲律宾	0.36	0.47	0.62	0.78	0.94	1.08
缅 甸	0.27	0.34	0.41	0.47	0.51	0.54

资料来源：基于World Bank Database。

表2-6：主要经济体失业率（%）

年 份	1970	1980	1990	2000	2010	2019
欧 盟	11.10	9.82	9.57	9.80	10.02	7.37
亚太地区	3.04	3.56	4.44	4.20	4.05	4.34
美 国	5.65	3.99	5.08	9.63	5.28	8.31
中 国	3	3.3	4.5	4.5	4.6	5
日 本	3.2	4.7	4.4	5.1	3.4	2.97
韩 国	2.03	4.4	3.7	3.7	3.55	4.07
中国香港	3.22	4.92	5.58	4.31	3.32	5.8
新加坡	3.3	3.7	5.59	4.12	3.79	5.19
泰 国	1.1	2.39	1.35	0.62	0.6	1.02
马来西亚	3.15	3	3.53	3.25	3.1	4.55
印度尼西亚	4.61	6.08	7.95	5.61	4.51	4.11
菲律宾	3.71	3.71	3.80	3.61	3.07	3.36
缅 甸	0.82	0.82	0.79	0.79	0.77	1.79

资料来源：基于World Bank Database。

新加坡、泰国等国家，相比于美国和欧盟等西方经济体，都拥有着更高的储蓄率，这为本国乃至整个亚太地区的经济持续稳定增长打下了坚实基础。近年来，中国以远高于世界主要发达国家和发展中国家的投资率，实现经济高速增长，其原因就在于充分的国内储蓄为高投资提供了强有力保障。

表2-7：主要经济体总储蓄占GDP百分比（%）

年　份	1970	1980	1990	2000	2010	2019
欧　盟	11.10	9.82	9.57	9.80	10.02	7.37
亚太地区	3.04	3.56	4.44	4.20	4.05	4.34
美　国	5.65	3.99	5.08	9.63	5.28	8.31
中　国	3	3.3	4.5	4.5	4.6	5
日　本	3.2	4.7	4.4	5.1	3.4	2.97
韩　国	2.03	4.4	3.7	3.7	3.55	4.07
中国香港	3.22	4.92	5.58	4.31	3.32	5.8
新加坡	3.3	3.7	5.59	4.12	3.79	5.19
泰　国	1.1	2.39	1.35	0.62	0.6	1.02

资料来源：基于World Bank Database。

第三，经济的一体化也是推动经济增长的重要因素。东盟是东亚地区经济一体化的最早推动者。早在1967年，东南亚国家就建立了东南亚国家联盟，开启了东南亚地区经济一体化进程。1997年东亚金融危机发生后，东亚地区各国普遍认识到，经济全球化已经成为当今时代的基本特征，区域内国家相互依存性大大增强，东南亚国家需要更为紧密地与其他东亚地区经济体加大彼此间的经济联系，建立区域国家间的沟通与对话机制，加强经济合作，这样不但可以有利于应对各种形式的经济和金融危机，还可以抓住发展机遇，推动地区经济共同发展。在此共识之下，东亚经济一体化进程明显加快。2000年，东盟与中国的"10＋1"自贸区谈判启动之后，又相继推动了与日本、韩国、澳大利亚、新西兰以及印度建立自贸区，形成了以东盟为中心的"10＋1"区域一体化合作模式。

中国亚洲经济战略的基础是打造有利于地区经济一体化的区域贸易网络体系，这需要中国扩大和升级中国参与的亚洲双边和多边自贸协定网络。2007年，胡锦涛在党的十七大上首次明确提出，实施自由贸易区战略，加强双边多边经贸合作。中国共产党的十八届三中全会、五中全会进一步要求以周边为基础加快实施自由贸易区战略，形成面向全球的高标准自由贸易区网络。2015年，习近平主席在出席亚太经贸组织（APEC）第二十三次领导人非正式会议时指出，要加快亚太自由贸易区建设，推进区域经济一体化。

第四，亚太地区的发展模式也对这一区域的经济增长起到了十分关键的作用。亚洲分工模式的基本特征是"雁阵模式"，即以日本为雁头，其次为"亚洲四小龙"，然后是中国与"亚洲四小虎"及其他东盟经济体。在这一模式中，日本先发展某一产业，当技术成熟、生产要素（特别是劳动力）成本上升、本土生产优势丧失时，日本将这一产业及其相关技术转移至"亚洲四小龙"，与此同时，日本产业结构升级到新的层次。同样的，"亚洲四小龙"在这一产业发展成熟后则进一步将之转移到更落后的经济体，其产业结构也相应升级。以此类推，产业不断转移、承接，各经济体呈现出序贯、递进的发展态势。从本质上讲，日本引领的亚洲"雁阵"分工模式是由日本的制造驱动的，而美国主导的全球分工模式则是由美国的创新驱动的。亚洲内部缺不了日本，而外部则缺不了美国。亚洲经济是开放的区域经济，不能封闭起来单独搞内部分工，而应该有全球视野，积极融入全球价值链分工体系。[①]

在冷战结束以来的这轮全球化中，主要动力是西方和先发展起来的日本等亚洲国家到中国、东盟等国家寻找最廉价的劳动力，最大程度地发挥这一地区的比较优势，建立了分布在多个国家的供应链。中国借此机会在

① 程大中著：《世界经济周期调整与重新繁荣：理论、实证与政策》，格致出版社、上海人民出版社2020年版，第203页。

世界分工中成了真正的"世界工厂"。这种"劳动力套利"，即依靠劳动密集型出口制造的发展模式曾是许多低收入国家和地区发展经济的捷径，也帮助中国实现崛起。现在整个亚洲地区的工资上涨，加上近年来人工智能和机器人等自动化技术更加普及，凭借低成本劳动力竞争的优势正在消失，劳动力套利呈下滑趋势。麦肯锡的研究表明，目前国际贸易只有18%涉及从低工资国家和地区向高工资国家和地区出口。同时，随着中国的经济从由投资和出口驱动的模式向更多由内需和消费拉动转变，工业化程度的提升和对创新的支持意味着中国在发展价值更高的经济活动，从而对周边可以从事劳动密集型制造业的地区形成了"溢出效应"。越南、印度和孟加拉国近年来承接了纺织、制鞋等来自中国的产业转移即是明证。

第五，政府的正确政策也为亚太区域的经济增长贡献了巨大力量。这些实现了高速经济增长的亚洲国家拥有一些共同点，即借助政府的力量，创造经济发展所必需的国内条件和外部环境，比如制定出口导向的经济发展战略，加强基础教育等。同时，在过去几十年里，亚太地区几乎所有的经济体都有产业政策，产业政策成为这些经济体发展战略的有机组成部分。这些经济体政府推行产业政策的主要途径包括直接通过国有企业进行重点扶持，以及通过干预要素（土地、资本）市场来改变目标行业的投入成本结构进而达到扶持的目的。这些产业政策为亚太地区的大部分经济体的经济腾飞提供了坚实的政策保障。

［史妍嵋，中共中央党校（国家行政学院）国际战略研究院教授；符锦涛，中共中央党校（国家行政学院）研究生院硕士研究生］

四、中国成为世界经济增长的新引擎

2008 年金融危机之后，全球经济复苏乏力，全球贸易规模以及对外直接投资总体回升，但仍未恢复到危机之前的水平。近年来，中美贸易摩擦和全球新冠肺炎疫情使得全球经济受到重创，全球经济增长低迷，贸易和对外投资增速双降，全球供应链受到冲击，未来全球经济发展前景堪忧。在此背景下，中国经济超预期恢复，巨大的国内市场和对外投资成为全球经济增长的新引擎。中国经济作为世界经济的新引擎，不仅表现在经济增速上，还表现在不断提高的经济发展质量上。未来中国经济增长的新动能，一方面来自疫情之后数字经济的迅猛发展，促进中国产业升级和提质增效，另一方面来自中国通过推进高水平对外开放，积极践行多边主义，为全球经济复苏提供重要动力。

（一）中国对世界经济增长贡献率超过美国

改革开放以来，中国经济持续高速增长，中国货物贸易和投资规模逐渐增长，既促进了本国经济的发展，也促进了世界经济的增长。特别是 21世纪以来，全球化进程加快，中国更加快速地融入世界经济，在全球经济中的地位持续上升。2008 年金融危机之后，全球经济受到影响，特别是欧美国家经济增速减缓，中国作为新兴经济体的代表，在全球经济的比重逐渐加大，影响力日益增加，逐渐成为全球经济重要的稳定器和动力源，对维持世界经济稳定和持续发展起到越来越重要的作用。从进出口数据来看，中国货物进出口实现跨越式增长。1978 年，中国货物进出口总值为 206.4 亿美元。2001 年加入世界贸易组织之后，中国对外贸易规模迅速上涨。2004 年中国货物进出口规模突破 1 万亿美元。2009 年中国成为全球第一大货物贸易出口国和第二大进口国，中国对外贸易对象国家或者地区已经超过 200 个。据 WTO 数据显示，2020 年在疫情的冲击下，中国出口增速仍然高于全球 7.4 个百分点，进出口、出口、进口国际市场份额分别达 13.1%、14.7%、11.5%，均创历史新高。从吸引外资的角度来看，中国吸引外资规模呈现平稳上升趋势，2016 年中国吸引外资规模为 1390 亿美元，2018 年中国吸引外资（不含金融业）达 1349 亿美元，成为全球第二大外资流入国。2020 年中国吸引外资规模为 1630 亿美元。与此同时，中国对外直接投资规模也不断增长，2017 年中国对外直接投资 1582.9 亿美元，到 2017 年底中国对外直接投资存量达到 18090.4 亿美元，分布全球 189 个国家和地区。

中国经济对世界经济增长作出巨大的增量贡献。根据世界银行数据，以 2010 年不变价美元计算，中国 GDP 总规模在 1978 年为 2943 亿美元，在全球排第 14 位，仅相当于全球经济总量的 1.1% 和美国经济的 4.6%。到 1990 年，中国 GDP 增加到 8296 亿美元，在世界经济占比提高到 2.2%，为美国的 9.2%，超过了墨西哥、澳大利亚、荷兰和沙特阿拉伯，排在世界第 10 位。在随后的 10 年里，中国经济规模先后超越了西班牙、加拿大、巴西、意大利和英国，于 2000 年排到世界第 5 位，总量达到 2.24 万亿美元，占世界经济比重为 4.5%，为美国的 17.6%。中国于 2010 年成为世界第二大经济体，总量达到 6.1 万亿美元，占世界经济的 9.2%，相当于美国的 40.8%。及至 2017 年，中国 GDP 达到 10.2 万亿美元，在世界经济中占比为 12.7%，相当于美国的 58.7%。随着体量的增大和保持全世界持续时间较长的高速增长，中国经济增量的显著性逐年提高，中国经济对世界经济增长作出巨大的增量贡献。例如，中国 GDP 的年度增量在 1990 年已经超过诸如越南、卢森堡和肯尼亚这样一些国家的 GDP 总量，2000 年超过以色列、尼日利亚和爱尔兰等国家的总量，2010 年超过瑞士、沙特阿拉伯和阿根廷等国家的总量，2017 年超过荷兰和波兰等国乃至全部低收入国家合计的总量。如果说在 20 世纪 90 年代以前，中国对于世界经济增长的贡献微不足道，甚至在改革开放之前还常常"拖累"世界经济增长的话，1990 年以后中国经济对世界经济的增量贡献就超过了 10%，2008 年国际金融危机以来则始终保持在 30% 左右。[1]

中国对世界经济增长贡献率超过美国。根据世界银行统计，2012 年中国的 GDP 达到 8.2 万亿美元，占世界 GDP 的 11.6%，仅次于美国，居全球第 2 位。与改革开放初期的 1980 年相比，中国的经济总量在 34 年中增长了 20 倍，占全球的比重提高了近 10 个百分点。中国已成为全球最重要的经济大国之一。2013 年，在世界经济复苏缓慢、全球经济增长持续低迷的背景下，中国经济仍然保持了 7.7% 的增长水平，经济总量跃上新的台阶，占全球的比重预计超过 12%。自改革开放以来，中国高速经济增长给世界各国提供了发展机会，1979—2017 年中国经济增长对世界经济增长的年均贡献率高达 18.4%。中国对世界经济增长的贡献率呈不断增长的态势，自 2006 年以来，中国对世界经济增长的贡献率超过美国，位居世界第 1 位。2017 年中国对世界经济增长的贡献率达到了 27.8%，超过了贡献率排名第 2—4 位的美国、欧元区和日本对世界经济增长贡献率之和，成为世界经济增长的第一引擎。[2]

---

① 蔡昉：《全球五分之一人口的贡献——中国经济发展的世界意义》，《世界经济与政治》2019 年第 6 期。

② 程承坪、詹昱煜：《改革开放以来中国经济增长的世界意义》，《江西社会科学》2018 年第 12 期。

（二）中国是疫情下唯一实现增长的主要经济体

2008 年金融危机之后，全球经济增长大幅下滑，2019 年增长率为 3% 左右，是 2008 年金融危机以来的最低水平。发达经济体的表现普遍不佳，主要发达经济体（包括美国，尤其是欧元区）和亚洲一些规模较小的发达经济体均出现增长乏力的态势。2020 年新兴市场和发展中经济体增速大约为 −3.3%。2020 年全球新冠肺炎疫情的发生和蔓延，使得世界经济前景更加不明朗。受疫情影响，除中国以外的很多新兴市场和发展中经济体未来经济发展前景仍不稳定，新兴亚洲经济体尤其如此。其中，印度和印度尼西亚等大型经济体将继续努力控制疫情，很多拉美国家受疫情的严重影响，面临非常严重的衰退。中东和中亚地区的很多国家以及撒哈拉以南非洲的石油出口国受低油价、内乱或经济危机的冲击，产出大幅下降。

全球经济增长乏力的具体表现是全球贸易和对外投资增速双降。全球贸易增速在 2007 年之前都是在 7% 以上，都高于全球 GDP 增速，大约是全球 GDP 增速的两倍。从 2008 年金融危机之后到 2015 年全球贸易增速在 3% 左右，到 2016 年全球贸易增速降为 2.3%。受全球贸易冲突和经济增长放缓影响，2019 年全球货物贸易量下降 0.1%，为国际金融危机以来的首次下跌。全球服务出口额 6.03 万亿美元，增长 2%，与 2018 年 9% 的增幅相比增速明显放缓。2019 年，在全球货物贸易市场中，出口额排名前三的国家分别是中国、美国和德国，货物出口额均在 1 万亿美元以上。在全球服务贸易市场中，出口额前三的国家分别是美国、英国和德国，美国的服务出口额占比为 14.4%；服务贸易进口额排名前三的国家是美国、中国和德国。2020 年，全球贸易收缩 10% 以上，这一速度与 2008 年全球金融危机期间相似，但收缩趋势更加明显。2020 年，随着新冠肺炎疫情快速蔓延，大量行业停摆、工厂停产，货物运输不畅，各国为应对疫情陆续采取了贸易限制性措施，服务贸易需求受损，全球贸易往来的活跃度大幅下降。2020年5月20日，世界贸易组织（WTO）的全球贸易晴雨表显示，2020年第二季度，全球货物贸易实时趋势指数为87.6，为有记录以来最低值。4月，美国货物和服务出口额同比下降20.5%，进口额下降13.7%；日本货物出口同比下降21.9%，进口下降7.2%；3月德国货物出口同比下降7.9%，进口下降4.5%。

在全球经济普遍受到冲击的大背景下，根据国际货币基金组织（IMF）的预测，中国的增长前景比新兴市场和发展中经济体大多数其他国家都要强劲得多，这主要得益于中国大部分地区于2020年4月初重新开放，此后经济活动回归正常快于预期，在强有力政策的支持和强劲出口的拉动下，第二季度GDP实现正增长，超出预期。中国国家统计局的数据显示，2020年10月份消费和投资企稳回暖。社会消费品零售总额同比增长4.3%，增速比上个月加快1个百分点。2020年1—10月份，投资同比增长1.8%，比1—9月份加快1个百分点。全国规模以上工业增加值同比增长6.9%，比上年同期高2.2个百分点。

总的来看，自2019年全球经济进入低增长阶段，在2020年全球新冠肺炎疫情的影响下，全球经济复苏动力不足，中国经济持续恢复，已成为全球经济增长的新引擎。2021年3月5日，中国两会宣布中国经济将恢复超过6%的经济增速。世界第二大经济体的强劲增速，必将对全球经济复苏起到重要作用，具体表现为：

首先，中国消费和投资对世界经济贡献加大。中国为提振世界经济持续发力，中国消费和投资对全球GDP增长贡献加大。2020年上半年中国社会消费品零售总额同比增速始终为负，第二季度最终消费支出对经济增长贡献率下降至–73%。2020年8月开始，中国社会消费品零售总额同比增速开始由负转正，连续数月同比正增长，第三季度最终消费支出对经济增长的贡献已回升至34.9%。随着常态化疫情防控机制的运行及新冠肺炎疫苗的投入生产，中国消费需求将进一步回升，消费仍是拉动中国经济增长的主要动力。据国家统计局数据，2020 年 1—6 月，中国网络购物用户人数比上一年增长 1 亿，主要网络零售平台店铺数同比增长 3.8%，1—10 月中国实物商品网上零售额同比增长 16%，较社会消费品零售总额增速高 21.9 个百分点，占社会零售总额比重已增长 24.3%。此外，中国对外投资稳中有升。2020 年，中国对外跨境并购投资完成交易 260 起，实际完成交易总金额为 340 亿美元，较 2019 年的 411.6 亿美元降低约 17.4%，呈下滑态势。从并购标的行业来看，制造业中的计算机及辅助设备、汽车制造行业的投资规模明显下降，而建筑建造、通信技术及设备制造行业则增幅显著。此外，出版业、房地产等服务业投资规模也增长迅速。公用事业及电力能源投资规模为 77.4 亿美元，增幅为 142.4%，反映了中国对外清洁能源并购需求进一步提升，能源消费结构从传统化石能源向清洁能源进一步转变。新冠肺炎疫情刺激了中国对医疗健康行业的并购需求，并购规模上升至 33 亿美元，同比增长 72%。从对外投资目的地来看，2020 年投向发展中国家的并购投资额为 102.8 亿美元，同比增长 3.1%；而对发达国家的并购投资额则由 298.7 亿美元降至 225.6 亿美元，同比下降 24.5%。[①]2020 年中国对外投资的亮点为在"一带一路"沿线国家和地区的投资稳定增长。另外，商务部的数据显示，2020 年中国对"一带一路"沿线国家和地区的非金融类直接投资为 177.9 亿美元，同比增长 18.3%；占 2020 年非金融类直接投资总额的 16.2%，同比增长 2.6%。"一带一路"沿线国家和地区的投资环境不断改善，已经成为中国对外直接投资的重要目的地。

其次，中国对外贸易总额逆势回升。为应对国内外严峻复杂的形势和新冠肺炎疫情的严重冲击，中国稳住了外贸基本盘，保持了产业链供应链的稳定性和竞争力，成为全球唯一实现货物贸易正增长的主要经济

---

① 王雪婷、王永中：《中国对外直接投资或稳中见升》，《中国外汇》2021 年第 3 期。

体，外贸进出口规模逆势创新高。2020年上半年，中国进出口受疫情影响也有所下降，随着疫情防控和复工复产的有序推进，中国进出口贸易稳步回升。2020年，中国货物贸易进出口总值32.16万亿元人民币，比2019年增长1.9%。其中，出口17.93万亿元，增长4%；进口14.23万亿元，下降0.7%；贸易顺差3.7万亿元，增加27.4%。海关总署新闻发言人表示，2020年中国外贸进出口明显好于预期，防疫物资和"宅经济"产品推动出口较快增长，民营企业、跨境电商成为稳外贸的重要力量。商务部外贸司相关负责人表示，2020年中国外贸走出一条令人振奋的"V"

表2-8：2007—2019年中国进出口商品总值（单位：亿元人民币）

年度	进出口	出口	进口	贸易差额	比上年同期 ±%		
					进出口	出口	进口
2007	166,924	93,627	73,297	20,330	18.4	20.7	15.7
2008	179,921	100,395	79,527	20,868	7.8	7.2	8.5
2009	150,648	82,030	68,618	13,411	−16.3	−18.3	−13.7
2010	201,722	107,023	94,700	12,323	33.9	30.5	38.0
2011	236,402	123,241	113,161	10,079	17.2	15.2	19.5
2012	244,160	129,359	114,801	14,558	3.3	5.0	1.4
2013	258,169	137,131	121,037	16,094	5.7	6.0	5.4
2014	264,242	143,884	120,358	23,526	2.3	4.9	−0.6
2015	245,503	141,167	104,336	36,831	−7.0	−1.9	−13.2
2016	243,386	138,419	104,967	33,452	−0.9	−1.9	0.6
2017	278,099	153,309	124,790	28,520	14.3	10.8	18.9
2018	305,010	164,129	140,881	23,247	9.7	7.1	12.9
2019	315,627	172,374	143,254	29,120	3.5	5.0	1.7

数据来源：中国海关。

形反转曲线。12 月当月进出口 3.2 万亿元，创下单月最高纪录。中国货物贸易第一大国地位更加巩固，为全球贸易贡献了中国力量。

最后，中国对外贸易结构不断优化。2020 年中国贸易规模不断提升，结构也在不断优化。2020 年，中国民营企业进出口增速比同期中国外贸整体增速高了 9.2 个百分点，成为中国外贸进出口增长的重要拉动力量。一般贸易进出口占比持续提升，2020 年一般贸易进出口比例比 2019 年提升了 0.9 个百分点。外贸区域发展更加平衡，中西部承接东部产业转移取得新进展，2020 年中西部地区外贸进出口增长了 11%，比 2019 年提升了 1.4 个百分点，达到 17.5%。同时，出口产品不断向价值链上游攀升。2020 年，中国机电产品出口 10.66 万亿元，增长 6%，占出口总值的 59.4%，同比提升 1.1 个百分点。其中，笔记本电脑、家用电器、医疗仪器及器械出口分别增长 20.4%、24.2%、41.5%。此外，外贸新业态蓬勃发展。据统计，2020 年中国跨境电商进出口市场采购出口分别增长了 31.1% 和 25.2%，成为稳外贸的重要力量。

（三）中国推动疫情后的世界经济增长

当前全球经济艰难复苏，新冠肺炎疫情冲击带来各种新的不确定性，中国作为世界第二大经济体，在面临不稳定的外部环境时，要积极把握"十四五"时期对外开放的新趋势，改革和开放互相促进，为全球经济持续恢复和高质量发展提供新的动力。未来中国经济增长的新动能，一方面来自疫情之后数字经济的迅猛发展，促进中国产业升级和提质增效，另一方面还将通过推进高水平对外开放，积极践行多边主义，为全球经济复苏提供重要动力。

首先，数字经济助力中国经济。随着中国劳动力结构的变化和能源成本的上升，未来中国经济将继续发挥数字经济红利，实现数字经济和实体经济的深度融合，促进经济增长。中国数字经济总量和增速居世界前列，2019 年数字经济占 GDP 比重超过 1/3。新技术革命带来的数字化，使得数字要素成为新的生产资源，成为经济增长的新动能。人工智能、机器人、物联网、自动驾驶汽车、3D 打印、纳米技术、生物技术、材料科学、能量存储和量子计算等领域的新兴技术突破，将产生无限可能性，并深刻改变着商业模式、社会和人们的生活等各个领域。2020 年，新冠肺炎疫情在一定程度上催生了非接触的线上经济，促使很多中小企业开始进行数字化转型。2020 年我国数字经济以技术创新驱动数字产业快速发展，以新业态和模式创新赋能传统行业数字化转型，成为对冲疫情、平抑风险的经济"压舱石"。2020 年前三季度，工业机器人、集成电路产量同比分别增长 18.2%、14.7%，信息传输、软件和信息技术服务业同比增长 15.9%，高技术产业投资增长 9.1%，各项增长表现超过其他产业同期水平，在全国经济由负转正中的牵引作用凸显。2020 年，中共中央、国务院发布《关于构建更加完善的要素市场化配置体制机制的意见》，明确提出加快数据要素市场培育，比如北部湾大数据交易中心揭牌成立，北京、深圳先后提出探索建立数据交易中心或依托现有交易场所开展数据交易。

数字贸易和数字规则成为中国经济对外开放的新亮点。一方面，在数字技术应用、数据跨境流动和数字监管等方面的规则、标准等方面进一步开放和创新，加强国际交流。在 2020 年 11 月 G20 峰会上，习近平主席提出要发挥数字经济的作用，加强数据安全合作和数字基础设施建设，弥合数字鸿沟。在 2020 年 11 月中国 – 东盟数字经济合作论坛中，数字化防疫抗疫、数字基础设施建设和数字化转型等领域成为中国与各东盟成员国经验交流重点，并就智慧城市、人工智能、大数据等领域达成诸多产业合作意向。另一方面，随着服务贸易的不断创新，中国在通信服务、数字内容和电子商务等方面的数字贸易出口增长强劲，数字贸易成为对外开放的核心议题。2020 年《区域全面经济伙伴关系协定》（RCEP）签署，不仅能推进区域内货物贸易发展，更能助力该数字贸易领域的合作和发展，在《区域全面经济伙伴关系协定》内将电信、电子商务等数字贸易议题纳入其中，成为各协定国高水平开放合作的重要领域。

其次，继续推进高水平对外开放。中国的对外贸易总量占全球市场规模较大，在商品贸易方面，中国成长为全球货物贸易第一大国，货物贸易占世界比重大幅提升。但是也要看到目前中国货物对外贸易以出口为主、服务对外贸易以进口为主。2020年，中国货物进出口总额达32.16万亿元，贸易顺差扩大至3.7万亿元；1—11月，服务进出口总额有所下降，主要受疫情等因素影响，但服务出口表现明显好于进口，贸易逆差进一步缩小。此外，在直接投资方面，虽然增速较快，但是在投资领域和投资收益方面都有较大上升空间。在全球价值链制造环节，中国所处分工层次持续上升。2018年中国单位出口所创造的增加值上升到0.7以上，但相较美国等发达经济体的0.85左右，仍有明显差距。在品牌、营销、研发等全球价值链的服务环节，中国在全球经贸合作中的层次也在不断上升，但与发达经济体之间仍有差距。从跨国公司的全球化经营能力来看，中国大型跨国公司的跨国指数与全球大型跨国公司平均水平相比仍然有较大差距。

党的十九届五中全会强调指出，坚持实施更大范围、更宽领域、更深层次对外开放，依托中国大市场优势，促进国际合作，实现互利共赢。这是实现"十四五"规划目标和2035年远景目标的内在要求，也是构建国内国际双循环相互促进的新发展格局的重要举措。开放带来进步，封闭必然落后。中国经济持续快速发展的一个重要动力就是对外开放，中国经济实现高质量发展也必须在更加开放的条件下进行。高质量对外开放是践行新发展理念的重要表现，未来中国要顺应全球化潮流，继续扩大和其他国家在经贸、科技、人文等领域的交流合作，以开放促改革，充分利用国内国际两个市场，提高我国经济发展质量。一是提高对外开放质量，除了降低关税和非关税壁垒，提高贸易便利化，还要积极在知识产权、环境保护、政府采购等制度建设上不断完善和改进，推进制度性建设。通过制度性开放，促进国内外各种要素的自由流动，实现资源优化配置。二是在对外开放领域方面，在继续扩大制造业、采掘业、农业领域的对外开放的同时，更加重视金融、科技、教育、医疗等现代服务业的对外开放，在更多领域取消外资占比限制，允许外资控股或独资经营，最大限度地引进外国直接投资，从过去重视"引进来"转向"引进来"和"走出去"并重，既重视引进国外企业直接投资，又重视中国企业"走出去"到国外投资。

再次，积极践行多边主义。2021年1月25日习近平主席在世界经济论坛"达沃斯议程"特别致辞中说到，世界上的问题错综复杂，解决问题的出路是维护和践行多边主义，推动构建人类命运共同体。在全球经济遭到疫情重创和全球化遭到质疑的情况下，中国明确支持经济全球化的发展，积极践行多边主义，为世界经济的恢复增强了信心和动力。一是积极推进现有国际经济秩序的改革。不仅要积极参与世界贸易组织、国际货币基金组织、二十国集团等多边机制改革，还要积极参与多边和双边投资贸易协定，不断贡献中国参加全球治理的新理念和新方案。二是继续推进"一带一路"高质量发展。自2013年以来，中国积极推动"一带一路"倡议，对"一带一路"沿线国家和地区货物进出口额不断创新高，2020年达到9.37万亿元。未来要积极践行共商共建共享的理念，积极调动"一带一路"沿线国家和地区的积极性，形成合力，共同合作。除了基础设施等项目投资外，还要加大在数字经济、公共卫生、环境保护、科技合作等领域的投资。三是加强双边和多边合作机制。长期以来，东盟、欧盟、美国、日本和韩国为我国前五大贸易伙伴。2015—2019年，欧盟一直稳居中国第一大贸易伙伴地位。2020年，中国对东盟货物进出口额再创新高，东盟超过欧盟，成为了中国第一大贸易伙伴。2020年12月30日，历经7年共35轮，中欧投资协定谈判如期完成，中国未来将更多地参与高标准贸易与投资规则的制定，推动全球化健康持续发展。另外，

2020 年 12 月，《区域全面经济伙伴关系协定》（RCEP）的正式签署也为中国贸易带来了新的发展机遇。

［尤　苗，中共中央党校（国家行政学院）国际战略研究院副教授］

五、后疫情时代如何重塑世界经济格局

当前世界正经历着百年未有之大变局，各种战略力量加速分化组合，国际体系进入深度调整期，全球治理体系也在发生深刻变革，新冠肺炎疫情在全球范围内的大流行进一步加速了大变局的演化。有观点认为，新冠肺炎疫情是二战后对国际格局影响最深远的事件，甚至有经济学家称新冠肺炎疫情可能成为世界历史的分水岭，区分出"疫情前的世界"和"疫情后的世界"。疫情冲击着各国正常经济发展并给既有的国家间关系带来巨大的改变，世界经济格局在疫情影响下加快重塑的进程，一方面体现在国际经济体系中实力格局的变化上，另一方面体现在不同议题领域经贸规则的转型升级上。在后疫情时代，世界经济格局的变迁固然荆棘丛生，但同时也蕴含着难得的发展机遇。

（一）国际经济体系中的实力格局加速演变

新冠肺炎疫情挫伤了世界经济正常发展，实现经济复苏性增长是后疫情时代各国的首要任务。国际货币基金组织（IMF）在 2021 年 1 月发布的世界经济展望报告中指出，疫苗研发力度加大以及大国政策支持一定程度上滞缓了疫情蔓延，世界经济还将在诸多不确定性中向前推进，预计全球经济 2022 年能有 4.1% 的增长。

从宏观层面来看，全球经济权力正在持续发生自西向东的转移，新冠肺炎疫情这一"黑天鹅事件"虽然没有改变权力转移的整体趋势，但客观上仍为转移过程带来了诸多不确定性和不稳定性。具体而言，疫情给世界各国带来不同程度的影响，主要大国或经济体的实力出现变动，不论是发达国家、新兴国家还是一般发展中国家，都面临严重的分化，这共同导致国际经济体系出现新的实力分布格局。在后疫情时代，国际经济体系多极化态势将进一步巩固，世界将呈现出"3+1"的新格局。"3"指代美国、中国、欧盟这世界三大经济体，"1"指代日本，它们的经济表现及彼此间的互动博弈成为后疫情时代塑造世界经济格局的主要力量。美国"一超"地位在疫情大流行之下被进一步动摇和削弱，但其经济实力基础依旧强大，依旧是世界第一强国；中国保持了强劲崛起的步伐，采取及时的防疫措施并率先实现经济复苏，其对世界经济的影响力全面提升；欧盟因疫情防控压力巨大，正常经济运作秩序遭到破坏与拖累，在国际社会的地位有所下降，但仍然是世界重要一极；日本经济虽也颇受疫情影响，但由于之前已抢占区域经济合作先机，其在全球经济治理中的地位不降反升。从全世界范围来看，传统发达国家群体中有部分国家开始掉队；新兴国家内部逐渐缺乏群体性崛起的动力；大批发展中国家的发展前景出现分化，一些不发达国家脆弱性明显增加。

（二）美国经济实力仍居世界第一

新冠肺炎疫情冲击了美国的绝对经济实力，但美国的相对实力依旧在经济、科技、金融、军事、国际影响力等诸多领域保持领先，捍卫自身世界经济霸主地位是美国在后疫情时代的主要战略发展目标。

美国商务部经济分析局（BEA）数据显示，2020 年美国实际 GDP 同比下降 3.5%，创下 1946 年以来最大年度跌幅，这也是美国经济自 2008 年全球金融危机以来首次出现全年萎缩。疫情冲击导致美国失业率飙升，在2020年4月曾达到一个峰值14.7%，而后才有所回落，这个峰值也是自有美国当期人口调查（CPS）数据以来的最高值。可见，疫情给美国经济活动、社会就业、通货膨胀等方面带来巨大压力，而且金融泡沫和债务风险也有所上升。拜登于2021年1月就职美国总统后迅速采取应对新冠肺炎疫情的措施，发布美国抗疫国家战略，并签署多项与抗疫相关的行政命令，力图阻遏疫情在美国的大肆蔓延并尽早恢复经济增长动力。

尽管疫情导致美国经济增长动力减弱，但美国客观上仍然拥有强大的经济金融霸权，这主要体现在三个方面：

其一，美元霸权。二战后美国凭借明显的政治、经济、军事优势建立了以美元为主导的国际货币体系并事实上确立了美元在全球经济中的统治地位，美国霸权不仅为美国企业带来丰厚的利润，更为美国攫取了超额经济利益和特殊政治权力。根据环球银行金融电信协会（SWIFT）的数据，截至2021年2月，美元在全球支付中的份额依旧排名第一，占总体比重的38.43%。这意味着美元依旧垄断着全球支付结算系统，并且在国际贸易、跨境投资、全球大宗商品计价等方面占据主导地位。尽管欧元、英镑、日元等货币的国际使用量紧随其后，特别是欧元的使用量仅以1.3%的差距落后于美元，但欧元缺乏货币长期稳定的基础，其他货币更难以对美元形成真正的挑战，因此美元霸权在未来较长一段时间内还将维续。

其二，科技霸权。美国在上一次科技革命中及时把握发展机遇，由此奠定了其处于世界科学中心的位置，不仅计算能力与科研成果稳居世界之首，还拥有较为完善的科技人才培养体系与储备，享有科技霸权地位。目前美国已将维护本国科技地位、赢得新一代科技竞争上升至国家安全战略优先层面，通过制定和发布《21世纪治愈法案》（2016）、《国家机器人计划2.0》（2017）、《国家量子计划法案》（2018）、《美国人工智能倡议》（2019）、《引领5G的国家频谱战略》（2019）、《国家战略性计算计划（更新版）：引领未来计算》（2019）、《国家 5G 安全战略》（2020）等一系列国家战略行政法案，围绕人工智能、量子信息科学、5G 通信、航空航天、半导体、生命科学与生物医药等领域加大科技投入，继续占据科技发展前沿。与此同时，美国也与其盟友伙伴围绕高科技领域组建"技术联盟"，共同制定全球科技发展与治理的新规则与新标准，以求掌握对新科技塑造的权力，巩固科技霸主地位。[①]

其三，制度霸权。当前的全球经济治理框架和制度仍然主要以世界银行（WB）、国际货币基金组织（IMF）、世界贸易组织（WTO）等国际组织为支柱，为世界经济运行及国家间经济交往行为提供指导与规范，也为受疫情冲击的国家和地区提供一定的救助与支持，而这些组织机构仍然主要体现的是美国及其西方盟友的利益，尤其是美国的利益。截至 2021 年 3 月，美国在世界银行的投票权占比 15.88%，在国际货币基金组织的投票权占比 16.51%；由于世界银行和国际货币基金组织的重大决定都需要有 85% 的绝对多数投票权同意才能获得通过，因此美国在这两个机构中仍保持着对重大决议的否决权。虽然推动全球经济治理改革已是大势所趋，但世界各国对这些经济治理机构的制度惯性与粘性仍然很大，中短期内美国的制度霸权地位不会改变。

（三）中国加速发展

在世界经济饱受新冠肺炎疫情冲击的 2020 年，中国经济顶住了巨大的疫情压力，成为全球唯一一个在疫情冲击中仍保持经济正增长的主要经济体。初步核算，2020 年中国 GDP 约合 101.6 万亿元，同比增长 2.3%，[②]

---

① 唐新华：《西方"技术联盟"：构建新科技霸权的战略路径》，《现代国际关系》2021 年第 1 期，第 38—46 页。

② 中国国家统计局：《中华人民共和国 2020 年国民经济和社会发展统计公报》，2021 年 2 月 28 日。

中国 GDP 首次突破百万亿元，其规模几乎达到日本 GDP 的 3 倍，约占世界经济比重的 17%；外贸规模再创新高，实现逆势增长，年货物进出口总值达 32.16 万亿元人民币，比 2019 年增长 1.9%，[①] 是 2020 年全球唯一实现货物贸易正增长的主要经济体，货物贸易第一大国地位得到进一步巩固；在吸引外资方面，尽管 2020 年全球投资流量持续下降、贸易投资尤其低迷和投资保护主义不断上升，但中国依旧在全球投资急速萎缩的情形下逆势"吸金"，超越美国成为全球最大外资流入国，而且中国对外直接投资规模也有所扩大，为国际资本流动及全球经济运行贡献了重要的发展驱动力。可见，在新冠肺炎疫情大流行的国际背景下，中国俨然成为全球经济运行的"稳定器""压舱石""主引擎"。

中国除了在自身经济实力增长方面接连取得突破，也更积极地参与全球及区域经济治理事务，承担大国责任，在国际社会逐渐发挥出更强的影响力，成为引领全球治理与国际合作的新兴大国。

中国正在加快构建新发展格局。2020 年 5 月，中央政治局常委会首次提出深化供给侧结构性改革，充分发挥我国超大规模市场优势和内需潜力，构建国内国际双循环相互促进的新发展格局；2020 年 10 月，中国共产党十九届五中全会通过的《中共中央关于制定国民经济和社会发展第十四个五年规划和二〇三五年远景目标的建议》进一步提出，要加快构建以国内大循环为主体、国内国际双循环相互促进的新发展格局。在新冠肺炎疫情持续发酵、经济全球化遭遇逆流、全球产业链供应链面临断裂风险的宏观背景下，构建新发展格局是中国为应对错综复杂的国际环境变化、适应本国经济发展阶段变化而做出的主动选择。对中国国内而言，这意味着中国经济将向更高质量的发展转型，深化供给侧改革，重视需求侧管理，形成并发挥超大规模市场优势，打造中国新的国际合作与竞争优势；对国

---

① 中国海关总署：《海关总署 2020 年全年进出口情况新闻发布会》，2021 年 1 月 14 日。

际社会而言，由于国际市场是国内市场的延伸，中国畅通国内大循环将为国内国际双循环提供坚实基础，并且中国力图实施更大范围、更宽领域、更深层次的对外开放，使世界各国能更好地分享中国经济发展的红利，推动形成开放型世界经济并建立更为紧密稳定的全球经济循环体系。

此外，中国在完善区域及全球经济治理方面也持续发力。疫情加速了区域及全球经济治理体系的分化变革，率先恢复正常经济秩序的中国客观上具备了在疫情时代引领全球治理体系改革与完善的能力，迎来了推动实现中国治理主张与治理方案的难得契机。2021 年 1 月，国家主席习近平在世界经济论坛"达沃斯议程"对话会上发表题为《让多边主义的火炬照亮人类前行之路》的特别致辞，指明时代课题的解决出路是维护和践行多边主义，推动构建人类命运共同体。这表明多边主义并没有过时，中国作为多边体制机制的坚定捍卫者，其治理主张是要推进多边框架下同各方的协调合作，引领实现全球治理体系改革与建设。在区域层面，中国力推区域经济一体化建设，以实际行动支持贸易投资自由化便利化，这不仅能有效提振亚太区域乃至全球经济的信心，更能对全球经济未来发展形成切实的正向预期，通过促进国家间贸易投资往来恢复正常以真正拉动全球经济疫后复苏。

中国不容忽视的经济实力与增长潜力，以及其在经济治理领域不断扩大的国际影响力，使得中国成为后疫情时代国际经济体系中极为重要的一极。

（四）欧盟经济地位受到冲击

新冠肺炎疫情暴发以来，欧洲国家确诊病例不断攀升，欧洲地区成为全球新冠肺炎疫情最为严重的地区之一，欧盟不得不面临巨大的公共卫生危机和经济危机，一些固有的问题被危机放大。一是内部团结问题。欧盟各国在疫情暴发之初就相互截留防疫物资、关闭边境，缺乏统一的协调行动，滞缓了欧洲整体抗疫步伐；2020年7月，欧盟因成员国利益诉求不一致而历经了4天的"马拉松式"谈判，最终才在各方妥协之下推出了"疫后重建基金"及未来七年财政协议以应对新冠肺炎疫情导致的巨大经济衰退，谈判过程凸显了欧盟内部的南北欧矛盾与东西欧分歧。二是经济持续发展问题。英国脱欧以及疫情带来的巨大不确定性、不稳定性都使得欧盟经济持续增长的动力低迷、前景堪忧，而且一些存在债务隐患的欧盟国家仍有可能爆发债务危机，使本国乃至欧盟地区的其他国家的经济发展雪上加霜。未来欧盟经济有较大可能会延续过去的低迷状态。

欧盟整体经济实力在美国之下、中国之上，其庞大的经济体量注定了它依旧是全球最为重要的经济力量之一。在后疫情时代，欧盟作为中美战略竞争中各方有意争取的伙伴对象，其战略重要性非常显著。一方面，欧盟国家确实存在要与中国开展合作、从中国订购新冠肺炎疫苗的需求，共同抗击疫情成为中欧深化合作、密切关系往来的契机；而且，中国于2020年取代美国成为欧盟第一大货物贸易伙伴，而欧盟则是中国第二大货物贸易伙伴，这意味着中欧双方经济相互依赖程度进一步增强，中国对欧盟的伙伴争取有着相对牢靠的经济基础。另一方面，随着美国拜登政府上台后意图修复盟友体系，作为美国传统盟友的欧盟国家自然也是美国争取的重点。美国不仅在经贸问题上逐步向欧盟释放善意，在一些政治问题上也表现出越发强硬的对华态度并拉拢盟友站队。美国借助其与欧盟的盟友传统、文化传统以及对欧盟采取一定的经济威慑以争取欧盟对美国的伙伴支持。

欧盟长期坚持促进多边主义，希望能在全球事务中发挥第三极作用，但显然，在中美战略竞争的背景下，欧盟的多边主义政策面临压力，如何避免在中美之间生硬地选边站队，考验着欧盟的外交艺术与技巧。

（五）日本经济治理影响力正在扩大

自 2010 年日本的世界第二大经济体地位被中国取代后，日本与美国、中国的经济规模差距越来越大，2019 年日本 GDP 在全球的占比已远远落后于美国、欧洲、中国三大经济体（美国约占 24%，欧盟占 18%，中国占 16%，日本占 6%，其他国家占 36%）；从经济发展速度上看，日本 GDP 增长自 1992 年以来一直落后于世界经济增长的平均速度，2019 年日本 GDP 增速仅为 0.65%，远低于世界 GDP 增速 2.34%，[①] 未来日本经济增速还将长期保持低位。可见，日本经济形势持续低迷，又遭受了新冠肺炎疫情的严重冲击，甚至面临衰退的风险。

尽管日本经济规模再难赶超美国、欧洲、中国三大经济体，但日本仍然在工业制造、人才培养、科学技术等方面有非常充分的积累；更重要的是，日本通过主导《全面与进步跨太平洋伙伴关系协定》（CPTPP）的签署与生效、参与《区域全面经济伙伴关系协定》（RCEP）签订、与欧盟签署日欧经济伙伴协议，在推动贸易自由化、便利化过程以及地区经济一体化中率先抢占了先机，由此获得了超出其经济规模的国际影响力。其中，CPTPP 是日本在当前发挥影响力的主要制度渠道。2017 年 1 月，美国高调"退群"后，日本安倍政府为不使政绩付诸东流，不得不走到台前发挥主导作用继续推动《跨太平洋伙伴关系协定》（TPP）进展。历经重重波折，不含美国的 CPTPP 终于在 2018 年年内生效，日本由此获得的战略与规则收益得到巩固。一方面，日本以自由贸易"旗手"自居，力图协调国际贸易谈判、推动地区合作进程，其领导力和协调力如今都因 CPTPP 生效而得到认同与肯定，包括英国在内的多个亚太域外国家也释放出有意加入 CPTPP 的信号，一旦 CPTPP 成功扩员，日本的制度影响力将进一步提升。

---

① GDP 增长率数据来源于世界银行网站。

另一方面，CPTPP 生效后关税大幅减免将对日本明显有利，例如从日本出口的工业品的 99.9%、农林水产品的 98.5% 关税将最终取消；涉及国有企业、劳工权利、政府采购、数据流通等内容的高标准规则在 CPTPP 生效后正式通行，有利于发挥日本适应和实施高水平贸易自由化规则的优势，助力日本经济发展。

需要注意的是，日本作为美国的亚洲盟友，长期配合美国在亚太地区的战略行动；与此同时，身为中国邻国的日本对庞大的中国市场与中国经济发展又有较大的需求和较强的依赖性。与欧盟一样，在中美战略竞争愈演愈烈的背景下，日本需要不断在安全盟友与经济友邻中做出艰难的抉择。

（六）世界经济力量出现严重分化

在后疫情时代，不同经济发展水平的国家因经济体制、开放程度、救助能力等诸多因素的差异，发展前景很可能出现明显分化。

在发达国家内部，个别国家有望尽早走出疫情阴影，但也存在部分发达国家面临经济复苏困难的风险。德国因美欧贸易争端与英国"脱欧"等因素影响，实际上在 2019 年就已出现温和低迷的状态。2020 年新冠肺炎疫情虽然也对德国经济带来冲击，但凭借较为雄厚的财政积累、相对完备的医疗体系，德国经济在疫情中展现出相当的韧性和抵御能力，经济复苏有望。北欧国家尽管受疫情影响也出现了经济负增长，长期人口老龄化还导致劳动力供给不足，但总体来说，北欧的疫后复苏前景还是相对乐观的。中东欧国家因疫情反弹而呈现出不甚明朗的经济形势，但由于中国—中东欧合作深化推进，中东欧国家可更多地倚借中国的帮助度过疫情危机。相对而言，其他一些发达国家的经济发展前景仍存在诸多不确定性。英国在脱欧和疫情的双重夹击下，经济几乎停滞不前，意大利、西班牙等高度依赖于旅游业的南欧国家在疫情冲击下陷入深度衰退，又因存在国内生产力不足、人口老龄化严重等问题而难以尽快恢复经济发展动力，这些发达国家因以后复苏困难而可能开始掉队。

在新兴国家内部，除了中国经济一枝独秀，印度、俄罗斯、巴西、南非都呈现出经济低迷的态势。印度虽然出台了相关货币和财政政策以刺激经济，但仍不足以抵消疫情的负面冲击，加之经济积累的周期性和结构性矛盾集中爆发，在世界经济增长整体放缓的背景下，其经济复苏受到制约。俄罗斯、巴西、南非等资源密集型国家受疫情导致的大宗商品价格波动的不利影响，经济发展脆弱性进一步增加，或将失去带动世界经济发展的新兴国家强劲动力。

在发展中国家内部，国家间分化更加明显，个别国家在疫情中实现浴火重生，但大部分国家仍然面临较大挑战。东南亚国家相对其他地区国家而言采取了比较及时有效的防疫措施，较好地控制了疫情并开始寻求疫后经济的发展。如越南在2020年4月就采取了全社会隔离措施以控制疫情，为经济复苏创造前提条件；而后越南对内陆续推出多项经济刺激政策，加大公共投资力度，制订惠民救济计划，对外加快与美国、中国、欧洲等国家或地区开展经贸合作，综合发挥内外部力量以拉动本国经济恢复发展。根据越南统计总局公布的数据，2020年越南GDP同比增长2.91%，成为世界上实现经济正增长并保持较快增速的国家之一。此外，非洲的尼日利亚、埃及等国发展前景也相对乐观。不过，大多数发展中国家仍然面临着债务风险、数字鸿沟、国内政局不稳等诸多挑战，很难在后疫情时代较快实现经济持续增长。

可见，世界各国经济发展分化在疫情催生下进一步加剧，世界经济不均衡发展的态势将越发突出且增速明显放缓，但国际力量"东升西降""南升北降"的总体趋势仍然不会发生变化。

（七）国际经贸规则的重塑

国际经济实力格局正在发生的变化，必然反映到国际经贸领域，各个议题领域的规则重塑在即。多个主要经济体对不同规则方案的倾向与偏好有所差异，它们对国际通行经贸规则制定权的争夺，推动着经贸规则重塑的逐步实现。

1. 贸易领域：贸易自由化便利化持续推进

当前国际经贸规则的总体演进方向是"三零"，即"零关税""零壁垒""零补贴"。其中，"零关税"主要体现在传统贸易议题领域，即要大幅削减国家间商品关税，降低跨国交易成本；"零壁垒""零补贴"主要在服务贸易等领域有所体现，通过消除非关税贸易壁垒，废除扭曲市场价格的政府补贴，使得各国企业能不受限制、对等地进入别国市场，参与公平竞争，其实质就在于各国营商环境趋同，实现市场化、法治化、国际化。尽管新冠肺炎疫情下一些国家曾试图以提高关税、增加壁垒等形式避免本国经济遭受更大损失，但从世界范围来看，向"三零"方向进发的大趋势没有发生改变。

如今世界各主要大国纷纷向"三零"的规则方向靠近，特别是在传统贸易领域，各国通过签订自由贸易协定等方式约定与贸易对象国之间的关税水平。目前发达国家经济体的关税水平整体上低于发展中国家经济体，如 2019 年美国最惠国关税平均值为 3.3%，欧盟为 5.1%，日本为 4.3%，新加坡为 0；而发展中国家经济水平较高的一些国家如中国为 7.6%，俄罗斯为 6.7%，南非为 7.7%，巴西为 13.4%，印度为 17.6%，印度尼西亚为 8.1%，马来西亚为 5.6%。在经济活动频繁、大国博弈激烈的亚太地区，世界主要经济体在大型区域自贸协定的框架下加快降低贸易关税、推动贸易自由化便利化。例如，《全面与进步跨太平洋伙伴关系协定》（CPTPP）和《区域全面经济伙伴关系协定》（RCEP）都致力于将目前区域各国的关税水平降为零，CPTPP 一经生效，成员国间 86% 的原产地货物就实现零关税，且零关税贸易范围将在 15 年内扩大到 99%；RCEP 成员之间的关税减让则以立刻降税到零和 10 年内降税到零为主，约定 90% 以上的货物贸易将最终实现零关税。

可见，在未来较长一段时间内，特别是在新冠肺炎疫情渐渐得到控制之后，各国关税水平还将逐渐降低，贸易自由化便利化也会继续深入发展。

2. 金融领域：美元独霸格局逐渐动摇

美国相对衰弱的经济霸权实力与嚣张的美元霸权不匹配，成为国际金融领域的一个重大核心矛盾。近年来，由于美国频繁滥用美元霸权和金融制裁，而且新冠肺炎疫情暴发后，美国非但没能有效主导国际协调，反而继续推高外债、推出无限量化宽松政策，在世界经济中产生不利影响，世界各国"去美元化"诉求愈加强烈并且逐渐付诸行动。

其一，目前国际市场上出现了数字货币或者锚定战略资源以区块链技术为核心的加密数字货币，以此绕开对美元的使用与依赖。例如，2020 年12 月，俄罗斯央行宣布于 2021 年底开始试用数字货币，与现金和非现金货币同步流通，计划使用数字货币目录和去中心化技术予以保障；中国目前已经完成数字人民币（DCEP）的基本功能研发并正在推进试点，并上线了人民币跨境支付系统（CIPS）；委内瑞拉自 2020 年起正式以石油加密数字货币结算石油；等等。不过，数字货币体系的推行需要以一国综合实力为重要依靠，而且在操作层面也需要相当强大的技术支持，如此才能冲击美元体系固有的制度惯性与制度黏性。如今环球同业银行金融电讯协会（SWIFT）系统依旧是全球最主要的货币跨境支付清算的"信息流"载体，而美国越来越多地对 SWIFT 系统实施长臂管辖并使其成为美国对他国进行金融制裁的手段。在伊朗遭受美国制裁并被剔除出 SWIFT 系统后，欧盟甚至被迫开发出"贸易往来支持工具"（INSTEX）以供欧洲国家继续与伊朗进行结算。目前各经济体零星推行的数字货币体系若要真正动摇美元的霸主地位，还需要相当长时间的实力与技术积累，但总体趋势已经显露苗头。

其二，世界主要经济体正在寻求相互间的货币伙伴支持，以减少对美元的依赖，避免当美国利用美元霸权实施制裁时本国可能遭受的巨大损失。例如，近年来，中国、法国、德国、俄罗斯、印度、土耳其等 G20 国家纷纷对外宣布在主要大宗商品贸易交易、双边货币结算中减少美元的使用，甚至抛弃美元而改用其他货币。中国与俄罗斯的金融联合有所加强，两国在 2019 年 6 月签署了一项让双边贸易逐渐过渡到本币结算的政府间协议；2015 年中俄贸易中有 90% 是用美元结算的，到 2020 年第一季度，中俄贸易中以美元结算的比例首次跌破 50%。

今后"去美元化"趋势将越发明显，不采用美元进行结算交易的国家也将增多，在国际金融货币领域，美元独霸格局正在发生变化，未来的货币规则有可能要重新书写。

3. 新兴议题领域：科技与产业革命孕育经济新机遇

新一轮科技革命与产业革命正在兴起，总体趋势是向"大数据时代"进发，包括 5G、物联网、人工智能、量子通信等在内的高新技术革命引发产业结构同步变革，经济新业态新议题大量涌现，人类生产生活方式以及国际格局随着科技进步而发生着深刻变化。

第一，5G、物联网、人工智能等技术的更新迭代丰富着人们的物质生活与精神生活，创造出诸多经济新需求和发展新方向，指明产业变革的趋势方向。例如，物联网通过信息传感技术及设备实现在任何时间、任何地点下的人、机、物互联互通，这能在工业、农业、交通、物流运输、安保系统等基础设施领域广泛应用，因而能推动这些领域的产业结构向更智能化的方向发展。另外，人工智能极大地便利人类的生产生活，它作为"大数据时代"的运转核心正在成为全球经济发展与产业升级的新动力。可见，数字化、智能化是未来较长一段时间产业结构变革发展的主要趋势，由前沿科技进步而逐步涌现的战略性新兴产业正在成为世界经济发展的新动能。

第二，高科技竞争已经成为大国竞争的最重要内容，世界大国特别是中美两国纷纷加大高科技研发力度并有意主导新一轮科技及产业革命的发展，国家间愈发白热化的技术战略竞争正在重塑全球科技生态格局。科技霸权国美国为维护自身地位，通过切断技术供给、组建反华科技联盟、制裁中国科技企业等方式遏制中国在高科技领域的崛起；而中国在美国的围追堵截下被迫强化对"卡脖子"关键技术的创新突破，同时借助与其他国家之间的经贸往来进行战略突围，寻求构建中国的技术"朋友圈"。由此，在科技发展的新兴领域，国家间战略竞争将改变科技产业链、供应链在不同国家间的布局，在保护本国经济安全的迫切需求倒逼之下，新兴国家未来可能加快科技崛起的步伐并成为定义下一代科技规则的新生力量。

［孙　忆，中共中央党校（国家行政学院）国际战略研究院助理研究员］

第三编
科学技术与产业革命之变

第一次世界大战结束以来的一百多年，是人类历史上科学技术发展最快的时期。新技术催生了许多新的产业，彻底改变了经济结构，超大规模的制造业成为经济的主体。航空、汽车、原子能工业、航天、信息技术、互联网、量子计算、数字经济等正在加速度向前发展，推动着产业的进步，同时也在推动着生产和生活方式的改变。人工智能的发展使人逐渐从繁重的体力劳动中解放出来，更多地从事服务行业。

促使科学技术发展的因素很多，大国竞争无疑是最重要的。第二次世界大战之前主要是英德美法的竞争，后是美苏的竞争，现在主要是中美的竞争。二战后长期的和平环境，也保障了科学技术的发展，促进了产业升级换代。另外，各国的交流合作也促进了科技的发展。经过40多年改革开放，中国在与世界的良性互动中实现了经济质量的提升，中国的科学技术虽然整体上还没有达到世界一流水平，但在许多领域不仅赶上了世界潮流，甚至已经达到了一流。

一、第一次世界大战催生的航空与汽车工业

　　1918 年 11 月，第一次世界大战以协约国的胜利宣告结束。这场人类历史上的首次世界性战争不仅对人类生产生活和经济发展造成重创，也给整个人类历史发展进程带来深刻影响。19 世纪到 20 世纪初的科学研究与技术积累，改变了世界大战的形式。第一次世界大战前已出现的电灯、电话、电报、火车、汽车、飞机、坦克、潜艇、机枪等新鲜事物在此次大战中纷纷亮相，使这场战争成为人类历史上的第一次现代化战争。战争结束后，在战时得到应用与改进的技术在经济恢复与建设中继续发挥作用。作为第一次世界大战的副产品——航空工业和汽车制造业迅速发展，成为发达资本主义国家国民经济的主要支柱。

（一）航空工业异军突起

　　第一次世界大战前，航空工业的发展尚未形成产业链，主要依靠科学家个人的才能与勇气得以存在。后来，各强国耗费巨大精力维持本国航空工业发展，并努力寻求技术突围。第一次世界大战在这个过程中发挥了关键作用。

1. 一战促进了航空工业的发展

1903 年 12 月 17 日，美国莱特兄弟（Wright brothers）研制的首架飞机——飞行者 1 号在北卡罗来纳州腾空而起，虽然留空时间仅 59 秒，航程仅 260 米，却开创了人类飞行的新纪元。紧随其后，法国设计师亨利·法尔芒（Henry Farman）、从美国移居到英国的设计师塞缪尔·科迪（Samuel Cody）分别驾驶由其本人研制的飞机试飞成功，标志着美国和法国、英国等欧洲完成工业化的发达资本主义国家相继进入航空时代。值得一提的是，1910 年 10 月，旅美华侨冯如曾驾驶由其独立研制的飞机参加在美国旧金山举行的飞行比赛，获得优异成绩，在早期世界航空史上为中国赢得赞誉。

飞机制造技术不断得到改良与创新。1904 至 1905 年，莱特兄弟在飞行者 1 号的基础上改良研制了飞行者 2 号和飞行者 3 号，其中，飞行者 3 号成为世界上首架能够实现俯仰、侧倾与偏航的实用型飞机。1910 年鸽式单翼机试飞成功，1911 年世界首架双引擎飞机在英国肖特兄弟公司面世，1912 年全球首架全封闭单翼飞机研制成功，1913 年世界首架重型四发双翼机在俄罗斯试飞成功。与此同时，早期飞行家们的驾驶技艺也愈加成熟。1909 年 7 月法国人路易斯·布莱里奥（Louis Bleriot）成功驾机飞越英吉利海峡，开创了人类历史上的首次国际航行；1910 年 11 月美国海军飞行员尤金·伊利（Eugene Ely）驾驶美制寇蒂斯（Curtiss）双翼机从伯明翰号轻型巡洋舰（USS Birmingham）上起飞，成为舰载机的先驱；1913 年 5 月，英国海军少校查尔斯·萨姆森（Charles Samson）驾机从行进中的希伯尼亚号战舰（HMS Hibernia）上起飞，标志着英国飞机率先实现了从行进舰船上起飞的尝试。[①] 这些成就为此后飞机在战争中的应用奠定了较好的基础。

---

① 阳光：《百年飞行梦（贰）》，《航空世界》2002 年第 9 期，第 58—59 页。

与此同时，由飞机设计师亲自担任设计、制造、经营的作坊式飞机制造公司不断涌现，航空工业也开始起步。1909 年 6 月英国飞机设计师弗雷德里·亨德里·佩奇（Frederick Handley Page）创立亨德里·佩奇飞机制造公司；同年 11 月美国莱特兄弟成立莱特公司；1913 年 12 月英国设计师托马斯·索普维斯（Thomas Sopwith）创立索普维斯航空公司等。此外，一些原本生产自行车、发动机等机械产品的制造商也开始加入飞机制造领域，如德国容克斯公司、齐柏林飞船制造公司、德国电器公司（AEG）等。随着市场需求的不断扩大，部分欧美国家还新成立了一系列飞机制造公司，如 1908 年英国成立皇家飞机制造厂；1909 年德国成立信天翁航空器制造公司；1910 年俄罗斯创立第一俄罗斯航空制造公司；同年英国成立布里斯托尔飞机公司；1911 年德国创立德意志航空器制造公司；1912 年美国成立格伦·L.马丁公司和洛克希德公司等。据统计，至一战爆发前各参战国所拥有的飞机数量已近千架[①]。

　　一战加速了航空工业的发展和飞机性能的提高。战争爆发后，飞机开始执行侦察敌方阵地、定位敌方火炮等具体任务，敌对双方在空中驾机相遇仅能依靠手枪或投掷炸弹相互威胁。随着战事的持续推进，大战期间飞机性能获得改进、类型实现分化、型号出现扩充，航空工业规模迅速扩大。

　　性能提升的同时，飞机也逐步完成了侦察机、战斗机、轰炸机和教练机的分类。虽然一战期间还未出现专门的运输机，但已经有参战国使用飞机运送物资和人员的记录。

　　随着战争的深入和作战飞机性能的提升以及功能的完备，各参战国都想掌握制空权，这促进了各国飞机制造商对新式飞机的研制进度。以德意志帝国为例，仅一战期间其国内各飞机制造公司设计并生产了多达 60 余种型号的飞机，其中仅战斗机型号就有 26 种，另有 7 种型号的轰炸机，

---

① 阳光：《百年飞行梦（叁）》，《航空世界》2002 年第 10 期，第 59 页。

第三编　科学技术与产业革命之变 ／ 149

在这当中有被称为一战德意志轰炸机"三驾马车"的弗雷德里希沙芬 G.III 中型轰炸机、戈塔 G.IV/G.V 重型轰炸机与 AEG G.IV 中型轰炸机。协约国中英国、法国、俄罗斯以及后期参战的美国也不断推出新型飞机，由英国索普维斯公司研制的"骆驼"式战斗机被称为"一战的'喷火'战斗机"，由法国法尔芒公司研制的 F-20、30、40 及 50 型飞机被协约国广泛使用，由俄罗斯西科尔斯基（Сикорский И.И.）研制的伊利亚·穆罗梅茨轰炸机（Илья Муромец）在整个一战期间对同盟国空军形成压制优势，等等，这些都成为一战时期各大国航空工业的优秀成果。

表3-1：1914年与1918年飞机主要性能参数对比[1]

性能参数	1914 年	1918 年
速　度（Km/h）	80—165	165—230
升　限（m）	3000—5000	8000
爬升率（m/s）	0.7—1.5	3—5
航　程（Km）	200—600	800—1200
发动机功率（Kw）	52—90	313
起飞重量（Kg）	300—700	14000
载　重（Kg）	20—50	3400
续航时间（h）	1—4	8—10

战场上的惨重伤亡促使参战国加紧本国的飞机生产进程，因此一战期间各主要参战国飞机产量相较于战争初期的千余架出现巨大增幅；飞机生产数量逐年增加（见下表），航空工业的从业人数也迅速增长。以俄国为例，其国内从事航空工业的人数从 1914 年的 1675 人增加到退出一战时（1917 年）的 10800 人。

----

① 顾诵芬、史超礼主编：《世界航空发展史》，河南科学技术出版社1998年版，第180页。

一战期间各交战国空军在空中展开了人类历史上第一次大规模"厮杀"，飞机的参与使得人类战争的作战方式发生了根本性变化，各种新式飞机成为衡量各国军事实力的标准。与之密切关联的航空工业在第一次世界大战之后获得空前的发展，并成为一国综合实力的重要考量。

表3-2：1914—1917年各主要参战国飞机产量（单位：架）

国　　家	1914 年	1915 年	1916 年	1917 年
俄　　国	445	686	1432	1386
德　　国	1348	4532	8182	14123
法　　国	541	4469	7549	23669
英　　国	245	1932	6149	14421

2. 战后的"航空黄金年代"，军民航空并行发展

随着战争的结束，各国军事航空工业的发展速度受到一定影响，战时留存下来的军用飞机部分转投民用航空市场，拉开了民用航空工业的序幕。这一时期，世界范围内的航空工业出现第一次"洗牌"，战前成立的飞机制造公司或继续研制军用飞机，或转向民用航空工业，部分公司就此倒闭，此外还出现了一批新的飞机制造商。航空史上将一战结束至二战爆发期间的 20 年称为"航空黄金年代"——先进的航空技术逐渐诞生，世界范围内的航空工业发展逐步完善。而飞机制造作为军民结合型工业，军事航空仍是全球航空工业发展的关键内容。

战争刚一结束，英国亨德里·佩奇公司立即转向民用航空领域，使用由战机改装的飞机经营伦敦至巴黎的客运航线，后于 1924 年 3 月同英国另外三家航空公司合并创立英帝国航空公司，继续经营国内及国际航线服务。战后原计划从事民用航空业的英国索普维斯公司面临倒闭，后与哈里·霍克（Harry Hawker）等人共同创立霍克工程公司，继续研制军

用飞机。一战后期,美国 B&W 公司改名为波音飞机公司,战后从事航空邮政和现代飞机的研制业务。战后新成立的飞机制造商,如英国德哈维兰公司和德国亨克尔飞机制造厂也在接下来的全球航空工业发展历程中产生了重要影响。

飞机在一战战场上发挥的关键作用令各国意识到飞机以及与之相关的航空工业在国家军事实力中的重要地位,因此战后各大国全力推动先进航空技术和本国航空工业的发展。从一战结束到二战爆发,航空技术获得长足进步。飞机制造工艺方面,包括硬壳式机身、轻型合金材料、悬臂式单翼结构、可收放式起落架、密封式座舱、变距螺旋桨、自动驾驶仪和襟翼在内的先进制造工艺不断出现;航空发动机方面,在活塞发动机基础上安装增压器以提高发动机功率,涡轮喷气发动机的出现更是突破了对活塞式发动机的依赖。与此同时,世界范围内的航空工业同样获得较大发展,包括美国、苏联、英国、法国、德国、日本在内的主要大国纷纷投入巨大精力推动本国军用航空工业的发展。

如果说飞机在一战战场上仅发挥"辅助"作用的话,那么在二战战场上已经成为"核心主力"之一。二战期间的著名战役,如波兰战役、法国战役、敦刻尔克大撤退、不列颠空战、巴巴罗萨战役、珍珠港事件、广岛长崎原子弹爆炸等,无不与飞机有着极为密切的关联。得益于一战后 20 年和平时期及二战期间科学技术与制造工艺的进步,相较于一战期间的飞机,二战各参战国的军用飞机性能极大提升,活塞式航空发动机的各项性能在二战末期几乎达到顶端,战争后期喷气式飞机的出现更是将人类航空事业推至"喷气时代"。飞机性能的改善和战事的需要,促使满足不同军事目的的作战机不断涌现。除在一战期间已经细分出的侦察机、战斗机、轰炸机和教练机外,二战战场上还出现了军事运输机、舰载机、电子作战飞机、直升机及空中加油机等更精细的分类。在此期间,各大国对本国飞机制造业的支持,包括增大飞机制造的基建规模、增加航空领域从业人数以及提高飞机制造行业劳动效率等举措，都推动了航空工业在世界范围内的进步，也为二战后该领域的继续发展奠定了基础。

（二）汽车工业突飞猛进

20 世纪初期，在飞机技术不断成熟和航空工业迅速崛起的同时，欧美国家的汽车技术与汽车制造业同样在发展。一战的爆发，直接加速了汽车工业的发展壮大。第一次世界大战中，汽车代替马匹成为最主要的运输工具，这是人类历史上第一次大规模运用机械作战。像促进航空工业发展一样，战争也促进了汽车工业的发展。

1. 战前：内燃机汽车诞生，汽车工业逐步发展

汽车生产与汽车交通运输的历史应从 1769 年蒸汽机汽车的诞生算起，此后欧美国家纷纷加入蒸汽机汽车生产大潮。受制于蒸汽机体积大、功率低等缺点，直至 20 世纪初，蒸汽机汽车并未得到广泛应用。1873 年英国人罗伯特·戴维森（Robert Davidson）发明的电动汽车在 19 世纪末出现短暂辉煌后，囿于造价昂贵、驾驶时间短等缺点也逐渐淡出历史。1883 年 8 月，德国人戈特利布·戴姆勒（Gottlieb Daimler）和威尔赫姆·迈巴赫（Wilhelm Maybach）发明了汽油内燃机。1885 年卡尔·本茨（Karl Benz）发明了第一辆装配汽油内燃机的三轮车，次年戴姆勒发明了第一辆汽油内燃机四轮汽车，两人被世界公认为现代汽车的发明者，德国成为现代汽车的起源地。此后，随着变速器齿轮、差速器、前置后驱车型、喉管喷雾管式化油器、橡胶轮胎、高压润滑系统、转子发动机、转速表以及低压磁电机点火系统等技术的相继问世，汽车技术逐渐发展成熟。

汽车的诞生并未使德国成为世界最早的汽车工业中心，虽然本茨和戴姆勒分别于 1887 年和 1890 年成立了奔驰公司和戴姆勒发动机公司，但因

国内马车商的抵制，汽车诞生的最初几年德国并未形成较大规模的汽车制造业，英国也因民众极力推崇瓦特蒸汽机而排斥内燃机汽车，未能在最初的汽车制造业中占得先机。内燃机问世后，深得法国人的青睐，1887年法国马车制造商潘哈·雷瓦索公司购得戴姆勒内燃机专利，开始在法国生产内燃机并自主研发汽车零部件装配汽车；1890年法国标致汽车公司和1898年雷诺公司的成立，开启了法国国内的汽车商业潮流。1896年是美国汽车工业的元年，美国杜里埃汽车公司（1896年）、奥兹汽车公司（1897年）、波普制造公司（1897年）、温顿四轮机动车公司（1897年）、底特律汽车公司（1899年，后于1902年改为凯迪拉克汽车公司）拉开了美国汽车工业的序幕。1900年法国汽车产量已达到4800辆，而美国以4000辆的年产量位居第二，两国成为当时世界上最主要的汽车生产国。随后，包括英国、日本、意大利在内的发达国家也纷纷成立汽车公司，其中包括至今仍在世界汽车制造领域占据重要地位的福特、通用、劳斯莱斯、菲亚特等生产商。自此，全球范围内的汽车工业开始发展起来。

第一次世界大战爆发前，汽车技术的改进推动了汽车工业的发展。欧美主要大国的汽车生产数量逐年增加，汽车类型不断丰富，由于这一时期的汽车制造仍然采用订货加工模式，故汽车产量的增速并不显著。以德国为例，在一战爆发前，国内汽车工业已逐渐形成规模，但发展速度较为缓慢。

表3-3：1901—1913年德国的汽车生产[①]（单位：辆）

年 份	轿 车	卡 车	其他车型	总 计
1901 年	845	39	/	884
1903 年	1310	140	/	1450
1906 年	4866	352	/	5218

---

① 肖生发、郭一鸣主编：《汽车工程概论》，北京理工大学出版社2019年版，第8页。

续表：

年　份	轿　车	卡　车	其他车型	总　计
1908 年	5054	493	/	5547
1910 年	8578	790	4681	14049
1912 年	14296	1782	8235	24313
1913 年	12400	1851	7282	21533

2. 战时：汽车驶入战场，汽车工业大发展

一战直接带动了汽车制造业规模的扩大。随着战争的爆发，各参战国动员机械制造商转向军用物资生产，而汽车作为性能稳定可靠的新型交通工具被立即被投放到战场。以汽车为基底研制的装甲车及各式军车成为战争期间重要的军事装备，民用汽车也被动员负责运送兵员和物资，并装载探照灯担负空袭警报工作。战争急剧扩大了对汽车的需求，在战争初期处于中立地位的美国成为协约国采购汽车的主要来源地，美国迅速成为世界第一大汽车制造国。

一战期间，美国汽车工业的迅速发展主要得益于战前福特"T 型车"的出现以及流水线装配方式的引进。1908 年福特公司一改此前汽车偏重内部装饰的设计风格，推出造价低、易维修、车体轻、车速快并使用标准件装配的"T 型车"，扭转了汽车朝"贵族化"方向发展的趋势，为其采取流水线作业方式进行批量生产提供了前提条件。1913 年福特引入流水线作业方式，"T 型车"的生产效率获得极大提高——每台汽车的装配时间从最初的 12.5 小时减少到 1914 年的 93 分钟，其售价也从 1908 年的 825 美元降低至 1916 年的 360 美元。据统计，福特公司在一战期间为美国陆军提供了 39 万辆"T 型车"，其中 1.5 万辆随美军赴欧洲战场参与作战，此外还分别为法国和英国提供了 1.1 万辆和 2 万 ~ 3 万辆该型汽车，借此福

特公司成为当时全球最大的汽车制造商。

这一时期，欧洲国家的汽车工业得到快速发展。包括法国标致、雷诺汽车公司在内的汽车制造商，均在一战期间积极调整经营模式，扩大军用物资的生产。以雷诺公司为例，1911年路易·雷诺赴美会见亨利·福特，旨在引进后者分工及批量制造的生产方式，在1914年的工厂扩建过程中采用从福特公司引进的高效工作流程，成为法国第一家采用流水线作业方式进行汽车制造的企业。一战爆发后，雷诺公司通过生产包括弹壳、担架，甚至是坦克、飞机等军用物资获得进一步发展，战后成为法国最大的民营企业。值得一提的是，在1914年9月的马恩河战役中，雷诺公司为巴黎提供的600辆出租车被动员向前线输送6500名士兵，借此扭转了战役局势，雷诺出租车被赞以"马恩河出租车"的称号，成为民用汽车参与作战的经典案例。

3. 战后：汽车工业在发达国家迅猛发展

战争结束后，汽车工业逐步实现转型与升级。在战争期间从事军用物资生产的汽车制造商纷纷恢复汽车生产；战前既已在福特公司实行的流水线作业方式逐渐被绝大多数汽车制造公司引入；一战战场上的机械化作战方式令各国政府意识到汽车工业对于实现武装力量机动化的重要意义，世界各国着力推动本国汽车制造业的发展，全球范围内的汽车工业迅速崛起。

第一次世界大战结束后，包括法国雷诺公司、雪铁龙公司和美国通用公司在内的众多汽车制造商纷纷向福特公司学习，引进流水线作业方式，大大提高了生产效率。以一战后才成立的雪铁龙公司为例，该公司于1923年引入流水线装配方式后，至1929年达到年产10.2万辆汽车的产销规模。美国通用公司在引入流水线作业方式之后，其总裁艾尔弗雷德·P. 斯隆（Alfred P. Sloan）针对福特公司的管理弊端和"T型车"的市场漏洞，首倡"集中政策控制下的分散经营"组织结构、制定不同品牌及车型差异定价战略、设计彩色汽车、推出年度车型，并创立分期付款购车融资机构以刺激市场需求。据此，至 1940 年通用公司以 180 万辆的产销量占美国当年汽车销量的 50%①，成为全美乃至全球最大汽车制造商，与福特、克莱斯勒汽车公司在美国汽车工业中呈"三足鼎立"之势，这种情形一直延续至 20 世纪末克莱斯勒与戴姆勒—奔驰的合并才结束。

欧洲大国的汽车工业同样获得迅速发展。与美国、英国、法国相比，作为现代汽车发源地的德国，其汽车工业起步相对较晚，20 世纪 30 年代德国政府开始大力扶持本国汽车工业的发展，先后采取了包括降低甚至取消汽车税、鼓励开发新型低价汽车、规定汽车价格上限、投资公路网建设等一系列措施，旨在刺激本国汽车消费需求、提高汽车普及率、推动汽车工业的发展。经过德国政府近 10 年的持续推动，德国汽车技术不断提升，戴姆勒–奔驰公司、奥迪公司和大众公司规模持续扩大，到 1938 年德国汽车保有量已达到 127 万辆②。

二战爆发后，全球汽车制造商旋即投入战时生产状态，转而生产航空发动机、坦克以及枪支弹药，民用汽车的生产几乎完全停滞，汽车工业为这场反法西斯战争的胜利作出了重要贡献。随着战争的结束，曾在战时转产军用物资的汽车制造商相继恢复汽车生产，各国政府积极采取一系列扶持措施将汽车工业确立为本国的支柱产业，开启了战后 70 余年汽车工业蓬勃发展的新模式。20 世纪 50 年代中期，因多年来被战争压制的消费需求的释放，形成了以凯迪拉克"黄金国"为代表的高油耗大型车的消费热潮；60 年代，大众"甲壳虫"等欧洲实用紧凑型轿车成为全球汽车市场的新宠；70 年代，两次石油危机及全球环保意识的提升，令

---

① 李程：《通用总裁斯隆：史上首位成功的职业经理人》，《名人传记（财富人物）》2016 年第 11 期，第 70 页。

② 吴启金：《德国汽车工业的历史沿革及发展现状》，《中国机电工业》2002 年第 21 期，第 43 页。

日本低油耗紧凑型汽车成为全球汽车市场的优先选择；80 年代，全球汽车工业逐渐形成美、日、欧三分天下的局面，同时经济全球化进程与世界范围内的汽车工业海外投资建厂及车企并购重组活动相互推进，不断形成新的全球汽车产业格局。

从 19 世纪末德国率先发明的汽油内燃机汽车，到 20 世纪初期美国福特"T 型车"流水线生产组织模式的出现，再到一战期间各国积极扩大汽车工业生产规模，直至一战后汽车工业转型与升级，世界汽车工业迅速崛起。战争期间的战场需要，以及战后各国政府的大力推动，使汽车工业得以发展壮大。

（三）航空和汽车业成为强国象征

第二次世界大战结束 70 多年来，航空与汽车工业已经成为全球性产业，对国家经济发展和综合国力具有重要影响。

全球范围内军民航空工业发展迅速，中国与欧美发达国家在民用航空领域仍有差距。军用飞机领域，战斗机、轰炸机、侦察机、预警机、运输机等诸多类型作战飞机以及各类武装直升机和无人机技术历经数次换代升级，如今成为各大国展开激烈竞争的重要内容。民用航空工业也依据市场需求完成了行业细分和市场垄断：美国波音和欧洲空客垄断干线飞机、加拿大庞巴迪和巴西航空工业垄断喷气支线客机、法意合营的区域运输机公司（ATR）与庞巴迪垄断涡桨支线飞机、美国贝尔与意大利阿古斯塔韦斯特兰垄断民用直升机，美国塞纳斯、湾流和法国达索垄断喷气公务机，美欧飞机制造商已实现对民用航空工业的全领域垄断。中国飞机制造业历经 70 余年发展，在军机领域已形成以歼 –20、轰 –6K、运 –20、空警 –500、直 –10 为代表的先进战机序列，民用航空工业也在改革开放后获得发展，近年来推出如 ARJ21 喷气支线飞机与 C919 干线客机等最新成果，但整体而言与欧美发达国家相比仍存在差距。

第二次世界大战后全球汽车产业多次洗牌，欧美国家仍占据优势地位，中国汽车产业成为后起之秀。时至今日，德国大众与戴姆勒、日本丰田与本田、美国通用与福特、法国雷诺与标致雪铁龙、意大利菲亚特与克莱斯勒仍然占据全球汽车工业的绝对优势。基于新中国70余年汽车工业的经验积累以及改革开放以来我国经济的持续稳定增长和由此带来的人口红利，近年来中国汽车工业逐渐崛起，在全球汽车产业中的重要性显著提升，包括比亚迪、长城在内的本土汽车公司坚持技术创新的发展理念，成为全球汽车产业中不断成长的新秀。

全球范围制造业产业转移改变了世界政治的面貌。当前，欧洲、美国、日本等仍然掌握着全球范围内航空、汽车及相关产业的话语权，以航空与汽车工业为代表的资金密集、技术先进的复杂制造业，使得如今仍以劳动力密集型产业为主的落后国家虽然摆脱了沦为殖民地的悲惨遭遇，但却在相当时间内持续处于世界体系的边缘地带。

［刘　志，中共中央党校（国家行政学院）国际战略研究院博士研究生］

二、原子能工业的兴起与发展

作为 20 世纪人类科技史上的伟大成就之一，原子能深刻地影响了人类历史发展进程，对于国际政治军事格局调整、全球战略稳定、经济社会发展、能源科技变革、生态环境保护起到十分重要的作用。原子能，俗称核能，在行业术语中，"原子"与"核"既有各自固定的表达习惯，也有相互通用的情况。含有"原子"的术语有"原子弹""原子能机构""原子能法"等；含有"核"的术语有"核武器""核电站""核安全""核不扩散""核裁军"等；有些术语如"原子能技术""核技术""原子能工业""核工业"表达的意思本质上是一样的。原子能的普遍应用使原子能工业得到迅速发展，成为二战后新兴的工业部门。当今世界正经历百年未有之大变局，国际环境日趋错综复杂，人类社会可持续发展面临诸多挑战，如何更加客观理性地看待原子能，让原子能更好地造福人类，无论业界还是学界，都是需要认真思考的一项重要现实课题。

（一）世界大战催生的原子技术

人类探索原子奥秘的历史最早可追溯到 19 世纪末。1896 年法国著名物理学家亨利·贝克莱尔发现了天然放射性现象。1898 年居里夫妇发现镭元素，标志着人类原子核物理学的开始。1911 年，被誉为"近代原子核物理学之父"的新西兰著名物理学家欧内斯特·卢瑟福提出了原子的核式结构模型。被称为"原子弹之父"的德裔美国物理学家阿尔伯特·爱因斯坦提出了著名的 $E=MC^2$ 质能转换公式，更为后来出现的原子弹奠定了坚实的理论基础。正是广大科学家的开创性探索和深入研究，推动了原子时代的到来。

与其他科学技术不同的是，原子技术最先被应用到军事领域制造原子弹。在欧美老牌资本主义国家中，德国对原子的研究起步较早。20 世纪 30 年代末，德国便组织大批科学家开展核物理基础研究，建立了核物理实验室，掌握了铀同位素分离技术。二战初期，德国还成立了一个由核物理学家组成的"铀俱乐部"，负责核反应堆的研发与建造。1942 年 5 月，德国军方组织召开核物理专题会，会上德国著名物理学家海森堡表示，最快的话 1944 年德国便可具备制造原子弹的基础条件。事与愿违，随着二战战事的吃紧，德国将主要精力投入到前线作战，国内原子弹研发工作受到重大影响。二战结束后，德国的原子弹研发工作无果而终。几乎与此同时，二战前期相对"超脱"的美国，开始启动原子弹的研发，在此过程中，爱因斯坦起到了非常关键的作用。由于受法西斯迫害，爱因斯坦被迫流亡美国，1939 年 8 月 2 日，他致信美国总统罗斯福，建议美国启动核武器研发。他在信中曾这样写道："……在不远的将来，铀将成为一种重要的新型能源。而它将会催生出一种新型的、威力巨大的炸弹……"此后，从 1941 年开始，英国也加入进来，与美国分享其前期积累的核研究成果，并将其核研发设备及研究人员先后转移到美国。经过前期的筹备，1942 年 6 月，美国陆军部牵头推出了历史上著名的原子弹研制计划——"曼哈顿计划"。1941 年 12 月 7 日，日本偷袭珍珠港之后，美国正式宣布加入二战。此后，美国原子弹研发工作紧锣密鼓，1945 年研制成功 3 颗原子弹，其中一颗钚原子弹（代号为 Trinity）于 1945 年 7 月 16 日用于核试验，这也是世界上第一颗原子弹，另外两颗直接用于对日作战。1945 年 8 月 6 日，美国出动 B-29 轰炸机向日本广岛投下 1 枚当量为 1.5 万吨 TNT 铀的原子弹（代号为小男孩）；8月9日，美国向日本长崎投下1枚当量为1.5万吨TNT钚的原子能弹（代号为胖子）。经过这次实战应用，原子能蕴藏的巨大威力得到充分展示，宣告了原子时代的到来。

（二）"冷战"加速原子能工业发展

第二次世界大战结束，人类迎来久违的和平。好景不长。战争结束后，美苏的战略利益不同导致的矛盾不断出现，最后导致两大阵营的对抗，核军备竞赛成为冷战时期美苏关系的主旋律。在美国原子弹大显神威后不久，1946年6月14日，美国驻联合国原子能委员会代表伯纳德·巴鲁克向委员会提出原子能管制计划。这个计划的实质，就是在保证美国仍拥有核武器的前提下，管制全世界的核能开发活动，这明显是针对苏联的核武器开发计划，以保存美国的核威慑力量。核武器的"潘多拉魔盒"一经打开就很难关闭。核武器的破坏力和杀伤力，让国际社会充分认识到了原子能的军事价值和战略价值。在美国之后，几个大国不甘落后，很快拥有了自己的核武器。1949年8月29日，苏联在位于哈萨克斯坦境内的谢米巴拉金斯克试验靶场试爆成功了第一颗原子弹，率先打破了美国的核垄断。1952年10月3日，英国第一颗原子弹在澳大利亚蒙特贝洛岛附近的海域试爆成功。1960年2月13日，法国第一颗原子弹在北非撒哈拉沙漠的试验基地试爆成功。4年之后，1964年10月16日，中国在新疆罗布泊成功完成了第一颗原子弹试爆，成为第5个拥有核武器的国家。至此，联合国五大常任理事国都成了有核国家。总的来看，大国研发和拥有核武器在维护国家安全、树立大国地位、维系国际平衡方面有着极为重要的价值，这是核时代初期新的国际关系格局建立时世界大国的战略选择，五大国以核军事实力建立了战略平衡。

随着东西方两大阵营对抗的白热化，核大国竞相发展和增强本国核实力，尤其是美苏两国更是极力谋求建立自身的相对核优势。各国大力发展原子能工业，主要是为核军备竞赛服务。据统计，到 1996 年 9 月联合国大会通过《全面禁止核试验条约》的 51 年间，全世界共进行了 2045 次核武器爆炸试验，其中大气层、水面和水下核试验共 528 次，地下试验 1517 次。[①] 截至 1991 年，美国和苏联的核弹头分别达到 10743 颗、10201 颗，陆基、海基、空基核弹头数量也达到了惊人的规模，分别达到了 6106：2105、2712 ：6240、852 ：2353。

原子能的军事化应用，虽然让世界长期笼罩在核"阴云"中，但美苏双方形成的核均势也起到了一定的客观积极作用，对抗双方因相互忌惮而不得不保持最大克制，很大程度上避免了新的大规模冲突的爆发，这种"恐怖的和平"状态得以维系 40 多年。

随着人类对原子认知的不断深入，原子能的和平利用价值也在渐渐被挖掘出来。虽然在核武器研发方面，苏联落后于美国，但在原子能的和平利用方面，苏联走到了美国前面。1945 年 10 月 26 日，苏联第一管理局技术委员会组织专家研究苏联科学院院士 П.Л.卡皮察提出了关于"将核能用于和平目的"的建议。之后，和平利用核能工作由苏联科学院院长 С.И.瓦维洛夫领导，主要体现在国内核电建设、军转民及国际核能合作三方面。1947 年，当得知美国已启动核电站建造时，苏联受到很大触动，坚决不能再让美国人像研制原子弹那样抢在自己前面。就在苏联第一颗原子弹研制工作临近尾声时，1949 年，苏联政府决定启动建设本国第一座核电站。1954 年 6 月 27 日 17 时 30 分，第一座民用核反应堆在奥布宁斯克市正式投入运行，实现了人类历史上的首次核能发电。虽然这座电站功率非常小，仅 5 兆瓦，但意义非凡。对于世界核电发展历史来说，它不仅是苏联的第一座核电站，也是世界上第一座核电站，开启了人类

---

① 牛军主编：《冷战时期的美苏关系》，北京大学出版社 2006 年版，第 185 页。

大规模和平利用核能的新纪元。世界核电站建设的高潮期出现在 20 世纪六七十年代。1961 年至 1970 年间，以西方发达国家为主，世界范围内新建商用核电机组达 161 台；1971 年至 1980 年，更是高达 241 台。[1] 此后，正当全世界开足马力发展核电的时候，1979 年 3 月 28 日发生了美国三哩岛核事故，1986 年 4 月 26 日发生了切尔诺贝利核事故。切尔诺贝利事故除了造成巨大的人员伤亡、财产损失、环境污染和难以估量的事故"后遗症"之外，其多米诺骨牌效应更是影响全球。此后，核电建设紧急"刹车"，"反核""弃核"声音高涨，世界原子能工业遭遇前所未有的"冰冻期"。

（三）多极化推动原子能工业变革

美苏双方数十年的核军备竞赛，一方面给世界造成紧张恐怖局势，正如美国前国务卿基辛格博士所说的那样，美苏两国各自拥有的核武库足以毁灭人类，我们每一方都有特殊的责任将对抗限制在不能威胁到平民生命的范围内，我们每一方迟早将意识到无论是今天还是未来，都不能用一场核战争去证明它会带来无与伦比的灾难[2]；另一方面也消耗了两大阵营的国力，令双方苦不堪言、疲于应付。进入 20 世纪 60 年代后期，美国开始战略收缩以缓解压力，苏联在古巴导弹危机后，也感到与美国对抗的力不从心，双方都开始调整对外战略，在确保和维持相互遏制的前提下，就控制核军备竞赛开展一系列谈判。虽然，美苏在这一时期签署了一些核裁军协定，但在当时"冷战"大背景下，双方核裁军的调子很高，力度并不大。

随着东欧剧变、苏联解体，"冷战"结束，国际局势朝多极化方向发展。

---

① 陈刚著：《国际原子能法》，中国原子能出版社 2012 年版，第 19—20 页。

② 陈刚著：《国际原子能法》，中国原子能出版社 2012 年版，第 160 页。

新成立的俄罗斯在政治形态和意识形态上与西方趋同,叶利钦执政之初,俄罗斯奉行向西方"一边倒"的政策,俄美关系大为缓和。考虑到俄罗斯在经济、军事上无法再与自己真正抗衡,美国逐渐调整其对外战略重心。为了缓和国际局势,缓解国内压力,回应国际社会消除核武器的普遍关切,展示国际核不扩散国家的责任担当与积极姿态,美俄开启新一轮大规模核裁军。苏联解体后,大量核武器保留在乌克兰、哈萨克斯坦及白俄罗斯等国,其中乌克兰境内核弹头超过 1900 枚、洲际导弹发射井176 个、战略轰炸机 40 多架,哈萨克斯坦境内核弹头 1410 枚、导弹发射井 104 个、战略轰炸机 40 架,白俄罗斯境内核弹头 1000 多枚、"白杨"洲际导弹 81 枚。为妥善处置这些苏联解体后的核"遗产",防止核武器扩散,1992 年 5 月 23 日,美国与俄罗斯、白俄罗斯、乌克兰、哈萨克斯坦签署了第一阶段削减战略武器条约的《里斯本协定书》。之后,美俄开始着手解决两国核武器问题。1993 年 1 月 3 日,基于 20 世纪 70 年代《美苏第一阶段限制战略武器条约》,美俄签署《美俄关于进一步削减和限制进攻性战略武器条约》(又称《第二阶段削减战略武器条约》)。根据该条约,美俄双方将削减各自 2/3 的核弹头,分别至 3500 枚和 3000 枚。之后由于双方在导弹防御系统等安全问题上存在严重分歧,2002 年 6 月,美国宣布退出《美苏限制反弹道导弹系统条约》,之后俄罗斯也宣布退出《第二阶段削减战略武器条约》。就在此条约作废之前,美俄对核裁军做了重新规划与安排。2002 年 5 月 24 日,俄美签署《俄美关于削减进攻性战略力量条约》(又称《莫斯科条约》),其中规定两国将各自拥有的进攻性战略核弹头数量控制在 1700～2200 枚之间。2010 年 4 月 8 日,两国签署《美俄关于进一步削减和限制进攻性战略武器措施的条约》(又称《新削减战略武器条约》),以取代 1991 年的《美苏进一步削减和限制战略武器条约》和 2002 年的《莫斯科条约》。与《莫斯科条约》相比,新条约要求美俄两国各自减少 1/3 的核弹头,以限制在 1550 枚以下。根据俄罗斯外交部 2021 年 2 月 3 日的声明，俄美《新削减战略武器条约》将延长 5 年，有效期至 2026 年 2 月 5 日，条约内容保持不变。该条约成为美俄《中导条约》2019 年失效后，两国间唯一的军控条约。对此次条约的有效期延长，联合国持积极支持和欢迎态度，认为这是维持世界上两个最大核武库可核查限制的一种手段，也是迈向重振核军控机制的第一步，同时呼吁美俄双方利用未来 5 年时间就进一步削减武器进行谈判，以达成新的协议。

和平与发展成为世界发展的主题，原子能事业迎来了前所未有的历史发展机遇期。核电正重塑世界能源结构，原子技术革新突飞猛进，全球范围内原子能事业发展呈积极向好态势。

核电正重塑世界能源结构。随着全球经济的快速发展，尤其是在当前地缘政治与安全形势日益复杂的大环境下，能源供需矛盾日渐突出，能源争夺日趋激烈，发展安全、清洁、高效的能源已成为应对全球气候变化、优化能源结构和实现能源供应多元化的重要途径。从全球范围看，虽然核电在各类能源发电中的占比不大，但作为一种具有综合比较优势的能源选项，核电越来越受重视，尤其是在一些欧美国家，核电已成为这些国家经济社会可持续发展的重要能源支柱。统计数据显示，自 1990 年以来，除受 2011 年日本福岛核事故较大影响外，世界核电发展虽有一定波动，但持续稳步发展的基本面没有发生变化。截至 2019 年底，全球 30 个国家有 443 台在运核电机组，总装机容量 392.1GWe。根据国际能源署 2020 年的预测，到 2040 年，世界核电总装机容量将达到 599GWe。从核发电规模上看，2019 年，美国核发电量最高，为 809.4TWh，占全球核发电量的 31%，法国和中国的核发电量紧随其后，分别为 379.5TWh 和 348.4TWh；从核电占本国总发电量的比重上看，2019 年超过 10% 的国家共有 20 个，其中法国的核电比重最高，达到 70.6%，而中国的核电比重仅为 4.9%。自 1994 年中国大陆第一座核电站——秦山核电站建成投运以来，中国核电紧跟世界核电发展大潮，始终坚持安全有序的发展方针。截至 2019 年底，中国在运核电机组共 47 台（不含台湾地区），总装机容量 4875 万千瓦，仅次于美国、法国，位列全球第三；在建核电机组 13 台，总装机容量 1387 万千瓦，装机容量继续保持全球第一。2021 年 3 月 5 日，全国两会政府工作报告指出，在确保安全的前提下积极有序发展核电。根据业界相关预测，到 2025 年，中国在运核电机组装机容量将达到 7000 万千瓦，在建 3000 万千瓦；到 2035 年，核电在运和在建规模将达到 2 亿千瓦左右，核能发电量将占全国发电量的 10% 左右。[①] 在世界各类能源发电所占的比重中，煤电占 41%，石油发电占 4%，天然气发电占 22%，核电占 11%，水电占 16%，生物发电占 2%，风电占 3%，其他占 1%。

表3-4：各类能源特点

能源类型	特　点
煤、石油、天然气	传统能源，在现今能源消耗中占比大；污染环境；不可再生
水　力	无污染；受自然环境条件和季节影响
风能、地热能、潮汐能	只能在一定条件下有限开发，较难大量使用；成本较高
太阳能	成本较高；技术上需突破才能实现工业化生产
生物质能	可再生，但具体技术有待研发
核　电	燃料全球储量丰富，成本相对低；技术成熟；燃料能量密度高

从上表中我们看到，核电是很有优势的。在大国中，法国的核电占比最高，达 70.6%，俄罗斯和美国都占 19.7%，英国占 15.6%，德国占 12.4%，中国只占 4.9%。[②] 中国的核电还有待进一步发展。

原子技术革新突飞猛进。美国三哩岛、苏联切尔诺贝利、日本福岛三

---

① 申文聪：《未来，核电不仅清洁低碳，更经济可靠——〈中国核能发展报告（2020）〉蓝皮书亮点综述》，载《中国核工业》，2020 年第 7 期，第 39 页。

② 《IAEA 公布 2019 年全球核电发展数据》，2020 年 9 月 18 日发布。

起核事故的发生，既有人的主观原因，也有原子技术落后的客观原因。每次核事故都在向世人敲响警钟，倒逼原子技术革新。切尔诺贝利核事故后，苏联当局权衡利弊，最后认定该电站采用的 РБМК 型石墨沸水堆技术已不适应世界核电技术发展的潮流，最终放弃了继续发展该堆型的计划，之后研发出了目前全球核电市场上颇具竞争力的堆型——VVER 型压水堆技术。几十年来，世界主要核能大国经过潜心研发，逐渐树立起了各自的核电技术品牌，像中国的华龙一号、俄罗斯的 VVER、美国的 AP1000、法国的 EPR、韩国的 APR-1400、日法合作的 Atmea-1，这些品牌是目前国际核电市场上的有力竞争者。2002 年国际核能界将包括气冷快堆、铅冷快堆、钠冷快堆、熔盐堆、超临界水冷堆、超高温气冷堆等在内的 6 种堆型列入更为先进的第四代堆型，这其中一些堆型已经开始进入工业化应用阶段，但从技术成熟性、安全性、经济性等综合指标看，当前全球核电市场上的主力堆型仍是压水堆。截至 2019 年底，全球在运核电机组中，压水堆技术占据绝对地位，在建和新建项目也以三代压水堆为主。除原子裂变能外，还有另外一种形式的原子能，即核聚变能。核聚变能具有资源无限、不污染环境、不产生高放射性废物、有较强经济竞争力等优点，是人类未来能源的主导形式之一，也是目前认识到的可以最终解决人类社会能源问题和环境问题，推动人类社会可持续发展的重要途径之一。[1]自 1985 年开始，一些工业发达国家便开始实施"国际热核聚变实验堆"计划（ITER 计划）。由于该计划耗资巨大，且技术开发难度相当之大，2006 年欧洲原子能共同体、中国、印度、日本、韩国、俄罗斯与美国一道共同签署了《联合实施国际热核聚变实验堆计划建立国际聚变能组织的协定》和《联合实施国际热核聚变实验堆计划国际聚变能组织特权和豁免协定》，2007 年成立了国际聚变能组织，负责组织协调联合开发核聚变实验堆。中国在参与其中的

---

① 陈刚著：《国际原子能法》，中国原子能出版社 2012 年版，第 282 页。

同时，也在积极开展核聚变自主研发。2020年12月4日，被誉为"新一代'人造太阳'装置"装置的中国环流器二号M在中国建成并实现首次放电，为中国核聚变堆的自主设计与建造打下坚实基础。原子技术不仅用于核能发电，还广泛应用在医学、农业、工业、航运、考古、环保、科学研究等多个领域，大大地拓宽了原子技术造福人类的领域和范畴，可以说与我们的日常生活息息相关。例如在破冰船领域，作为世界上唯一发展核动力破冰船的国家，俄罗斯曾设计建造了10艘核动力破冰船，其中有4艘在役，另外还将规划建造3艘，服务北极航运。

表3-5：全球核电机组堆型组成（截至2019年底）

堆　型	数量（座）	总装机容量 （GWe）	2019年发电量 （TWh）
压水堆（PWR）	300	284.2	1927
沸水堆（BWR）	65	65.6	382
加压重水堆 （PHWR）	48	23.9	165
轻水冷却石墨慢化 堆（LWGR）	13	9.3	60
气冷堆（GCR）	14	7.7	43
快堆（FBR）	3	1.4	9
总　计	443	392.1	2586

资料来源：中国国家原子能机构网站，2020年9月18日发布。

（四）世界大变局下核安全治理任重道远

原子的发现和核能的开发利用，给人类发展带来了新的动力，极大地增强了人类认识世界和改造世界的能力。同时，核能发展也伴生着安全风险和挑战。人类要更好利用核能、实现更大发展，必须应对好各种核安全挑战，维护好核安全。核安全无国界。在当今世界百年未有之大变局下，核裁军、核不扩散、核恐怖主义、核事故已成为全球性核安全治理的重点课题。

1. 核裁军之路道阻且长

核武器一日不完全消除，"达摩克里斯之剑"便会一直悬在人类头上。据相关统计数据，世界9个国家持有的核弹头的国家中，俄罗斯约6850枚、美国约6450枚、法国约300枚、中国约270枚、英国约215枚、巴基斯坦约140枚、印度120～130枚，以色列约80枚。多年来，国际社会也在为消除核武器做多方面的努力。2021年2月3日，俄美签订《新削减战略武器条约》，这体现出俄美作为世界两个最大的核武器国家在核裁军方面的积极姿态，也给全球带来巨大福音。另据报道，2021年1月，联合国《禁止核武器条约》正式生效，该条约规定，"任何国家拥有核武器都是非法的"。目前无论是世界上公认的五核国，还是事实上的核武器拥有国，甚至连世界上唯一遭受过核武器攻击的日本，都没有签署该协议。五核国认为"禁止核武器条约"背离并损害《不扩散核武器条约》。五核国强调《不扩散核武器条约》是国际核不扩散体系基石，也是国际安全架构重要组成部分，承诺全面完整执行条约，并促进条约的普遍性。五核国将遵循"各国安全不受减损"原则，推动核裁军取得更大进展，循序渐进实现无核武器世界目标。可以看出，"彻底消除核武器"并非一蹴而就，还需要经历一个长期复杂的博弈过程。

2. 核不扩散风险依旧存在

自 1968 年核不扩散条约签署以来，禁止新的国家研发并拥有核武器，防止核武器扩散，一直是国际社会努力的目标。50 多年来，核武器研发势头、核武器军备竞赛得到了很好的抑制，全球核安全态势总体向好。但由于种种原因，地区性核热点问题频现。根据《不扩散核武器条约》，法定意义上的有核国家只有 5 个：美国、俄罗斯、英国、法国、中国。而实际上，核武器已不再是这五个国家的专属。印度、巴基斯坦、朝鲜等国都将拥有核武器作为重要战略选择，以色列被认为是事实上拥有核武器的国家，掌握铀浓缩技术的伊朗被认为存在研发核武器的危险，所有这一切，客观上加剧了地区安全的紧张局势。[①] 截至目前，基于各自安全利益考量及各方之间的利益博弈，朝核问题、伊核问题仍然悬而未决，核武器扩散风险依旧牵动国际社会的神经。

3. 核恐怖主义威胁日趋复杂

核恐怖主义是核与恐怖主义结合在一起形成的具有超级破坏能力的恐怖主义形态，恐怖分子使用各种与核相关的手段来实施恐怖袭击和破坏，达到其恐怖主义的目的。[②] 伴随着经济全球化、信息全球化、国际运输便利化以及人员往来的日益频繁，核恐怖主义形式更加多样化，手段也更具隐蔽性，国际社会面临的核恐怖主义威胁更为复杂。恐怖分子通过走私、盗窃、非法贩运、非授权转移等手段获得用于制造核武器或核爆炸装置的核材料或者核技术，进而制造各种恐怖主义事件。有专家指出，只要拥有 25 公斤高浓缩铀或者 6 ~ 8 公斤高浓钚，就足以制造出一颗原子弹。钚-239

① 陈刚著：《国际原子能法》，中国原子能出版社 2012 年版，第 23 页。
② 焦世新：《核恐怖主义离我们有多远》，《解放日报》2012 年 3 月 26 日。

是世界上最具毒性的物质，百万分之一克该物质即可夺取人的生命。[①] 据国际原子能机构"核事件与非法贩卖数据库"（ITDB）不完全统计，自 1993 年以来，截至 2018 年 12 月 31 日，ITDB 共收录参与国报告的 3497 起已证实的核材料非法事件。核材料和核技术一旦落入恐怖分子之手，对国家安全乃至国际安全将造成灾难性后果。[②] 因此，有效防范和打击核恐怖主义，加强各类核材料管制，是当前维护国际核安全的重点工作。

4. 核电站"老龄化"问题突出

"老龄化"已成为全球核电发展不容忽视的一大现实问题。自 1954 年诞生人类历史上第一座核电站以来，截至 2019 年底，全世界 443 座在运核电机组中，役龄 30 年以上的机组比例高达 66%，役龄 40 年以上的机组比例达到 21%。核电机组的设计寿命一般在 30 年至 40 年，这也就意味着，目前在运的核电机组大部分已达到设计寿命。因此，妥善解决核电站"老龄化"问题，事关全球核电安全。

另外，根据 1996 年《核安全公约》中的定义，核安全系指缔约国管辖下的任何陆基民用核动力厂的安全，由于军事核设施往往涉及一国军事安全而不对外公开，因此，我们日常所谈的核安全多指民用核设施的安全。事实上，军用核设施的安全也需要引起足够重视。国际原子法律制度在军事领域除了关注核裁军和核不扩散，至今还没有任何国际法律和国际组织对军事核安全领域进行规范和监督。事实上，发生在陆基、海基、空基军事核设施上的核事故并不在少数，由于事故缺乏透明度、国际监管存在一定的空白、跨国核损害责任难以认定等问题，与民用核安全相比，军事核安全治理起来难度更大。

---

① 陈刚著：《国际原子能法》，中国原子能出版社 2012 年版，第 216 页。
② 杨志民等：《中国核安保面临的挑战与机遇》，《中国核电》2019 年第 5 期，第 503—504 页。

发展原子能事业是一个持续渐进的过程。核安全是原子能事业发展的生命线。面对发展过程中遇到的各种问题，我们既不能谈核色变、因噎废食，也不能故步自封、因循守旧，要坚持不断与时俱进、创新发展，牢固树立理性、协调、并进的核安全观，真正做到"发展和安全并重，以确保安全为前提发展核能事业""权利和义务并重，以尊重各国权益为基础推进国际核安全进程""自主和协作并重，以互利共赢为途径寻求普遍核安全""治标和治本并重，以消除根源为目标全面推进核安全努力"，以真正实现全球原子能事业安全健康可持续发展。

　　　　　　　　［刘　　建，中国原子能工业有限公司高级市场经理、译审］

三、美苏的竞争促进了航天与信息技术的发展

19世纪上半叶，法国历史学家德·托克维尔曾预言，美国和俄国将在未来成为两个世界强国。第二次世界大战结束后，美苏两国从战时盟友转变为对手和敌人，对抗近半个世纪，两国关系成为影响世界局势的关键因素。冷战期间，美苏在意识形态上尖锐对立，双方都想靠自身的实力战胜对方，于是在军事、经济、科技和外交等诸多领域展开激烈竞赛。航天与信息技术和第二次世界大战直接相关，成为美苏竞赛的重点。以纳粹德国 V2 火箭为原型研制出来的远程弹道导弹可以把核武器投送至世界任何角落，由其衍生出的运载火箭也接连将人造卫星、宇宙飞船送往太空。在冷战时期，航天领域成为美苏证明自己实力的重要领域。为了更高效处理关于核武器、弹道导弹及航天等领域的海量数据，两国着力推进电子计算机技术的发展。在此过程中，电子计算机实现从真空管到超大规模集成电路的变革，同时，互联网技术也实现从无到有、从简到繁的跨越式发展。

（一）从 V2 火箭到国际空间站

冷战期间，为确保本国的安全优势并极力凸显社会制度的优越性，美苏两国围绕运载火箭、人造地球卫星、载人航天和空间站技术展开激烈竞争，成为整个冷战期间两国竞争的关键内容。美苏两国集中国内优

势资源着力推动本国率先实现航天技术突破，也推动着全人类航天事业的迅速发展。

1. 20 世纪 50 年代：美苏全力研制火箭，抢先发射卫星

第二次世界大战结束后，曾在战争末期显著加速战争结束进程的美国核武器转瞬成为对苏联最大的安全威胁，加快本国原子弹的研制工作成为战后初期苏联面临的最紧迫任务。1949 年 10 月，苏联成功试爆原子弹，1953 年紧随美国之后成功试爆氢弹，打破了美国对核武器的垄断局面。面对同美国相比在战略轰炸机方面的明显劣势，苏联政府决定尽快研制远程导弹，以搭载核弹头对敌方进行远程战略打击。自 1954 年起，苏联火箭设计师科罗廖夫带领苏联导弹设计团队在纳粹德国 V2 火箭基础上研制远程导弹。1957 年 8 月 21 日，成功试射世界首枚洲际弹道导弹 R-7，使美国全境被笼罩在苏联远程导弹的射程之内。自此，苏联以 R-7 导弹为基础衍生出 R-7 火箭家族，包含东方号、联盟号等系列运载火箭，支撑了整个冷战期间的苏联航天事业。

美国得到了包括纳粹德国火箭项目技术总监冯·布劳恩等在内的人才，在掌握核武器技术和获得新式远程战略轰炸机优势的同时，积极研制远程导弹，并在此基础上设计出一系列运载火箭。1957 年 12 月 17 日，美国空军成功试射首款洲际弹道导弹"宇宙神"，以此为基础研发的宇宙神系列运载火箭为美国"水星计划"和"双子座计划"的实施提供推力。此后，美国空军分别以雷神弹道导弹和大力神弹道导弹为基础衍生出雷神系列和大力神系列运载火箭，用于发射美国军用卫星和早期的航天探测器；1958年初，美国陆军以 V2 火箭为原型成功试射本国首枚中程弹道导弹 PGM-11 红石，并以此为基础研制红石火箭家族；同一时期，由美国海军负责的先锋号运载火箭试射成功。这些运载火箭本身即美苏太空竞赛的重要内容，

为两国在更广泛领域展开竞争提供条件。

在冷战背景下，窃取对方情报成为美苏的迫切需求。美国凭借在高空侦察机方面掌握的优势，频繁闯入苏联领空进行军事侦察。1955年，美空军装备U-2侦察机的问世，更加剧了苏联对侦察卫星的需求。在成功试射R-7导弹后的第45天（1957年10月4日），科罗廖夫将R-7导弹改为卫星号运载火箭（东方号系列），运载火箭将人类第一颗人造卫星——斯普特尼克1号发射升空；11月3日，为纪念十月革命爆发40周年，在赫鲁晓夫的指示下，卫星号运载火箭将载有小狗莱卡的斯普特尼克2号卫星发射升空。苏联的快速行动对美国形成强烈刺激，1958年1月31日，美国首颗人造地球卫星探险者1号搭乘朱诺1号运载火箭顺利升空。在20世纪50年代的运载火箭和人造卫星之争中，苏联抢占了先机，同时也为接下来的载人航天和登月计划积累了经验。

2. 20世纪60年代：苏联率先载人航天，美国最终完成登月

运载火箭技术的成熟以及人造卫星发射的经验为将人类送入太空并最终实现登月提供了技术保障。整个20世纪60年代，美苏将太空竞赛聚焦载人航天和实施登月：苏联凭借"东方计划"和"上升计划"率先实现载人升空和出舱活动；美国依据"水星计划""双子座计划"和"阿波罗计划"最终实现人类登月梦想。

第一阶段：载人升空。1958年初，苏联确定实施月球工程，载人升空成为月球工程的第一步。为此，苏联开始了紧张的探索工作。1959年1月2日，苏联月球1号深空探测器搭乘月球号火箭顺利升空，月球1号并未顺利抵达月球，而是达到第二宇宙速度成为第一颗人造行星。同年9月12日，月球2号抵达月球表面，成为人类首个月球硬着陆探测器；10月4日，月球3号顺利升空，首次拍到月球背面图像，月球号火箭任务完成。

经过一系列准备，1961 年 4 月 12 日，东方号运载火箭将尤里·加加林送入轨道，绕地球飞行一圈后安全返回地面，加加林作为首位进入太空的人被载入史册，开创了人类航天的新纪元。1963 年 6 月 16 日，瓦莲京娜·捷列什科娃搭乘东方 6 号宇宙飞船顺利升空，成为世界首位登上太空的女性宇航员。至此，"东方计划"顺利完成。

暂时落后的美国奋起直追。1958 年 7 月 29 日，根据艾森豪威尔总统签署的法令，建立美国航空航天局（NASA）取代之前的美国国家航空咨询委员会（NACA）。NASA 于当年 10 月 1 日开始运行，7 天后便提出载人航天方案——水星计划。因原计划用于载人航天的运载火箭试射失败，美国丧失率先实现载人升空的机会，直至 1961 年 5 月 5 日，宇航员艾伦·谢泼德乘坐自由 7 号飞船搭乘红石火箭成功升空，完成"水星计划"的首次载人任务。1962 年美国又进行了两次高轨道飞行，"水星计划"至 1963 年结束。

第二阶段：出舱活动。还在"水星计划"执行期间，1961 年 5 月实现载人登月并顺利返回的"阿波罗计划"便已成形，NASA 认为继"水星计划"后应开发一种适用于登月计划的双人座飞船，"双子座计划"由此得名。在获悉美国计划将于 1965 年 3 月 23 日尝试航天员出舱活动后（实际上，美国"双子座计划"中航天员的首次出舱活动时间为 1965 年 6 月 3—7 日），苏联于 1964 年 2 月 12 日制订"上升计划"，目的是赶在美国之前首先研制出多座航天器并完成出舱活动。同年 10 月 12 日，科马洛夫等 3 名航天员乘坐上升 1 号飞船搭乘联盟号火箭顺利升空，首次实现多人升空；1965 年 3 月 18 日，别利亚耶夫和列昂诺夫乘坐上升 2 号飞船成功实现人类航天史上的首次太空行走。

美国不甘落后，作为"水星计划"与"阿波罗计划"过渡阶段的"双子座计划"，共进行两次无人和 10 次载人飞行，其中 1965 年 6 月 3 日詹姆斯·麦克迪维特和爱德华·怀特乘坐双子座 4 号飞船完成美国航天员首次出舱活动；同年 8 月 21 日，双子座 5 号飞船升空后首次实现人类留空时间超过一周；1966 年 7 月 18 日，双子座 10 号飞船成功对接阿金纳航天器，完成"双子座计划"预定目标。虽然苏联航天员早于美国 77 天完成出舱活动，但美国"双子座计划"中 10 次载人航天飞行的出舱时间远超同期的苏联，为美国随后的登月计划提供了可靠的技术支撑和丰富的飞行经验。

第三阶段：登月计划。为取得对苏竞争优势，1961 年 5 月 25 日肯尼迪总统发表国情咨文宣布实行"阿波罗计划"。美国第一种大型液体推进剂运载火箭——土星系列应运而生。1969 年 7 月 16 日，阿姆斯特朗、奥尔德林乘坐阿波罗 11 号飞船搭乘土星 5 号火箭成功飞抵月面完成登月壮举，迈出了"人类的一大步"，兑现了肯尼迪总统关于在 1970 年前将美国航天员送上月球并顺利返回的承诺。至 1972 年 12 月 7 日阿波罗 17 号发射，阿波罗飞船先后将 12 名美国航天员送抵月面并顺利返回。虽然苏联已于 1964 年 8 月 3 日通过《关于月球和宇宙空间考察工作的决定》制定了本国的登月计划，然而核心设计师科罗廖夫的突然离世导致原计划用于登月的 N1 运载火箭接连试射失败，致使苏联最终未能完成登月，遂于 70 年代初放弃登月，将关注重点转向空间站建设。历时 11 年的"阿波罗计划"意义重大，它在帮助美国确立在航天领域绝对领先地位的同时，通过在该计划框架内完成的一系列科学实验极大地推动了世界范围内生物医学、加工制造、遥测、通信等领域科学的发展，为人类此后的航天事业提供了巨大推力。

3. 20 世纪七八十年代：缓和背景下围绕空间站展开竞争

20 世纪 70 年代初冷战紧张局势的缓和为美苏在航天领域尝试合作提供了可能性。随着"阿波罗计划"的完结和苏联登月计划的中止，该领域内短期难有更大技术突破，这为两国航天合作提供了契机。根据 1972 年 5

月 24 日美苏两国首脑会晤签署的《关于以和平目的开发和应用外太空的合作协议》，阿波罗宇宙飞船与联盟 19 号飞船于 1975 年 7 月 15 日成功对接，两国航天员在联合飞行期间实现"轨道上的握手"并共同完成 26 项科学实验，为国际太空救援和航天工程合作提供了典范，甚至有效助力了航天领域国际机制的逐步完善。1972 年至 1979 年间美苏共同推动在国际法框架内相继签署了《责任公约》《登记公约》以及《月球协定》，与之前的《外层空间条约》《营救协定》等法案一起组成至今仍然生效的航天领域国际制度，为更大范围更宽领域的航天合作提供了依据。

美苏的缓和并未延缓两国竞争的紧张态势。苏联登月计划虽暂告中止，但其专为登月而设计的联盟系列飞船却被保留下来，继续为随后的空间站建设服务。1971 年 4 月 19 日，也就是在阿姆斯特朗成功登月之前，苏联第一个空间站建设方案——"礼炮计划"完成首次发射，从 1971 年 4 月至 1982 年 4 月共发射 9 个单模块空间站，其中包括 6 个"轨道空间站"科研站和 3 个"轨道试验站"军事站，后者实为苏联的军事侦察太空站方案——"阿尔马兹计划"，跨越了两代空间站。1976 年 2 月，苏联能源科研生产综合体决定研发第三代空间站系统"和平号空间站"以取代"礼炮计划"。1986 年 2 月 20 日和平号空间站核心舱由"质子号系列"运载火箭发射升空，后相继与量子 1 号天文物理舱、量子 2 号气闸舱、晶体号实验舱、光谱号遥感舱以及自然号地球观测舱完成对接，组成 6 个经常在轨组件（前 4 个模块于苏联时期发射，后 2 个模块在苏联解体后由俄罗斯政府在美国的资助下发射）。从核心舱升空到空间站弃用（1986 年 2 月 20 日—2001 年 3 月 23 日）期间的 5511 天内，围绕地球公转 86331 次，接待来自12 个国家的 104 名航天员抵达停留，完成超过 2.3 万次实验，极大地推动了人类在生理学、生物学以及材料学等诸多领域的进步。

相较于苏联在空间站方面取得的成就，美国稍显逊色。美国在 20 世纪 60 年代便计划建造名为"载人轨道实验室"（MOL）的载人间谍卫星项目，该计划与苏联"金刚石计划"类似，原计划于 1972 年发射，其高昂造价与当时的"阿波罗计划"以及越南战争形成经费竞争，最终于 1969年 6 月被取消。为与苏联展开空间站竞赛，1973 年美国成功将首个环地球航天站"天空实验室"送至太空，这也是截至目前美国唯一一个独立运营的空间站，在其存续期间（1973—1979 年）曾有 3 批美国航天员抵达该空间站开展生命科学、天文物理、彗星观测、地球探测等领域的科学实验。20 世纪 80 年代初，NASA 提议创建美国自己的永久性载人轨道空间站——自由号空间站，该提议尽管得到里根总统的批准并在 1984 年国情咨文中被正式公布，但从未依照最初构想推进落实，最终于 1993 年被并入"国际空间站计划"。

（二）计算机与因特网的发展

从第一台电子计算机的问世到今天不过 70 余年的时间，计算机主要元器件由真空管到晶体管，发展为中小规模集成电路和大规模及超大规模集成电路，已历经四代改进；网络系统也由最初的阿帕网经美国国家科学基金会网络发展为当前广泛使用的因特网。在此过程中，信息技术的变革看似与美苏冷战无关，但实际上无论是电子计算机还是网络技术的发展都与美苏竞赛密切相关。

第二次世界大战还未结束，美国陆军既已着手推进电子计算机的研制，至冷战初期，美国率先宣布成功发明以真空管为主要元器件的第一代电子计算机，苏联开始全力追赶。为更好服务于弹道导弹及导弹防御系统的数据推演，两国争先推动以晶体管为核心元器件的第二代计算机的发展。集成电路技术的发展为计算机的升级换代提供技术推力，20 世纪 60 年代中期出现了以中小规模集成电路为核心组建的第三代计算机，不久便发明了以大规模集成电路为核心的第四代计算机，并出现了微型计算机的分支，在该过程中，苏联在信息技术领域已经远远落后于美国。

20 世纪 40 年代至 50 年代中期，以真空管为核心元器件的第一代电子计算机诞生。1946 年 2 月，美国宾夕法尼亚大学在陆军资助下成功研制出世界上第一台通用电子计算机埃尼阿克（ENIAC），供美国陆军弹道导弹实验室计算火炮射表和氢弹的试验数据。相较于此前的机械计算机，虽然埃尼阿克同样体积硕大、操作复杂，但其每秒 5000 次的运算速度和通用的可编程性能，开启了人类的现代电子计算机时代。还在埃尼阿克研发期间，参与曼哈顿计划的冯·诺依曼便参与到更为先进的离散变量自动电子计算机（EDVAC）中，在其发表的"101 页报告"中提出了确定此后计算机由运算器、存储器、控制器及输入和输出 5 部分组成的"冯·诺依曼结构"，奠定了其"现代计算机之父"的地位。当获悉美国成功研制埃尼阿克的消息后，苏联加快了本国电子计算机的研发进程，整个冷战期间主要负责计算机研发的苏联科学院精密仪器与计算机工程研究所、第 245 特别设计局于 1948 年成立，旨在研发用于国防控制系统的电子计算机技术。实际上，此时担任精密仪器与计算机工程研究所第一实验室负责人的苏联计算机科学家列别捷夫正在带领乌克兰科学院电子工程研究所全力研发苏联的第一台电子计算机，并于 1951 年夏季获得成功。1952 年，苏联第一台大型电子计算机 BESM-1 面世，运算速度实现 8000 ~ 10000 次 / 秒，其改进款 BESM-2 参与了苏联用于登月计划的火箭轨道的计算工作。同时，由巴济列夫斯基领导的第 245 特别设计局也于 1953 年成功发明以"箭"命名的电子计算机，交付给苏联科学院、国防部、莫斯科大学等 7 个机构使用。此外，这一时期由苏联科学家发明的"乌拉尔"系列计算机同样属于第一代计算机的范畴。经过 10 余年发展，第一代电子计算机的性能得到明显提升，但以真空管作为主要元器件所带来的大体积、高耗能的缺点，迫使科学家寻求更加先进的材料。这一时期，虽然苏联在电子计算机领域相较于美国而言起步较晚，但仍取得了不错成绩。

20世纪50年代后期至60年代中期，以晶体管为核心元器件的第二代电子计算机诞生。1954年美国贝尔实验室成功研制出全世界第一台核心元器件完全由晶体管组成的超级计算机TRADIC，随即组装交付给美国空军和海军用于洲际弹道导弹装置和雷达扫描系统。随后美国IBM、DEC（数位设备公司）等早期计算机公司开始设计生产商用全晶体管计算机，而英国、日本等发达国家也纷纷推出本国的晶体管计算机，如英国大都会—维克斯公司研制的Metrovick 950计算机、日本电气测试实验室研制的ETL Mark III计算机等。同一时期，列别捷夫率领精密仪器与计算机工程研究所以既有机型为基础，利用晶体管研制出M–20、M–40和M–50等型号计算机，共同组建用于控制预警雷达、目标跟踪和精确制导的综合系统，并在1961年初的测试中成功控制防空导弹击落携带核武器的洲际弹道导弹。基于此，苏联科学家改进升级，成功研制出BESM–4和BESM–6等更先进机型，后者作为苏联第一台以晶体管为核心元件的超级计算机自1967年面世直至1987年共生产355台，成为苏联自行研发的超级计算机的典范，而由苏联其他研究所设计生产的如"乌拉尔"（部分型号）、"春天"、"雪"、"德涅普尔"以及MIR（МИР）等系列晶体管计算机也纷纷面世并投入使用。以晶体管为主要元器件的第二代计算机运算速度达到几十万次/秒，显著提高了工作效率，其较小体积、存储设备（采用磁鼓和磁盘）较先进、算法编程语言较完备，使得这一时期的计算机更具可靠性和通用性。此时处于独立研发阶段的苏联虽然仍落后于美国，但差距可谓较为稳定。

20世纪60年代中期至70年代初，以中小规模集成电路为核心元件的第三代电子计算机诞生。1964年美国IBM公司采用集成电路成功设计出IBM System–360电脑，拉开了第三代电子计算机的序幕。得益于集成电路的使用，IBM公司实现了从小型到大型电子计算机的设计生产，让用户完全能够依据现实需求购买合适的电脑，这种灵活性极大地扩大了计算机的使用范围，让这一时期的计算机既能为 NASA 提供数据分析服务又能为其他商业和科学应用提供帮助，对美、英、德等国的电子计算机工业产生深刻影响。反观此时苏联电子计算机的发展情况，计算机数量不足、数十种不同型号的计算机难以兼容、外围设施严重短缺、编程领域严重滞后等问题使得苏联国内致力于完善生产自动化控制系统的工作难以推进。因此，1967 年 12 月苏联无线电工业部决定停止本国计算机的设计研发工作，引进美国 IBM 和 DEC 公司的计算机产品，从此苏联开始了克隆美国计算机的历史。为更好地克隆美国计算机，第 245 特别设计局升级为电子计算机科学研究中心，以 IBM System-360/370 计算机为原型克隆出 ESEVM 系列计算机，直至苏联解体后的 90 年代，该系列计算机共生产了超过 15000 台。然而，计算机工业的迅速发展使得苏联即使以最快的速度将美国最新产品克隆出来，也已滞后于时代的发展，加之先前出现的问题并未得到有效解决，使得从该时期开始，苏联计算机工业已经无法与美国相提并论了。

20 世纪 70 年代初以来，主要是以大规模及超大规模集成电路为核心元器件的第四代计算机诞生。半导体所具备的优越性能及其制造技术的迅速发展为计算机中使用大规模集成电路提供了有力支撑。1971 年美国 ILLIAC-IV 超级计算机的研制成功开启了第四代计算机的历史，它全面使用大规模集成电路作为逻辑元件和存储器，极大地提高了运算速度。随后，由日本富士通公司设计的 M-190 型计算机以及与由美国阿姆尔公司开发的 470V/6 型计算机成为当时最具代表性的第四代计算机，后者还被交付于 NASA 使用。此时的苏联在继续克隆美国 IBM 公司计算机产品的同时，精密仪器与计算机工程研究所基于列别捷夫关于厄尔布鲁士（Эльбрус）计算机的构想，开始研制该系列超级计算机，并分别于 1973 年和 1979 年研制出厄尔布鲁士 -1 和厄尔布鲁士 -2 计算机，前者被称为苏联首台第四代超级计算机，被广泛应用于国防工业领域，后者被广泛应用于如阿尔扎马斯 -16 核武器研究中心及 A-135 莫斯科导弹防御系统等领域。作为第四代计算机另一重要分支的微处理器和微型计算机，在美国英特尔公司、摩托罗拉公司、ADM 公司研发出 4 位、8 位、16 位以及 32 位的微型处理器后，苏联包括莫斯科国立大学在内的科研机构继续采取克隆方法，研制出诸如伊里沙、科尔韦特、贝斯塔等一系列微型计算机，但已远不及美国在微型计算机领域取得的成就了。至 1985 年戈尔巴乔夫上台前夕，苏联全国范围内电子计算机和个人电脑共约 8 万台，同一时期的美国拥有最新电子计算机 150 万台、个人电脑 1700 万台，致使两国在竭力开发本国人力资源方面形成巨大差距。戈氏执政期间苏联持续从美国大量进口微处理器技术，至 20 世纪 80 年代下半叶几乎苏联所有科研机构都配备了 IBM PC/XT、PC/AT 等型号的美国个人电脑，美国已把苏联远远甩在后面。

1957 年 10 月，苏联成功发射世界第一颗人造卫星，令美国大为震惊。美国国防部随即决定成立高级研究计划署（ARPA）主责研制在战争遭袭状态下仍然可靠的网络通信系统。1969 年，在计划署下设的信息处理处处长劳伦斯·罗伯茨（Lawrence G. Roberts）"分布式网络"构想的指导下，由美国加州大学洛杉矶分校、斯坦福大学、加州大学圣巴巴拉分校以及犹他大学 4 个节点首次成功组建"阿帕网"（ARPANET），自此标志着人类进入网络时代，后历经数年运行，逐渐完成美国全境多所高校、研究机构及商业企业计算机的网络连接，甚至能够通过卫星通信与夏威夷州乃至欧洲部分用户实现联网。1983 年，阿帕网被划分为供军事和国防部门使用的军事网（MILNET）以及供社会使用的民用阿帕网，至美国国家科学基金网络（NSFNET）逐渐成为全美骨干网络后，阿帕网于 1990 年正式退出历史舞台。1985 年，为促进美国科研与教育网络的协调发展，美国国家科学基金会（NSF）创建国家科学基金会网络（NSFNET），将美国政府机构和大学连接起来，但随着商业网络服务自 1989 年不断出现以后，国家科学基金会网络于 1991 年取消访问限制，成为当今全球范围内广泛使用的因特网的骨干网络，最终于 1995 年并入因特网。1990 年代初，美国商业网络与商业主体间的连接推动着网络朝着现代因特网过渡，至今已发展成为全球范围内广泛使用、覆盖几乎所有领域的互联网系统。

从 20 世纪 60 年代中后期开始，苏联科学家格鲁什科夫开始了本国网络国家计算中心网的探索，其目的是以此构建企业自动化管理系统，旨在统一管理全国企业产销及需求信息，实现国家经济从苏联国家计划委员会到各个车间的精细化管理，但没有成功。苏联在计算机和网络建设领域相对落后，在 70 年代错过了信息技术革命的时机。

（三）美苏竞赛的教训与启示

从美苏的竞争中我们看到，大国在高科技领域的竞争是推动科技进步的重要因素，也是大国可以合作的重要领域。在高科技领域的竞争反映了一个国家的创新水平，也是促进国家实力增长的重要因素。从美苏的竞争和两国的胜负优劣中，我们可以得到如下启示：

一是大国间和平的竞争和竞赛很重要。第二次世界大战结束以来，随着核武器的出现，大国之间发生战争的可能性降低。随着一系列国际机制的构建，大国的行为受到约束，战争不再是解决矛盾的手段，因此美苏虽然处于冷战状态，它们之间的竞争与竞赛是和平进行的。美国为了防止苏联实力增强威胁自己的霸权地位，严格限制对苏联的科技产品出口，特别是有可能用于军事目的的，限制更严格。即便如此，俄美之间在航天和某些信息技术领域也存在合作。

二是军事技术的发展一定要服务于国民经济才有可持续性。我们看到，在美苏竞争推动航空航天领域螺旋式上升的过程中，由于两国体制不同，美国的科技很快为民用经济所采纳，促进了国家整体经济水平的提高；苏联的军技发展和对宇宙的探索则成了国民经济的负担，出现了"卫星上天、红旗落地"的现象,受短缺经济之苦的苏联民众将怨恨发泄到军队头上。

三是航天与信息技术是体现大国实力的重要方面。苏联的解体并未结束大国在航天领域的竞争。俄罗斯作为苏联的"天然继承者"继续发展航天事业;美国掌握航天霸权,提供航天领域公共产品,主导建立该领域内国际秩序;法国联合西欧多国自20世纪60年代开始合作研制运载火箭、人造卫星,欧洲空间局(ESA)在当今全球航天活动中颇具影响;战后日本在美国援助下迅速掌握航天科技,现已成为世界航天事业的重要参与者。中国的航天事业也在不断发展,从"两弹一星"到长征运载火箭,从载人航天到太空漫步,已成为除美国、俄罗斯之外最具影响力的航天大国。冷战结束30年以来,世界航天技术飞速发展,成为衡量大国综合国力的关键因素。目前,运载火箭可分为回收火箭与不回收火箭两类,而美国猎鹰重型、德尔塔4号、宇宙神5号,俄罗斯安加拉A5、质子M型,欧洲阿里安5号,日本H–IIA,中国长征5号、长征7号火箭成为大推力运载火箭的最佳代表。人造卫星可分民用和军用两种,前者包括气象、通信、广播、测地、导航和地球资源探测等种类,后者包括气象、通信、照相侦察、电子侦察、核爆炸监测、导弹预警、海洋监测以及反卫星卫星等诸多分类,当前在轨运行卫星多达1500多颗,其中美国以600余颗的数量占据首位,我国以200余颗的数量居其次。除俄罗斯、美国、中国三国具备独立载人航天能力外,欧洲空间局、日本以及印度等国家和机构也在筹备载人航天计划,甚至提出商业太空飞行计划。由NASA、俄国航天局、日本宇宙航空研究开发机构、加拿大航天局以及ESA合作运营的国际空间站成为微重力环境下的研究实验室。大国仍将继续围绕深空探测展开竞争与合作,如何防止太空军事化成为需要解决的重要问题。

[刘 志,中共中央党校(国家行政学院)国际战略研究院博士研究生]

四、互联网的发展开启了互联互通新时代

继以铁器为标志的农业革命、以蒸汽机和电力为标志的工业革命之后，互联网（Internet）的勃兴与演进成为对经济社会发展影响最为深远的又一次科技革命。互联网技术以其互联互通、开放共享、跨越国界、结构权威、追求平等的品性，重新定义了人类社会的生存状态、生产关系、生活方式和组织结构，颠覆了传统政治、经济、文化和社会的发展，直接推动人类社会由农业文明、工业文明跨越式发展进入信息文明时代。

（一）互联网的产生与发展

互联网自诞生之日起一直处于快速发展的动态演进变化过程中，短短50年时间就在全球范围内掀起了新文明的浪潮。专家学者从不同历史时期和不同层面，对互联网做出了不同的阶段划分。由美国国家研究委员会编著的《资助革命：政府对计算研究的支持》一书将互联网的发展划分为4个阶段：早期阶段（1960—1970）、阿帕网扩展阶段（1970—1980）、NSFNET 阶段（1980—1990），以及 Web 的兴起阶段（1990 年至今）。维基百科的互联网历史年表将互联网史分为 3 个阶段：早期研发阶段（1965—1981）、合并创建阶段（1981—1994）、商业化发展阶段（1994年至今）。在商业化发展阶段，又分为 Web1.0、Web2.0 和移动互联网 3

个阶段。

拉斐尔·科恩－阿尔马戈尔按照标志性事件，将互联网的发展分为4个阶段：初创阶段（1957—1984），包括阿帕网的建立，以及美国研究机构、大学和电信公司对早期互联网的设计和建设；商业化阶段（1984—1989），包括主干网路的升级、新软件程序的编写和国际互联网络的日益增多；全球化阶段（20世纪90年代），随着具有不同操作系统的企业和个人计算机不断加入通用网络，互联网规模扩展到全球；社会化阶段（21世纪第一个10年），社交网络的即时性和日益成功，使网络用户能够共享信息、照片、私人期刊、业余爱好。哈佛大学帕尔弗里教授则从监管角度将互联网发展分为4个阶段，即开放互联网阶段（1960—2000）、拒绝访问阶段（2000—2005）、访问受控阶段（2005—2010）、访问争议阶段（2010年至今）。

中国学者方兴东等人所写的《全球互联网50年：发展阶段与演进逻辑》一文从契合技术和产业发展周期的角度，以10年为一个阶段，将互联网的发展演进分为7个阶段：基础技术阶段（20世纪60年代），以计算机广域网和数字通信技术的成熟为标志，尤其是交换技术的突破，为互联网前身——阿帕网的诞生奠定了基础；基础协议阶段（20世纪70年代），最大的突破就是TCP/IP的诞生，使得不同计算机和不同网络之间互联成为大势所趋；基础应用阶段（20世纪80年代），全球各种网络如雨后春笋般出现，并且随着电子邮件、BBS和USEnet等应用的普及，促成了互联网在国际学术界的联网，TCP/IP和NSFNET在协议大战和网络大战中最终胜出；Web1.0阶段（20世纪90年代），万维网（WWW）的诞生和全球性连接的建立，推动了互联网的广泛扩散和商业化运营，浏览器、门户网、电子商务等应用开启了互联网发展的第一次投资热潮；Web2.0阶段（21世纪第一个10年），博客、社交媒体等兴起，网民成为内容的生产主体、互联网的第一生产力；移动互联阶段（21世纪第二个10年），随着智能手机的普及，移动互联网成为全球互联网新一轮扩张的主力军，互联网更加深入地改变着人们的日常生活；智能互联阶段（21世纪20年代），随着5G应用的展开，全球将进入万物互联新阶段。这种阶段划分参考借鉴了国内外认可度比较高的划分方法，基本反映了目前学界和普通民众在这一问题上的共识。

（二）互联网的意义与影响

互联网是20世纪人类最伟大的发明之一。50年来，互联网渗透到政治、经济、社会、文化、军事等各个领域，加速了劳动力、资本、能源等要素的流动和共享，推动社会生产力发生质的飞跃，其发展速度之快、普及范围之广、影响程度之深是其他科技成就无法比拟的，引领和开启了人类历史的新纪元。互联网带来的这种变革，彻底颠覆了资本主义社会根深蒂固的"生产资料私人占有"的传统产权观念，引起了经济发展模式的改变，生产要素的重新配置，思维观念的不断更新，以及协同化、智能化、数字化的生产方式、生活方式和组织方式的重新构建。

1. 生产资料的数字化共享

资本主义的生产方式是以社会化的机器大生产为物质基础，由资产阶级占有生产资料，并剥削雇佣劳动为主要特征的生产方式。劳动者别无选择，只能被动地接受既定的生产方式和分配方式，靠出卖劳动力获取工资收入而维持基本的"劳动力再生产需要"。而互联网时代财富的产生则是通过价值分享和创新链接供需关系。互联网时代，由于知识、信息、数据等生产资料是共享资源，人人都可以从网络平台轻松平等地获得；生产工具（计算机、智能手机）和生产力（分享、链接）都是个人的，劳动者因此有了更多的选择权和话语权，可以与互联网平台协商利润分配方式和比例。这种互联网分享经济（Sharing Economy）建立了新的价值链和产业链：每个人只要接入互联网价值链分享内容、培养需求、引导消费，通过消费产业链对接、创新供需（买卖）关系，就可以创造价值、共享财富。脸书（Facebook）创始人马克·扎克伯格指出，这是前所未有的事情，学生在寝室或者是什么地方，就能创造一些东西。基础设施人人可用，这在以前是不可能的。

在这种开放共享的经济形态中，互联网和分享经济互为表里：互联网为分享经济的实现提供了可能；分享经济则是互联网的产权基础。这无疑引发了一场深刻的产权革命，一场把所有权划分为支配权和归属权的产权革命。传统经济时代是独享的世界，独享才能创造垄断，才能保持稳定的现状，也才能铸就坚固的行业壁垒，于是传统经济强调生产资料的私人占有，倡导私人财产神圣不可侵犯。而互联网特别是移动互联网的出现，让独享经济逐渐走向后台，分享经济成功上位。分享经济强调开放共享，倡导生产资料等各类生产要素不求"为我所有"，只求"为我所用"。网约车平台就是互联网时代分享经济的成功范例。优步（UBER）和滴滴虽然自身都不拥有一辆汽车，却借助互联网搭建平台，利用支配权提供平台服务，实现资源集聚和供需匹配，并分别成为美国和中国最大的汽车租赁公司。这种碎片化的需求在传统工业时代是无法捕捉的，但在互联网时代却可以很轻松地实现全球对接，互联网让所有的需求者足不出户就可以打量他人的库房，引发了使用文化对现有产权文化的挑战。

2. 企业经营的全球化布局

当人类文明进入工业化时代，农业文明的分散化和个性化不复存在，取而代之的是集中化和规模化。集中，是最贴近工业时代人类行为本质的设计。生产的大多数功能，基本都集中于同一个组织，从而实现了成本的最低化。企业为追求规模效应，全力打造涵盖生产、加工、制造、销售等各个环节的全产业链，即所谓做大做强。它们不断地"拥有"、大量地"拥有"，攫取一切能够攫取的资源，为自己"使用"。福特公司的鲁日汽车城应被视为人类工业时代文明的样板，从黑黢黢的矿石到亮闪闪的汽车，鲁日城的缔造者亨利·福特把资源集中在一个尽可能狭小的空间，领导人类打开了工业生产的高效之门。在这里，福特公司除了常规的研发、生产、销售等部门，还有自己独立的学校、建筑队、保安组织……一切自给自足，甚至连制作油漆的黄豆都由自己的农场产出。在这个 269 个足球场大小、曾生活着 8 万名工人的钢铁场所里，人们领略了工业时代文明的力量，汽车像曲别针和火柴盒一样生产着，每隔 49 秒就下线一辆，而在当时的英国，汽车还是手工雕琢的奢侈品。然而，互联网带来的信息技术革命，使社会经济运行从手段到内容、生产到销售都实现了全面信息化，信息、资本等各类生产要素在世界范围内自由流动，"买全球、卖全球"成为当今互联网时代生产销售的鲜明特色。互联网降低了开发和维护产业链的成本，工业时代"集中大规模生产"的单一模式被打破，专业外包成为更便捷、更便宜的生产方式，一种网络化的企业组织生产的新模式出现。波音公司是全世界闻名遐迩的"空中帝国"，为全球 145 个国家的客户提供产品和服务，在全球 70 个国家拥有雇员近16 万人。波音也曾有过自己的"鲁日时代"，早在 20 世纪 50 年代波音707 只有大约 2% 的零部件在国外生产；现在，波音 777 最后的工序是在华盛顿州工厂将 1 万个零部件组装起来，员工们像盖房子一样爬上爬下，用铆钉和电焊完成工作。

在互联网时代，波音开始放弃非核心资产，通过松散的价值创造网络进行全球性的协作。网络的蔓延使得地理上分离的公司近在咫尺，这让波音可以使用全球优质资源，却不必真正拥有它们。在这个过程中，波音的身份与其说是一个制造商，不如说是个集成者；它的生产方式与其说是外包，不如说是"云制造"，一种真正的网络化协作。现在，一架波音787客机全部400万个零部件中的90%都是由40个全球合作伙伴通过"网络协同"的方式来共同完成的。这些零部件会按照统一的标准，踏着统一的步点，在预定的时间陆续抵达西雅图，来到总装线。波音员工像搭积木一样组装大的零件和局部装配线，模块化的方式将波音的最后组装过程从17天减少到3天。波音已经越来越不需要工厂了，百万产业大军为它的诞生准备好了一切，波音本身负责的生产只剩下最后的10%。

3. 生产活动的社会化协作

互联网创造了新的需求和供给，加速了生产、就业、分配、消费等各个环节的重构，推动了经济发展模式和人类生活方式发生重大变化，提升了信息共享程度和资源配置效率，促进了生产力的极大跃升和生产关系的深刻调整[1]。一个具有鲜明时代特征的英文新词"Prosumer"——生产消费者诞生，消费者与生产者的界限越来越模糊，消费者越来越多地参与到生产环节当中，从而打破了工业经济时代消费者与生产者割裂的封闭生产模式，生产者的支配地位被废黜，他们不得不将"大脑"交给网络。美国《连线》杂志高级制作人、《长尾理论》作者克理斯·安德森指出，20世纪的合作模式是企业模式。企业雇用雇员，人们在同一个屋顶下，为了某个大目标而工作。21世纪的合作模式就没有那么正式了，它是关于社群的。有些创意永远不会成为产品，有些社群永远不会成为公司[2]。

中国的威客（Witkey）和美国的众包（crowdsourcing）都是这种模式

---

① 中国网络空间研究院：《世界互联网发展报告2019》，电子工业出版社2019年版，第2页。
② 赖奇主编：《科技前沿与创新》，北京理工大学出版社2018年版，第25—26页。

的杰出代表。威客由中科院研究生刘锋在 2005 年提出，比众包早了一年，是通过互联网调动群体智慧帮助企业或个人解决问题从而获得财富。众包由美国《连线》杂志记者 Jeff Howe 提出，是一个公司或机构把过去由员工执行的工作任务，以自由自愿的形式外包给非特定的（而且通常是大型的）大众志愿者的做法。两者的本质区别在于对互联网知识价值和参与目的是否单纯为了获利的不同认识。创新中心网（InnoCentive）就是为这种模式提供对接服务的专门网站，聚集了 9 万多名专业的科研人才，他们不受雇于任何公司，更像是自由职业者，所做的研发工作仅凭个人兴趣，以及体现个人价值的需要，他们共同的名字是"解决者"（Solver）。与之对应的是"寻求者"（Seeker），成员包括波音、杜邦和宝洁等世界著名的跨国公司，他们把各自最头疼的研发难题抛到创新中心网上，等待隐藏在网络背后的高手来破译。宝洁公司曾通过创新中心网公开向网民征集产品创意，一周内共收到设计方案 150 万份，这使宝洁引以为傲的全球 28 个技术中心和 9000 多名专职研发人员显得微不足道。一年内，宝洁公司以这种模式推出 200 多款新产品，不仅止住了业绩下滑，还使研发能力提高了 60%。

4. 产品的智能化制造和服务的个性化定制

互联网的出现降低了产销之间的信息不对称，加速了两者间的相互联系和反馈，从而改变了传统工业社会"以产品为中心"的商业模式，催生出消费者驱动的商业模式，而工业 4.0 是实现这一模式的关键环节。工业 4.0 是利用物联网将生产中的供应、制造、销售信息数据化、智慧化，最后达到快速、有效、个人化的产品供应。这一概念最早由德国西门子公司 2013 年在汉诺威工业博览会上正式推出，目的是提高德国工业的竞争力，在新一轮工业革命中占领先机。其核心特征是互联，本质是通过数据流动自动化技术，从规模经济转向范围经济，以同质化规模化的成本，构建出异质化定制化的产业。工业 4.0 包含三大主题："智能工厂"，重点研究智能化生产系统及过程，以及网络化分布式生产设施的实现；"智能生产"，主要涉及整个企业的生产物流管理、人机互动以及 3D 技术在工业生产过程中的应用等；"智能物流"，通过互联网、物联网、物流网等平台整合物流资源，充分发挥供应方效率，使需求方快速获得服务匹配，得到物流支持。工业 4.0 所代表的数字化工业目前是西门子公司净资产收益率最高的板块，2018 年占比达到 20%，已成为公司未来三大主要运营方向之一[①]。

通用电气（GE）是美国工业 4.0 的实际践行者，其提出的"工业互联网"与西门子的"工业 4.0"理念相同，倡导将人、数据和机器连接起来，形成开放而全球化的工业网络，其内涵已经超越制造过程以及制造业本身，跨越产品生命周期的整个价值链，涵盖航空、能源、交通、医疗等更多工业领域。相比西门子的"工业 4.0"，通用电气的"工业互联网"方案更加注重软件、网络、大数据等对于工业领域服务方式的颠覆。与德国强调的"硬"制造不同，"软"服务恰恰是软件和互联网经济发达的美国经济较为擅长的[②]。通用电气推出的工业互联网平台 Predix，可以与业界其他合作伙伴进行"互操作"，并将各种工业资产设备和供应商相互连接并接入云端，同时提供资产性能管理（APM）和运营优化服务。作为软件平台，Predix 的四大核心功能是链接资产的安全监控、工业数据管理、工业数据分析、云技术应用和移动性。亚洲航空公司通过使用 Predix 平台提供的资产性能管理，优化交通流量管理、飞行序列管理以及飞行路径设计，大大提高了资产利用率、燃油使用率以及安全性，年平均节省燃油费用 1000 万美元。

---

①　中国网络空间研究院：《世界互联网发展报告 2019》，电子工业出版社 2019 年版，第 122 页。

②　李国昌等主编：《通信光纤光缆制造设备及产业发展》，同济大学出版社 2017 年版，第 403 页。

5. 商业活动的电子化运作

互联网技术的发展使商品流通过程中信息流发生变化，进而使物流、资金流发生改变，商品从生产领域转向消费领域所经过的路线和通道减少，直到为零，即零级渠道。生产者和消费者直接联系起来，电子商务诞生，它标志着商品流通方式在互联网时代进入一个新的发展阶段。电子商务（Electronic Commerce）是以商务活动为主体，以互联网为基础，以电子化方式为手段，在法律许可范围内所进行的商务活动交易过程。本质上，电子商务还是商务，并没有改变商品流通的属性，仍是以货币为媒介的商品与商品之间的交换，商品流通公式仍然是 W—G—W，但它改变了商品流通的途径和渠道，改变了资金流动的方式和渠道，改变了商品与商品交换的媒介形式。区别于传统的商品流通方式，电子商务具有虚拟化、透明化、动态性、社会性、竞争性、迅速性、方便性、低成本等特征。根据交易对象的不同，电子商务包括：企业对企业的电子商务（B2B），企业对消费者的电子商务（B2C），企业对政府的电子商务（B2G），消费者对政府的电子商务（C2G），消费者对消费者的电子商务（C2C），企业、消费者、代理商三者相互转化的电子商务（ABC），以消费者为中心的全新商业模式（C2B2S），以供需方为目标的新型电子商务（P2D）。

电子商务的发展给传统商业活动带来的冲击是显而易见的。以零售业为例，中国的传统家电零售巨头苏宁电器用了 20 年时间从蜷缩于南京街头的一家家电专营门面，成长为年销售规模近 3000 亿元的行业领袖；而阿里巴巴旗下的淘宝和天猫商城入行仅 10 年时间，就创造了 14000 亿元的年销售额。其中，与苏宁相关的家用电器销售额超过千亿，每年还以接近一倍的速度递增。苏宁引以为傲的 1724 家实体门店彻底湮没在了淘宝没有惯常门脸甚至从开到关都不需要打烊的近千万家网络店铺之中。苏宁云商集团副董事长孙为民曾感言，苏宁在做实体店面的时候信奉渠道为王，店越大集客能力越强，店越多渠道影响力越大。而到了互联网时代，只有一个店，店的大小取决于平台，取决于可以包容多少产品、多少供应商①。随着互联网在全球的普及，网民人数激增，网络购物目前已经成为全球居民的一种重要消费方式，以电子钱包为主的在线支付也逐步普及。eMarketer 统计数据显示，2019 年全球零售交易额约 25.038 万亿美元，同比增长 4.5%。其中，网络零售交易额为 3.535 万亿美元，同比增长20.7%，比全球零售交易总额增速高出 16.2 个百分点。同时，网络零售额占全球零售总额的比重不断上升，从 2017 年的 10.4% 上升到 2019 年的14.1%，预计到 2023 年这一比重将达到 22%。2019 年，全球电子钱包在电子商务交易中的使用量占比增长到 42%，货到付款、预付卡、信用卡等支付方式的使用量进一步下降②。在互联网购物发展的同时，传统的实体商店受到很大影响，许多店不得不关门。

6. 媒体信息的网络化碎片化传播

网络媒体是继以纸为媒介的第一媒体、以电波为媒介的第二媒体、基于电视图像传播的第三媒体之后出现的全新媒体，被称为第四媒体。网络媒体以互联网为基础，同报纸、广播、电视等新闻媒介一起承担起了信息传递的功能，它在吸收传统媒体的优点、整合以往所有媒体功能的同时，又加强了自身的功能和影响力。

网络媒体按内容可以分为两部分：一部分是传统媒体的网络化、数字化，比如报纸和电视新闻等节目都直接放到网上让网民浏览。在互联网诞生后的 50 多年时间里，有近 500 年历史的传媒业普遍开始了互联网时代的数字化变革。1987 年，美国硅谷的《圣何塞水星报》（The San

---

① 《互联网时代》，北京联合出版公司 2015 年版，第 66—67 页。
② 商务部电子商务司：《中国电子商务报告 2019》。

Jose Mercury News）首次将该报的内容送入初创阶段的互联网，由此成为世界上第一家基于互联网的电子报纸，开启了网络媒体的新纪元。目前，美国 60% 的期刊推出在线期刊，并逐步把重点由纸面转向网页。1995 年，在美国有线电视新闻网（CNN）的带动下，世界各大广播公司电视台开始了网络化之路。联合国世界知识产权组织总干事弗朗西斯·加利曾预测：纸质报纸可能在 30 年内消失。这是一场革命，它无关对或错。多个研究结果显示，它们（纸质报纸）将于 2040 年消失。[①]另一部分是由互联网诞生的全新媒体，影响力最大的包括网络报纸、论坛、博客、微博等。以网络报纸为例。传统的新闻生产是精英式、自上而下的单向传播方式，新闻内容都是由记者来撰写，编辑来精心安排，读者只负责接受信息。而在互联网时代，"读者"不再消极接受，而是成为新闻的重要参与者，它改变了传统的"一对多"、中心化传播方式。整个新媒体网站形成了一个由专业采编记者、博客作者和普通用户组成的自循环新闻社区。这个自循环体现在，社区既兼顾了新闻信息的专业生产和业余生产，又平衡了内容品质和用户活跃度，完整地体现了新闻信息从生产、聚合、阅读、评论到传播的全过程。2005 年问世的《赫芬顿邮报》（The Huffington Post）是美国最大的网络报纸，兼具博客自主性与媒体公共性，以"分布式"的新闻发掘方式和基于 WEB2.0 的社会化新闻交流模式而独树一帜。该报曾以 186 名正式雇员、3000 名免费博主、12000 名公民记者，以及每个月 200 万条投稿量成为网上最流行的报纸。这份报纸仅仅用了 3 年时间，便以 925 万的访问量，远远超过《华盛顿邮报》网站；2011 年 6 月，又以 3560 万的访问量超过了拥有 150 年历史、1100 名记者队伍的权威报纸《纽约时报》的网站。

网络媒体的兴起和发展颠覆了传统媒体的运营方式和传播理念，使

---

① 胡靖宇著：《大数据时代背景下媒体融合研究》，中国农业大学出版社 2020 年版，第 53 页。

传统媒体受到极大的挑战和冲击。在互联网面前，传统媒体面临存亡选择，要么变革图存，要么倒闭关门。2012年，在诞生了世界第一张印刷报纸的德国，《纽伦堡晚报》（1919年创办）、《法兰克福论坛报》（1945年创办）和《德国金融时报》（2000年创办）宣布倒闭停刊。2009年，《基督教科学箴言报》（1908年创办）、《安拉伯新闻报》（1835年创办）、《塔克森市民报》（1870年创办）、《西雅图邮报》（1863年创办）停印纸质版。2012年12月31日，拥有80年历史、全球23个办事处的《新闻周刊》也出版了最后一期纸质版，并以一张位于美国纽约办公大楼的黑白照片作为封面来缅怀一个时代的结束。

7. 社会治理的信息化转型

在工业时代，每个国家都面临着政府机构人员膨胀、行政层级自我繁育的难题。各个层级不光追逐层级的独特利益，而且还会膨胀层级本身，这就是著名的帕金森定律（Parkinson's Law），也被称为"官场病""组织麻痹病"或者"大企业病"。美国联邦政府成立最初只有3个部门，每个部门只有几名雇员，如今美国联邦政府有15个行政部以及几十个直属机构，约270万雇员。传统政府的这种金字塔状结构，使信息无法顺畅地进行传达，政府的决策都是由高层决定，公众无法了解具体的决策过程，也无法提出自己对决策的意见与建议，政府和公众不能进行有效的交流。

互联网以去中心化、扁平化、自组织的特性，解构并重构着社会结构，创造新的组织方式和组织形态，它在为社会治理提供新平台、为公众参与公共事务提供新渠道的同时，对传统社会治理方式与手段发起了挑战，信息公开、政务公开、提升行政效率的呼声日益高涨，电子政务（Electronic Government）成为大势所趋。电子政务是国家机关在政务活动中，全面应用现代信息技术、网络技术以及办公自动化技术等进行办公、管理和为社会提供公共服务的一种全新的管理模式。电子政务按工作内容可分为政府间电子政务（G2G）、政府与企业间电子政务（G2B）、政府与公众间电子政务（G2C）以及政府与雇员间电子政务（G2E）。与传统政务相比，电子政务具有显著优势，如降低管理成本、提升管理效率，促进政务公开、监督权力运行，通过行政方式的无纸化、信息传递的网络化，节省人力物力财力，利用现代信息技术使政务处理更加集约快捷。

自1993年克林顿政府首次提出构建"电子政府"（e-Government）以来，电子政务建设受到各国政府的高度关注，整体发展水平不断提升。2020年7月中旬联合国公布的《电子政务调查报告》显示，全球电子政务发展平均指数（EGDI）从2003年的0.40上升到了2020年的0.60，126个成员国处于"高"或"非常高"级别，占比65%，其中处于"高"级别（>0.75）的国家57个，而2003年只有10个；全球处于"低"级别（<0.25）的国家不断减少，2020年仅8个，而2003年为38个。其中，在线服务建设是"重中之重"。目前，全球在线政务服务发展阶段已由以政府网站提供信息服务的单向服务阶段开始迈向以跨部门、跨层级系统整合集成提供一体化网上政务服务的整体服务阶段。除一个成员国外，联合国其他成员国都开通了国家门户网站；66%的成员国能提供政府事务的在线服务。同时，随着数据应用的不断深化，各国政府还开展了利用数据治理框架和以数据为中心的电子政务战略，数据治理框架不断完善，已建立政府数据开放门户网站的国家数量从2014年的46个增加到2020年的153个。[①]

---

① 王益民：《全球电子政务发展前沿与启示——〈2020联合国电子政务调查报告〉解读》，《行政管理改革》2020年第12期，第43—45页。

（三）互联网带来的风险和挑战

技术是中性的，但人性有善恶。互联网就像一把"双刃剑"，在给人类带来发展机遇的同时，也给政治、经济、安全等领域带来了一系列风险和挑战。如何共同努力在治理与发展的平衡中建立新秩序、创造新规则，已经成为整个人类面临这项新技术时要思考的问题。

1. 网络犯罪问题

与人类过去的经历一样，一项新技术出现，既可以被它的创造者用于改造世界，也可能被一些不法分子用来谋取私利。互联网在造福人类社会的同时，网络犯罪也伴随而来。"莫里斯事件"被认为是互联网安全遭受的第一次严重挑战。1988 年 11 月 2 日晚，美国国防部指挥控制系统的计算机主控中心和各级指挥中心相继遭到计算机"蠕虫"病毒攻击，共约 8500 台军用计算机受影响，其中 6000 台无法正常运行，占连接互联网计算机的 1/10，这一情形持续长达 24 小时，美军陷入混乱，不计其数的数据和资料毁于一旦，直接经济损失上亿美元。自那时起，世界范围内的互联网犯罪以惊人的几何级速度增长。美国作为全世界互联网犯罪最严重的国家，据官方数据统计，2001 年以来共发生互联网犯罪近570 万起，其中 2001 年发生 4.9 万起，经济损失 1780 万美元；2020 年发生近 80 万起，与 2001 年相比增长 16 倍多，经济损失超过 41 亿美元。互联网犯罪的低成本、高收益，易实施、难防范，易隐匿、难追查等特点，使互联网成为人类历史上最容易放大人性恶的新技术，它使建构和支撑人类现代生活的所有防线都变得脆弱，所有的安全感都面临新的危机。

2. 隐私保护问题

隐私权概念由山缪·华伦和刘易斯·布兰迪于 1890 年提出，并于 1902 年作为明确受保护的权利第一次写入人类法律之中。互联网的出现打开了人类过去岁月建构的所有私密空间的门窗，隐私彻底被终结，变得无处不被追踪和记录。人们住在哪里？在哪里工作？在哪里娱乐？按什么轨迹移动？都可以被大数据公司用数据分析图表示出来。随着智能手机的普及，GPS 定位无处不在，众多手机应用软件无时无刻不在搜集着用户的位置信息。诸多互联网企业也加入隐私分析的行列，当一家人共用一台电脑购物时，阿里巴巴可以从购买的物品中分析家人之间的关系、购物喜好，并预测出当年流行的服饰与布料。而在这些信息被搜集和分析后，有用的数据还面临被交易、泄露的巨大风险。2013 年，全球互联网上每分钟都会新增 20 个被盗的网络身份。2013 年 6 月，美中情局前雇员爱德华·斯诺登辞职，随后向媒体披露了美国的绝密电子监听计划——"棱镜"计划。据其披露，美国国家安全局和联邦调查局自 2007 年起，直接进入美国网际网路公司中心服务器挖掘数据、情报，对超过包括 38 个国家、国际组织、国际政要、跨国公司乃至普通民众实施大规模监听。"棱镜门"事件使网络隐私和网络安全问题真正引起全球的关注。按照斯诺登的爆料，任何人在互联网上的活动，包括视频、语音聊天、即时消息、存储数据、电邮、照片、文件传输、搜索内容等都可能受到美国国家安全局监控，就连盟国的领导人也概莫能外。人类建构心理安全屏障的隐私世界处于巨大的危机之中。

3. 治网权的争夺问题

互联网诞生于美国，美国与互联网的管理有着天然的联系。目前，在承担互联网所有网站域名解析和管理的 13 台根服务器中，除 1 台设在日本东京、2台设在欧洲的荷兰和瑞士外，包括"主根服务器"在内的其余 10 台都在美国，由国际互联网名称与数字地址分配机构 ICANN 负责管理。ICANN 自成立之日起一直由美国商务部直接领导，2009 年 10 月 1 日，美国宣布放弃对 ICANN 的直接领导，改由 ICANN 董事会全权负责。2016 年 10 月 1 日，美国商务部将互联网域名管理权正式移交给 ICANN，由于 ICANN 在美国，实际上还是要受美国加利福尼亚州公司法管辖。美国在控制 ICANN 的十几年里，经常推行"霸凌主义"，肆意打压遏制他国，强化网络威慑，践踏国际规则。2003 年伊拉克战争期间，美国停止对伊拉克的域名解析，让伊拉克从互联网消失；2004 年 4 月，美国对利比亚实施断网行动，让利比亚从互联网上消失了 3 天。美国对互联网治理的"单边主义"、追求"绝对安全"的网络强权以及"动网即动武"的网络霸权，引起了各国对自身网络安全的担忧。为应对美国的网络行动，俄罗斯历时 10 年耗资 200 亿美元进行断网测试，世界各国纷纷加大投入整军备战，围绕治网权的争夺以及网络空间的军备竞赛愈演愈烈，世界和平面临新的挑战。

[武　斌，中共中央党校（国家行政学院）国际战略研究院副教授]

五、数字经济的崛起与发展

随着信息技术革命的蓬勃发展，继农业经济、工业经济之后出现了一种新的经济形式——数字经济。数字经济在 20 世纪 90 年代欧美国家间已有较大发展，中国数字经济起步较晚但发展较快。当前，随着新一代数字技术的日益进步，实体经济与互联网进一步融合，数字经济形态加快了传统产业的数字化和智能化，逐渐形成新的经济发展领域。每一次新兴的通用技术浪潮都扩大了全球经济一体化的范围，并对国际治理和国家间经济竞争提出了新的问题。过去 20 年，数字经济的兴起进一步深化和扩大了全球一体化，互联网和相关技术使企业能够更轻松地实现全球影响力，同时在信息网络中更紧密地联系世界。受全球新冠肺炎疫情的影响，数字化也正在成为人们新的生活方式。各国政府都在发展自己的数字经济，逐步进行数字化转型。当前，发展数字经济已成为全球共识，并且正成为大国博弈的新领域。

（一）数字经济的主要内涵

2016 年，二十国集团（G20）领导人杭州峰会首次提出全球性的《二十国集团数字经济发展与合作倡议》，对数字经济给出了明确的定义，即指以数字化的知识和信息为关键生产要素、以数字技术创新为核心驱动力、以现代信息网络作为重要载体、以信息通信技术的有效使用作为效率提升和经济结构优化的重要推动力的一系列经济活动。

数字经济中的"数字"至少有两方面的含义：一是数字技术，包括仍在不断发展的信息网络、信息技术，如大数据、云计算、人工智能、区块链等，这些将极大地提高生产力，扩大经济发展空间，产生新的经济形态，创造新的增量财富，同时也将推动传统产业转型升级，优化产业结构，从传统实体经济向新实体经济转型；二是指数据，数据作为新的生产要素，不仅能够提高其他生产要素，比如资本、劳动的使用效率和质量，更重要的是，将改变经济活动的组织方式，通过平台化的方式加速资源重组，提升全要素生产率，推动经济增长。

如果将"数字经济"看作一个整体，其包含了新的数字技术、经济活动处理过程和组织方式。在经济活动中，数字经济的发展带来了新的经济效果，数字技术优化了整体的经济结构，推动了生产要素的重组，转变了生产模式，提高了生产效率，进而促进了经济增长。如今，传统产业的数字经济化以及经济形态的智能化组成了数字经济的两个基本内容。前者是对现有经济活动和环节的优化，后者则代表着未来经济的发展方向。

已有研究将数字经济分为1.0和2.0，前者体现了"互联网＋"对于整个社会经济带来的变化，对已有经济活动的优化，推动存量经济的发展；后者意味着数字经济的智能化，基于大数据、云计算和人工智能，带来新的经济增量。我们理解数字经济概念时需注意：

第一，数字经济的构成包括两大部分：一是数字产业化，也称为数字经济基础部分，即信息产业，具体业态包括电子信息制造业、信息通信业、软件服务业等；二是产业数字化，即使用部门因此而带来的产出增加和效率提升，也称为数字经济融合部分，包括传统产业由于应用数字技术所带来的生产数量的增加和生产效率的提升，其新增产出构成数字经济的重要组成部分。

第二，数字经济超越了信息产业部门的范围。20世纪六七十年代以来，数字技术飞速进步促使信息产业崛起为经济中创新活跃、成长迅速的战略性新兴产业部门，应充分认识到数字技术作为一种通用目的技术，可以成为重要的生产要素，广泛应用到经济社会各行各业，促进全要素生产率的提升，开辟经济增长新空间，这种数字技术的深入融合应用全面改造经济面貌，塑造整个经济新形态，因此不应将数字经济只看作是信息产业。

第三，数字经济是一种技术经济范式。数字技术具有基础性、广泛性、外溢性、互补性特征，将带来经济社会新一轮阶跃式发展和变迁，推动经济效率大幅提升，引发基础设施、关键投入、主导产业、管理方式、国家调节体制等经济社会最佳惯行方式的变革。如伴随互联网与电信技术的快速发展与融合，互联网企业、电信运营商和手机终端设备产业出现跨界竞争现象，移动互联网使互联网不再被办公场所限制，深刻改变了人类的生活方式。数字经济技术范式具有三大特征：数字化的知识和信息是最重要的经济要素，数字技术有非常强烈的网络化特征，数字技术重塑了经济与社会。

第四，数字经济是一种经济社会形态。数字经济在基本特征、运行规律等维度出现根本性变革。对数字经济的认识，需要拓展范围、边界和视野，将其视为一种与工业经济、农业经济并列的经济社会形态。需要站在人类经济社会形态演化的历史长河中，全面审视数字经济对经济社会的革命性、系统性和全局性影响。

第五，数字经济是信息经济、信息化发展的高级阶段。信息经济包括以数字化的知识和信息驱动的经济，以及以非数字化的知识和信息驱动的经济两大类，未来非实物生产要素的数字化是不可逆转的历史趋势，数字经济既是信息经济的子集，又是未来发展的方向。信息化是经济发展的一种重要手段，数字经济除了包括信息化外，还包括在信息化基础上所产生的经济和社会形态的变革，是信息化发展的结果。

（二）数字经济的发展进程

1. 20 世纪 40—60 年代：数字经济萌芽

1946 年，随着世界上第一台通用电子计算机在美国宾夕法尼亚大学诞生，人类开始走进信息化时代。这一时期的主要商业模式是芯片等硬件的生产和制造、操作系统及其他软件的开发，以信息网络为主的数字化经济形式萌芽于此。

在这一阶段，语言、文字等与人类经济活动相关的信息的绝大部分内容都可被转化为电子计算机能够识别存储和加工传送的二进制代码记录。随后，电子技术逐步从科研专用走向大众化，衍生出全球 32 亿人使用的计算技术、通信技术、网络技术，从个人计算机发展到超级计算机、网络计算机、量子计算机，从科学计算应用逐步延伸至企业管理、生活娱乐、消费购物等方方面面。此时，仍有部分信息不能被数字化记录。

2. 20 世纪 60—90 年代：网络化经济起步

20 世纪 60 年代末，随着信息技术（IT）、阿帕网的兴起，数字经济进入网络化起步阶段。这一时期，网络通信技术的发展实现了人与人、人与物、物与物间的实时连接。

20 世纪 70—90 年代，随着信息技术在传统行业和领域的大量应用，与此相关的以软件开发和硬件制造为主体的信息通信技术（ICT）产业迅猛发展。信息与信息通信技术的兴起与应用是这一时期数字经济形态发展的标志。网络化进步大大降低了原有经济体系运转成本，促进了各行各业经济系统运行效率。

3. 20 世纪 90 年代—21 世纪初：数字经济概念提出

经过半个世纪的发展，数字经济概念于 20 世纪 90 年代被正式提出。"数字经济"一词最早产生于 1994 年 3 月 1 日美国《圣迭戈联合论坛报》的一篇报道。[①] 随着互联网等技术的日臻成熟和广泛应用，社会经济活动中数字化程度逐渐加深，数字经济概念逐步走进人们的视野。

1996 年，数字经济概念在加拿大学者唐·泰普斯科特出版的《数字经济：网络智能时代的希望和危险》一书中被正式提出，书中详细论述了数字经济的发展情况以及互联网等数字技术对经济社会的影响。此后，数字经济成为专有概念，唐·泰普斯科特也被认为是最早提出"数字经济"概念的人之一。1998—2000 年，美国商务部发布《浮现中的数字经济》系列报告，对电子商务这一当时最为凸显的数字经济形式进行了具体描述，并将数字经济纳入官方统计中，从政府角度判断数字经济时代的到来，这一系列报告对数字经济的发展起到了助推作用，自此数字经济概念被广泛使用。

4. 进入 21 世纪以来：数字经济从 1.0 到 2.0

进入 21 世纪，随着互联网等技术的发展成熟，传统部门信息化、数字化的程度加深，社会经济活动中的新业态、新模式不断涌现，富含知识与信息的数据资源成为经济社会发展的新生产要素，整个经济社会进入数据驱动的 1.0 时代。随着新一轮科技革命和产业变革深入发展，以崭新形态出现的数字经济不断发展壮大，并且以前所未有的广度和深度加速与实体经济融合，对人类社会生产生活方式、全球治理体系、人类文明进步产生重大而深远的影响。

[①] 李长江：《关于数字经济内涵的初步探讨》，《电子政务》2017 年第 9 期。

2010 年以来，随着大数据、云计算、人工智能、区块链等数字技术的不断迭代创新，架构在"云—网—端"新基础设施之上的数字经济逐步由数字经济 1.0 时代进入到 2.0 时代（见下表）。

表3-6：数字经济1.0 vs 2.0

层　面	数字经济 1.0	数字经济 2.0
基础设施	以自建数据中心为主	云计算、互联网、智能终端
技术群落	IT 技术	DT 技术（数位技术）
投入要素	"数据"开始体现价值	"数据"成为核心要素
代表产业	IT 产业以及被 IT 化的各行业	DT 化产业，数据驱动的产业融合
商业模式	大规模定制	C2B
组织模式	传统金字塔体系受到冲击	云端制（大平台＋小前端）

资料来源：阿里研究院。

在数字经济 2.0 阶段，移动互联网资源更加普及化，借助于"云端"力量，互联网资源广泛分布到网络各末端，惠及每个网络末端个体，农村电商、互联网金融、智能制造、智慧物流等领域得到迅速发展，整个经济社会联系更加紧密、经济活力更加明显。2020 年以来，新冠肺炎疫情的暴发对数字经济发展产生了出人意料的深远影响。突如其来的疫情考验着各国的公共卫生应急管理体系和能力，为抵御疫情，各国政府普遍采取了保持社交距离、避免人群聚集、关闭不必要的商店和娱乐场所等措施，正常的线下经济流动减少，社会生活方式极速发生改变，数字经济在远程医疗救治、维系政府功能运作、企业经营运行、学校教学工作等方面的作用凸显出来，疫情反向刺激了数字经济与实体经济的深度融合。

（三）主要国家数字经济的发展

数字经济目前已成为全球经济发展大趋势，世界主要经济体普遍把发展数字经济作为推动经济提质增效、塑造核心竞争力的重要举措。以美国、中国等为首的世界主要国家高度重视数字经济发展，纷纷制定着眼长远的发展战略，着力抢占未来竞争的制高点。欧盟国家也积极发展数字经济，近年来打出一系列"组合拳"。日本数字经济起步较早，近年来提出一系列举措，还将数字经济治理作为外交新任务之一。面对大国博弈的新领域，俄罗斯也不甘落后，高度重视数字经济建设。数字经济水平已成为衡量大国竞争力的新标志。

1. 美国：独占鳌头

美国在全球 IT 技术领域始终占有绝对优势，在数字经济发展水平上始终处于领跑地位。美国公司不仅在数字经济的整体规模上独占鳌头，而且拥有非常齐全的数字经济门类，并在几乎所有的数字经济细分行业中占据全球领先地位。美国数字经济呈现出强者恒强和赢者通吃的态势。美国 IT 技术领域基础研究、应用研究、技术商业转化能力均处全球领先地位，相关基础设施建设完备，产业发展成熟，在数字经济领域积累了成熟的政策和实践经验。自 1998 年开始，美国政府部门多次发布数字经济白皮书，相继出台《数字经济 2000》《在数字经济中实现增长与创新》《数字经济的定义与衡量》等多项政策措施，总结和深入研讨数字经济发展中的各种经验和问题。2016 年底，美国商务部成立数字经济咨询委员会，为政府部门、企业和消费者提供发展数字经济的建议。2018 年，美国政府发布了《数据科学战略计划》《美国国家网络战略》《美国先进制造业领导力战略》，提出加强大数据专业技术人才培养，大力发展互联网产业和智能制造。

美国虽然在数字经济领域遥遥领先，但是近年来中国数字经济势如破竹的发展势头给美国带来了不小压力。在这种背景下，美国一方面利用行政手段限制、打压中国企业发展，另一方面不断评估和制定新的产业政策与中国进行博弈。

2021年1月19日，美国科技创新智库"信息技术和创新基金会"发布题为《美国全球数字经济大战略》的报告，阐述了信息技术和数字技术的重要性，分析了美国、中国、欧盟以及日本等代表性经济体的数字技术发展程度、成功经验和世界地位。报告认为，美国是全球数字技术创新的主要推动者；中国已成为美国在信息技术和数字经济领域最主要的竞争对手；欧洲和日本等国已失去数字经济时代的竞争主动权。报告指出，为确保美国继续保持在信息技术领域的全球领导者地位，美国政府必须制定以"数字现实政治"为基础的大战略，采取传播美国数字创新政策体系、约束数字经济领域竞争对手，以及在可能的情况下与盟国合作，并在必要时施加压力等方式，全面保障美国利益。

2. 欧盟：积极参与

欧盟各国信息化起步较早，在全球一直处于领先地位。近年来，数字经济正逐渐成为欧盟国民经济的主要增长动力，但是欧盟在数字经济领域的表现并不算亮眼。根据世界银行提供的数据，2019年，欧盟经济总量约占世界经济总量的15.77%，然而欧洲数字企业占全球数字企业总市值不到4%。据欧洲知名智库布鲁盖尔研究所统计，截至2019年9月，美国拥有194家"独角兽"企业，欧盟仅有47家。2018年，在全球人工智能初创企业前100名中，只有4家来自欧洲。[1] 面对日趋激烈的国际竞争，欧盟多管齐下助力数字经济发展，取得了一些成效。欧盟国家发展数字经济注

---

[1]　《加快转型，欧盟提升数字经济领域竞争力》，《人民日报》2020年6月3日。

重制度建设，注重加强数字经济监管、保证数字企业公平竞争。

近年来，欧盟在数字经济监管立法、保障数字企业公平竞争方面做出的一系列努力有：2015 年提出实施《数字化单一市场战略》；2018 年欧盟正式实施《通用数据保护条例》，建立了较完整的个人数据保护制度，其所规定的个人数据处理基本原则、数据主体的权利与义务等原则几乎成为全球通行标准；2020 年连续出台《数据治理法》《数字服务法》《数字市场法》，进一步明确数字服务市场主体责任，加大对各大在线平台的监管力度，力图建立一个公平开放的数字市场，防止大企业一家独断。除了制度建设外，欧盟还注重打造统一的数字经济空间。2020 年，欧盟相继发布了《塑造欧洲的数字未来》《欧洲新工业战略》《欧洲数据战略》《人工智能白皮书》等战略规划，旨在建立数字化单一市场空间框架。

3. 日本：雄心勃勃

日本也是世界上较早发展数字经济的国家之一，早在 1994 年就着手打造"电子政府"。2001 年，日本提出了"e-Japan 战略"，进一步强调将建立电子政府作为今后的发展目标，并强调要在 5 年内将日本打造成为世界上最先进的 IT 国家。此后 8 年间，日本政府相继推出"e-Japan 战略 II"（2003 年）、"U-Japan 战略"（2004 年）、"i-Japan 战略 2015"（2009），逐步完善数字经济布局，雄心勃勃准备好迈向数字经济时代。然而时至今日，日本数字化进程依旧缓慢。2020 年 7 月，联合国经济社会局对 100 多个国家的数字化情况进行了调查，结果显示日本排名下降到第 14 名。

虽然结果并不理想，但是日本政府发展数字经济的雄心很大。一方面对内积极推进产业数字化转型，加强制度建设。菅义伟政权上台后，提出设立数字大臣、数字厅，表明日本政府发展数字经济的决心；另一方面对外积极布局，努力在多边或小多边层面构建"数字经济治理同盟"，旨在建立游戏规则、提高话语权，逐步将本国战略设计转变为具有实际约束力的规则条例。例如，2017年12月设立日美欧三边贸易部长会晤机制，旨在通过这一对话平台，同美国和欧盟两大经济体构建数字经济治理合作平台；2019年6月G20大阪峰会期间同24个国家和地区领导人联合发布《数字经济大阪宣言》，共同支持WTO框架下的数字经济谈判，试图主导数字贸易规则制定。

4. 俄罗斯：不甘落后

面对新的关系到综合国力竞争的数字经济发展浪潮，俄罗斯同样不甘落后。2014年梅德韦杰夫任总理时，他在俄罗斯经济现代化和创新发展会议上就指出俄罗斯在发展IT技术生产与应用方面的不足。2017年6月，俄罗斯总统普京指出，发展数字经济是俄罗斯经济领域第一要务。近年来，俄罗斯加强顶层设计，出台了一系列战略规划，力图通过加强基础设施建设、发展现代核心技术、健全法律法规体系等举措，推动数字经济发展和国家数字化转型。

2017年7月，俄罗斯联邦政府发布《俄罗斯联邦数字经济规划》，明确实施规范性管理、注重人才和教育、培育研发能力和技术储备、发展信息基础设施、保障信息安全等五方面发展方向。2018年俄罗斯推出12个战略领域的"国家项目"，其中数字经济是最重要的项目之一。2019年2月，俄罗斯联邦政府根据《2024年前俄联邦国家发展目标与战略任务》制定了新版《俄联邦数字经济国家规划》，规划确定了俄罗斯发展数字经济的六大方向——规范数字环境、培养数字人才、建设数字经济生态系统、加强信息安全、提高数字技术研究能力、建设信息基础设施，并且将数字经济重点应用领域聚焦于国家管理、"智慧城市"和医疗卫生。2019年10月，俄罗斯总统普京签署《2030年前人工智能发展国家战略》，旨在优先发展和使用人工智能，谋求在人工智能领域的世界领先地位，确保国家安全，增进人民福祉。2020年1月，新总理米哈伊尔·米舒斯京上任后，即提出建设国家项目和发展数字经济是未来俄罗斯政府工作重中之重。

5. 中国：后来居上

中国数字经济起步较晚，在很长一段时间内落后于欧美发达国家。根据中国信息化百人会数据，1996年中国数字经济规模为430亿美元，仅为美国的1/63、日本的1/23、英国的1/6。进入21世纪，特别是党的十八大以来，中国数字经济发展加快，"后发先至"效应十分明显。数字经济正成为中国实现全面建成小康社会目标以及顶住全球经济下行压力、保持经济平稳增长的重要动力和支撑。

党的十八大以来，中国政府高度重视发展数字经济，推动数字经济逐渐上升为国家战略。中国数字经济发展战略规划经历了从重点推进信息通信技术的快速发展和迭代演进向经济社会各领域深度融合发展。

2020年，在世界大变局以及全球新冠肺炎疫情防控双重背景下，中国数字经济基础设施建设迎来新举措。2020年3月，中央政治局常委会议提出要加快5G网络、数据中心等新型基础设施建设，"新基建"成为当前国家基础设施建设领域的热点，为数字经济基础设施发展提供了新动能。2020年7月，中国信息通信研究院发布的《中国数字经济发展白皮书（2020年）》中指出，新一轮科技革命和产业变革席卷全球，数据价值化加速推进，数字技术与实体经济集成融合，产业数字化应用潜能迸发释放，使中国数字经济规模不断扩张、贡献不断增强，2019年中国数字经济增加值规模达到35.8万亿元，占GDP比重达到36.2%。2021年3月，《中华人民共和国国民经济和社会发展第十四个五年规划和2035年远景目标纲要》提出

表3-7：中国数字经济发展战略规划

年　份	政　策	目　标
2013年	《国务院关于印发"宽带中国"战略及实施方案的通知》	加强顶层设计和规划引导，统筹关键核心技术研发、标准制定、信息安全和应急通信保障体系建设，加快构建宽带、融合、安全、泛在的下一代国家信息基础设施，全面支撑经济发展和服务社会民生。
2013年	《国务院关于促进信息消费扩大内需的若干意见》	增强信息产品供给能力，培育信息消费需求，提升公共服务信息化水平，加强信息消费环境建设，支持信息领域新产品、新服务、新业态发展。
2015年	《国务院关于积极推进"互联网+"行动的指导意见》	到2018年基本形成网络经济与实体经济协同互动基本格局。
2016年	《国务院关于深化制造业与互联网融合发展的指导意见》	推动制造企业与互联网企业在发展理念、产业体系、生产模式、业务模式等方面全面融合，发挥互联网聚集优化各类要素资源的优势，加快新旧发展动能和生产体系转换。
2017年	《国务院关于深化"互联网+先进制造业"发展工业互联网的指导意见》	加快建设和发展工业互联网，推动互联网、大数据、人工智能和实体经济深度融合。
2018年	《国务院办公厅关于促进"互联网+医疗健康"发展的意见》	推进实施健康中国战略，提升医疗卫生现代化管理水平。
2019年	《数字乡村发展战略纲要》	加快建设农村信息基础设施，推进线上线下融合的现代农业，进一步发掘信息化在乡村振兴中的巨大潜力，促进农业全面升级、农村全面进步、农民全面发展。

加快建设数字经济、数字社会、数字政府,以数字化转型整体驱动生产方式、生活方式和治理方式变革,打造数字经济新优势。

根据中国信息通信研究院最新研究报告,到 2020 年,全球数字经济规模已达到 32.6 万亿美元,同比名义增长 3.0%,占 GDP 比重为 43.7%。发达国家数字经济规模大、占比高,2020 年规模达到 24.4 万亿美元,占 GDP 比重为 54.3%,发展中国家数字经济增速更快,2020 年增速达到 3.1%。美国数字经济蝉联世界第一,规模达到 13.6 万亿美元,中国位居世界第二,规模为 5.4 万亿美元。[①] 中国数字经济发展虽然后来居上,但在中美科技竞争日趋激烈、新冠肺炎疫情席卷全球、逆全球化倾向愈演愈烈的复杂态势下,中国数字经济正面临来自国际形势的严峻挑战。

总之,数字经济是一个飞速发展、壮大的新兴产业,在新的国际形势影响下,数字经济像是一场风暴,规模和边界不断扩大,在淹没传统产业的同时裹挟着人们向前行进,在这场风暴里,无论是哪个国家都不能也不甘落后,都紧跟时代前进步伐。经济繁荣、财富创造和民生改善是每个国家治国理政的优先事项,数字经济正成为国家治理能力转型升级的重要指标。数字经济的发展能在多大程度上取得成功,要看政府、企业和民众的态度与执行力,也需要国际信任与合作。全球新冠肺炎疫情危机强化了国家数字化转型的必要性,疫情深刻改变着全球格局,未来的国际关系、国际较量将超越传统领域,数字经济将是未来大国角力的战场之一。

[康 佳,中共中央党校(国家行政学院)国际战略研究院助理研究员]

---

① 中国信息通信研究院:《全球数字经济白皮书——疫情冲击下的复苏新曙光》,2021 年 8 月。

第四编
世界思潮之变

SHIJIE BAINIAN
DABIANJU

　　影响世界发展的思潮很多，不同的思潮产生的影响是不同的。在第一次世界大战爆发前，资本主义国家的民族主义情绪强烈，推动不少国家走上了战争之路。第一次世界大战的剧烈与血腥，促进了战后的和平主义思潮发展，避战成为英、法等国的主流民意，而德国的民族主义却在膨胀。法西斯主义作为反民主的极端主义思潮首先出现在意大利，被希特勒推向极致，德国的战败和战胜国对德、意、日的民主改造，使作恶多端的法西斯主义退出了历史舞台。社会主义思潮在 20 世纪的影响迅速增强，并随着苏联社会主义国家的建立和影响的扩大，社会主义成为影响 20 世纪历史进程的最重要的思潮。第二次世界大战结束后，对于广大亚非拉地区而言，民族主义是最具影响力的思潮，促进了殖民体系的崩溃。在新的挑战面前，一些思潮又以新的面目出现。

　　各种社会思潮在百年历史激荡中经历大浪淘沙，逆历史潮流的反动思潮被淘汰，推动历史进步的思潮影响日益增大。不可否认的是，思潮背后会有军事与经济力量的存在，实力强大的国家所推崇或倡导的思潮影响也会很大。

一、促进人类进步的社会主义思潮

《共产党宣言》的开篇写道："一个幽灵，共产主义的幽灵，在欧洲游荡。"随着自由资本主义进入帝国主义阶段，国际工人运动联合的趋势在增强，社会主义"幽灵"成为影响社会发展的重要思潮。第一次世界大战爆发前，参加第二国际的社会主义政党有 30 多个，党员 356 万多人，各国的工会会员达 1000 万人，合作社社员达 700 万人。第一次世界大战爆发后，社会主义运动出现分裂，绝大多数的欧洲社会民主党都转而支持本国政府，奉行社会沙文主义政策。以列宁为首的布尔什维克成为坚决反战的政党，在"变帝国主义战争为国内战争"的口号下，取得了十月社会主义革命的胜利。此后，社会主义从思潮、运动变成了实实在在的制度，对百年来的世界产生了极为重要的影响。1999 年秋天，在新的千年即将来临之际，英国广播公司（BBC）评选出"千年伟人"，卡尔·马克思排名第一，爱因斯坦、牛顿以及达尔文等位居其后，这从一个侧面说明了社会主义的影响。

（一）社会主义思潮的传播

19 世纪，马克思主义的影响主要在西欧。1861 年俄国农奴制改革后，俄国资本主义开始发展，马克思和恩格斯的重要著作被译介到俄国，1898 年俄国社会民主工党诞生。20 世纪初，在列宁等人的努力下，马克思主义在俄国得到了迅速传播。1900年7月，结束流放的列宁离开俄国，前往西欧筹办报纸，因为当时沙皇俄国实行封建专制，没有言论与结社的自由。12月24日，俄国社会民主工党的第一份机关报——《火星报》在德国莱比锡创刊。这份报纸在国外印刷后，通过各种途径，如夹在衣服里、皮箱里，或者伪装成书皮等运回俄国，向俄国工人阶级传播社会主义思想，希望"星星之火，可以燃成熊熊烈焰"。在列宁的倡议和指导下，俄国各地成立了支持《火星报》的小组，并有了报纸代办员，他们为报纸提供通讯稿件、材料、资金等，翻印传播报纸上的文章。

俄国马克思主义政党的成立，推动了马克思主义在俄国的传播。1903年7月30日，在比利时布鲁塞尔一个旧仓库里召开了俄国社会民主工党第二次代表大会。当大会讨论到"要建立什么样的党"的问题时，列宁与另一位《火星报》编委马尔托夫之间发生了激烈的争论。列宁主张创建一个不同于西欧革命政党的纪律严格、集中统一的政党，而马尔托夫则坚持建立一个像西欧各国革命党那样奉行民主制、不强求统一的政党。列宁用多达120次的发言，来阐述和捍卫他的建党学说。在列宁看来，俄国不具备德国、法国那样的条件，革命政党必须严格执行民主集中制。在选举党的领导机构时，拥护列宁的一派占了多数，被称为布尔什维克，马尔托夫派属于少数，被称为孟什维克。由此，一个新型的、与西欧社会民主党根本不同的无产阶级政党诞生了。后来列宁说："布尔什维主义作为一种政治思潮，作为一个政党而存在，是从1903年开始的。"

在第一次世界大战前，社会主义思潮主要在欧洲传播。由于西学东渐，在英法等资本主义国家征服其他民族的同时，西欧社会存在的一些思潮也开始影响其他国家。日本是亚洲最早走上资本主义发展道路的国家，社会主义思潮在19世纪末传到了日本。1917年十月革命胜利，布尔什维克领导工农大众夺取政权，建立新社会，鼓舞着殖民地、半殖民地的有识之士，特别是1919年3月共产国际建立后，苏俄专门派代表到中国、印度等国家，帮助建立共产党，进一步扩大了社会主义思潮的传播。

　　对于资本主义强国而言，社会主义思潮追求的是消灭资本主义，建立一个更加公平公正的社会。马克思和恩格斯强调，历史是人民群众创造的，人类历史发展是有规律、不以人们意志为转移的，这就是人类物质生产方式的变化，归根到底推动着人类社会的变革和发展，资本主义的灭亡和社会主义的胜利都是不可避免的。马克思指出："物质生活的生产方式制约着整个社会生活、政治生活和精神生活的过程。不是人们的意识决定人们的存在，相反，是人们的社会存在决定人们的意识。社会的物质生产力发展到一定阶段，便同它们一直在其中运动的现存生产关系或财产关系（这只是生产关系的法律用语）发生矛盾。于是这些关系便由生产力的发展形式变成生产力的桎梏。那时社会革命的时代就到来了。随着经济基础的变更，全部庞大的上层建筑也或慢或快地发生变革。"①恩格斯高度评价马克思的这一伟大发现，并对其做了极为通俗的解释，他说："正像达尔文发现有机界的发展规律一样，马克思发现了人类历史的发展规律，即历来为繁芜丛杂的意识形态所掩盖着的一个简单事实：人们首先必须吃、喝、住、穿，然后才能从事政治、科学、艺术、宗教等等；所以，直接的物质的生活资料的生产，从而一个民族或一个时代的一定的经济发展阶段，便构成基础，人们的国家设施、法的观点、艺术以至宗教观念，就是从这个基础上发展起来的，因而，也必须由这个基础来解释，而不是像过去那样做得相反。"②历史发展的逻辑是：资产阶级在自身的发展过程中，"不仅锻造了置自身于死地的武器；它还产生了将要运用这种武器的人——现代的工人，即无产者"③。于是在资本主义发展到一定阶段时，"资产阶

---

① 《马克思恩格斯全集》第 31 卷，人民出版社 1998 年版，第 412—413 页。
② 《马克思恩格斯选集》第 3 卷，人民出版社 1995 年版，第 776 页。
③ 《马克思恩格斯选集》第 1 卷，人民出版社 1995 年版，第 278 页。

级的灭亡和无产阶级的胜利是同样不可避免的"①了。马克思、恩格斯发现，现代工人阶级在资本主义社会所处的经济、政治和社会地位，决定它是旧社会的改造者和新社会的建设者。它所肩负的历史使命不仅是要在一个国家内，而且要在世界范围内消灭压迫、消灭剥削、消灭阶级、消灭政治不平等，在解放全世界中最后解放自己。马克思和恩格斯所设想的新社会、新世界就是实现"每个人的自由发展是一切人的自由发展的条件"②。这样的世界是共产主义世界，是人类大同的世界。

对于殖民地和半殖民地国家的无产阶级政党而言，马克思主义者要完成的任务首先是获得民族独立，社会主义的美好未来是革命努力的方向。

（二）社会主义运动的发展与分裂

马克思主义诞生后，在社会主义思想传播的同时，社会主义运动也在迅速发展。社会主义思想和运动改变了人类的思考方式，改变了包括发达国家在内的几十亿人的生活。社会主义运动的浩大声势，迫使资产阶级做出让步，英国、法国、德国的工人阶级在 19 世纪都获得了普选权，普选权成为无产阶级斗争的一种新方式，提高了工人的政治地位，对改善工人处境发挥了重要作用。

第一次世界大战和各国对战争的不同态度，使社会主义运动发生了分裂，出现了社会主义思潮与运动的东西方分野。在世界大战的危险逼近之时，1912 年 11 月第二国际在瑞士巴塞尔召开代表大会，经过激烈的争论，大会通过了《巴塞尔宣言》，宣布将要动员一切力量制止帝国主义战争，并且含有将发动国内革命来对待帝国主义战争之意。1915 年 9 月，由俄国布尔什维克发起，召开了齐美尔瓦尔得国际社会党人代表会议，会上展开

---

① 《马克思恩格斯选集》第 1 卷，人民出版社 1995 年版，第 284 页。
② 《马克思恩格斯选集》第 1 卷，人民出版社 1995 年版，第 294 页。

了激烈的交锋，最终以列宁的《社会主义与战争》为基调，通过了决议。列宁认为，为了制止、消除战争灾难，各国无产阶级必须联合起来，"变帝国主义战争为国内革命战争"。第一次世界大战爆发后，第二国际中最强有力、最有影响的党——德国社会民主党在议会中投票赞成战争拨款。此后，第二国际多个政党纷纷表态支持本国政府参加战争。"全世界无产者联合起来"的口号被抛弃，各国无产阶级在战场上为了本国的利益进行厮杀。以列宁为首的布尔什维克坚持反战政策，于1917年推翻了本国政府，退出了战争。

十月革命胜利后，随着苏维埃政权的建立与巩固，俄国日益成为国际工人运动的中心，推动欧美工人运动迅速高涨。1918年，芬兰工人赤卫队推翻资产阶级政权，宣布成立人民代表委员会。德国工人发动"十一月革命"。匈牙利出现了全国性的总罢工，罢工者高呼："苏维埃联邦社会主义共和国万岁！"罗马尼亚、南斯拉夫、波兰爆发了大规模的革命运动。美、英、法、意等发达国家的工人罢工运动和人民革命斗争蓬勃展开。在列宁和俄共（布）支持下，阿根廷、芬兰、奥地利、匈牙利、希腊、波兰等国相继成立共产党，多个国家的左派社会党人建立了共产主义组织。1918年12月，斯巴达克同盟从德国社会民主党中分出，成立了德国共产党。1919年4月13日，德国慕尼黑工人在共产党领导下通过武装起义，建立巴伐利亚苏维埃共和国，成立了红军和赤卫队，但很快被镇压。

1919年3月2日至6日，来自欧洲、美洲、亚洲21个国家的35个政党和组织的52名代表出席了共产国际的成立大会。列宁在会上宣读了《关于资产阶级民主和无产阶级专政的提纲》，并就提纲的内容作了报告。会议通过了《共产国际行动纲领》《共产国际告世界无产者宣言》《告世界工人书》《关于组织问题的决议》等重要文件，成立了共产国际执行委员会，并选举列宁等5人组成执行局。1920年7月19日至8月7日，共产国际第二次代表大会在彼得格勒（后移至莫斯科）召开。大会通过的列宁关于《民族和殖民地问题提纲》，系统论述了民族和殖民地革命的理论，对后来中国共产党制定民主革命纲领起到了重要的指导作用。大会通过的《共产国际章程》，提出了著名的加入共产国际的21个条件，要求各国共产党必须服从共产国际领导，必须按照民主集中制建党，必须改名为共产党等。1920年9月，来自中国、印度、土耳其等国的30多个民族的代表出席了东方各民族代表大会。大会闭幕词中提出"全世界无产者和全世界被压迫民族联合起来"的口号。从此，东方被压迫民族的解放斗争，同西方无产阶级的革命斗争结合起来。到20世纪20年代初，全世界已有40多个国家建立了共产党，英国、意大利、日本也成立了共产党，国际共产主义运动突破了欧洲和北美洲的范围，扩展到大洋洲、南美洲、亚洲和非洲，真正具有了世界规模。

苏俄国内战争结束进入和平建设时期后，列宁强调建立国际统一战线，加强与第二国际、第二个半国际的联合。列宁强调，"世界革命的第一个浪潮已经平息了。第二次浪潮还没有兴起，如果我们对它抱有任何幻想，那是危险的。我们不是用锁链鞭挞大海的薛西斯"[①]。先进资本主义国家共产党要做的是为革命进行扎扎实实的准备工作，并深入研究它的具体情况。相应的，俄共（布）和共产国际着手重新调整与第二国际和第二个半国际的关系。1922年4月，三个国际的代表大会在柏林召开，为了达成协议，俄共做了很大让步。列宁认为让步过多，但他仍表示要遵守协议，要把统一战线策略贯彻到底。在共产国际第三次代表大会上，列宁指出共产国际的任务是学习新经济政策。

20世纪20年代，资本主义进入了相对稳定发展时期，共产党的影响开始下降。从1921年到1928年，资本主义国家共产党人数下降了一半，

---

① 《回忆列宁》第5卷，人民出版社1982年版，第21页。

从将近 90 万人减至 45 万人，而社会民主党人数则增加了一倍，从大约 300 万人增至 600 万人。1934 年 4 月 7 日，季米特洛夫从狱中出来，在与斯大林谈话时提出一个问题："我在监狱里也曾经反复思考过，为什么我们的学说正确，但是在关键时刻千百万工人不跟我们走，却仍与在行动上如此叛卖的社会民主党人站在一起，譬如在德国，他们甚至还走到国社党里去。"他认为，这说明对待欧洲工人的做法不对。斯大林则认为，主要原因是欧洲工人与资产阶级民主有历史的联系，与资产阶级有共同的利益，需要时间来克服，而不是战略错了。[①]斯大林没有执行列宁的统一战线政策，把社会民主党当成主要斗争对象，削弱了共产党的力量。1938 年共产国际甚至根据所谓间谍渗入波兰共产党领导机构的指控，解散了波兰共产党，许多波共领导人无辜遇害。

在第二次世界大战开始之初，斯大林坚持列宁在一战时提出的"变帝国主义战争为国内战争"的策略，要求法国等被德国法西斯侵略的国家的共产党与本国政府开展斗争，很不得民心，力量受损。后来这些共产党改变了政策，在敌后与法西斯开展斗争，重新赢得了民众的支持。1944 年 4 月，意大利共产党总书记陶里亚蒂宣布加入巴多里奥资产阶级政府，另有 3 名意共党员也加入了该政府。1945 年 5 月，丹麦共产党恢复合法地位，党员增至 5 万人，在议会中获得 18 席，并有两名代表参加 1945 年 5 月到 10 月的战后第一届政府。1946 年，丹麦共产党召开第十五次代表大会，首次提出丹麦"有和平过渡到社会主义的可能性"。1945 年 6 月，法国共产党总书记多列士在法共十大上提出"复兴、民主、团结"的纲领，党的全部活动集中在使法国从战争的破坏中复兴起来，在 1946 年 11 月举行的大选中，法共获得 550 万张选票和 86 个席位，成为议会第一大党。1944—1947 年，法共 5 次入阁，先后有 8 名领导人在

---

① ［保］季米特洛夫著，马细谱等译：《季米特洛夫日记选编》，广西师范大学出版社 2002 年版，第 36 页。

政府中任部长。在 1946 年大选中，荷兰共产党获得 10.5% 的选票，在阿姆斯特丹市成为影响最大的党，党报成为全国发行量最大的报纸。

1956 年，苏共二十大和波匈事件对国际共运产生了极为不利的影响。欧洲各国的共产党人数都迅速下降，各国共产党努力摆脱苏联的影响，探索符合本国实际的社会主义道路。1956 年 12 月，意大利共产党召开第八次代表大会，陶里亚蒂系统提出"结构改革论"，大会确定"结构改革论"和"多中心思想"为党的基本路线，成为意共长期以来的基本路线。到 20 世纪 70 年代，欧洲共产主义兴起，各国共产党的纲领逐渐摆脱了苏共的影响，普遍放弃了暴力革命和无产阶级专政。1976 年 6 月 3 日，意共总书记贝林格在法共举行的欢迎集会上第一次使用"欧洲共产主义"的提法，此后一些共产党将之写入文件。1977 年 3 月，意大利、法国、西班牙三国共产党领导在马德里会晤，通过《在民主、自由中实现社会主义》的纲领，确立了"欧洲共产主义"的各项原则和主张。其实质是从当代欧洲资本主义的实际出发，汲取国际共运和社会主义实践的历史教训，寻求适合本国情况的社会主义道路，探索既不同于苏联模式也不同于欧洲社会民主党的体系。

1989 年的东欧剧变和 1991 年的苏联解体，使国际共运再次陷入低潮，统一的国际共产主义运动宣告结束。各国共产党在总结历史教训的基础上重新确定了纲领、目标和依靠的社会力量，重新成为对社会发展有重要影响的政治力量。如俄罗斯联邦共产党，现在是俄罗斯第二大党。在 2001 年 2 月 25 日举行的摩尔多瓦议会选举中，由第一书记沃罗宁领导的摩尔多瓦共产党人党赢得了半数以上的选票，在由 101 位议员组成的议会中赢得了 71 个席位，获得了单独组阁的权力；在 2002 年 4 月 4 日举行的总统选举中，摩共第一书记沃罗宁当选为摩尔多瓦新总统。摩共从而成为苏联剧变后该地区第一个重新执政的共产党。在 2006 年 6 月捷克议会选举中，捷克和摩拉维亚共产党获得了 12.81% 的支持率，得到 26 个议会席位，成为议会的第三大政党，在2013年捷克斯洛伐克议会提前大选中，捷克和摩拉维亚共产党获得33个席位，位居第三。西欧各国共产党在苏东剧变之初，主要致力于保障自己的地位，捍卫党的共产主义身份特征，有些党经历了严峻的考验，如曾有很大影响的意大利共产党一度改旗易帜。经过短暂的震荡后，各国共产党经受住了冲击，意大利共产党得以重建。为了表明自己的存在，各党大都秉持反对派立场，如法共坚决执行"反社会党路线"，意大利重建共产党提出了旨在"充当坚定政府反对派"的斗争政策。2008年金融危机发生后，各共产党相继对其理论政策进行反思和调整，在战略策略上逐渐展现出不同程度的"左转"动向，积极投入到各种形式的反资本主义斗争中。如意大利重建共产党在2008年第七次代表大会上提出寻求与"反对资本主义"的各派左翼力量进行合作，强调要"积极参与反资本主义全球化的世界运动，加强与共产党和进步政党以及所有革命运动的合作与关系"。法共第34次代表大会提出要建设一个"民主的法共"，强调党员是"党的最高主宰"，呼吁尊重争论的多样性和意见表达自由，切实推进党内民主。意大利重建共产党七大提出，民主不仅是一种形式，它要求其成员真正参与党的生活，参与政治规划和决定的形成，而不能化为内部计数的官僚工具。民主是西班牙共产党提出的"21世纪的社会主义"方案的核心内容，西共认为，社会主义作为一种发达的民主形式，应该是民主思想传统和民主实践的产物。东南亚国家的共产党基本都放弃了武装斗争，走出丛林，回归正常的社会生活。

进入新世纪以来，随着新的社会矛盾增多，各种挑战不断，欧洲各国共产党积极捍卫民主，努力推进社会进步。

（三）社会主义制度的建立与扩展

马克思和恩格斯根据资本主义已形成世界体系的事实，认为无产阶级革命是国际性的事业，它可以在一国开始，但不能在一国完成。在1848年革命时马克思曾说，"先于其他任何国家解决问题和消灭矛盾是英国的使命"。1870年，恩格斯曾估计，革命"将由法国人开始，而由德国人完成"。马克思和恩格斯坚持认为，无论是英国，还是法国、德国，都不能单独完成革命任务，巴黎公社的失败证明了马克思和恩格斯的看法是正确的。1893年，恩格斯在给拉法格的信中说，无论是法国人、德国人或英国人，都不能单独赢得消灭资本主义的光荣。如果法国——可能如此——发出信号，那么，斗争的结局将决定于受社会主义影响最深、理论最深入群众的德国；虽然如此，不管是法国还是德国，都还不能保证最终的胜利，只要英国还留在资产阶级手中。无产阶级的解放只能是国际的事业。从中我们看到，俄国并不在马克思和恩格斯的视野中，他们寄希望于发达国家发生革命，建立新的社会制度。

第一次世界大战给俄国革命者提供了机会。1917年3月8日，也是俄历2月23日，彼得格勒买不到面包的人们愤怒地举行罢工和游行，而沙皇派去镇压的首都卫成部队拒绝执行开枪的命令，临阵倒戈。短短一个星期之后，沙皇尼古拉二世签署退位诏书，统治俄国长达304年之久的罗曼诺夫王朝寿终正寝。面对二月革命后出现了两个政权的局面，列宁提出不给临时政府以任何支持，认为资产阶级革命已经完成，无产阶级要抓住这个千载难逢的好机会，夺取政权，向社会主义革命过渡。1917年十月革命的胜利，使马克思主义从理论变成了现实，开辟了资本主义与社会主义两种社会制度并存的新时代。

1924年列宁逝世以后，世界社会主义的发展经历了曲折的历程，既有过辉煌，也有过严重曲折。斯大林把苏联建成了社会主义强国，成为打败德国法西斯的主力。第二次世界大战后，社会主义又从一国扩展到多国。从 1944 年到 1949 年，东欧的波兰、捷克斯洛伐克、匈牙利、南斯拉夫、阿尔巴尼亚、保加利亚、罗马尼亚、德意志民主共和国等 8 个国家相继建立了人民民主政权，走上了社会主义道路。在亚洲，1945 年 9 月 2 日，越南民主共和国成立；1948 年 9 月 9 日，朝鲜民主主义人民共和国成立；1949 年 10 月 1 日，毛泽东领导的中国新民主主义革命取得胜利，中华人民共和国成立。社会主义国家由一国到多国，并在地理上连成一片，形成了拥有世界 1/3 人口和 1/4 土地的社会主义阵营。在 20 世纪 50 年代中期社会主义遭受了重大挫折，社会主义阵营解体。危机之后的波兰、匈牙利、捷克斯洛伐克等都进行了程度不同的改革，进行了具有各自特色的社会主义道路的探索，但总体并不成功。

20 世纪 60 年代，拉丁美洲的古巴走上社会主义道路。20 世纪 70 年代，老挝等国也走上社会主义道路。社会主义从欧洲到亚洲，再扩展到拉丁美洲。与此同时，在亚非拉国家风起云涌的民族解放运动中，也有许多国家宣布走非资本主义发展道路，建设具有民族色彩的社会主义。

20 世纪 70 年代以后，苏联社会主义发展到鼎盛时期，成为与美国抗衡的超级大国，对外推行霸权主义政策，对内因循守旧、不思进取，严重制约了苏联社会主义的发展，苏联社会面临严重危机。

1989 年到 1990 年，东欧国家出现了剧烈变化。首先是波兰统一工人党提出实行政治多元化，主动放弃党的领导地位，决定举行大选，结果在大选中下台。接着，匈牙利社会主义工人党也通过了实行政治多元化的决议，在随后举行的大选中失败。在波兰、匈牙利政局变化的影响下，民主德国、捷克斯洛伐克、保加利亚、罗马尼亚、阿尔巴尼亚、南斯拉夫也先后发生了剧变。这股风潮反过来又加快了苏联演变和瓦解的进程。1991年 8 月 24 日，苏联共产党宣告解散。1991 年 12 月 8 日，俄罗斯联邦、乌克兰和白俄罗斯宣布成立独立国家联合体，终止苏联的国际法地位。21

日，叶利钦等人签署《阿拉木图宣言》，正式宣告成立独立国家联合体，苏维埃社会主义共和国联盟停止存在。1991 年 12 月 25 日晚上 7 时多，戈尔巴乔夫发表电视讲话，宣布辞去苏联总统职务。

面对苏联东欧的变化，邓小平冷静地指出："东欧、苏联乱，我看也不可避免，还要很冷静地观察。在这些国家动乱的时候，中国要真正按计划实现第二个翻番，这也就是社会主义的一个成功。现在的问题不是苏联的旗帜倒不倒，苏联肯定要乱，而是中国的旗帜倒不倒。因此，首先中国自己不要乱，认真地真正地把改革开放搞下去。中国只要这样搞下去，旗帜不倒，就会有很大影响。"① 苏联解体后，邓小平又进一步指出："一些国家出现严重曲折，社会主义好像被削弱了，但人民经受锻炼，从中吸收教训，将促进社会主义向着更加健康的方向发展。"② 中国从苏东剧变中吸取了教训，坚持走社会主义道路，保障国家发展有稳定的内外环境，从实际出发建设社会主义，抓住一切机会发展经济。

中国 1978 年开始改革和建设有中国特色的社会主义，走出了一条社会主义新路，实现了社会主义从传统到现代的飞跃。中国的社会主义实践证明，苏东社会主义遭受挫折，并非社会主义本身带来的，而是对社会主义的曲解造成的。苏东的传统社会主义把人当成了计划经济的工具，背离了社会主义以人为本的宗旨。在中国特色社会主义榜样的作用下，越南的社会主义改革成效显著，老挝也实现了稳定发展。

从人类发展的这百年历史看，社会主义对推进人类的进步起了巨大作用，没有社会主义就没有今天的世界。尽管在发达的资本主义国家，社会主义思想和社会主义运动并没有导致建立社会主义制度，但社会主义思想推动的工人运动的发展，促使资产阶级向工人做出让步，原始资本主义时

---

① 中共中央文献研究室编：《邓小平年谱（1975—1997）》（下），中央文献出版社 2004 年版，第 1287 页。
② 中共中央文献研究室编：《邓小平年谱（1975—1997）》（下），中央文献出版社 2004 年版，第 1345 页。

期那些对工人的过度剥削退出了历史舞台，工人的劳动权、休息权、受教育权得到保障。社会民主党执政时期，推行的是劳资调和的政策，许多法律法规是与工会协商后通过的。苏联社会主义虽然没能维持长久，计划经济也只是在短期内发挥了积极作用，但苏联的存在本身也促使资本主义国家调和矛盾，以防发生社会革命。在 1929 年至 1933 年经济大萧条时期，苏联经济发展的显著成效，促使资本主义国家为了克服危机也开始借鉴"计划"。"最保守的估计，从 1929 年开始，一直到 1940 年，苏联工业产量便增加了 3 倍。1938 年时，苏联工业生产总值在全球所占的比例，已从 1929 年的 5% 跃升为 18%。同一时期，美、英、法三国的比例，却由全球总额的 59% 跌落为 52%。更令人惊奇的是，苏联境内毫无失业现象。于是不分意识形态，众人开始以苏联为师。1930—1935 年间，一小群人数虽少却具有巨大影响力的社会经济界人士，纷纷前往苏联取经。""于是模仿苏联五年计划之举纷纷出笼。一时之间，'计划'一词成为政界最时髦的名词。"[①]1932 年，美国哥伦比亚大学教授雷克斯福德·特格韦尔针对美国的经济危机说，要想避免革命，必须实行计划经济。这位早在 1927 年就访问过苏联的学者，成为美国总统罗斯福的智囊之后，将计划经济的思想带进了内阁。美国制定了全国产业复兴法，成立全国工业复兴局，由国家监督生产，这些带有一定计划色彩的新政措施在很大程度上拯救了美国。

在当今世界，社会主义仍是许多人追求的美好目标，社会主义国家虽然在数量上减少了很多，但在质量上有了很大提高，也在为解决人类面临的问题提供解决方案。

[左凤荣，中共中央党校（国家行政学院）国际战略研究院副院长、教授]

---

① ［英］艾瑞克·霍布斯鲍姆著，郑明萱译：《极端的年代：1914—1991》，中信出版集团 2017 年版，第 113 页。

二、影响深远的民族主义

民族主义源于 18 世纪的西欧，尔后不断扩散和发展，成为一种世界性的历史现象，时至今日仍生机勃勃，方兴未艾。"民族与民族主义是两个世纪以来最为恒常的政治力量，虽有时隐而不显，但总是十分强大。"①一方面，它催生并强化了神圣的集体认同和爱国主义，成为构建民族国家的强大力量；另一方面，民族主义意识形态下的战争和冲突威胁着人类社会的和平与发展。了解和研究民族主义，将有助于我们更全面深刻地理解和把握民族主义现象以及世界发展的大趋势。

（一）民族主义及其分类

民族主义历经两百多年的发展，可以说是晚近的政治文化现象。而理解民族主义，首先要对"民族"有所了解。长期以来，"民族"是一个颇具争议性的术语，至今仍没有形成一个共识性的定义。中文"民族"这一术语同时对应英文 Nation、Nationality、People、Ethnic Group、Race 等，"两种语言间的不一致由于翻译时受到词汇的局限而导致一些英文

---

① ［法］吉尔·德拉诺瓦著，郑文彬等译：《民族与民族主义》，生活·读书·新知三联书店 2005 年版，"序"第 14 页。

同义词在中文里被错误地相互借用"①。

在中文语境中，"民族"一词主要有以下几种含义：首先它指具有政治意义的、与国家概念相联系的"民族"（即"国族"），如"意大利民族""美利坚民族""法兰西民族"等。其次，它指广义上以文化或血缘联系的"民族"（即族群或族裔），如非裔美国人、亚裔美国人等。此外，"民族"还具有其他含义，如"古代民族""近代民族""现代民族"等指代历史演进中的人类群体，"狩猎民族""农耕民族""游牧民族"等指具有共同生产、生活方式的群体。②

美国学者斯蒂芬·格罗斯比（Steven Grosby）认为，民族是历史上不断变迁、在一个领地生活并具有一定文化特征的共同体。③斯大林对于"民族"的定义对中国学术界以及政策界影响深远。他认为："民族是人们在历史上形成的一个有共同语言、共同地域、共同经济生活以及表现于共同文化上的共同心理素质的稳定的共同体。"④

1. 民族主义的含义

如同"民族"一样，"民族主义"虽被广泛应用于民族学、政治学等学科领域，但其概念尚未统一，大体上有如下几种代表性的观点：（1）政治运动论。该理论认为民族主义是一种寻求和获得民族利益、国家权力的社会实践及政治运动。英国学者约翰·布勒伊（John Breuilly）和安东尼·D. 史密斯（Anthony D. Smith）持此观点。（2）意识形态或政治学说论。厄内斯特·盖尔纳（Ernest Gellner）将民族主义定义为政治单元（国家）

---

① 王联：《关于民族和民族主义的理论》，《世界民族》1999 年第 1 期，第 4—5 页。
② 宁骚著：《民族与国家：民族关系与民族政策的国际比较》，北京大学出版社 1995 年版。
③ ［美］斯蒂芬·格罗斯比著，陈蕾蕾译：《民族主义》，译林出版社 2017 年版，第 3 页。
④ 《斯大林全集》第 2 卷，人民出版社 1953 年版，第 294 页。

和文化单元(民族)必须合一的政治原则。(3)思想及心理状态论。安东尼·吉登斯(Anthony Giddens)认为，"'民族主义'这个词主要指一种心理学的现象，即个人在心理上从属于那些强调政治秩序中人们的共同性的符号和信仰"[1]。中国学者王缉思也认为："民族主义指忠诚于本民族、为维护和扩大本民族的利益而斗争的思想观念。""由于民族同国家应融为一体的观念深入人心，'民族利益'同'国家利益'相互通用，'民族主义'一词往往用来表示维护国家利益的愿望。"[2](4)多元复合论。该观点认为民族主义不只具有上述某一个方面的内容，它的含义应当是多方面的，是一种历史进程、一种力量、一种政治运动和一种情感。

可见，"民族主义"是一个既熟悉又陌生的词语，既被广泛运用又难以清晰界定。它的内涵是丰富的，甚至是复杂的，"民族主义是只大象，每个研究者摸到的都只是它的一个部分而不是全部"[3]。英国学者白芝浩也表示："你要是不问什么是民族主义，我们以为都知道它是什么，但你要是问起它是什么，就不知道了。"[4]不过，通过对诸多学者对民族主义内涵的分析可以看出，民族主义的多元复合性特征十分显著，是心理状态、意识形态和政治运动的一种综合体：作为一种心理状态，它是集体性的爱国主义和个体性的民族归属感；作为一种意识形态，它是维护和扩展民族利益、弘扬民族文化、实现民族愿望的思想主张；作为一种政治运动，它是维护民族生存、自治、独立、发展的全民性实践活动。

---

[1]　［英］安东尼·吉登斯著，胡宗泽等译：《民族－国家与暴力》，生活·读书·新知三联书店1998年版，第141页。

[2]　王缉思：《民族与民族主义》，《欧洲》1993年第5期，第18页。

[3]　［英］厄内斯特·盖尔纳著，韩红译：《民族与民族主义》，中央编译出版社2002年版，"代序"第2页。

[4]　转引自花永兰：《重新定义民族主义》《广西民族研究》2006年第3期，第13页。

2. 民族主义的分类

学界对民族主义的分类呈现立体、多元的特点，但主要可从层次、特性等角度来展开分析。

从层次性上来看，民族主义可以划分为国家民族主义、国内族群民族主义与泛民族主义。国家民族主义是指民族国家在国际关系领域维护主权独立和国家利益表现出来的思想、政策和行为。国内族群民族主义是指依存于一国内部族群的民族主义，表现为"某个族裔群体夺取全国政治支配权和语言、宗教、文化上的特权性优势"，"争取半独立性质的国内高度自治地位，或是干脆分离出原属的多族裔政治共同体，建立起本族裔的独立国家，或者并入同族裔拥有的、或在其中占优势的另一个国家"。① 泛民族主义是指依存于种族、宗教、历史文化等跨国界主体层次的民族主义。国内学者李兴认为民族主义涵盖三个层面：国内民族主义，指某个国家内部各民族之间的民族主义；国家民族主义，指民族国家之间、通过国家形式来表现的民族主义；泛民族主义，指由于共同的宗教、种族或文化而发展成的跨国界、泛地区的民族主义，如泛伊斯兰教主义、泛突厥主义等。②

从特性上看，民族主义可以分为公民（自由）民族主义与族裔（种族）民族主义。公民民族主义主张民族是由共同领土范围内的公民依据共同法律组成的政治共同体，族裔（种族）民族主义强调民族是以共同历史文化和血缘为基础的历史文化共同体。此外，从内容上看，民族主义可分为政治民族主义、经济民族主义与文化民族主义；依据当代尤其是冷战后民族主义的具体表现可分为民族分离主义、宗教民族主义、跨国族群民族主义、部族主义等。民族主义在不同语境下有着不同的界定、阐释与意义。实际上，

---

① 时殷弘：《论族裔民族主义在当今世界的涌动和局部泛滥》，《社会科学论坛》2002年第1期，第17页。

② 李兴：《论国家民族主义概念》，《北京大学学报》1995年第4期，第74页。

对民族主义的分类更多体现的是工具理性，任何地区的民族主义可能会同时带有多种民族主义特性，差别仅在于哪种特性表现得更为突出。

（二）民族主义的历史发展

现代意义上的民族主义思潮和运动伴随 18—19 世纪末世界范围的资产阶级民主革命而兴起。西欧是资产阶级民主革命的摇篮，也是现代民族主义的发源地，法国大革命是民族主义思潮形成的重要标志，而后经历了 18、19 世纪在欧洲和北美的第二次扩散发展。令人唏嘘的是，西方民族主义的觉醒并没有促使其尊重其他民族，反而在自身强大之后开始侵略、奴役其他民族，甚至一度成为扩张主义的托词。然而，民族主义思想的传播所产生的强大震撼力已经超出了西欧资产阶级的想象与控制，伴随西方列强在全球范围内的殖民扩张运动，民族主义运动在 20 世纪迎来了第三次扩展，亚洲、非洲、拉美等地区的国家与民众日益觉醒，并掀起了波澜壮阔的民族解放运动，最终导致了西方殖民体系的崩塌和现代国际体系的构建。

1. 亚洲民族主义

亚洲民族主义发端于 19 世纪末 20 世纪初，摆脱殖民统治、追求民族独立、构建现代民族国家以及追求经济发展构成了亚洲民族主义的重要内容。总的来讲，亚洲民族主义是在摆脱殖民统治的历史背景下发展起来的。19 世纪中期以来，面对西方殖民主义的冲击，除日本通过"脱亚入欧"进程成功跻身西方阵营、泰国维持了独立以外，其余国家均沦为殖民地或半殖民地。20 世纪初，由日俄战争及俄国革命引发的、以亚洲一系列资产阶级民族民主革命为标志的"亚洲的觉醒"，构成了本地区同时也是 20 世纪全球范围的第一次民族主义浪潮的重要内容。[①]二战后，亚洲各国迎来了民族独立的高潮，但一些国家和地区也受到前殖民宗主国势力的反扑，另外还受到冷战意识形态对抗，内战对峙以及复杂的民族、宗教、领土问题等因素的多重影响。在经历了一系列和平与非和平的斗争之后，各国逐渐步入较为稳定的现代民族国家构建过程。

东亚地区，以中国的民族解放运动最为典型。鸦片战争后，中国逐步沦为半殖民地半封建社会，国家独立与主权权益受到严重挑战。与此同时，中国人民的民族主义意识也逐渐萌芽、发展，义和团运动便是这种民族主义意识高涨的一种实践体现。这种朴素的民族主义意识与行动并未能也无法改变中国的面貌，却向世界展现了中华民族的气概与力量。此后，以孙中山为首的革命党人积极奔走，不懈努力并最终发起了辛亥革命，推翻了清政府，结束了 2000 多年的封建统治，并促进了民主共和观念的深入人心。辛亥革命的果实最终被袁世凯窃取，随着袁世凯的倒台，中国又陷入北洋军阀割据混战的局面。政府羸弱、战乱不止、列强欺凌，中国寻求民族独立的道路荆棘丛生，中国人民意识的觉醒以及俄国十月革命胜利的鼓舞等已经为中国民族解放运动进入新时期做了充分准备。1919 年的五四运动是一场以先进青年知识分子为先锋、广大人民群众参加的彻底反帝反封建的伟大爱国革命运动，它推动了中国社会进步，促进了马克思主义在中国的传播，促进了马克思主义同中国工人运动的结合，是中国旧民主主义革命走向新民主主义革命的转折点。1921 年，中国共产党成立，中国革命掀开了新篇章，"中国产生了共产党，这是开天辟地的大事变。这一开天辟地的大事变，深刻改变了近代以后中华民族发展的方向和进程，深刻改变了中国人民和中华民族的前途和命运，深刻改变了世界发展的趋势和格局"[②]。经过 28 年的艰苦奋斗，先后经历了

---

① 余建华著：《民族主义：历史遗产与时代风云的交汇》，学林出版社 1999 年版，第 28 页。

② 习近平著：《论中国共产党历史》，中央文献出版社 2021 年版，第 117 页。

第一次国共合作与北伐战争时期、土地革命时期、抗日战争时期、解放战争时期，1949 年 10 月 1 日，中华人民共和国宣告成立，中国人民在中国共产党的坚强领导下推翻了"三座大山"，实现了民族解放与国家独立，中国人从此站立起来了。

东南亚民族主义主要表现为后殖民时代国家民族主义建构与以宗教、种族为诱因的民族分离主义的较量。东南亚现代民族国家多建立在前殖民政权领土范围内，在反抗殖民统治过程中产生了超越原始族群、地方、宗教的国家民族主义。从 1896 年菲律宾革命爆发，到 1957 年马来西亚独立，通过民族解放运动，东南亚各原殖民地国家大致完成了建立独立主权国家的任务。东南亚地区在民族、宗教、语言上极具多样性，且总体上各国少数民族比重较大，加之经济发展不均衡，导致了东南亚各国独立后普遍存在民族分离主义现象，如菲律宾南部的穆斯林分离主义、泰国南部的穆斯林问题、越南少数民族地区的问题等。

以国家独立为界，南亚地区民族主义的发展可分为两个时期。独立前，南亚地区以积极的世俗民族主义为主。这种民族主义主张不同宗教、民族的人民联合起来，共同反对英国殖民者，其代表如印度的甘地主义。正是民族主义所带来的巨大能量，最终瓦解了英国在南亚的殖民统治。独立之后，由于本地区多民族、多宗教的历史背景以及英国殖民者分而治之的政策，南亚各国更多表现为以民族分离主义、宗教民族主义为代表的极端民族主义盛行，导致各国内部局势动荡，与邻国关系紧张，甚至发生武装冲突。1947 年，英国通过所谓《蒙巴顿方案》将印巴分裂成两个国家，引发了印巴两国长期的对抗冲突与内部的宗教、部族冲突。此外，斯里兰卡也存在僧伽罗人和泰米尔人两大民族之间的对抗，严重制约了该国发展。

19 世纪末，中亚地区全部被纳入沙皇俄国的殖民统治内。俄国十月革命以后，被压迫民族纷纷独立，随后以非主体民族和加盟共和国的身份成为苏联的一部分。苏联解体后，中亚地区形成 5 个主权独立的民族国家。独立后的中亚五国，普遍通过加强主体民族地位构建现代民族国家，同时在面临非主体民族的分离主义、泛突厥主义以及泛伊斯兰主义三股势力威胁时，彼此间加强合作。

2. 非洲民族主义

非洲民族主义有三个显著特征：一是以强调黑人种族团结意识为特点的泛非主义为先导。泛非主义是非洲民族主义原动力。二是以反帝反殖、争取民族独立为目标。三是部族民族主义对现代民族国家建构形成重大挑战。

19 世纪，随着非洲殖民地化的程度日益加深，非洲的民族主义思想逐渐萌芽，并在此进程中逐渐形成了泛非主义。1900 年，由美洲黑人发起的第一次泛非会议在伦敦召开，这宣告了泛非主义的诞生。泛非主义发挥着启迪非洲民族主义的产生、发展的先导作用。一方面它是反对种族歧视的进步性种族主义，另一方面它又是反抗殖民统治、追求国家统一和民族独立的民族主义。此后，泛非主义由一种政治思潮发展成了一种政治运动，其中心由欧美转移到了非洲本土。泛非主义一方面成为非洲民族主义思想产生的原动力，同时它也给非洲带来了西方民族主义思想，进而在西方民族国家观念与泛非主义的调和下孕育出具有非洲个性的近代国家民族主义。

在第一次世界大战、十月革命和泛非民族主义运动的影响下，西非等地率先开始出现民族主义组织和政党，提出了"民族独立"和"非洲人的非洲"的口号。这些具有泛非主义性质的政治学说的核心思想是争取非洲殖民地的民族解放，并为二战后非洲民族主义思想的发展奠定了基础。第二次世界大战后，20 世纪五六十年代，非洲民族主义迎来了蓬勃发展的新时期，突出表现为原殖民地领土上现代非洲主权国家的建立。1952 年，纳赛尔领导埃及自由军官组织发动政变，推翻英国控制的傀儡政权，建立了埃及共和国。4 年后，埃及又将苏伊士运河收归国有，埃及独立运动取得重要胜利。1960 年，喀麦隆、多哥、马达加斯加和刚果等 17 个国家获得独立，该年被称为"非洲年"。非洲民族主义蓬勃发展，非洲民族解放运动取得重要成就。1990 年，纳米比亚独立，标志着非洲被殖民时代的结束。1997 年，南非永久宪法生效，延续 300 多年的种族隔离制度被废除，欧洲殖民者奴役非洲几百年的历史结束。"推翻殖民主义统治、建立独立的国家政权可以说是实现了非洲民族主义的基本政治目标。"[①] 不仅如此，非洲的独立运动改变了非洲的面貌，也使世界殖民体系最终瓦解。

当前，非洲各国面临着全球化、部族民族主义、原殖民地的地缘版图内现代民族国家建构等对其国家民族主义的冲击，面临着从政治、经济、文化、社会心理等各方面进行去殖民化和实现现代化的繁重任务。部族冲突、地方部族引发的分离主义、国内多个主体民族对国家主导权的争夺等显示出非洲的现代民族国家建构仍任重道远。

3. 拉丁美洲民族主义

自 16 世纪起，拉美逐渐沦为西班牙、葡萄牙、法国等西方列强的殖民地。18 世纪下半期，随着经济的发展，殖民地人民摆脱宗主国束缚的要求越来越强烈。1791—1804 年的海地革命揭开了拉美民族独立战争的序幕。19 世纪初，在以争取民族独立为核心的拉美民族主义旗帜下，拉美人民在西班牙、葡萄牙和法国的殖民地上建立了墨西哥、海地、巴西等 17 个独立国家，基本奠定了今天拉丁美洲民族国家格局。

随着 19 世纪末 20 世纪初美国的崛起，美国对拉美的干涉日益频繁，

---

① 李安山著：《非洲民族主义研究》，中国国际广播出版社 2004 年版，第 3 页。

拉美国家不愿在摆脱殖民统治后又落入美国的势力范围，提出了具有反美主义色彩的"泛拉丁美洲主义"，主张拉美国家团结一致，反对美国的扩张。在第一次世界大战和1929年经济危机的刺激下，拉美经济民族主义逐渐发展起来，其强劲势头延续至20世纪80年代。大萧条不仅使拉美国家看到了民族经济的脆弱性，而且还使它们"将注意力转向民族主义的另一种形式，即经济民族主义或发展民族主义"①。按照美国学者E.布拉德福德·伯恩斯（E. Bradford Burns）的观点，拉美经济民族主义有四个显著特点：一是各国左翼政治人物掌控了国家政权，可有力地推行民族主义经济措施；二是民族主义者极力反对外国资本的经济渗透；三是民族主义者普遍反对美国的经济霸权；四是民族主义者主张发展经济，其主要措施是政府控制自然资源，限制外国资本，推动工业化，发展对外贸易。20世纪80年代以来，拉美各国在经济民族主义和新自由主义经济政策间摇摆，探寻着符合拉美实际的发展之路。当时，拉美遭受了严重的经济债务危机，各国的经济政策模式开始转向新自由主义经济政策。但是经过几年的实践，新自由主义经济政策效果不彰。新自由主义的失败从反面激活了拉美左派力量，崛起的左派象征着拉美经济民族主义思潮重新趋向高涨。过去15年，拉美的中左翼政府和经济民族主义为这一地区带来了新的生机活力，然而随着全球性危机所带来的大规模经济衰退，"粉红浪潮"逐渐退场，再次引发拉美各国对经济民族主义的质疑和反思。

4. 中东民族主义

第一次世界大战后兴起的中东民族主义运动建构了中东民族国家体系的雏形。一战后，中东阿拉伯地区被西方殖民列强以委任统治的形式进行

---

① ［美］E.布拉德福德·伯恩斯著，王宁坤译：《简明拉丁美洲史》，湖南教育出版社1989年版，第257页。

了瓜分。此后，中东国家争取民族解放的斗争基本上都是沿着殖民时代划定的政治疆域展开的。因之，在中东阿拉伯国家间，究竟是应该用阿拉伯民族主义来实现阿拉伯民族统一，还是坚持主权国家认同的阿拉伯国家民族主义，始终存在争议。两次世界大战期间，中东地区出现了两次民族民主运动的高潮，一系列民族国家相继诞生。第二次世界大战后，随着英法两国实力的衰落，以及中东民族主义特别是阿拉伯民族主义运动的迅速发展，到20世纪70年代初，中东大多数国家都实现了主权独立。

中东民族主义的特点主要体现为世俗的国家民族主义与伊斯兰民族主义的较量。从20世纪60年代末开始一直到冷战结束，世俗的国家民族主义总体上在该地区占据优势地位，民族国家体系在中东地区得到巩固和发展。这一时期，中东国家之间的边界虽存在一定争议，但大体已经划定，中东地区进入了"强人政治"时代，政府的控制力大幅加强，公民的民族国家认同感进一步增强。不过，1979年伊朗"伊斯兰革命"的爆发以及霍梅尼主义的形成给世俗的国家民族主义以沉重一击。特别值得一提的是鲁霍拉·霍梅尼（Ruhollah Musavi Khomeini），他是伊朗伊斯兰革命的领袖和伊斯兰共和国的缔造者。1962年至1989年，他发表了大量的布道、谈话、演说和声明，这些带有浓厚宗教色彩的政治言论构成了被一些学者称为"霍梅尼主义"的意识形态体系，并成为当代伊朗伊斯兰政治模式的蓝图和伊朗伊斯兰共和国的官方意识形态。霍梅尼主义将伊斯兰主义、平民主义和第三世界主义熔于一炉，加上某些政治现代主义的因素，形成一个内容庞杂的思想体系。可以说，霍梅尼主义是在伊朗特殊的社会历史条件下和现代化挫折中产生的、由激进派教士领导的政治社会反抗运动的意识形态，是具有伊朗特色的现代伊斯兰主义。[1]到20世纪80年代以后，中东世俗的国家民族主义、伊斯兰民族主义均受到全球化的猛烈冲击。21世

---

① 李春放：《论伊朗现代伊斯兰政治模式》，《历史研究》2001年第6期，第144—147页。

纪以来，中东宗教民族主义不时泛起，伊斯兰民族主义的极端化以及与恐怖主义的合流，搅动着国际和地区秩序。可以说，世俗的国家民族主义与伊斯兰民族主义之间的互动将在一定程度上决定着中东地区格局变化的方向与态势。

（三）当代民族主义的影响

冷战结束后，民族主义以一种新的面貌再次勃兴，"民族主义从冷战时期被抑制，到冷战结束后一下子全面爆发；从以往仅局限于资本主义国家和第三世界国家，到发生在社会主义国家；从过去以政治、文化领域为主，到现在逐渐渗透到经济领域；从以往集中发生在某个国家或地区，到现在影响全球"[1]。这再一次证明民族主义作为一种意识形态和社会政治运动的强大生命力。当代民族主义导致了国际国内政治力量分化组合，既带来了民族国家间的交流与合作，也带来了部分地区安全形势的动荡不定，概括起来，其影响主要体现在以下三个方面：

1. 民族主义是推动国际格局演变的重要力量

从历史上看，民族主义是国际格局转变的关键力量。首先，民族主义过分伸张并以两次世界大战的方式沉重打击了资本主义体系主导下的国际格局。通过两次世界大战，民族主义"十分彻底地完成了对资本主义世界体系的改造"[2]。其次，在冷战终结的过程中，民族主义发挥了对社会主义阵营和对西方阵营的瓦解和分化作用，并通过构建新的民族国家、

---

[1] 刘慧、于健：《冷战后世界民族主义的发展、演变及其反思》，《沈阳师范大学学报》（社会科学版）2007 年第 3 期，第 47 页。

[2] 陈林：《论民族主义对 20 世纪历史的重构》，《欧洲》1995 年第 5 期，第 20 页。

解构旧的多民族国家推动国际格局转变。冷战结束之际，德国的再度统一，苏联、南斯拉夫、捷克斯洛伐克的分裂对整个国际格局和欧洲格局的改变产生了重要的作用。[①]

2. 民族主义促进了国际关系的民主化和世界的多元化

冷战后，某些西方大国不遗余力地图谋单极霸权，推行强权政治，这是一种隐性的民族主义。"发达资本主义国家尽管在全球化进程中讳言民族主义，甚至谴责他国的民族主义，打着民主、自由、人权的旗号，维护的却是西方大国膨胀了的民族利益即霸权利益，企图继续主宰世界事务，因此实质上仍是一种扬威型民族主义。"[②] 对此，各民族国家，特别是广大发展中国家高举民族主义和主权大旗，勇于反对国际社会中的霸权主义，强调国家主权的不可侵犯。前殖民地人民通过自身的民族主义运动实现了国家的独立与民族的解放，瓦解了殖民体系，促进了国际关系民主化的发展。另外，民族主义从一开始就是与民主主义联系在一起的，它们都建立在平等和自由等价值观基础之上。冷战之后，民族主义通过推动国际合作和竞争，促进国际社会的多元化和民主化。在以民族主义为支撑的民主主义的推动下，世界多极化趋势日渐明显和加强。

3. 极端、狭隘的民族主义是引发国内、国际冲突的重要诱因

冷战结束以来，世界各地的民族冲突、宗教矛盾层出不穷，不仅给国际政治的地缘结构带来了巨大冲击，也使得有关国家内部的政治生态持续发生变革，导致世界范围内的局部战争、地区冲突延绵不断。从多民族国

---

① 刘中民、赵爱鸿：《论民族主义对国际格局的影响》，《宁夏社会科学》2005年第1期，第79页。
② 中国现代国际关系研究所民族与宗教研究中心著：《全球民族问题大聚焦》，时事出版社2001年版，第33页。

家的角度看，如果狭隘民族主义过于膨胀，极易被某些分裂势力所利用而演变为民族分裂势力，从而引起动荡，乃至于国家分裂，特别是这种民族分裂势力与国外敌对势力相互配合时，其危害性与危险性更大。从国际层面来分析，如果一国民族主义情绪高涨，极端民族主义发酵，容易歧视其他民族，信奉本民族至上，并可能因此走上对外扩张的道路。冷战后时期，因民族主义而引发的武装冲突约占世界武装冲突的80%。[①] 自2011年以来，世界各地因民族矛盾而起的内战并波及邻国或外部国家的至少有10起，主要涉及利比亚、埃及、叙利亚、苏丹、南苏丹、索马里、伊拉克等，很多冲突至今没有结束的迹象，给当地人民带来极大伤害。[②]

民族主义具有两面性。因而，对于民族主义作用的评价，必须要具体分析它所处的社会历史条件以及对本民族的发展进步和人类历史进步作用并进行综合判断。[③] 应该意识到，民族主义在打破西方殖民体系，塑造与建构当前国际格局中发挥了建设性作用，同时也要认识到民族主义如果不能得到正确的理解、恰当的运用，则可能会对国家稳定与世界和平造成破坏性影响。总之，民族主义是一把双刃剑，如何巧妙地发挥其积极性，抑制其消极性，阻止其破坏性需要高度的政治智慧与高超的政治艺术。

［陈积敏，中共中央党校（国家行政学院）国际战略研究院世界思潮研究所副所长、教授；高辉，中共中央党校（国家行政学院）研究生院博士研究生］

---

① 田建明：《试析冷战后民族主义浪潮对国际关系的影响及其发展趋势》，《青海民族研究》2009年第2期，第138页。

② 王联：《试析冷战后世界民族问题的发展态势》，《国际政治研究》2014年第5期，第11—12页。

③ 刘吉昌：《民族主义发展及功能初探》，《贵州民族研究》1997年第3期，第28页。

三、罪大恶极的法西斯主义

法西斯主义是第二次世界大战发动者的思想基础，法西斯政权是世界上最反动的政权，法西斯主义思潮是 20 世纪影响最为恶劣的思潮。这种思潮使富有理性的德意志民族疯狂，不仅给世界也给德意志民族本身带来了严重伤害。1945 年 5 月 8 日德国无条件投降后，德国法西斯受到比较彻底的清算。意大利和日本在法西斯政权垮台后，都建立了民主政权，制定了民主宪法。1970 年 12 月 7 日，时任联邦德国总理勃兰特在华沙犹太人遇难者纪念碑前的惊世一跪，表明德国彻底反省战争罪责，德国得到被侵略国家的谅解。

为了不忘历史，2005 年 5 月柏林建成犹太人大屠杀纪念馆，该馆位于勃兰登堡门附近，占地 1.9 万平方米。有德国人抱怨，这是"为我们的不光彩过去树立丰碑"，但当今的德国之所以值得人们尊敬，恰恰在于他们敢于直面不光彩的过去。

（一）法西斯主义从思潮到政权

法西斯是拉丁语 fasces 的音译，其本来的意义是"束棒"，其形状是一把斧头绑在由多根木棍组成的棒上，这是古罗马时期权力和威信的标志，是团结、理智和刑罚的象征，其寓意是权力在大家的支持下，对恶行进行惩罚。古罗马时期，法西斯作为执政官的一种权力象征，有时还会用一些月桂花环来对其进行装饰。后来很多国家都使用过这种象征，如法国大革命后建立的第一共和国就使用了法西斯的标志。

意大利独裁者墨索里尼对法西斯的借用，败坏了法西斯。1919年3月23日，墨索里尼在意大利米兰成立了一个反社会主义的极端组织，该组织借用"法西斯"命名自己的组织，称"战斗法西斯"，从此，法西斯成了极端组织和政党的理念，被称为"法西斯主义"。法西斯主义的核心就是极端民族主义与大国沙文主义及军国主义的结合体，崇尚无条件服从于一个国家、一个民族、一个意志、一个权力，以团结铸造力量作为信条。法西斯主义与独裁、暴政成了同义词。第二次世界大战期间，意大利的"意大利法西斯政党"和墨索里尼政权、日本的"军国主义"以及德国希特勒的纳粹党，都被归入法西斯主义之列。法西斯主义是一种结合了社团主义、工团主义、独裁主义、极端民族主义、中央集权的军国主义、反无政府主义、反自由放任的资本主义和反共产主义的政治哲学。《大英百科全书》对法西斯主义的定义为：个人的地位被压制于集体——例如某个国家、民族、种族或社会阶级之下的社会组织。

意大利王国是帝国主义国家中经济、军事实力都很脆弱的国家。意大利王国的法制不健全，中央政府软弱无能、政权更迭频繁，墨索里尼乘机抓住了机会，篡取了政权。墨索里尼出身寒微，靠着自己的聪明才智和杰出的政治才能一步步成为意大利的独裁者。意大利曾作为同盟国一方参加第一次世界大战，后倒向协约国，但意大利在一战中并没有捞到什么好处，反而背上了沉重的债务包袱，严重影响了意大利的经济和社会稳定。战后的意大利面临着严重的通货膨胀、金融混乱和财政匮乏等问题，企业大批倒闭，工人和农民运动一浪高过一浪，国内政局动荡不安，人民生活困苦。1921年，墨索里尼把"战斗法西斯"改组为"法西斯党"，并制定了党章，创立了"法西斯主义"，墨索里尼被称为"领袖"。墨索里尼和他的法西斯理论打着追求秩序与公正的旗号,受到人们的欢迎和追捧。1922 年,法西斯党利用当时的罢工,周密策划了"罗马进军",10 月 31 日,墨索里尼被任命为意大利总理。担任总理后,墨索里尼下令解散非正规军,组织了一个在法西斯党领导下的混合内阁。1925 年 1 月,墨索里尼宣布国家法西斯党为意大利唯一合法政党,从而建立了意大利法西斯主义的独裁统治,镇压工人和民主运动,迫害进步人士,将浪漫的意大利变成了战争策源地。墨索里尼兼任 20 多个职务,成为国会议长、陆军总司令、内政部长、外交部长以及宣传部长等。1926 年 10 月,墨索里尼颁布法令取缔反法西斯组织。1938 年,墨索里尼下令取消议会,建立了赤裸裸的独裁统治。

在建立了法西斯政权后,墨索里尼便开始对外扩张。1923 年 8 月,意大利法西斯军队按照墨索里尼的命令侵占了科孚岛。1934 年,墨索里尼派兵侵入埃塞俄比亚,残酷镇压当地人民的反抗,对埃塞俄比亚人民犯下了滔天罪行。1936 年 5 月 9 日,正式宣布吞并埃塞俄比亚。1936 年 8 月,墨索里尼成立了武装干涉西班牙的委员会。1937 年 11 月 6 日,墨索里尼统治的意大利签署了《反共产国际协定》,死心塌地追随希特勒,与德国、日本结成反共联盟,进一步加快了对外侵略的步伐。

无论是作为思潮,还是作为政权,影响最大的都是希特勒的德国法西斯。严格来说,希特勒并不是德国人,他出生在当时奥匈帝国的布劳瑙。父亲是奥匈帝国的海关职员,家庭不是很富裕,但他希望儿子能够好好读书,将来做个公务员。希特勒早年想当画家,后来热衷于政治,成了一个狂热的日耳曼民族主义者。1914 年 8 月,希特勒参加了第一次世界大战,并在战斗中负伤。1919 年 9 月,希特勒加入德国工人党,并担任党主席团委员,当时这个党只能算个小政治团体,只有 54 名成员,其纲领是社会主义、国家主义、反犹主义的思想的混合体。希特勒利用自己出色的演讲鼓动才能和民众对《凡尔赛和约》的不满,竭力扩大德国工人党的影响,吸引了大批追随者。希特勒在党内的地位不断提高,他起草了新的 25 条党纲，基调是反犹主义、国家主义和普通民众向往的社会要求。为了吸引群众，希特勒利用当时德国盛行的民族主义和社会主义两大潮流，把党名改为"国家社会主义德国工人党"，即纳粹党。1920年 2 月 24 日在群众大会上正式公布了党纲和党名。1921 年 7 月，希特勒成为纳粹党元首，享有指挥一切的权力。1923 年 11 月 8 日，希特勒发动啤酒馆暴动。暴动虽然以失败告终，但因此提高了他的知名度。1925 年 1 月，希特勒出狱后开始假意遵纪守法，重建纳粹党。到 1928 年，纳粹党逐渐变成一个有实力的政党，其冲锋队有几十万人，保护纳粹党举行的集会，捣乱其他政党的集会和恫吓那些反对希特勒的人。在此基础上，希特勒建立了宣誓效忠于他的党卫队。

在希特勒崛起的过程中，《我的奋斗》发挥了重要作用。该书由希特勒口授，其忠实的追随者鲁道夫·赫斯执笔撰写。第一册《清算》是希特勒的自传，第二册《国家社会主义运动》是其政治宣言。《我的奋斗》于 1925 年出版，初版一万套被抢购一空。由于书名《我的奋斗》很吸引人，许多人把它当成了励志的书，而希特勒所宣传的极端民族主义，对于当时认为《凡尔赛和约》惩罚德国不公平的民众来说，很合他们的心意。希特勒很会进行迎合人民心理的宣传，他宣称，"只要坚持不断地进行精明的宣传，就可以将天堂说成地狱，将苦难生活说成幸福乐园"。[1]有人计算过，以二战欧洲战场损失人口而论，德文版《我的奋斗》里每个单词等于 125 个生命，每一页剥夺了 4700 人的生命。1945 年后，这本"世界上最危险的书"在德国被禁止再版。日尔曼民族出了许多伟大的思想家和科学家，德国也是当时世界上教育普及程度最高的国家，希特勒违反人道与理性的宣传，为什么能使那么多人盲目地追随他，是个值得思考的问题。

第一，希特勒有那么多拥护者，与世界经济大危机直接相关。1929

---

① 转引自［英］爱德华·卡尔著，秦亚青译：《20 年危机（1919—1939）：国际关系研究导论》，世界知识出版社 2005 年版，第 129 页。

年 10 月 24 日，纽约证券交易所回荡着绝望的叫喊声，股票价格雪崩似的跌落，人们歇斯底里地抛售手中的股票。该日共交易 1300 万股股票，超出每天正常交易量 10 多倍，许多人顷刻破产，当天就有 8 人自杀。这一天后来被称为"黑色星期四"。此后，资本主义世界爆发了空前的经济大危机，股票狂跌，市场萎缩，工人失业，社会一片混乱。经济危机对德国的打击，比除了美国以外的其他国家都要沉重，对于失业绝望的德国人来说，希特勒成了他们的救命稻草。1932 年 11 月，德国选民将 33.1% 的选票投给了纳粹党。1933 年 1 月 30 日，希特勒上台执政。希特勒要为德国重夺荣耀，重建一个强大的德国，因为历史上德国有过两次鼎盛时期，他要建立"第三帝国"。

第二，与战后协约国对德国的惩罚有关。英法虽然赢得了第一次世界大战，但遭受了重大损失，因此，一战后签订的《凡尔赛和约》对德国的惩罚也比较重。德国的魏玛共和国是个软弱的政权，没有建立起有效治理国家的体系，无法实现德国民族主义打破"凡尔赛体系"束缚的目标，希特勒的胜利也是德国民主失败的结果。德国不愿忍受由英法美等国操控的世界格局，要重新成为世界的重要玩家，组织严密的纳粹党比魏玛共和国政府似乎更给人以力量。

第三，与工人阶级的分裂直接相关。在转入新经济政策后，列宁认为革命形势已经不存在了，致力于搞国际统一战线，加强工人阶级的团结。列宁去世后，斯大林等人不重视统一战线，重新把推进世界革命放在重要地位。要求德国共产党加强与德国社会民主党的斗争，甚至把德国社会民主党看成是比法西斯还危险的敌人。工人阶级的分裂削弱了反法西斯的力量，希特勒的花言巧语赢得了不少工人的支持。

第四，与人们的从众心理和愚蠢有关。希特勒以敏锐的政治嗅觉和难以置信的煽动能力，让整个德国失去了思考能力，陷入了疯狂。那些选举和追随希特勒的人，许多可以被归为没有理性和愚蠢之列。曾参与除掉希特勒行动的迪特里希·朋霍费尔看到这么多德国人支持希特勒，不无感触地写道："愚蠢是比恶意更加危险的敌人。你可以抵抗恶意，你可以揭下它的面具，或者凭借力量来防止它。恶意总是包含着它自身毁灭的种子，因为它总是使人不舒服，假如不是更糟的话。然而面对愚蠢，根本无法防卫。要反对愚蠢，抵抗和力量都无济于事，愚蠢根本不服从理性。假如事实与一己的偏见相左，那就不必相信事实，假如那些事实无法否认，那就可以把它们干脆作为例外推开不理。所以同恶棍相比，蠢人总是自鸣得意。而且他很容易变成危险，因为要使他挥拳出击，那是易如反掌的。"[1] 愚蠢是一种道德上的缺陷，而不是理智上的缺陷。"他已被他人作祟，他的眼已遭蒙蔽，他的人性已被利用、被糟蹋。一旦他交出了自己的意志，变成了纯粹的工具，就再也没有什么罪恶的极限是蠢人所不会到达的了，但他仍然始终不可能了解那是罪恶。"[2] 希特勒用从犹太人那里剥夺来的财富、从别国抢来的财富施惠于德国普通人的时候，他们自私地、心安理得地接受了，这成为他们继续支持希特勒的动力。

第五，希特勒打着国家社会主义的旗号，具有很强的欺骗性。希特勒的25条党纲中有许多欺骗下层群众的内容，如取消不是靠工资得到的收入，把托拉斯收归国有，国家分享大公司的利润，取消地租和禁止土地投机，把垄断性的大商店收归国有，廉价租给小商人等。到希特勒掌权时，大资本家和工业家支持纳粹，这些措施也就不会执行了。

法西斯主义政权，对内实行极端专制，加强对人们的控制，迫害进步人士；对外进行侵略和扩张，希望建立庞大的帝国。由于这种思潮的极其反动性，"法西斯主义毕竟不曾发展成一股重要的运动，最多只在第二次世界大战期间的被德国占领的欧洲地区鼓动那些与德国狼狈为奸之人罢

---

① ［德］迪特里希·朋霍费尔著，高师宁译：《狱中书简》，四川人民出版社1997年版，第7页。
② ［德］迪特里希·朋霍费尔著，高师宁译：《狱中书简》，四川人民出版社1997年版，第8页。

了"。^①在德意法西斯扩张的过程中，在其征服的地区，如匈牙利、罗马尼亚、保加利亚、克罗地亚、法国等，扶植了一些法西斯政权。

（二）德国法西斯主义是最危险的敌人

1935 年 7 月 25 日至 8 月 20 日共产国际第七次代表大会在莫斯科召开，出席代表大会的有 65 个国家和地区的 510 名代表，其中有表决权的 371 人。大会主要任务是制定共产国际和各国共产党反对法西斯主义和反对新的战争危险的策略和方针。共产国际执委会总书记季米特洛夫在会上作报告，指出：法西斯主义是最反动、最主张民族侵略主义、最抱帝国主义野心的财政资本家的公开的、恐怖的专政，为了反对和战胜法西斯，必须建立包括工人、劳动农民、城市小资产阶级、知识分子和其他反法西斯力量在内的各国反法西斯人民阵线和国际反法西斯统一战线。此时，希特勒上台只有两年多，刚刚走上重整军备之路，如果各国都能接受季米特洛夫报告对法西斯的定性，认清了希特勒的本质，积极进行反法西斯斗争，完全有可能避免后来的悲剧。

希特勒要干什么并不是什么秘密。在他所拟定的纳粹党纲领和《我的奋斗》中都有明确表述。其中所反映的纳粹德国的法西斯理念比意大利的"法西斯主义"更残暴、更反人类，把法西斯主义定位为最反动、最富侵略性、最恐怖专政的政权是恰当的。德国法西斯主义的理论基础可以概括为："种族论""国家至上论""领袖权威论"和"生存空间论"。希特勒不仅宣扬极端民族主义、国家主义、扩张主义，还大肆宣扬种族主义。

希特勒在发动侵略战争前，最先侵犯的对象是犹太人。在《我的奋斗》中，希特勒就提出要对犹太人使用暴力，把消灭犹太人作为他的首要任务。

---

① ［英］艾瑞克·霍布斯鲍姆著，郑明萱译：《极端的年代：1914—1991》，中信出版集团 2017 年版，第 138 页。

在希特勒看来，德国在第一次世界大战中并未战败，而是被犹太人以及犹太人所鼓动的人们用匕首在背后刺了一刀。希特勒把德国的失败归咎于犹太人是毫无根据的，无论是在一战中，还是在魏玛共和国时期，犹太人都没起到过决定性作用。希特勒反犹的基础是种族主义，把人像动植物那样分成种类，可以根据效用标准消灭某些人种。在希特勒看来日耳曼人所属的雅利安人种是优越的，犹太人是劣等民族，应该被消灭。当犹太人资产被没收后，德国的大小企业利益均沾，他们自然也不会反对希特勒消灭犹太人的计划。

希特勒发动战争的主要理论是使空间适应人口说。德国在一战中丧失了7万多平方公里的领土，但他绝不是只要收回这些领土，而是要不断为他所谓的"优秀"的人种争取生存空间。希特勒认为，只有"当一国（种族上最优越的那一国）取得了完全而无可争辩的霸权时"，世界和平才会到来。[1] 也就是说，世界要由这个"优等"的日耳曼民族的德国来统治。希特勒宣扬所有日耳曼人在一个大德意志国家中统一起来，这是明显违背《凡尔赛和约》的。希特勒吞并奥地利、侵占苏台德，要求波兰归还但泽和波兰境内日耳曼人居住区。这些打着种族主义旗号的侵略行为，让人民盲目跟随他进行战争。

希特勒动员民众的重要手段是民族主义，德国要为一战雪耻。德国是同盟国中最强的，当然也是协约国最重要的敌人，《凡尔赛和约》力图进一步削弱德国，使其不能东山再起。但在许多德国人看来，这对德国是不公平的，德国要对此进行报复。同时，有个社会阶层不可忽视，正如英国学者霍布斯鲍姆所写的："第一次世界大战本身，对一个重要的社会阶层产生了极大的冲击，也就是以中产阶层和中低阶层为主信仰国家主义的士兵阶层。这一群德国青年男子，在1918年11月苏俄因革命退出战争之

---

① ［美］格哈特·温伯格著，何江等译：《希特勒德国的对外政策》（上编），商务印书馆1992年版，第11页。

后，痛失杀敌立功的良机，对人生英雄岁月的不再而大感怅惘。""1914—1918 年间的战事虽然可怖，对这些人来说，却是一场重要的经验，带给他们无比的激励。军服、纪律、牺牲——不管是自我还是他人的牺牲——以及鲜血和权力，这才是男子汉大丈夫活在世上的意义。"[①] 第一次世界大战后，各种反战的和平主义思潮与运动在欧洲发展，但对这些好战的人士却没有发挥制约作用。

希特勒强调要建立一个强大的中央集权的国家，一切听命于元首。希特勒是通过合法手段上台的，他上台后首先做的就是破坏原来的政治规则。1933 年 2 月 27 日纳粹党制造了国会纵火案，污蔑共产党人所为，宣称第三国际策划国会纵火案，并逮捕了 3 名共产国际驻德的保加利亚人：季米特洛夫、塔涅夫和波波夫。以此为借口，希特勒达到了重新选举国会的目的。在 1933 年 3 月 5 日的议会选举中，纳粹党得到了 44% 的席位，国家人民党宣布与纳粹党合作，共占了 52% 的席位，纳粹党强行通过了特别授权法，希特勒因此可以不通过议会自行制定规章以代替法律。特别授权法通过后，希特勒在一个月内取缔了所有非纳粹党，建立了纳粹独裁政权。希特勒借助冲锋队、党卫军全面控制社会，整个社会被囚禁在国家机器之中，政治统治对人的非政治生活无孔不入，社会彻底政治化了。共产党、社会民主党等反纳粹的力量受到严重摧残，已经无力再与希特勒进行斗争。到 20 世纪 30 年代中期，在欧洲大陆上只有法国共产党还没有从政坛上消失。

无论是国土面积和经济军事潜力，还是地理位置和人口，德国都是欧洲的强国，正是德国法西斯政权的建立，扩大了法西斯的影响。"1933 年初，希特勒若不曾夺取德国政权，法西斯主义绝不可能变成大趋势。事实上，意大利地区以外，凡是稍有成就的法西斯运动，都在希特勒上

---

① ［英］艾瑞克·霍布斯鲍姆著，郑明萱译：《极端的年代：1914—1991》，中信出版集团 2017 年版，第 149、150 页。

台之后方才成形。""法西斯潮流之所以对欧洲造成较大冲击，全是因为当时德国国际霸权地位不断提高之故。"① 德国法西斯主义打着反共产国际的旗号，一步步走上扩张之路。待到其战略部署完成，为了消除两线作战的不利局面，德国率先同苏联签署了互不侵犯条约。

在德国、日本、意大利法西斯扩军备战，甚至开始侵略他国之时，维护现行国际秩序的力量却极为虚弱。面对国际社会挑战现状的势力不断膨胀，并倾向于采取战争等极端方式解决问题，英国、法国等维护秩序的力量却无力回应，想通过绥靖主义息事宁人，客观上助长了法西斯和军国主义。

（三）法西斯主义给人类造成了巨大损失

亲身经历了纳粹德国种种事件，集历史学家和亲历者于一身的美国人威廉·夏伊勒在描述希特勒当上德国总理那一幕时写道："那个年方43、留着查理·卓别林式的胡子的人，那个年轻时候在维也纳做过一事无成的流浪汉、第一次世界大战中当过无名小卒的人，那个在战后最初那些黯淡的日子里在慕尼黑无人闻问的倒霉蛋，那个啤酒馆政变中有点滑稽的领袖，那个根本不是德国人而是奥地利人的煽动家，已经宣誓就任德国总理了。"② 当时虽然有人不安，但没有人想到他会把全世界几十亿人口投入战争的搅肉机，给世界带来空前的大劫难。

1945年4月30日，为了逃脱人民的审判，希特勒自杀身亡，5月8日德国签署了投降书。早在希特勒死亡之前，墨索里尼就失去了权势和生命。1943年7月25日，墨索里尼被国王埃曼努尔三世解职，并被秘密关押在蓬察岛。同年9月8日意大利向盟军投降。10月13日意大利巴多利

---

① ［英］艾瑞克·霍布斯鲍姆著，郑明萱译：《极端的年代：1914—1991》，中信出版集团2017年版，第137、138页。

② ［美］威廉·夏伊勒著，董乐山等译：《第三帝国的兴亡——纳粹德国史》（上），世界知识出版社1996年版，第6页。

奥政府对德宣战，法西斯轴心解体。1945年4月27日，墨索里尼在逃亡途中被游击队俘虏，次日，墨索里尼及其情人克拉拉·贝塔西在科莫省梅泽格拉被枪决，他们的尸体被运到米兰倒吊在洛雷托广场的一个加油站顶上示众。最后一个灭亡的是日本法西斯，在中美苏三国的联合打击下，日本于1945年8月15日宣布投降，9月2日正式签署了投降书。正义终究战胜了邪恶，反法西斯战争取得了伟大胜利。

希特勒建立的第三帝国只存在了12年4个月，但"它在地球上造成了震撼一切的火山爆发，其强烈程度为前所未有；把德国人民送上权力的顶峰，那是他们一千多年以来从来没有达到过的；使他们一度成为从大西洋到伏尔加河，从北角到地中海的欧洲的主人；接着又在世界大战结束的时候，把他们投入毁灭和破坏的深渊"①。希特勒与意大利、日本发动的第二次世界大战，导致了全世界绝大多数国家都陷入了这场战争，战争打断了许多国家正常的发展进程，使几千万人失去了生命，让更多的人失去了家园。

第二次世界大战是人类文明的大灾难，有61个国家和地区卷入战争，战火遍及亚、欧、非、大洋洲4个大洲和太平洋、大西洋、印度洋和北冰洋4个大洋，世界人口的80%被卷入战争，军队和民众伤亡超过1亿人，其中中国伤亡人数超过3500万，苏联死亡人数超过2700万。大战造成的物质损失难以计算，损失最为惨重的是苏联和中国，大半个中国被日本侵略者占领，苏联欧洲领土的大部分也被德国法西斯占领，有1710座城镇、7万个村庄遭到了德军侵占和破坏。

法西斯的残暴突破了人类文明的底线。德国法西斯对犹太人有组织的残害令人发指。欧洲国家大约有886.18万犹太人直接或间接处于纳粹的控制之下，据估算，纳粹杀害了其中593.39万人，即其中的67%。六大集中

---

① ［美］威廉·夏伊勒著，董乐山等译：《第三帝国的兴亡——纳粹德国史》（上），世界知识出版社1996年版，第7页。

营是有组织杀戮犹太人的主要区域：奥斯威辛杀害了200多万人、马伊达内克138万、特雷布林卡80万、贝乌热茨60万、海乌姆诺34万、索比布尔25万。这种集体屠杀的方式在奴隶社会的战争中有过，在近代以来的文明社会是史无前例的。日本侵略者对中国平民百姓的残忍程度不亚于德国法西斯，其"三光"政策和细菌战，都造成了大量中国平民的伤亡。

法西斯是最邪恶的政权，对资产阶级革命以来倡导的自由、平等、博爱，以及资产阶级民主制度带来了沉重打击。法西斯让德意日重新退回到了野蛮状态，个人的自由与尊严受到绝对排斥，盲目服从元首、天皇。为了防止法西斯复活，第二次世界大战后，战胜国对德意日进行了民主改造，铲除了其法西斯的政治经济基础，使资本主义民主制度重新恢复了生机。1975年西班牙的佛朗哥死后，其独裁政权和平转变为多元的民主体制。鉴于法西斯带来的巨大危害，至今全世界各国还在警惕"法西斯意识"的萌芽。

第二次世界大战结束70多年了，为了防止二战的悲剧重演，需要大国负起维护和平的责任。在纪念二战胜利75周年时，普京在美国媒体发文呼吁，"第二次世界大战不是朝夕之间发生的，不是突然开始的，德国对波兰的侵略也并不是突发的，战前所有事件形成一个致命的链条。毫无疑问，人类历史最大悲剧的主要原因在于国家的利己主义、怯懦、对侵略者力量渐增的纵容以及政治精英不想寻找妥协"。法西斯现象的出现，说明科学技术的进步并不一定带来社会文明的进步，人类要避免极端主义的伤害，需要加强理性和人道主义教育，需要警惕极端民族主义。在物质条件不断改善的今天，国家需要承担起解决两极分化的责任，让社会发展得更加公平，铲除极端主义存在的土壤，加强惩恶扬善的法治建设，把极端主义消灭在萌芽状态。

［左凤荣，中共中央党校（国家行政学院）国际战略研究院副院长、教授］

四、和平主义的兴起及其影响

自人类社会诞生以来，战争与和平便如影随形至今。人们尽管厌恶战争，期望永久和平，但战争的魔影却始终挥之不去，甚至有愈演愈烈之势，其后果更可能造成人类自身的毁灭。可以说，战争与和平是人类社会关心的永恒主题，长期的和平相处之道也一直是人们孜孜以求的目标。和平主义是人类对护持和平之路进行探索与实践的一种具体努力，闪现着人性的光辉与理想的光芒。

（一）和平主义的缘起与发展

"和平主义"（Pacifism）理念始自近代，但人类对和平的探索与实践则早已有之，并反映在东西方文化之中。"和平主义"理念具有深厚的伦理基础，并在近代发展成为实践运动，促进了人类对战争与和平关系的思考，在维护世界和平与安全方面发挥了一定作用。

1. 东西方文化中的"和平主义"思想

和平主义是一种反对战争或暴力的理念，该词由法国和平活动家埃米尔·阿诺德创造，1901 年在格拉斯哥举行的第十届世界和平大会上被其他和平活动家采用。[1]

自古以来，人们对和平的向往与追求是人类社会的主旋律。"和平"是中国传统文化的重要基因，深深融入中华民族的血脉之中。无论是君主还是平民都对和平有着孜孜不倦的向往。统治者以"天下太平""国泰民安"作为王朝的施政目标，除了祭祀祈求上天赐福和建立军队维护统治外，还以"礼制"作为协调国家社会内部关系的重要规范与手段。他们还以"和""平"等字眼来命名年号和宫殿，以表达对和平的企望。自春秋战国以来，中国知识分子就有着对"和平"愿景的构想。以老庄为代表的道家学派主张阴阳协调，追求人与人、人和自然之间的和谐。以墨翟为代表的墨家学派具有强烈的政治属性，其主张"兼爱""非攻"，意即"爱利百姓"，平等相待，以"兴天下之利，除天下之害"为己任，反对不义的侵略战争。可以说，墨家思想是中国古代和平主义思想的重要体现。此外，兵家学派虽以研究战争、赢得战争为目的，但也认为"不战而屈人之兵"乃上上之策。至宋代，理学家张载明确提出知识分子当"为万世开太平"的宏图大志。与此同时，普通民众则更是渴望和平安宁的生活环境，"安居乐业"是他们朴素追求的最好表达。中国古代社会是典型的农耕文明，土地是安身立命之所。国家统一、社会安定，广大劳动人民才不会流离失所。家庭是社会的细胞，中华文明尤其重视家庭关系的和谐友善，并将其作为兴旺发达的一个重要标志，所谓"家和万事兴"。可见，向往和平、追求和谐的思想早已深入人心，延续不断。

"和平主义"理念同样植根于西方文化之中。古希腊历史学家修昔底德在其著作《伯罗奔尼撒战争史》中引用大量史实，通过对斯巴达和提洛同盟两大阵营之间战争的反思，探讨了战争与和平的利弊，并挖掘出战争爆发的原因。反思战争爆发的原因正是追求和平的重要一步。政

---

[1] 刘炳香：《历史的另一面：欧洲和平主义思潮（1889—1914 年）》，《历史教学》2011 年第 3 期，第 63 页。

治学"鼻祖"亚里士多德虽然没有直接提出关于和平的见解，但是其所推崇的正义和幸福实则为"和平主义"理念的另一种反映。他指出，城邦以正义为原则，由正义衍生的礼法，可凭以判断（人间的）是非曲直，正义恰是树立社会秩序的基础。[①] 追求幸福是人类的共同向往。只有秉持正义的原则，才能建立良好的社会秩序，公民在城邦之中才会获得幸福。所以，正义是社会稳定与和平的基础，社会稳定与和平又是公民幸福的保障。此后，卢梭、格劳修斯和霍布斯等人都对战争与和平进行了探究，而康德可谓是"和平主义"研究的里程碑式人物。他在晚年撰写的《永久和平论》中先是提出了若干"国与国之间永久和平的先决条款"，尔后是三条"国与国之间永久和平的正式条款"，最后是关于"永久和平的保证"和哲学家为自己保留的"秘密条款"。康德认为应在"自由""平等"和"所有人都服从法律"这三项原则之上建立"共和制"，以此为基础发展"自由国家的联盟"，得到"世界公民权利"观念的认可与支持，由此才可实现永久和平的理想社会。此外，康德将人类向善和自然演进的法则视为世界和平的人性基础，并寻求现实世界里道德与政治在原则上的一致性。

2. 和平主义的伦理基础

无论是东方还是西方，"和平"理念一直存续于各自文化当中，这也为"和平主义"思想奠定了伦理基础。就本质而言，中华传统文化的内核实际上就是一种和平主义伦理观的反映。就人与自然而言，中国崇尚"天人合一"，强调人与宇宙万物的整体性、和谐性和统一性。即便是古代帝王也要"受命于天""奉天承运"。长期作为官方意识形态的儒家学

---

① ［古希腊］亚里士多德著，吴寿彭译：《政治学》，商务印书馆 1965 年版，第 9 页。

说视"中和"为天地万物的根本、流贯宇宙的法则，以及衡量人伦的标准。[1]就国家间关系而言，中国秉持"协和万邦"的理念。儒家倡导"大道之行，天下为公"，主张"协和万邦，和衷共济，四海一家"，意即人民和谐相处，国家友好交往。就人与人的关系而言，中国人崇尚与追求君子之交。《论语》有言"君子和而不同，小人同而不和"。"和而不同"道明了人际关系和谐的关键，而和谐人际关系是构建良好社会秩序的重要基石。就个人修养而言，中国人注重"修身"，讲究"仁爱"，追求良好德行，诸如"仁者爱人""己欲立而立人，己欲达而达人""君子成人之美，不成人之恶"等箴言均体现出这一思想。可见，"和合"思想是中华文明的精髓，也是追求和平的重要伦理支撑，"中华文化崇尚和谐，中国'和'文化源远流长，蕴涵着天人合一的宇宙观、协和万邦的国际观、和而不同的社会观、人心和善的道德观"[2]。

在西方，基督教文化与契约论思想是和平主义的重要伦理基础。早期基督徒推崇"非暴力"思想，他们甚至拒服兵役、反对战争。在他们看来，所有基督徒都是兄弟，不能让自己的兄弟姐妹流血，只能用精神之剑而非物质之剑来解决矛盾。《圣经》有许多关于和平的阐述，如"爱你的敌人""受保护的人是和平的缔造者""把你的剑放入剑鞘"，等等。契约论思想也是西方和平主义的另一个重要伦理基础。霍布斯是契约论的代表人物。他认为在自然状态下，没有一个更高的权威，因而造就了"一切人反对一切人的"战争状态。为了摆脱这种状态，人们必须运用自身理性签订"寻求和平，信守和平"的和平契约，以进入文明社会的时代。这种契约关系是一种合意的关系，彼此自愿加入，缔约方彼此独立而又平等，在互惠的过程中孕育了和平的善意。[3]

① 王泽应：《中国和平主义伦理论纲》，《求索》2018 年第 3 期，第 181 页。

② 习近平：《在中国国际友好大会暨中国人民对外友好协会成立 60 周年纪念活动上的讲话》，《人民日报》2014 年 5 月 16 日。

③ 曹刚：《论和平主义》，《中国人民大学学报》2015 年第 4 期，第 63 页。

3. 和平主义运动

在"和平主义"理念的影响下，和平主义运动开始出现并逐步发展壮大。1815年8月，纽约和平协会成立。11月，马萨诸塞和平协会成立。1816年6月，伦敦和平协会在英国成立。此后，类似的组织和团体如雨后春笋般涌现。1843年，和平主义者在伦敦首次举行国际和平会议。之后，1848年在布鲁塞尔、1849年在巴黎、1850年在法兰克福、1851年在伦敦、1853年在曼彻斯特和爱丁堡又多次召开会议。和平主义者号召裁减军备，平息战争，建立国际仲裁机构，提倡国际法，以和平手段解决国家争端。学者、作家、宗教人士、社会活动家以及妇女、青年学生等社会各界的参与，使和平运动成为颇具广泛性的民间社会运动。①

和平主义思潮和运动的发展与战争的发生有着紧密关系。例如，普法战争之后到第一次世界大战之前是欧洲和平主义运动的大发展时期。在此期间，国际和平组织兴起（如1889年成立的由各国议会议员参加的"促进国际仲裁各国议会会议"以及由各国民间人士组成的世界和平大会），国际仲裁逐步进入大众视野，两次海牙国际和平会议顺利举行。第一次世界大战的爆发是对战前和平运动的沉重打击，战争的长期化和残酷性使人们对于为什么要发动战争产生了越来越多的怀疑与反思。在此背景下，一战结束后至二战爆发前，欧美和平主义运动很快便发展起来。在此期间，诸如《西线无战事》《永别了，武器》等反战文艺作品涌现；国际联盟协会、费边社、国际和解联谊会等成员众多的和平团体发挥着重要作用，欧美等列强也频繁召开会议，商讨限制军备与裁军问题。

国际联盟（以下简称国联）的成立和《非战公约》的签署是国际和平主义运动的两个标志性事件。1920年成立的国联实行集体安全原则，

---

① 田涛：《欧美和平运动与近代中国》，《天津师范大学学报》（社会科学版）2011年第4期，第55页。

这是人类在探求和平、维护和平道路上的勇敢尝试。1928 年签署的《非战公约》（又称《白里安－凯洛格公约》）宣称废弃战争作为实行国家政策的工具，否定了战争的"合法性"，其主要内容包括：缔约各方"斥责用战争来解决国际纠纷，并在它们的相互关系上，废弃战争作为实行国家政策的工具"；缔约各方之间"可能发生的一切争端或冲突，不论其性质或起因如何，只能用和平方法加以处理或解决"。和平主义运动不仅体现在反对国家间战争方面，同时也是受压迫民族争取民族权利的一种手段。印度甘地所领导的"非暴力不合作运动"就是其典型代表。

和平主义运动虽然在限制与反对战争方面发挥了一定作用，但并未能有效保障和平。20 世纪 30 年代，随着军国主义实力的增强与法西斯势力的崛起，国际和平处于风雨飘摇之中，并最终走向了第二次世界大战。二战后，国际和平主义运动进一步发展，并初步形成了独立的学科门类——和平学，主要研究三个方面的问题：一是对历史与现实的各种和平运动的探讨与论述；二是对和平及其对立面如战争、敌对、暴力、冲突等的理论探讨；三是对和平教育的阐述与研究。[①] 总之，人类社会既有现实的不完美性，又有为实现理想社会而不懈探索的决心与精神。和平主义理念及由此而发起的和平主义运动就是为实现永久和平的理想社会而努力的具体体现。

（二）和平主义的基本主张与类别

和平主义作为一种理念和运动，其基本主张有如下几点。一是反对包括战争在内的暴力与强权。和平主义者认为，战争不能作为解决国家间矛盾的手段，也不能用暴力方式解决国内冲突，战争与暴力无法实现追求国

---

① 参见徐蓝：《第一次世界大战与欧美和平运动的发展》，《世界历史》2014 年第 1 期，第 4—5 页。

际和国内正义价值的目标。和平主义把生命、和平与非暴力视为最重要的价值。因此，大多数和平主义者都反对使用或威胁使用暴力，希望建立一个没有战争、免除暴力威胁的世界。他们主张以平等尊重原则解决价值冲突问题，以公益优先原则解决利益冲突问题，以互助友爱原则来化解社会敌意。[①] 二是致力于裁军运动，追求建立维持和平的体制、制度。和平主义者认为，军备竞赛是战争制度的必然结果。[②] 军备竞赛只会使国家间互信降低，不安全感加剧，引发冲突可能性增强。即便没有爆发战争，维持庞大的军事力量和升级军备也会耗费大量的国家实力，并对人民生活构成直接影响。因此，和平主义者主张大力裁减军备，并构建世界和平与安全的制度安排。例如，英国学者罗素秉持完全和平主义的立场，希望通过在军事上全面裁军、在经济上更加注重平等、在政治上建立世界政府和军队、在心理上消除种族仇恨以培育国际正义，从而实现持久和平。和平主义者除了关注人类社会和平相处关系外，还将关注点进一步延伸至人类与自然的和谐共生关系。例如，日本学者池田大作便奉行彻底的和平主义，主张把和平的理念贯彻到人与自然的关系中，应用于人类社会和自然世界，认为"自然界"也是一种"生命"，和平应遍及整个地球。同时，他认为和平应该包括过去、现在和将来，是可持续发展的过程。

　　"绿色和平主义"的兴起更加集中地体现出和平主义者关注领域的广泛性。绿色和平主义又称"绿色政治"，是 20 世纪六七十年代以来西方发达资本主义国家兴起的一种思想意识形态和政治运动，其思想主张涵盖了经济发展、环境保护、国内政治、国际关系等领域。在经济领域，绿色和平主义追求"可持续发展"目标，即经济发展要既能满足当代人的需要，又不损害子孙后代的发展，在促进经济增长的同时还要注重经济系统与环

---

① 曹刚：《论和平主义》，《中国人民大学学报》2015 年第 4 期，第 65—66 页。

② 杨通进：《战争、和平与道德——兼论和平主义的可能性》，《中国人民大学学报》2004 年第 3 期，第 96 页。

境系统的相互作用，力求实现一种比较协调、均衡、有连续性的发展。在环境领域，绿色和平主义尤为注重保护自然环境，秉持生态中心主义，甚至以"自然"为中心，强调人类活动要顺应、服从自然。在国内政治领域，绿色和平主义将"非暴力"视为实现绿色和平的途径，主张建立绿色和谐的社会关系，强调社会的公平正义，保护弱者，倡导以渐进、缓和的方式改造社会和国家，反对用暴力手段解决国内矛盾，支持用合法方式斗争。在国际关系层面，绿色和平主义谴责工业资本主义的"生态殖民主义"，主张建立平等的国际经济秩序以维护世界和平，倡导解决全球问题方式的系统性和整体性，将非政府组织等非国家行为体作为维护国际和平的重要力量。

"非暴力原则"是和平主义的基本主张，也是其重要特点。但在实践中，并非所有和平主义者都拒绝使用武力。根据对待武力使用持相对性与绝对性的态度不同，和平主义可以划分为两大类别，即绝对和平主义与积极和平主义。绝对和平主义者反对一切形式和种类的战争，无论战争性质如何，而主张通过和平谈判和协商来解决争端。日本学者池田大作即持此主张。他以佛法为基础，倡导人性主义，秉持"非暴力文化"论，认为维持和平与安全不仅要消除恐怖和战争这些直接的暴力，而且要根除贫困和压迫这些引发暴力的深层次因素。池田大作把战争看作是绝对的恶，反对一切战争，倡导"慈悲与宽容的绝对和平主义"。[①]这种绝对和平主义的主张尽管具有强烈的和平愿望，但过犹不及，在实践中可能会导致更加暴力的后果，如二战前英法等国对法西斯德国的绥靖政策就说明了这一点。积极和平主义者强调保持与维护和平是根本目标，但不反对在必要的前提下使用武力，只要该武力的使用是维持与保障和平所必需的，且是最低限度的，即"以戈止武"为手段，以最终实现"止

---

① 戴卫东、王卫平：《池田大作及其和平思想》，《日本学刊》2003年第5期，第139—141页。

戈为武"的目标。与绝对和平主义相比，积极和平主义也可以称为有条件的和平主义或实用和平主义。

（三）国际关系视阈下和平主义的理论与实践

战争与和平是国际关系研究的主要对象，构建维持和平与安全的国际关系理论并将其付诸实践是国际关系研究者的努力方向。从理论上来说，霸权稳定论、相互依赖论、民主和平论、集体安全论等是其主要表现；从实践上来说，二战后建立的联合国集体安全机制是其主要表现。

1. 主要理论

西方国际关系学者就维持世界和平的路径提出了多种理论范式。例如，以罗伯特·吉尔平为代表的"霸权稳定论"主张维护世界和平与安全的关键是需要一个具有自由主义思想的霸权国家存在。然而，霸权国家最终难逃衰落的命运，国际社会又将会陷入不平衡状态，动荡与纷争也将随着霸权国家的衰败而起，"无霸则乱，有霸才稳，霸主自耗，霸权必衰"是他们的理论逻辑。与之相对应的是罗伯特·基欧汉与约瑟夫·奈为代表的新自由制度主义理论。他们认为，尽管霸权国家会衰落，但霸权衰落并不必然导致混乱与动荡。国家间相互依赖程度的增强以及国际制度的建立为国家间合作提供了动力与保障。在其看来，制度安排能够提供国际交往的信息，降低国际合作的成本，增加合作与交流的可信度，加大成员国对其他成员国未来行为的稳定预期，从而使得国际关系行为体和国际社会处于一种可循的、有序的状态。①

---

① 郭树永：《评"国际制度和平论"》，《美国研究》2000 年第 1 期，第 35 页。

"民主和平论"是冷战后风行西方世界的国家关系理论之一，其渊源可以追溯到 18 世纪德国哲学家伊曼努尔·康德关于自由主义国家联合起来建立"永久和平"的设想。他认为，由于共和制国家比其他政体更乐意接受一个和平的、有约束力的国际法，因此它们更为和平，并强化建立在自由国家联盟之上的国际法则。1983 年，美国学者迈克尔·多伊尔（Michael Doyle）在《康德、自由主义遗产和外交事务》一文中正式提出并系统阐述了"一个自由民主国家同另一个自由民主国家从不打仗"的命题，被学术界认为是"民主和平论"的创始人。不过，在 20 世纪 90 年代以前，"民主和平论"的影响不大。进入 90 年代以后，这一理论开始引起关注，并影响到政策领域。1994 年，克林顿（William J. Clinton）总统在国情咨文中表示，维护美国安全、建立持久和平最好的战略就是支持各地的民主发展。民主国家不会互相攻击，他们形成更好的贸易伙伴与外交伙伴关系。当然，这一理论也引发了不少争论。1996 年，迈克尔·布朗（Michael Brown）等人将讨论"民主和平论"的文章汇编成书，以《对民主和平的辩论》为题出版。

　　"民主和平论"的主要观点包括：（1）民主国家之间不会发生战争。"民主国家"虽然存在着许多利益冲突，但它们之间很少（或从不）发生战争，因为它们认为武力不是解决矛盾冲突的合适方式。之所以如此，主要在于两方面因素：从制度上讲是因为民主政治制度的约束，即国内政治机构的平衡和公共舆论的监督；从规范和文化上讲是因为民主国家拥有共同的民主规范和民主文化，它们之间能相互尊重、相互合作、相互妥协。（2）转型中的民主化国家发生战争的可能性大。爱德华·曼斯菲尔德（Edward D. Mansfield）与杰克·斯奈德（Jack Snyder）在《民主化与战争》一文中将国家分为五种类型，即民主型（democracy）、专制型（autocracy）、混合型（mixed regime）、由专制型向民主型过渡（autocracy to democracy）和由混合型向民主型过渡（mixed regime to democracy）。

他们通过对过去 200 年政权类别与战争关系的统计分析得出结论，两种向民主过渡型国家最倾向于同他国进行战争，而民主型、专制型和混合型国家则较少倾向于战争。2002 年，他们在《民主转型、制度力量与战争》一文中进一步强调了上述观点，指出转型民主国家"往往是战争的发起者……向民主制转型比转向专制更可能产生敌意"。（3）"民主国家"不回避与"非民主国家"之间的战争。民主规范对民主国家有制约作用，民主国家愿意用说理、妥协等和平方式来解决彼此的矛盾和冲突，并且认为其他民主国家也是如此。即使一个民主国家先做出忍让，它认为也是值得的。但这样的规范在民主国家和非民主国家之间并不发挥作用，民主国家不再"克制"，甚至会采取严厉的方式（如军事打击等）解决与非民主国家之间的矛盾与冲突，"在与非自由国家打交道时，自由国家同其他任何形式的政体和社会一样，都是进攻性的、好战的"①。

"民主和平论"存在某些合理的因素，如经验证据表明二战后民主国家之间未发生过战争、民主国家内部存在权力制约与平衡机制等。但"民主和平论"也存在重大矛盾与缺陷，如认为民主国家在与非民主国家交往时同样有进行战争的倾向，这与其所宣扬的民主国家在战争问题上能够"自律"的判断相悖。"民主和平论"认为，基于国内政治对一国对外关系的重要性，要从国家"民主化"着手，才能达到国际政治的和平状态。因而，对外扩展民主便成为实现永久和平的必要条件，这实际上为霸权主义、干涉主义提供了理论支持。然而，国际政治事实表明，霸权主义、干涉主义等是国际和平与安全的最大挑战之一。

集体安全是国际社会设想的、以集体的力量威慑或制止其内部可能出现的侵略、维护每一个国家之安全的国际安全保障机制，是国际关系中"我为人人，人人为我"原则的推广。集体安全包含威慑原则与普遍性原则。

---

① 罗伯特·J·阿特、罗伯特·杰维斯著，陈积敏等译：《政治的细节》，世界图书出版公司 2014 年版，第 91 页。

威慑原则是试图使用武力的行为体将遭到反侵略国际联盟的反击。普遍性原则是所有国家对侵略者存在一致认知，所有国家都有义务以适当的方式加入到反侵略的行动中。[①] 可见，"共享安全、共担风险"是其主要特点，通过采取外交、经济、军事制裁等手段去威慑和制止侵略，以国际社会的整体安全求得各国自身的安全。一战后创建的国联与二战结束前成立的联合国都是集体安全设想的重要实践。

2. 维护和平的重大实践——联合国机制

人类追求和平的理论和实践探索多种多样，其中集体安全理论以及以此为基础所构建的集体安全机制颇为典型，二战后建立的联合国机制对于维护世界和平发挥了重要作用，以《联合国宪章》精神与原则而构建的国际制度与规范已经深入人心，成为国际社会普遍遵循的国际法基础。

联合国机制秉持集体安全的理念。《联合国宪章》规定，对于威胁、破坏和平及侵略行为，安理会可决定采用武力之外的各种方法对当事国实行制裁，如和平手段不足以恢复和平，安理会得采取必要之空海陆军行动，以维持或恢复国际和平及安全。联合国采用"大国一致"原则，即在形成重大决议方面，中国、法国、俄罗斯、英国、美国五个常任理事国具有否决权。相较于国联的"全体一致"原则（国联大会或行政院之决议需出席会议之会员国全体同意），联合国和平解决争端和制裁侵略的机制都具有更大的可操作性、强制性与实效性。

联合国维和机制与制裁机制是维护世界和平与安全的两个重要手段。联合国维和机制指的是联合国通过部署维和行动解决国际冲突所形成的原则、规则、规范和决策程序。联合国维和行动的启动、续延和终止都须由安理会决定，联合国秘书长负责对维和行动实施指挥与控制。维和行动由

---

① 夏路：《联合国维和：集体安全？》，《国际政治研究》2006 年第 3 期，第 77 页。

联合国首创，其早期形式为联合国军事观察团，成立的标志是 1948 年 6 月安理会派往巴勒斯坦地区的联合国停战监督组织。1956 年第二次中东战争爆发后，联合国又向埃及的西奈半岛派遣了联合国紧急部队，成为联合国第一支维和部队。联合国维和行动经历了五种模式，即宪章制度模式、"联合一致共策和平"决议模式、哈马舍尔德模式（第一代维和模式）、第二代维和模式、第三代维和模式。1992 年，联合国创建了维持和平行动部以满足日益庞大的国际维和需要。联合国维和行动的主要特征是维和立场的中立性、手段的非武力性、行动的自愿性和统一性与维和领域的宽泛性。目前，联合国维和行动基本类型包括：（1）维持停火、隔离交战方部队；（2）预防性部署；（3）执行全面和平协议；（4）建设和平行动。

作为集体安全条款的重要组成部分，联合国制裁机制是在外交失效、和平遭受重大威胁的情况下，联合国安理会强制执行其决议的手段。《联合国宪章》是制裁机制的依据。当威胁发生时，由安理会判断威胁是否存在，并敦促所有成员国共同采取适宜办法（如全面经济和贸易制裁、武器禁运、禁止旅行及金融或外交限制）执行安理会的决议，在必要时可以采取军事行动。制裁机制是介于单纯的口头谴责和诉诸武力之间的一种强制性措施。起初，联合国制裁机制主要由安理会下属机构"制裁委员会"来实施，随着联合国制裁案例的急剧增多与形势的演变，现有制裁机制已不能满足需求，联合国制裁机制改革随之而起。这一改革历程包括成立制裁委员会下属的专家委员会、设立监测机制、从全面制裁转向目标制裁（或聪明制裁）和监察员办公室。[①] 冷战结束后，联合国制裁的数量远超出冷战期间，实施制裁的内容和依据也更加宽泛，以至于冷战后 10 年被称为联合国"制裁 10 年"。联合国制裁机制尽管存在诸多弊端（如双重标准泛滥、缺乏制裁效果评估机制等），但它在国际制

---

① 李金祥：《联合国制裁制度改革的历程和对中国的启示》，《人力资源管理》2016 年第 9 期，第 8 页。

裁理论与实践上进行了有益的探索与尝试，使国际制裁在全球反恐、打击军事独裁统治与维护世界和平等方面发挥了重要作用。

总之，作为二战后最重要、最有权威、最有影响力的政府间国际组织，联合国在维护国际和平与安全、促进人类发展、在全球实现非殖民化、保护和改善国际环境、捍卫国际法、扶贫救灾及人道主义援助、防止艾滋病蔓延和传播以及反对恐怖主义等方面都作出了重要贡献。随着国际安全环境的日益复杂以及国际格局的深刻调整，尤其是逆全球化力量的增长，联合国的权威受到了一定的挑战，但联合国作为国际治理的核心主体，其作用与意义不言而喻，其地位毋容置疑。为了更好地满足全球治理的需求，联合国也在不断推进自我改革与探索新的治理路径与模式。

（三）和平主义面临的主要挑战

和平是人类追求的美好目标，但其过程却是曲折的，和平主义也面临着现实与理论两个维度的挑战。

在现实层面，和平主义面临着传统安全与非传统安全的严峻挑战。在传统安全方面，霸权主义和强权政治仍然是威胁世界和平的主要因素。邓小平曾指出，霸权主义是世界最危险的战争策源地，是危害世界和平、安全和稳定的根源。[①] 冷战结束后，虽然维持世界和平的力量在增长，但霸权主义、强权政治并没有退出国际政治的舞台，而是不断变换形式粉墨登场，如所谓的"新干涉主义"。冷战后，美国成为当今世界的唯一超级大国，妄图构建"世界新秩序"。为了实现这个目标，美国等西方国家以"干涉例外论""主权过时论"等论调为基础，鼓吹"人权高于主权"和"人权无国界"等观点。这便成为新干涉主义（New

---

① 中共中央文献研究室编：《邓小平年谱（1975—1997）》（上），中央文献出版社2004年版，第491页。

Interventionism）的肇始。新干涉主义既是一种思潮，又是一种外交策略，并且日益成为一种政治行为模式。与之前殖民主义、帝国主义奉行"强权即公理"的原则通过占领别国领土等方式直接控制别国主权的传统干涉主义相比，新干涉主义主要指某些有实力的西方国家和国际集团以人道主义救助和捍卫西方共同价值观为借口，以经济、政治及军事等手段，力促他国发生有利于美国和整个西方的政权或政策变化，使国际秩序的重构有利于西方。新干涉主义具有极大的欺骗性和隐蔽性，而且由于其身披合法外衣的表象，加之西方国家对国际主流媒体和舆论的控制，还会衍生出一大批明火执仗为其辩护甚至摇旗呐喊的个人或群体。从这一点上讲，新干涉主义作为霸权主义的一种新形式，其危害的深度和广度不可低估。

在非传统安全方面，恐怖主义势力、分裂主义势力和宗教极端主义势力等"三股势力"严重威胁国际和平与安全。三股势力通常生存、发展于社会政治矛盾尖锐，社会关系、国家制度遭受破坏，政治异常动荡的地区和时期。它们既相互区别又相互联系，甚至相互交织配合，加剧社会与民族对立，危及社会稳定与经济发展，危害国家主权，已成为国际社会的公害。尤需关注的是，某些国家为服务于其大国竞争战略，在国际反恐等问题上持双重标准，甚至为"三股势力"张目，致使国际与地区安全问题更加复杂。此外，贫困、流行病、气候变暖等问题也容易成为滋生暴力的土壤，危及人类福祉。从这个角度来说，和平与发展仍是当今时代的主题，也是人类实现普遍安全的"一体两面"，需要统筹兼顾，相互促进。

从理论上来看，和平主义面临着诸多批评，主要表现为两方面：一是和平主义充满了理想色彩，是"新乌托邦主义"，缺少现实可行性。以绿色和平主义为例。他们关注的生态环境、人口发展、军备竞赛等问题虽然重要，但其提出的解决思路与方案却具有浓厚的理想主义色彩，比如发达国家和发展中国家要建立平等的全面合作的伙伴关系、超越意识形态之争放弃东西方对抗、解散北约并撤走核武器、放弃暴力等等。二是绝对和平主义主张过于简单化，甚至于激进化。绝对和平主义过度渲染经济和外交的作用，强调国家间矛盾可用经济杠杆和国际法来解决，甚至认为通过给予对方经济好处，就能促进谈判解决被占领土主权问题。这是一种极为危险的观念，既无理论依据，也无事实例证。他们没有认识到国际关系所固有的结构性矛盾以及战争发生的深层次原因，反对一切战争与暴力手段，然而人性并不完美，国际社会更是存在诸多矛盾与纷争。如果将"非暴力原则"绝对化，可能会导致大规模人道主义灾难的发生。这实际上不是对和平的贡献，而是对和平的破坏。历史事实表明，那种认为一切战争都是错误的，不应该以任何形式进行或参与战争的看法，是过于绝对的；那种认为战争既不人道也不合理，防止战争应当永远都是国家政策的首选，但有时进行或参与战争也有其必要性的看法更为现实与理智。

追求和平，反对战争，共享安全是国际社会的共同追求。"和平主义"理念尽管遭受到质疑，其本身也具有一定的理想色彩，但它致力于实现普遍和平的目标契合了人们的期待，并将激励着人们在追求和平理想的道路上不断前行。

[陈积敏，中共中央党校（国家行政学院）国际战略研究院世界思潮研究所副所长、教授；冯振男，中共中央党校（国家行政学院）研究生院硕士研究生]

五、反全球化浪潮中的民粹主义思潮

"民粹主义"，也译作"平民主义"或"民众主义"，是一个内涵丰富且不乏争议的概念，在当今世界因其广泛的影响而愈发引人注目。在国际关系领域，"民粹主义"的曝光度日益增高，越来越多政府的对外政策被冠以"民粹主义"之称。

（一）民粹主义及其历史发展

人们对民粹主义有不同的理解。根据学者们的归纳，它有时指某种意识形态或政治社会思潮，有时则被定义为政治社会运动、政治话语、政治策略。[①] 可以说，作为意识形态或思潮的民粹主义有以下核心特征：突出作为整体的民众、"人民"的价值；强调民众与精英间的二元对立，对精英及既有制度体系采取一种批判态度。也有学者指出，民粹主义是一种"空心化"或"中心稀薄型"的意识形态，它在保留自身核心要素的同时，可以和法西斯主义、社会主义、自由主义等其他不同意识形态结合。[②]

作为策略、话语、政治社会运动的"民粹主义"和作为思想、思潮

---

① 马涛：《理解民粹主义的逻辑："人民观"视角》，《当代美国评论》2020年第4期，第95页。

② 董经胜：《民粹主义：学术史的考察》，《当代世界与社会主义》2020年第5期，第191页。

的"民粹主义"之间是存在张力的。将民粹主义作为策略指政治人物在形象、语言、政策等方面迎合民众的喜好，从而获得政治上的利益。此时，民粹主义政治人物的行为可能秉承民粹主义的理念，也可能只是单纯将民粹主义话语作为工具手段以获得、保持权力，而其实际政策则并不符合民粹主义的宗旨。同样，民粹主义运动也既可能与其理念、话语一致，又可能是仅仅被精英操纵、违背民众真实利益的。

民粹主义常常和特定政策联系起来。在经济领域，民粹主义的政策往往指代滥发社会福利迎合民众而牺牲长远发展的政策。在政治决策层面，全民公投这样的直接民主形式则更符合民粹主义的要求。人们对"民粹主义"的价值评判难以统一，这一情况进一步增加了"民粹主义"概念的复杂性。部分学者如厄尼斯特·拉克劳（Ernest Laclau）赞誉民粹主义为真正的"民主"，但更多人则从消极意义上使用这一词语。总的看来，民粹主义的思想本身不宜被奉为真理，但单纯认为"民粹主义"是贬义词也稍嫌过当。实际上，作为思想与政治现实的"民粹主义"都有着丰富的内涵，同时包含着合理与不合理的因素。

民粹主义思想可以追溯很远，学者林红认为民粹主义从卢梭的"人民主权论"等思想和俄罗斯传统思想中汲取了养料。[①] 人们一般认为现实中的民粹主义起源于19世纪末，此后开始出现了大致三波不同的民粹主义浪潮。第一波民粹主义浪潮来自19世纪末的俄罗斯民粹主义者和美国人民党（The People's Party），前者由试图到农村动员农民的知识分子发起，后者主要代表美国南部和中西部农民的利益。第二波民粹主义集中于20世纪中期的拉丁美洲，其融合了城市底层的参与和威权主义领袖的领导。同期，美国也有零星的民粹主义政治人物昙花一现，欧洲也出现了一些右翼民粹主义政党。第三波民粹主义浪潮出现在冷战结束以后，此时的

---

① 林红著：《民粹主义：概念、理论与实证》，中央编译出版社2007年版，第93—123页。

民粹主义现象遍及世界各大洲。如今，既能看到捍卫底层政治、经济利益的左翼民粹主义，也能看到从文化、认同出发的具有排外色彩的右翼民粹主义；此外，还有一些结合自由主义、分离主义诉求的不同民粹主义支流，更有不少仅为获得权力而将民粹主义作为策略运用的机会主义者。

（二）民粹主义反全球化的逻辑与表现

民粹主义者对全球化并没有统一的认识，很多民粹主义者主要关注国内事务，对全球化没有特别的主张。也曾有过拥抱新自由主义、亲全球化的民粹主义者，如20世纪90年代拉美的阿根廷梅内姆等领导人。不过，近年来盛行的民粹主义者不少都以"反全球化"为突出特征，其代表人物如特朗普。这个超级大国曾经的领袖所持的民粹主义对世界产生极大影响，这也使反全球化的民粹主义格外值得关注。

民粹主义与反全球化挂钩，很大程度源于民众对现有体系的不满。全球化过程确实带来了很多问题。无论是国际层面还是国内层面，全球化带来的经济繁荣并没有均等地惠及所有人，没有改善贫富差距，甚至一部分人的生活还可能进一步恶化。以美国为例，根据智库经济政策研究所（Economic Policy Institute）的报告，自1973年后，美国的社会财富越来越集中于少数人手中，这种趋势在2008年金融危机后进一步加速。2015年，美国收入前1%家庭的平均收入已达到后99%家庭平均收入的26.3倍。在全球化过程中，美国部分地区的传统产业在竞争中衰落，著名的"铁锈地带"出现了岗位流失、失业高企、人口下降、犯罪滋生等一系列问题。美国是全球化的主要获益者，也会遭遇这些问题，可以想见其他国家特别是发展中国家所受的全球化负面冲击更为严重。全球化对主权、本土认同等传统观念也造成了冲击。随着全球化的进展，部分政府主动向外界让渡了权力，部分政府则被动吞下了主权受侵蚀的苦果。如厄瓜多尔、巴拿马等一些国家将美元作为本国法定货币，削弱了本国的货币主权；国际货币基金组织在提供援助的过程中往往会提供政策建议并提出援助条件，实际也介入了他国内政，减少了政府自主决策的空间；而在"阿拉伯之春"的特殊情况中，推特（Twitter）、脸书（Facebook）等网络巨头在一些政权的崩溃中发挥了重大作用，体现了跨国企业对国家传统权威的挑战。在社会文化方面，发达国家因人口跨国流动而面临新的情况。从 20 世纪初到 20 世纪 60 年代，白人在美国总人口的占比在87% ~ 90% 之间，到 2000 年，白人仅占总人口的 75% 左右；有数据显示，非拉美裔白人在 2019 年占比只有 60% 上下。[1] 拉美裔和亚裔移民的流入无疑是这种变化发生的重要原因。美国人口结构的改变难免会对美国的整体社会文化产生微妙的影响，也自然让一些保守人士不安。与此相应，欧洲穆斯林人口的增加和融入的困难，也对欧洲国家长期奉行的多元文化主义提出了挑战，欧洲文明的走向引发了大量争论。[2] 总之，对全球化的不满与疑虑广泛存在，为反全球化的民粹主义提供了土壤。在这一背景下，一些民粹主义者把全球化视为国内社会种种问题的源头，对推动全球化的精英表示不满。

民粹主义者反全球化的观点存在差异，大致可以分为左翼和右翼两类：左翼的民粹主义者主要反对经济全球化，认为这只反映了发达国家或国际商业精英的利益；右翼的民粹主义者对经济全球化没有绝对共识，但都反对国际主义、多元文化主义和移民，有强烈的保守主义、民族主义乃至种族主义色彩。其中，右翼民粹主义在部分发达国家的崛起反映了发达国家也不再完全是当前世界现状的绝对得利者和得意者。

左翼民粹主义在一些发展中国家和地区较为得势，其中拉美的左翼民

---

① 张帆：《人口族裔结构与 2020 年美国大选》，《国际研究参考》2021 年第 3 期，第 1 页。
② 王联：《欧洲多元文化主义为何陷入发展困境》，《人民论坛》2019 年第 20 期，第 127—129 页。

粹主义有较强的反全球化色彩。很多拉美国家在进入 21 世纪前后经历了经济危机以及由此引发的政治社会动荡，不少民粹主义者在危机中获得民众支持登上总统宝座，如阿根廷的基什内尔夫妇、委内瑞拉的查韦斯、玻利维亚的莫拉莱斯等。他们执政后，把国家的困境归咎于 20 世纪 90 年代盛行于拉美的新自由主义，大幅增加国家对经济的干预，反对自由贸易和经济开放，较激进的左翼政权还从外资企业中购回了重点产业的控股权。在国际政治领域，其矛头通常指向美国等西方国家及其主导的国际货币基金组织等。左翼民粹主义政权都反对美国在美洲建立美洲自由贸易区的计划，部分国家退出了美国主导的区域组织和安全条约。拉美左翼创建了一系列替代性的区域组织，主张发展中国家的团结。这反映出拉美左翼民粹主义者反对的不是各种要素的跨国流动本身，而只是美国、西方主导的全球化。

欧洲也存在一些左翼民粹主义者，他们反全球化的主要表现是疑欧主义。尽管欧盟只是一个区域一体化组织而非全球性组织，但疑欧主义也反映出对跨国联系的质疑，从根本上看与全球化的精神是相悖的，所以这也可以被视为一种"反全球化"。欧洲左翼民粹主义者反对的不是欧洲认同或"全球一体"的精神本身，更多是欧盟现有的组织形式和具体政策。西班牙、希腊的民粹主义左翼政党的核心主张是反对欧债危机后欧盟要求这些国家执行的紧缩政策。这些左翼政党对中东赴欧难民都有一定同情，这与欧洲右翼民粹主义是不同的。

右翼民粹主义主要兴起于欧洲和美国，在其他地区也有零星出现。这些力量在政治—社会领域的立场相似度更高，都强调民族、主权的意义，由此出发格外排斥移民、难民，对欧盟、联合国等国际组织也常有质疑。右翼民粹主义运作"身份政治"，倾向给国内少数族裔、外来移民贴上抢占经济机会、社会犯罪、恐怖主义、威胁国家身份认同等负面标签，将其视为精英之外的"人民公敌"。例如，特朗普多次将墨西哥移民与"强奸犯"挂钩、法国国民阵线的玛丽娜·勒庞也曾将法国穆斯林在清真寺外的祈祷与纳粹对法国的占领相提并论。他们的言论都将移民或特定群体排除在正常人民之外，将其视为异己的敌人。同时，民粹主义者也常反对国家在国际社会、国际组织中与他国的政策协调，认为这牺牲了国家主权。特朗普单方面在美墨边境筑墙阻挡拉美移民，波兰等东欧国家对欧盟难民分配方案的拒绝都是很典型的案例。

特朗普和法国国民阵线在经济方面都是全球化的反对者。他们质疑自由贸易，认为自由贸易导致了发达国家产业的转移与工作岗位的流失，特朗普政府在这一点上表现得尤为明显。除了反对多元文化主义、排斥移民、退出众多国际条约外，特朗普采取提高关税、加大反倾销调查力度等贸易保护措施，同时推动美国海外企业"回流"美国，强迫邻国缔结更偏向美国利益的《美国—墨西哥—加拿大协定》（USMCA），并对包括盟友在内的众多国家发起贸易战。欧洲一些民粹主义者的经济民族主义倾向则不那么明显，仅在政治、社会、文化问题上抱有反全球化立场。如英国首相鲍里斯·约翰逊，他虽然来自传统政党，但他坚持"脱欧"这一由民粹主义公投所确立的方向，也被认为有一定民粹主义色彩。然而，约翰逊政府提出"全球英国"的外交战略，积极追求与欧盟、美国达成自由贸易协议，并希望加入《全面与进步跨太平洋伙伴关系协定》（CPTPP）。[①] 也有一些欧洲民粹主义力量对自由贸易态度暧昧，如德国选择党（Alternative for Germany）大体上支持自由贸易，但以谈判过程不开放为由反对《跨大西洋贸易与投资伙伴协议》（TTIP）。匈牙利领导人欧尔班曾以自由主义者形象示人，也欢迎欧盟的一系列区域贸易倡议和来自中国的投资，但他强烈反对外来移民，对新自由主义持批评态度，其政策也有保护本国经济、

---

① 曲兵、王朔：《后脱欧时代"全球英国"外交战略及其前景》，《现代国际关系》2021 年第 1 期，第 21—28 页。

加强国有化的一面。①

此外，一些右翼民粹主义力量在环境等全球治理问题上表露出拒绝全球合作、拒绝承担国际义务的态度。以特朗普为首的美国右翼、德国选择党、荷兰自由党等都将气候变化议题视为骗局，不支持参与全球气候治理。巴西的博索纳罗政府也曾因法国总统马克龙对亚马逊大火表示关切而与其有口舌之争，强调亚马逊大火只是巴西的内政。

在左翼、右翼两支民粹主义之外，存在一些难以用传统"左—右"定位的反全球化民粹主义力量和运动。这些政治力量的主张并不明确，更多只是表达了弱势者在艰难处境下的"自利"倾向，只是这种"自利"有反全球合作的一面。如意大利五星运动（Five Star Movement）的理念兼有左翼和右翼的元素，其表现出反对接纳移民、不愿在欧盟层面与其他国家进行外交协调的特点，更多不是出自本身的价值取向，而是顺从民意。法国的"黄背心"运动也是这样的案例。这一抗议运动规模庞大、持续良久，参与者包括不同人群。其最初的起因是单纯反对法国政府为落实《巴黎协定》而提高燃油税。"黄背心"运动尽管没有最终改变法国政府积极应对气候问题的立场，却制约了法国政府对气候问题的投入。

（三）民粹主义反全球化的影响

反全球化特征的民粹主义逐渐得势，在不同方面对全球化和国际社会产生了不利影响。民粹主义的主要负面作用包括降低全球化速度、破坏全球制度、毒化全球文化和制造全球性问题。

首先，在实践层面，民粹主义力量（特别是右翼）采取种种政策限制各类要素的自由流动，减缓了全球化的速度，甚至造成"逆全球化"

---

① 贺婷：《"欧尔班现象"初探》，《俄罗斯学刊》2017 年第 6 期，第 25—32 页。

的出现。在经济方面，这种限制主要体现在民粹主义政府采取的限制外国企业、贸易保护主义等政策上，阻碍了商品、投资、企业、技术的自由流动。美国对中国的贸易战、科技战最典型地反映了民粹主义政府对经济全球化的破坏：特朗普政府直接提出对华"脱钩"，不仅在贸易战中限制进口中国商品，同时排斥、打压华为、中兴、字节跳动等中国企业，还动员盟国一起对中国进行技术、关键产品方面的封锁。[①] 考虑到中美深厚的经济联系及两国在全球化中的重要作用，特朗普的作为对经济全球化的破坏是巨大的，甚至会短暂分裂全球经济体系。

在社会、文化等方面，全球化的停滞、倒退则体现在民粹主义政策对人员流动、文化交往的限制上。迫于民粹主义力量的压力，欧盟开始对避难申请进行更严格的审查，也加速了对难民遣返的工作。中国同样是这方面的受害者，大量中国留学生赴美求学的愿望因特朗普政府的政策而搁浅，中国媒体在美国活动受到限制，作为文化交流机构的孔子学院也纷纷被关停。

其次，在制度层面，民粹主义力量削弱了不同层面的组织机制和规则规范。在组织层面，很多左翼和右翼民粹主义者都对以联合国为首的国际组织有激烈的批评和攻击，俨然将其视为国际层面的建制派敌人。2007年，委内瑞拉曾宣布退出世界银行和国际货币基金组织，虽然最终没有正式终止会员资格，但其表态无疑会影响这些机制的威信。特朗普任职期间从联合国教科文组织、人权理事会、世界卫生组织等退出，并削减给联合国等一些机构的经费，这无疑会影响这些组织推动全球化、进行全球治理的正常工作。

同时，民粹主义也导致面对全球问题时共识性规范的缺失。2018年，美国、澳大利亚、奥地利、匈牙利、以色列等国退出《全球移民协议》；

---

① 赵梅：《逆全球化背景下美国的战略选择》，《东北亚学刊》2020年第6期，第3—9页。

2020年，美国退出关于气候问题的《巴黎协定》。玻利维亚民粹主义领导人莫拉莱斯曾以民族习俗为由，追求将古柯合法化而一度退出联合国反毒品公约。无论是出于何种理由，民粹主义者的异议使得国际社会在面对移民、气候、毒品等全球问题时难以有全球统一的标准、规范，让全球治理趋于碎片化。

再次，在观念层面，民粹主义破坏了全球化所依赖的开放合作的国际氛围，令国际文化退化。全球化是一个淡化边界的过程，民粹主义则强调敌我的划分与对立，是在建立、加强边界；不少民粹主义者强调本国利益的优先性，也与强调多边协调的全球化针锋相对。可以说，民粹主义者实际在建构一种完全背离全球化旨趣的另类国际文化，后者又会反过来影响人们的行为，形成恶性循环。民粹主义者不负责任的"退群"、毁约行为，让国际社会中的信任愈发稀缺，加大了日后合作的成本。即使相关国家能回归相关组织或重新缔约，人们对其效力也难免产生怀疑。

与民族主义相结合的民粹主义片面强调民族、国家的利益，是众多敌意、冲突之源，对国际氛围的毒害作用尤为恶劣。很多民粹主义者会撕开历史的伤口，如意大利前总理贝卢斯科尼在南斯拉夫解体过程中对斯洛文尼亚提出领土要求，匈牙利的尤比克党也有领土收复主义的倾向，这都重新唤起了二战前的历史恩怨，恶化了相关国家、民族间的关系和感情。一些民粹主义者对国内跨界少数群体的排斥则与地区热点相关，像内塔尼亚胡对以色列内部阿拉伯人的敌意和埃尔多安对国内库尔德人的敌视，则都给既有的区域矛盾火上浇油。同样，欧美国家对穆斯林移民的排斥也再次凸显了西方文明与伊斯兰文明间的裂缝，让双方的和解更加困难。总之，民粹主义的思想增强了人们对外部世界和全球化的怀疑，让全球化的深化愈发困难。

最后，由于部分民粹主义政府存在过于理想化或情绪化的非理性特点，其国内政策常常失当，本身也可能制造一些全球治理问题。民粹主义者的很多政策本身并非是面向外部的，但在全球化时代，一些国内政策的问题很容易外溢出一国边界，使得国内的治理危机成为全球性危机，影响全球化推进的正常秩序。例如，委内瑞拉的民粹主义经济政策引发国内严重的通货膨胀和商品短缺，也由此造成了社会治安、政治稳定的严重问题。在这种情况下，该国在很多方面更难正常参与到全球化进程中。特朗普、博索纳罗等部分民粹主义领导人则在新冠肺炎疫情开始后低估病毒的危害性，未能积极采取防控措施反而宣扬不利于抗疫的反科学言论，导致疫情在美国、巴西等国大肆蔓延。疫情迟迟难以控制，也使得商品、人员来往无法完全恢复，全球化大幅倒退。

我们在看到民粹主义对全球化消极影响的同时，也要看到民粹主义对世界政治、全球化影响的有限性与复杂性。民粹主义者的影响往往并不像其言论那样夸张。首先，民粹主义力量近年来虽然声势颇大，但部分原因也在于民粹主义者本身有出惊人之语以博取注意力的政治倾向。实际上，很多颇受关注的民粹主义政治力量如法国国民阵线、德国选择党都还未能取得政权，无法对国际关系直接产生影响。其次，民粹主义的主张有时仅仅是一种政治策略，民粹主义者上台后完全可能向建制派靠拢，减轻政策的反全球化色彩，像意大利五星运动在执政后就弱化了反欧盟的主张。[①]实际上，很多民粹主义者在上台后的外交政策和传统政治家区别不大，像特朗普这样"言行如一"的情况在民粹主义领袖中也未必是多数。从这个意义上看，民粹主义对全球化和世界政治的负面影响程度往往要低于民粹主义的扩张速度。再次，民粹主义政策的不良后果也促使人们对民粹主义做出反思，进而削弱民粹主义的力量，甚至反过来肯定全球化。特朗普糟糕的防疫表现最终导致其未能连任，这也反映出更多人意识到民粹主义并非是所有问题的最优解决方案。同样，民粹主义的反全球化立场可能也会

---

① 田小惠：《多重危机下的意大利五星运动：兴起背景、路径选择及政策转型》，《当代世界与社会主义》2020 年第 5 期，第 146—147 页。

反过来增强全球联系，如委内瑞拉因不当的民粹主义经济政策导致大量难民外逃邻国，国内问题最终演化成区域问题，区域国家频繁召开会议共同商讨委内瑞拉危机。这样，民粹主义酿成的问题需要通过区域、全球合作来解决，反全球化民粹主义由此加强了对国际合作的需求。

除负面影响外，民粹主义对国际关系还有一些更加微妙、多层面的作用。作为意识形态的民粹主义常常能瓦解一些传统的阵营并催生新的联系，让国家间关系乃至国际战略格局产生变数。21世纪初，左翼民粹主义影响下的拉美国家组建了旨在替代美国所提出的美洲自由贸易区倡议的美洲玻利瓦尔联盟（Bolivarian Alliance for the People of Our America），在拉丁美洲实现了反美民粹主义国家间的联合。同样，保守的民粹主义思潮常常也有凝聚同道者的作用。特朗普强调"美国优先"，甚至对一些传统盟友发动贸易战，与此同时，他也并没有完全陷于孤立主义，还是和巴西、以色列、中东欧国家的右翼民粹主义领导人保持了很好的关系，菲律宾杜特尔特政府与特朗普政府的关系，甚至更好于与奥巴马政府的关系。特朗普的智囊班农被免职后积极参加全世界的各种民粹主义论坛，试图进行意识形态输出，建立右翼民粹主义者的跨国联盟。贝卢斯科尼、欧尔班这样的右翼民粹主义者在保持与欧盟的距离之际，也会去拓展与俄罗斯等非传统盟友的联系，甚至在欧洲大国与俄罗斯存在矛盾时，他们也能和俄罗斯保持相对良好的关系。此时，民粹主义的作用是很难简单评价的，其性质更多要取决于更具体的情境。例如，特朗普主导的保守民粹主义者集团对世界的影响更多是负面的；但受民粹主义驱动，拉美国家彼此联合、部分欧洲国家亲近俄罗斯，则都在一定程度上加强了全球多边主义。在这个意义上，只能说民粹主义挑战了传统的国家间战略关系。

（四）对民粹主义反全球化的评价与应对

民粹主义的思想和运动对现实问题都有所夸大，提出的问题解决方案也漏洞百出，但其之所以出现，也的确源于现有体系中真实存在的种种弊端。因此，民粹主义值得被更严肃地对待。由于民粹主义的多面性，对其评价也应尽可能具体问题具体分析。

对于民粹主义近年来的反全球化色彩，需要全面客观看待。总的来讲，要充分重视民粹主义新趋势带来的消极影响，但又不宜将反全球化的民粹主义彻底妖魔化。全球化固然是大势所趋，民粹主义者对全球化的批判也不无值得思考之处，一味侧重经济自由化的全球化的确存在问题，不能被全球人民完全接受。同时，虽然应该追求不同种族、文化的和谐共处、共存，但短期内也应该对人们保持传统身份的焦虑予以更多谅解，对一些现实争端不能仅用政治正确进行回避。在将国家主权让渡给超国家的区域、国际组织等问题上，绝大部分国家和民众的确没有做好准备。反全球化的民粹主义其实也在促使人们对全球化的形式和速度进行反思和匡正。当然，民粹主义对全球化的反对多有过当，更多是在发泄情绪而不是真正解决问题，甚至可能为世界制造更多新的麻烦。放任民粹主义对封闭孤立的偏执和对敌我对立的渲染，可能会让世界陷入停滞和冲突。在这些方面，遏制民粹主义的不良影响是非常必要的。

面对民粹主义给全球化特别是经济全球化带来的挑战，中国需要积极应对，做好以下几方面的工作：

一是确保中国自身在全球化进程中的发展。中国本身是经济全球化的受益者，中国领导人也在各种场合表达了对经济全球化的支持和承诺。然而，民粹主义的"野蛮生长"往往都始于各国内部，中国对此没有直接应对的"抓手"。要遏制反全球化潮流，中国需要通过自己在全球化中的发展为其他国家树立榜样，昭示全球化的积极意义，潜移默化地改变人们对全球化的认识。中国也只有在先实现本国的善治之后，才有余力在全球化中实现与其他国家的共赢。

二是需要探索全球化的更优形式。在解决全球化的问题上提出比民粹主义更好的解决方案，才能从根本上消解民粹主义对全球化的质疑。这一过程中，甚至可以把民粹主义者变为促进全球化的力量。习近平主席提出要着力解决公平公正问题，让经济全球化进程更有活力、更加包容、更可持续，增强广大民众参与感、获得感、幸福感[1]，如果以此为推进全球化的方向，无疑很多民粹主义者也愿意参与其中。中国可以在丰富全球化的理念、创制全球化规则方面更加积极，以此让全球化常葆活力。实际上，中国也已积极地投入到这种探索中，"一带一路"倡议、人类命运共同体理念即是例证。

三是需要在逆全球化浪潮中保持战略定力、耐心与灵活性。无论反全球化的民粹主义观点多么偏激，但其将长期存在，且是有相当影响力的思潮，不是单纯通过批判可以消解的。在捍卫本国立场、尊严的前提下，中国要做好与不同民粹主义政治势力打交道的长期准备。在应对民粹主义压力的同时，中国也应注意到其中存在的机会。例如，一些有反全球化倾向的民粹主义者并不排斥发展与中国的关系，与霸权国也存在矛盾，中国外交在此有很大的活动空间。

总之，民粹主义是一种复杂的政治、社会现象，植根于深厚土壤。在对民粹主义及其反全球化特征有充分认识的基础上，中国和世界可以用一种更富智慧、更开放包容的方式对其做出回应和引导。

[思特格奇，中共中央党校（国家行政学院）国际战略研究院助理研究员]

---

[1]　习近平：《深化伙伴关系　增强发展动力——在亚太经合组织工商领导人峰会上的主旨演讲》，《人民日报》2016 年 11 月 21 日。

第五编
大国关系之变

SHIJIE BAINIAN
DABIANJU

　　大国在重大国际和地区事务中扮演举足轻重的角色，大国关系影响着人类社会的发展方向。大国的选择常常决定许多其他国家的命运。两次世界大战都与大国的矛盾与对抗直接相关，给人类造成了巨大损失；冷战时期世界政治深受美苏角逐的影响，世界因此分成了两个对抗的阵营；冷战后的大国合作解决了许多问题。当今大国关系不睦，增加了世界的不稳定性和不确定性，是影响世界大变局的重要因素。大国不是固定不变的，大国的概念和标准会随着时代的发展而变化。在人类历史演进的长河中，许多大国由于内外因素的作用而丧失大国地位甚至分崩离析。国家崛起为大国，经济和科技实力是基础，军事实力是保障，向世界贡献制度与价值观是需要。大国衰落的原因很多，"国虽大，好战必亡"是一条重要规律。

　　今天的大国关系复杂多变，具有许多前所未有的特征。首先，大国的行为受现行国际秩序的制约；其次，各国共同面临的全球性问题多于一战前，大国有合作基础；再次，大国间尽管有矛盾与竞争，但都是命运与共的共同体。总之，大国只有建立相互尊重、合作共赢的关系，人类才会有美好的未来。

一、全局性的大国关系：中美关系

中美关系是当今世界最重要的一对双边关系，影响着世界的和平、安全和发展，是未来国际关系和国际格局演变的重要参数。中美两国一个是世界最大的发达国家、第一大经济体，一个是世界最大的发展中国家、第二大经济体，二者同是联合国安理会常任理事国，拥有"一票否决权"。无论从哪个角度看，中美关系都具有全球性影响和全局性战略意义。"不仅如此，鉴于中美两国在当今国际体系中的关键地位，中美战略竞争的展开与演变还会在很大程度上推动国际政治经济变化、界定新的历史条件下的大国互动方式，进而塑造 21 世纪的国际体系。"①

（一）中美关系的发展历程

中美两国在国际舞台上的互动历史悠久，两国自身实力地位和政策目标的改变以及所处国际环境的变化导致二者之间的关系不断调整。回顾 1945 年以来的历史，"软实力之父"约瑟夫·奈指出，中美两国经历了一系列的关系转变，有好有坏，20 世纪 70 年代两国在"乒乓外交"和"尼克松访华"的推动下关系趋暖，中国改革开放后中美又逐步形成竞合关系。

---

① 吴心伯：《论中美战略竞争》，《世界经济与政治》2020 年第 5 期，第 98 页。

1. 1949—1969 年：对抗

中华人民共和国成立后，美国在政治上采取不承认、孤立封锁中国的敌视态度。在冷战的大背景下，中美两国决策者的回旋余地非常小，双方的对外政策受到两极格局的束缚。中华人民共和国的成立宣告社会主义阵营力量的壮大，中国奉行"一边倒"政策，坚定地站在以苏联为首的社会主义阵营一边。在美苏对峙的大背景下，选择苏联就等于站在了美国的对立面，所以这一时期，描述中美关系的关键词可以概括为"对抗"。

二战后形成的东亚的均势随着 1950 年 6 月朝鲜战争的爆发而打破，美国以联合国的名义进行干涉，纠集 16 国组成的"联合国军"（以美军为主）开赴朝鲜半岛。美国人不顾中国政府的警告超过"三八线"，中国人民志愿军奔赴朝鲜，与朝鲜人民军并肩作战，把侵略者赶过了"三八线"。朝鲜战争历时 3 年，美国最终签署了停战协定，克拉克上将成为美国历史上第一个在没有胜利的停战协定上签字的司令官。美国对中国的全面遏制政策随着朝鲜战争的爆发而展开，却没有随着朝鲜战争的结束而结束。朝鲜战争结束后，美国在亚洲建立了以遏制中国为目标的同盟体系，把围堵中国确定为其在亚太地区的战略目标。

遵从这一目标，美国在国际舞台上不断给中国制造麻烦，肆意干涉中国内政。美国竭力阻挠中国恢复联合国合法席位，并干涉中国台湾问题。朝鲜战争爆发后美国总统杜鲁门命令美国第七舰队进入台湾海峡。1954年 12 月，美国与台湾当局签订了所谓"共同防御条约"，将中国的台湾省置于美国的"保护"之下。美国政府干涉中国内政的错误行径，造成了台湾海峡地区长期的紧张对峙局势，台湾问题自此成为中美两国发生摩擦和冲突的重要导火索。此外，美国还企图从印度支那地区对中国进行军事威胁。为了能够和平解决朝鲜和印度支那问题，1954 年 4 月 26 日至 7 月 21 日，国际性多边会议——日内瓦会议召开。通过这次会议，印度支那的战火熄灭了，越南北部完全解放，巩固了中国南方边陲的安全。

2. 1970—1989 年：缓和与合作

20 世纪 60 年代末，国际形势发生了深刻的变化，特别是中国和苏联的关系急转直下，使得中国重新考虑与美国的关系。陈毅、徐向前、聂荣臻、叶剑英四位元帅于 1969 年 7 月呈交的《对战争形势的初步估计》认为，"苏修把中国当成主要敌人。它对我国的安全威胁比美帝大"。中苏急剧升级的紧张局势使得中美之间的共同战略利益凸显出来。与此同时，美苏争霸处于苏攻美守的阶段，美国面临来自苏联的结构性压力和外交攻势，同时深陷越南战争的泥潭，为了摆脱战略被动，缓解体系压力，美国谋求与中国关系正常化。中美两国领导人都有意缓和双方关系，中美接触的时机已经成熟。

1971 年 7 月 9 日，美国总统尼克松的国家安全事务助理基辛格秘密访华，在北京和周恩来举行会谈，并就尼克松访华、中美关系正常化问题交换了意见。1972 年 2 月 21 日，美国总统尼克松访华，28 日，《中华人民共和国和美利坚合众国联合公报》（又称《上海公报》）发表，双方郑重声明：双方都希望减少国际军事冲突的危险；任何一方都不应该在亚洲太平洋地区谋求霸权，每一方都反对任何其他国家或国家集团建立这种霸权的努力；任何一方都不准备代表任何第三方进行谈判，也不准备同对方达成针对其他国家的协议或谅解。《上海公报》的发表标志着中美两国政府经过 20 多年的对抗，开始向关系正常化方向发展，为两国建交奠定了基础。

经过中美两国的不懈努力，1978 年 12 月 16 日，中美双方同时发表《中华人民共和国和美利坚合众国关于建立外交关系的联合公报》（又称《中美建交公报》），1979 年 1 月 1 日，中美两国正式建立大使级外交关系，美国宣布断绝同台湾的所谓"外交关系"，并于年内撤走驻台美军，终止美台《共同防御条约》（即"断交、废约、撤军"）。应美国总统卡特的邀请，1979 年 1 月 28 日邓小平访美，这是中华人民共和国成立后中国领导人第一次访问美国，揭开了中美关系史的新篇章。1982 年 8 月 17 日，两国政府发表《中华人民共和国和美利坚合众国联合公报》（又称《八一七公报》），美方承诺"它不寻求执行一项长期向台湾出售武器的政策，它向台湾出售的武器在性能和数量上将不超过中美建交后近几年供应的水平，它准备逐步减少它对台湾的武器出售，并经过一段时间导致最后的解决"。中美双方共同发表的三个联合公报，成为中美关系发展的指导性文件。美国在三个联合公报中均强调坚持一个中国原则，这是中美两国关于两国关系以及中国台湾问题的重要历史文件。

3. 1989—2009 年：非敌非友

20 世纪 80 年代末，原本处于蜜月期的中美关系有所降温。1989 年政治风波期间，美国国会和政府不断发表言论指责中国存在人权问题，向中国施压，中国的外部环境严重恶化。1991 年 12 月，苏联突然解体，冷战出乎意料地结束，中美战略合作的利益基础消失。苏联解体后，美国成为世界唯一的超级大国，这也是美国"单边主义"盛行之时。美国开始尝试以"接触"和"融合"方式，将中国纳入西方主导的国际体系，以国际规范约束中国，让中国按照美国所希望的方向发展。同时，美国又对中国的发展保持警惕，巩固与亚洲盟国的军事联盟，加强对中国的防范。这种既接触又遏制的政策，使得中美关系长期处于时好时坏的状态。1999 年克林顿执政时期发生的中国驻南联盟大使馆被炸事件以及 2001 年小布什政府时期发生的中美南海撞机事件，都演变成为外交危机，使中美关系受到重创。尽管政治上中美关系出现了一些紧张因素，但是在经贸方面中美关系取得了一定的进展。经过与美国多轮磋商，2001年12月11日中国加入世界贸易组织，同年12月27日小布什宣布给予中国永久正常贸易关系地位，中美贸易关系自此实现了正常化。这一时期的中美关系谈不上好也没有那么坏，美国一方面希望中国融入美国主导的国际体系，另一方面又对中国抱有戒心，给中国制造麻烦，这是美国政界对华政策两面性的典型体现，也让中国认识到中美关系的发展很难一帆风顺。

4. 2009年以来：逐渐走向竞争

如果说冷战结束之初，美国霸权经历了一段鼎盛时期，那么从奥巴马入主白宫之后，美国的霸权有逐渐衰落之势，这种变化一方面源于美国霸权鼎盛时期海外扩张在一定程度上损耗了美国的元气，另一方面源于世界多极化的不断发展使多个权力中心崛起，在一定程度上"稀释"了美国的霸权。从国际体系结构的角度来说，当体系内出现多个权力中心或潜在的挑战者时，霸权国会进行霸权护持。"霸权护持"是指霸权国为维持其在国际体系中的主导地位，与他国之间的权力距离始终保持一个其认为是安全的常数。霸权护持的方式有二：一是增加自身权力，二是削弱对手的权力。[1] 在全球范围内防止出现潜在的挑战者一直是美国的战略目标之一。在冷战结束后的相当长一段时期，美国的关注点主要在于防范、遏制俄罗斯，然而随着中国综合实力的不断增强及中国对国际事务参与度的提高，美国也开始将中国作为美国的主要对手之一，中美逐渐走向竞争。

奥巴马政府时期，提出"重返亚太"（又称"亚太再平衡"）战略，美国将战略重心转移到亚太地区，标志着美国全球战略的重大调整。亚太地区既是中美之间利益交融最多的地区，又是崛起国与守成国权力竞争突

---

[1] 秦亚青著：《霸权体系与国际冲突——美国在国际武装冲突中的支持行为（1945—1988）》，上海人民出版社1999年版，第119—125页。

出的地区。美国"亚太再平衡"战略的主要措施包括：强化亚太核心同盟关系、深化亚太军事布局；深化同亚太新兴国家的双边关系；增加对地区多边机构的外交投入；主导并推进《跨太平洋伙伴关系协定》的谈判等。[①]奥巴马执政8年期间，联合韩国部署萨德反导系统，唆使越南在中国南海捣乱，怂恿菲律宾对中国提起南海仲裁案，美国在中国周边的动作频频，对中国形成遏制包围之势，阻挠中国和平发展。如果说奥巴马第一任期与中国关系的竞争性因素还没那么明显，那么奥巴马第二任期中美关系则呈现较大的竞争性，这种趋势也为之后美国对华政策逐渐强硬埋下了伏笔。面对美国的围堵，中国始终秉持相互尊重、合作共赢的理念处理与美国的关系。2012年2月，时任中国国家副主席习近平访美时提出，推动中美合作伙伴关系不断取得新进展，努力把两国合作伙伴关系塑造成21世纪的新型大国关系。中国倡导与美国建立新型大国关系，主动塑造未来中美关系走向，展现了负责任的担当。然而中国所追求的通过对话合作而非对抗冲突的方式妥善处理矛盾分歧的目标并未得到美国的积极响应，美国反而在零和博弈的道路上越走越远。

2017年1月，商人出身的特朗普入主白宫，以"美国优先"为指导理念的特朗普政府奉行"以实力求和平""有原则的现实主义"，突出大国竞争，退出联合国教科文组织、联合国人权理事会、世界卫生组织以及气候变化《巴黎协定》等多边机制和条约。美国退出美俄《中导条约》，退出伊朗核问题全面协议，要求北约成员国履行增加防务开支承诺。主张"公平对等"贸易，退出《跨太平洋伙伴关系协定》（TPP），搁置《跨大西洋贸易与投资伙伴关系协定》（TTIP）谈判，重签《美墨加协定》《美韩自由贸易协定》。2017年12月至2018年1月，特朗普政府先后发布的《美国国家安全战略报告》和《美国国防战略报告概要》对美国的对华政策具

---

① 王缉思、赵建伟：《评美国亚太"再平衡"战略》，《冷战国际史研究》2017年第1期，第55页。

有转折性意义。《美国国家安全战略报告》宣称，美国在全球范围内面临不断增长的政治、经济和军事竞争，"以中国和俄罗斯为代表的修正主义力量、以伊朗和朝鲜为代表的'无赖国家'以及跨国威胁组织特别是'圣战'恐怖组织"正在挑战美国及其盟友和伙伴。该报告将中国定义为"竞争对手"，宣称要与中国开展战略竞争，突出中美关系的竞争性。

特朗普政府对中国发动了三场看不见硝烟的"战争"：贸易战、借新冠肺炎疫情对中国实施的"舆论战"和科技战。首先，关于贸易战，特朗普政府实行贸易保护，对中国加征关税。2018年3月23日，特朗普根据"301调查报告"签署备忘录，拟对价值600亿美元的来自中国的进口商品加征关税，并限制中国企业对美国的投资。3月23日，中国政府宣布拟对价值30亿美元的来自美国的进口商品加征关税，作为美国对中国进口钢铁和铝产品加征关税的回应。面对中美贸易摩擦，中国继续坚持多边主义，维护世贸组织权威，遵守世贸组织规则，同美国进行合理合法的斗争，坚决维护世界经济全球化。美国的贸易政策不是单纯的经济决策，而是经济利益和权力政治的平衡。特朗普发起的对中国的贸易战并没有解决中国对美贸易顺差的问题，也无助于解决美国产业空心化的问题，反而影响了美国对华出口。[①] 其次，在新冠肺炎疫情肆虐全球时，世界经济下滑，社会几乎陷于停滞状态，此时谁能率先研制出疫苗并控制疫情蔓延，谁就能够拯救全世界于水火之中。中国迅速高效地控制住了疫情、研发出有效疫苗并主动向他国提供帮助，给国际社会树立了典范。抗疫中，比较中美两种制度，中国的制度优势体现得淋漓尽致。最后，科技领域是中美博弈的又一大战场，双方在人工智能、5G、新材料、新能源等领域的比拼如火如荼，目前美国在科技领域有一些中国没有的独家核心技术，中国正全力以赴地赶超。在一些科技领域，中国走在世界

---

① 左凤荣：《"修昔底德陷阱"与新型大国关系——关于中美关系的话语博弈》，《中国浦东干部学院学报》2021年第1期，第108页。

的前列，给美国造成了巨大的压力。科技战的战线很长，中国正在不断增强科技创新能力，积极应对与美国的科技竞争。

与奥巴马政府"亚太再平衡"战略一脉相承，特朗普政府提出了"印太战略"，该战略扩大了"亚太再平衡"战略范围，在"亚太再平衡"战略的基础上，将印度洋以及印度周边也包括了进来，把中国的西南方向也作为了重点遏制方向，范围变得更广，区域变得更大。两个战略虽在范围上有差别，但目标大体一致，反映了美国全球战略重心向中国周边区域转移，包围、遏制中国的意图明显。美国推行"印太战略"的实质是从太平洋和印度洋两个方向挤压中国，突出印度和印度洋方向在美国全球战略中的地位与作用。美国将"太平洋司令部"更名为"印度—太平洋司令部"，更是凸显了美国"印太战略"的军事目的。

（二）中美关系现状及特征：竞争与合作并存

如果说之前中美关系强调的更多的是合作，或者说合作与竞争并存，那么现在的状态是竞争性凸显，在竞争中合作。2021年1月，拜登就任美国总统后，调整了特朗普政府时期的对外政策。美国发布《临时国家安全战略指引》，提出重振美国全球盟友和伙伴体系、领导和维护稳定开放的国际体系，强调将美国民众特别是工薪家庭置于国家安全战略核心，实施服务于全体美国人的国际经济贸易政策。将美俄《新削减战略武器条约》延期5年，对俄实施新制裁。拜登总统先后出席七国集团线上峰会和美日印澳线上峰会。宣布重返气候变化《巴黎协定》、停止退出世界卫生组织、以观察员身份重返联合国人权理事会，向"新冠肺炎疫苗实施计划"拨款40亿美元。拜登政府对华的强硬态度比特朗普政府有过之而无不及。2021年3月3日，美国白宫国家安全委员会公布的《临时国家安全战略指引》指出，对美国而言，中国是唯一具有潜在综合实力挑战国际体制的主要竞争对手。拜登政府在调整美国内外政策，致力于重塑美国领导地位。

对中国来说，两条主线构成了当今的时代背景，一是中华民族伟大复兴的战略全局，二是世界百年未有之大变局。中国的命运与世界格局息息相关，错综复杂的国际环境带来了新矛盾、新问题。世界正经历百年未有之大变局，中国正在走近世界舞台的中心，成为非西方国家群体性崛起的领头羊，而美国的霸权正在衰落。美国为了捍卫自己世界霸主的地位，竭力阻遏中国发展。美国正在采取的遏制中国的手段主要包括：联合盟友、纠集北约、建设"无中国大陆"供应链、制裁中国实体和个人、干涉中国内政，等等。美国的一系列针对中国的行为恰恰反映了美国越来越不自信。在技术变革的第四次工业革命的浪潮中，中国正在努力赶超美国。美国不遗余力地打击中国华为，还要求欧洲盟友一起抵制华为 5G 设备。

回顾历史、观照现实可以发现，中美关系存在以下几个特点：一是中美关系缺乏互信。这是多年来妨碍中美两国关系正常发展、加深务实合作面临的最大的困难。中美之间缺乏互信，或是由于历史的惯性让不同意识形态的中美很难摒弃偏见，或是由于双方战略目标的差异和认知偏差。美国对中国的战略意图持怀疑态度，对于中国如何运用不断增强的实力和影响力抱有怀疑，对中国是否挑战和威胁美国的地位抱有怀疑。中国对美国同样有战略疑虑，怀疑美国是否要阻碍中国的和平发展，要构建对华包围圈。双方的公众舆论对于对方有许多负面态度，双方的媒体也都毫不掩饰对对方的批评。二是中美关系的不对称性。长期以来美国是世界体系的主导者，是国际制度和国际规则的制定者，中国是国际体系的参与者，是国际制度和国际规则的遵守者。这种不对称性在美国看来理所应当，然而随着中国实力和全球影响力的大幅提升，中美之间的这种不对称性开始朝着较为平衡的方向发展，引起了美国的焦虑和不安，所以美国采取各种手段扭转这种趋势，希望维持中美关系先前的不对称结构，这也部分解释了中美关系目前紧张的原因。三是中美关系的复杂性。

美国一方面忧虑中国崛起挑战美国霸权，另一方面又不得不与中国合作。尤其是在全球化的大背景下，两国利益存在高度的相关性，谁也离不开谁，这也是特朗普政府所希望的"与中国脱钩"难以实现的主要原因。在诸多问题领域，美国不得不选择与中国合作，依靠中国的力量解决国际社会棘手的问题。此外，中美关系对世界格局产生重要影响，牵涉多个地区和许多国家。中美关系保持健康稳定，不仅符合两国人民根本利益，也是地区国家和国际社会的普遍期待。

（三）中美关系的前景

在世界经济"东升西降"的大趋势下，美国国内充斥着焦虑与不安，担心被中国超越。目前，美国内部在将中国视为其主要对手并采取对华强硬的政策问题上已经达成了共识。美国参议院外交关系委员会在2021年4月通过了《2021年战略竞争法案》，法案要求拜登政府采取与中国"战略竞争"的政策，以保护和促进美国"重要利益和价值观"。2021年6月8日，美国国会参议院通过《2021年美国创新与竞争法案》，该法案旨在向美国技术、科学和研究领域投资逾2000亿美元，强调通过战略、经济、外交、科技等手段同中国开展竞争，以对抗中国日益增长的影响力。《2021年美国创新与竞争法案》融合了之前的美国众多法案，以《无尽前沿法案》为母本，将《2021年战略竞争法案》《2021年迎接中国挑战法案》等相关立法作为修正案加入其中，几乎包罗了所有涉华事务。遏制中国和科技竞争、国际联盟外交事务、航天、芯片和5G无线、购买美国制造、网络安全和人工智能、无人机、医学研究等诸多议题，在这部法案里均有提及。美国以立法的方式确立了与中国的竞争，意味着美国两党在对华政策上达成一致，今后无论谁执掌美国政权，在对华关系上都将受到该法案的约束，对中国采取"战略竞争"的强硬政策。与此同时，美国国会在台湾、新疆和西藏等涉及中国核心利益的议题上通过或者推动通过新的立法，将美国的强硬政策固化，压缩了未来中美缓和双边关系的空间。[①] 未来，中美竞争主要是经济实力、科技实力和治理能力之争。

为了在中美竞争中取得优势地位，美国急于拉帮结派，寻求盟友的支持。为了更好地实现对华围堵，美国试图打造一个亚洲"小北约"，将日本、印度和澳大利亚聚集到一起，形成了美日印澳"四方安全对话"机制。2021年6月，拜登出访欧洲，出席西方七国集团首脑会议、北约首脑会议和欧美首脑会议。继构筑"印太四国联盟"之后，美国加紧"结盟外交"恢复跨大西洋关系，试图让欧洲盟友加入美国的制华阵线。然而，美国的这些盟友并不是都与美国一心，许多国家出于自身利益考虑，不愿在中美竞争中"选边站队"。

就近中期而言，中美关系恐难有较大转圜。中美关系走向何方，两国各自的战略选择至关重要。如何处理中美两国的战略竞争，管控分歧，避免两败俱伤成为两国面临的重要课题。稳定的中美关系对世界和平具有重要意义，中美双方作为大国必须互相应对。美国自认为手握中国的几张底牌，在诸如台湾问题、香港问题、西藏问题、新疆问题上对中国内政指手画脚，不断给中国制造麻烦，对中国来说，在中美关系中不应该被美国牵着鼻子走。面对美国的挑衅，中国应该"坚持战略方向、保持战略定力"，在中美关系中掌握主动权，从历史中探寻线索、启示、经验，管控中美冲突，主动塑造中美新型大国关系。

［宋　芳，中共中央党校（国家行政学院）国际战略研究院讲师］

---

① 樊吉社：《中美关系正处于什么样的状态》，《世界知识》2020年第4期，第18页。

二、大国关系典范：中俄关系

苏联解体，新俄罗斯独立，中苏关系平稳过渡到中俄关系。30 年来，中俄两国消除历史前嫌，不断推进中俄关系提质升级。俄罗斯是中国周边最大邻国和世界大国，中俄有广泛的共同利益。中俄互为战略依托，均把对方的发展看成是自己的机遇，在维护主权、领土完整、国家安全等涉及两国核心利益的问题上相互支持，在国际事务中相互配合，是真正相互信赖的战略伙伴。在当今大国关系不睦的大背景下，中俄真正做到了不冲突不对抗、相互尊重、合作共赢，是新型大国关系和新型国际关系的典范。

（一）中俄关系发展顺利，不断跃上新台阶

从国际关系史上看，竞争是大国关系的常态，在大国竞争中经常会发生冲突，造成了严重的人力物力损失。大国关系如何相处，因此成为国际战略界研究的重要问题。在考察大国关系时，传统的西方国际关系理论强调的是实力界定权力，权力决定利益，在他们眼里，"国际政治从来就是一项残酷而危险的交易，而且可能永远如此。虽然大国竞争的烈度时有消长，但它们总是提防对方，彼此争夺权力。每个国家压倒一切的目标是最大化地占有世界权力，这意味着一国获取权力是以牺牲他

国为代价的"。①中俄作为两个大国，在处理彼此的关系时，基本摆脱了大国关系的这种窠臼，协调与合作成为中俄关系的主基调。中俄全面战略协作伙伴关系不断加强，两国在政治、科技、军事、能源、过境运输、人员往来等诸多方面的交往不断深入，走出了一条大国交往的新路。

苏联解体后，中苏关系平稳地过渡到中俄关系。30 年来，中俄关系始终在向前发展，两国关系从友好国家、建设性伙伴、战略协作伙伴发展到全面战略协作伙伴。2013 年 3 月，习近平担任国家主席后，把俄罗斯作为其首访国家，体现了对中俄关系的重视。中俄关系是世界上最重要的一组双边关系，更是最好的一组大国关系。一个高水平、强有力的中俄关系，不仅符合中俄双方利益，也是维护国际战略平衡和世界和平稳定的重要保障②。2013 年以来，习近平主席与普京总统保持着密切联系，中俄两国元首在双边和多边场合会晤 30 多次，是大国元首中交往频率最高的，这从一个侧面说明中俄都很重视发展与对方的关系。中俄两国元首就重大问题及时进行沟通，增强了双方的战略互信，推动两国关系不断向前发展。

在中俄两国元首的推动下，中俄关系不断跃上台阶。2014 年在复杂的国际背景下，中俄全面战略协作伙伴关系进入新阶段。2014 年 2 月，俄罗斯在索契举办冬奥会，西方国家领导人无人到会，习近平主席参加了开幕式，表示了对俄罗斯的支持。他在接受俄罗斯媒体采访时表示，亲戚越走越亲，朋友越走越近，举办冬奥会是俄罗斯的喜事，也是国际奥林匹克运动的盛事。中俄是好邻居、好朋友、好伙伴，我和普京总统是老朋友了。按照中国人的传统，邻居和朋友家里办喜事，当然要来贺喜。正是在此期间，中俄两国元首就"一带一路"框架下加强合作达成了共识。在乌克兰危机发生后美国和欧盟加强对俄罗斯经济制裁的背景下，2014

---

① 〔美〕约翰·米尔斯海默著，王义桅等译：《大国政治的悲剧》，上海人民出版社 2014 年版，第 2 页。
② 习近平著：《习近平谈治国理政》，外文出版社 2014 年版，第 275 页。

年 5 月 20 日中俄两国元首在上海签署《中俄关于全面战略协作伙伴关系新阶段的联合声明》，宣布两国关系进入新阶段。同时，中俄还签署了几十项合作协议。习近平主席表示，中方愿同俄方一道努力，久久为功，巩固高水平互信，拓展各领域合作，深化人文交流互鉴，密切国际协调配合，把中俄世代友好理念一代代传承下去，不断充实两国协作战略内涵，推动中俄关系与日俱进，与日俱新，造福两国人民[①]。无论在国际层面，还是在双边层面，中俄关系的主题都是协调与合作。

2019 年在中俄两国建交 70 周年纪念之际，中俄宣布两国全面战略协作伙伴关系进入新时代。2019 年 6 月 5 日—7 日，习近平主席对俄罗斯进行国事访问并出席了圣彼得堡经济论坛。中俄两国元首于 6 月 5 日签署了《中华人民共和国和俄罗斯联邦关于发展新时代全面战略协作伙伴关系的联合声明》，宣布实现两国关系提质升级，共同开启中俄关系更高水平、更大发展的新时代。文件中将"守望相助、深度融通、开拓创新、普惠共赢"概括为两国新时代全面战略协作伙伴关系的基本内涵。中俄双方还签署了价值 200 多亿美元的项目。习近平主席强调，无论过去、现在还是将来，两国都是搬不走的好邻居、拆不散的真伙伴。中俄之间的新型关系已经成为互信程度最高、协作水平最高、战略价值最高的一对大国关系。新时代的中俄关系，"要始终以互信为基石，筑牢彼此战略依托"，"要更加担当有为，携手维护世界和平安宁"[②]。中俄两国有各层级的交往平台和完备的合作机制，如在地方合作方面，建立了长江中上游地区和伏尔加沿岸联邦区地方合作理事会，东北地区和远东及贝加尔地区政府间合作委员会两大区域性合作机制，中俄友好、和平与发展委员会地方合作理事会等机构，140 对省州和城市结成友好关系，两国地方合作实现了领域和地域的全覆

---

① 《习近平同俄罗斯总统普京举行会谈　两国元首一致同意推动中俄关系在高水平上实现更大发展》，《人民日报》2018 年 6 月 9 日。

② 习近平：《携手努力，并肩前行，开创新时代中俄关系的美好未来——在中俄建交 70 周年纪念大会上的讲话》，《人民日报》2019 年 6 月 7 日。

盖。中俄间还有人文交流、能源合作等各种委员会。这些机制有助于双方就大政方针、发展战略、务实合作等重大问题坦诚沟通和交流，在涉及彼此核心利益问题上相互支持。

2020年新冠肺炎疫情暴发，感染的人数和涉及的国家与地区都突破了历史纪录。这一事件充分说明当今世界是一个相互依赖的世界，要求大国团结协作，共同克服危机。但是，我们看到的现象正好相反，大国竞争加剧，矛盾更加突出。在这一背景下，中俄关系经受住了疫情的考验，两国相互支援，紧密合作，共克时艰。

（二）中俄关系顺利发展的成功经验

中俄两国不仅是两大邻国，也都是安理会成员国，中俄关系的稳定有利于世界的稳定。在当今世界百年大变局仍在加速演变，不稳定不确定因素增多，世界进入动荡变革期的新时期，中俄关系成为世界的重要稳定因素。中俄关系成功实践的经验很多，主要体现在以下几个方面：

1. 注重战略协调

中俄坚定维护以联合国为核心的国际体系，推动世界多极化和国际关系民主化，携手构建新型国际关系和人类命运共同体，在维护世界和平与发展方面有着广泛而深入的合作。中俄作为第二次世界大战的战胜国、联合国安理会常任理事国和主要新兴市场国家，认为双方有责任、有义务、有必要在国际和地区事务中开展更加密切和有效的协作，共同促进地区及世界的和平稳定。中俄都坚定维护《联合国宪章》所确立的国际法基本准则，反对任何干涉他国内政的企图和做法。在当今世界单边主义和霸凌行径抬头的背景下，中俄坚持多边主义，捍卫公平正义，携手应对挑战。

中俄在国际事务中协调配合，推动构建新型国际关系。中俄两国在维护周边安全、重大国际和地区热点问题上加强协调与配合。习近平主席强调，中俄作为联合国安理会常任理事国和维护地区及世界安全稳定的建设性力量，要坚定维护联合国宪章宗旨和原则，坚定维护国际关系基本准则，坚定维护全球战略平衡和稳定，坚定维护国际公平正义，坚持通过友好协商和和平谈判政治解决国家间分歧和地区热点问题，继续致力于构建以合作共赢为核心的新型国际关系，维护好世界和平发展。在全球治理问题上中俄有许多共同的看法和有效合作。俄罗斯主张发挥联合国安理会的作用，希望世界承认其大国地位，普京强调，五个核大国对人类社会的生存与可持续发展负有特殊责任，五大国需要充分考虑当今国际关系的政治、经济和军事诸方面，应该率先采取行动消除发生全球性战争的前提条件，重新审视对保障全球稳定的立场。中方支持普京召开五大常任理事国首脑会议的倡议，希望俄罗斯发挥大国作用。中俄两国签署了多份涉及国际协调与合作的文件，2019 年 6 月中俄两国元首签署的《中华人民共和国和俄罗斯联邦关于加强当代全球战略稳定的联合声明》，再次重申了两国的战略协作，表示双方在军备控制、伊核问题、全球治理等领域不断加强战略协作。双方还共同维护以世界贸易组织规则为核心的多边贸易体制，提升经济稳定性和包容性。

在疫情使世界大变局"变"的因素不断增强的情况下，中俄成为维护全球战略格局稳定的重要力量。2020 年 9 月 11 日《中华人民共和国和俄罗斯联邦外交部长联合声明》阐释了双方对几乎所有国际热点问题的共同立场，中俄坚定支持世界卫生组织在全球抗疫合作中发挥协调作用，支持各国深化国际抗疫合作，加快药物和疫苗研发。呼吁停止将疫情政治化，团结各方共同打赢疫情防控阻击战，携手应对各类威胁挑战，努力加快落实 2030 年可持续发展议程①。2021 年 3 月 23 日，针对西方加强价值观联盟，利用所谓民主人权等问题干涉他国内政的做法，中俄两国外长发表关于当前全球治理若干问题的联合声明，表明了双方对人权、民主、国际法的共同看法，呼吁国际社会应坚持践行开放、平等、非意识形态化的多边主义原则，共同应对全球性挑战和威胁，努力维护多边体制的权威性，提高多边体制的有效性，完善全球治理体系，共同维护和平与战略稳定，促进人类文明发展，保障各国平等享有发展成果。同时，对话应成为处理国际事务的基本方式，国际社会要团结不要分裂，要合作不要对抗②。2021 年 6 月 28 日发表的中俄关于《中俄睦邻友好合作条约》签署二十周年的联合声明强调，中俄两国均认为必须构建更加公正民主的国际秩序，为此双方需加强对外政策协调，在国际舞台捍卫共同利益，维护国际和地区力量平衡。世界越是动荡，中俄就越有必要加强战略协作③。中俄合作的目标是保持国际战略稳定，增强世界的确定性。

2. 加强务实合作

俄罗斯是资源丰富的大国，中俄在经济上有很强的互补性。相比于其他大国之间的关系，中俄全面战略协作伙伴关系成熟而稳定，无论国际形势如何变幻，中俄发展睦邻友好关系的大局都未发生变化，这与两国不断加深经贸合作直接相关。

中俄加强国家战略对接，共同谋求发展。2015 年 5 月 8 日，中俄两国元首签署《中华人民共和国与俄罗斯联邦关于丝绸之路经济带建设和

---

① 《中华人民共和国和俄罗斯联邦外交部长联合声明》，新华网 2020 年 9 月 11 日。

② 《中华人民共和国和俄罗斯联邦外交部长关于当前全球治理若干问题的联合声明》，《人民日报》2021 年 3 月 24 日。

③ 《中华人民共和国和俄罗斯联邦关于〈中俄睦邻友好合作条约〉签署二十周年的联合声明》，《人民日报》2021 年 6 月 29 日。

欧亚经济联盟建设对接合作的联合声明》，"双方将共同协商，努力将丝绸之路经济带建设和欧亚经济联盟建设相对接，确保地区经济持续稳定增长，加强区域经济一体化，维护地区和平与发展"，"研究推动建立中国与欧亚经济联盟自贸区这一长期目标"。[①] 中方提出的丝绸之路经济带建设与俄方的欧亚经济联盟建设实现对接，从战略高度、以更广视野全面扩大和深化了双方务实合作，实现中俄利益交融，更好促进两国发展振兴，拓展欧亚共同经济空间，带动整个大欧亚地区的发展。中俄两国对推动大欧亚地区的经济合作有高度共识。2016 年 6 月 25 日，在纪念《中俄睦邻友好合作条约》签署 15 周年时习近平主席强调，"我们要在业已取得的经济合作成果基础上，深入推进两国发展战略对接和'一带一路'建设同欧亚经济联盟建设对接合作，进而在欧亚大陆发展更高水平、更深层次的经济合作关系，使中俄关系发展带来的福祉不仅惠及两国人民，还要惠及整个地区国家人民"[②]。2017 年 5 月 14 日，普京来华出席"一带一路"国际合作高峰论坛时也表示，将欧亚经济联盟、"一带一路"、上合组织、东盟等一体化机制的潜力联合起来，可以为建立大欧亚伙伴关系奠定基础。向国际社会示范一个协作、创新、建设性的未来，其立足于公正、平等和对国家主权的尊重，以国际法准则和联合国的坚定原则为基础。中俄推进"一带一路"建设和欧亚经济联盟对接，促进欧亚大陆区域互联互通和经济发展。2018 年 5 月 17 日，在阿斯塔纳经济论坛期间，中国代表与欧亚经济联盟及其成员国代表签署了《中华人民共和国与欧亚经济联盟经贸合作协定》，表明双方要进一步减少非关税贸易壁垒，提升贸易便利化水平，促进中国与欧亚经济联盟及其成员国经贸关系深入发展，为双方的经贸合作提供制度性保障。该协定的

---

① 《中华人民共和国与俄罗斯联邦关于丝绸之路经济带建设和欧亚经济联盟建设对接合作的联合声明》，人民网 2015 年 5 月 9 日。

② 习近平著：《习近平谈治国理政》（第二卷），外文出版社 2017 年版，第 468 页。

签署，标志着双方经贸合作从"项目带动"进入"制度引领"的新阶段。该协定已于 2019 年 10 月 25 日正式生效。此后，中俄加强了沟通与协调，共同推进区域经济的发展。在新冠肺炎疫情影响经济全球化，全球产业链、价值链受到严重影响的背景下，区域经济合作的地位与作用在增强，中俄合作对于推进大欧亚地区经济发展至关重要。中俄加强发展战略对接，共同规划两国友好合作的未来，推动着中俄全面战略协作伙伴关系的高水平发展。

中俄经济互补性强，潜力巨大。中俄双方构建了全方位、深层次、多领域的互利合作新格局，夯实了两国关系的基础，增强了中俄关系的内生动力。虽然中俄双边贸易额在 2015 年前达到 1000 亿美元、在 2020 年前达到 2000 亿美元的目标并未如期实现，但中国已连续 10 年成为俄罗斯第一大贸易伙伴国，2018 年双边贸易额突破 1000 亿美元，2019 年延续了这一发展势头，两国贸易额达到 1107.57 亿美元，同比增长 3.4%，中国进口了俄罗斯 7700 万吨石油，占俄石油出口的 32%。2020 年中俄经贸关系经受住了疫情的考验，双边贸易额达 1077.65 亿美元。2021 年中俄双边贸易额达到创纪录的 1480 亿美元，中国连续 12 年是俄罗斯最大的贸易伙伴。与中美贸易主要由合资和私营企业主导不同，中俄的经贸关系主要是由国家间大项目带动的。

近年来，俄罗斯拓展了对华合作的深度和广度，允许中国企业参与俄境内能源开发，双方在能源、交通、航空、航天等领域的大项目相继启动。2019 年 12 月 2 日，中俄天然气管道东线"西伯利亚力量"正式开通，试运行期间对华供气额为每年 50 亿立方米，以后将提高到每年 380 亿立方米。中石油和中海油入股俄罗斯北极亚马尔天然气项目。中俄互联互通取得了重大进展，跨越黑龙江的同江铁路桥和黑河公路桥将正式通车，中俄远程宽体客机、重型直升机、卫星导航等项目联合研制持续推进。中俄双方在农业、电子商务、服务贸易等领域也加强了合作，在建立替代性金融结算机制、全球投资和生产链配置等领域不断拓展新的合作空间。针对西方制造中俄不睦的舆论，俄学者认为，"俄方对中俄之间日益增长的经济不对称性的担忧程度不如美国想象得那么严重，虽然中俄之间在经济规模上存在巨大差异，俄罗斯欠中国的债务并不多，中国仅占俄外贸总额的 16%，欧盟则占 42%"。中俄经贸关系反映了两国经济发展的现实，体现了两国经济的互补性，符合双方的利益。

习近平主席强调，国之交在于民相亲。中俄关系有良好的民意基础，历史上俄罗斯的文化对中国影响很大。进入新世纪以来，中俄的民间交流不断深入，旅游、到对方国家留学、校际交流、学者论坛等，交流渠道多，人员往来密集，交流加深了相互理解和友谊。2021 年 2 月，俄罗斯列瓦达中心进行了一次民调，主题是民众对诸如美国、欧盟与中国等的态度，调查显示，民众对中国的态度最为积极。

表5-1：俄罗斯民众对华态度[①]

时　间	2017 年 1 月	2018 年 1 月	2018 年 9 月	2019 年 11 月	2020 年 1 月	2021 年 1 月
好	71	69	75	72	65	75
不好	14	13	13	17	24	24
不好回答	15	18	12	11	11	12

从表中我们看到，2017 年以来，俄罗斯对华持正面看法的比例都很高。实际上从 2014 年乌克兰危机以来，俄罗斯与欧美关系恶化，与中国的关系在顺利发展，俄罗斯人对华好感度也不断上升，说明俄罗斯发展对华友好关系得到了其民众的支持，有良好的民意基础。2021 年 7 月 2 日普京签署的新版《俄罗斯联邦国家安全战略》在谈到外交时指出，"俄罗斯奉行

[①] Отношениек странам.https：//www.levada.ru/2021/02/19/otnoshenie-k-stranam-7/（访问时间 2021 年 7 月 21 日）

连续、独立、全方位、开放、可预测和务实的外交政策"，只提到了两个独联体之外的国家，就是中国和印度。"发展与中国的全面战略协作伙伴关系，与印度的特惠战略伙伴关系，目的之一是在亚太地区建立可靠的机制，在不结盟的基础上确保区域稳定与安全。""深化与上海合作组织、金砖国家的多专业合作，巩固在'俄印中'三角框架内的功能性和制度性合作基础。"发展与中国的友好关系是俄罗斯的战略选择。

3. 增强战略互信

中俄双方都恪守 2001 年 7 月 16 日签署的《中俄睦邻友好合作条约》，相互尊重对方的核心利益。中俄在维护主权、领土完整、国家安全等涉及两国核心利益的问题上继续相互坚定支持，坚定支持对方发展和复兴。中俄真正做到了相互尊重，特别是尊重对方选择自己的发展道路和社会制度的权利，充分尊重对方维护本国历史、文化和道德价值观的权利。

安全领域的合作是国家间合作的最高境界，是两国互信程度的反映。中俄坚持共商共建共享的原则，努力践行共同、综合、合作、可持续的新安全观，两国在安全领域的合作突出。俄罗斯向中国出售最先进的武器，如 S-400 防空导弹系统和苏-35 战机，两国还合作建设导弹预警雷达系统。中俄两国军事演习实现了长期化和机制化，2019 年两国在波罗的海、黑海和地中海开展军事演习。2020 年中国军队参加了俄罗斯在高加索地区举行的军事演习，中俄两国空军在东北亚地区开展空中联合战略巡航，体现了中俄间高度的政治互信。经中俄两国元首批准，国务委员兼国防部部长魏凤和同俄罗斯国防部部长绍伊古于 2020 年 12 月 15 日签署了《关于延长 2009 年 10 月 13 日〈中华人民共和国政府与俄罗斯联邦政府关于相互通报发射弹道导弹和航天运载火箭的协定〉有效期的议定书》，将协定有效期延长 10 年。

4. 树立命运共同体意识

在面临危机与挑战时加强协调与合作，增进了中俄关系。在 2008 年金融危机发生后，俄罗斯经济受到重创，中俄加强了经济上的协调与合作，中国大量采购俄罗斯的能源，对俄罗斯走出危机发挥了重要作用。在乌克兰危机发生后，俄罗斯面对欧美的经济制裁，经济发展受到很大影响，中国加强对俄经济合作，提高了俄罗斯的抗压能力。

在新冠肺炎疫情发生后，中俄合作抗疫，对克服疫情和恢复经济发挥了重要作用。中俄守望相助，尽己所能向对方提供援助，相互分享抗疫经验，合力抗击医学病毒和"政治病毒"。中俄合作有助于两国控制疫情，中国很快控制住了疫情，并向俄罗斯派出专家和提供物资援助，帮助俄罗斯控制疫情发展。疫情虽然影响了两国人员往来，但高层交往频繁，货运往来基本没受影响。2020 年习近平主席与普京总统 5 次通电话，王毅外长与拉夫罗夫外长 6 次通电话，两次会晤。中俄总理还举行了第二十五次定期会晤，发表的《中俄总理第二十五次定期会晤联合公报》提出，双方就进一步加强经贸和投资合作，推动签署《至 2024 年中俄货物贸易和服务贸易高质量发展的路线图》，努力优化结构，培育新的贸易增长点，进一步优化贸易和投资营商环境，实现扩大贸易规模的发展目标。2020 年中俄举办了科技合作年，活动达上千项，科技攻关、产业合作都在稳步推进。中俄科技具有互补优势，双方将实施好科技创新年逾千个合作项目，深化科技成果转化合作，促进人才双向交流，鼓励高科技、互联网等领域企业创业投资，为两国务实合作提供科技支撑。疫情催生了中俄跨境电商合作的多样化，跨境电商与数字经济合作成为中俄经济合作的新亮点，天猫、京东等电商平台在俄罗斯发展良好。2020年中国扩大了俄农产品准入，俄对华农产品出口同比增长 24%。

危机可以激化大国矛盾，也可以加强大国协调，关键在于如何选择。中俄摒弃了西方传统的大国政治游戏，选择合作应对危机。中俄的选择无论对双方还是对国际社会，都是有利的。

（三）中俄关系顺利发展的启示

中俄关系发展的实践表明，大国之间，哪怕是两个有历史恩怨的大国之间，也完全可以建立以合作共赢为核心的新型大国关系。这种以相互尊重为前提的新型大国关系不仅使双方，也使世界和地区受益。中俄两个大国之间相处的成功经验，为国际政治提供了新的模式，对于处理当今的大国关系和国际关系具有启示性意义。

启示之一：大国关系需要坚持"不结盟、不对抗、不针对第三方"的原则。美国从传统的实力政治出发，把中国和俄罗斯都作为战略竞争对手，中美间的战略竞争显著加剧，俄罗斯与美欧激烈对抗，中俄两国间的战略协作水平大幅提升。俄美关系的恶化是促使俄罗斯外交"向东看"的重要因素，中俄在国际舞台上的密切合作与此有很大关系。但是，中俄关系是全方位的合作关系，而不是针对美国的结盟关系。与奉行零和游戏的大国不同，中国特色大国外交的主线是服务民族复兴、促进人类进步，中国倡导与世界各国合作，共同维护现行国际秩序，推动经济全球化向开放、包容、普惠、平衡、共赢方向发展，反对大国间的结盟对抗。中俄关系的成功实践表明，中国提出的国际关系新理念更符合世界潮流，结盟对抗不是大国相处之道。

启示之二：顺应世界发展的潮流，从合作共赢理念出发处理大国关系特别重要。在经济全球化时代，大国利益高度相互依赖，大国关系不是零和游戏，必须树立合作共赢的意识。中俄能够不断加强战略协作，在于两国都把对方的发展看成是机会而不是威胁。中俄两国都是大国，曾有过不愉快的历史，但两国从历史中总结了教训，以合作代替了斗争和防范。习近平主席强调，中俄都处在民族复兴的重要时期，两国关系已进入互相提供重要发展机遇、互为主要优先合作伙伴的新阶段。一个繁荣强大的俄罗斯，符合中国利益，也有利于亚太与世界和平稳定。普京总统也说，俄罗斯需要一个繁荣稳定的中国，而中国也需要一个强大成功的俄罗斯。正因为中俄都乐见对方的发展与进步，两国都从对方的发展中获得了很大益处。中俄的实践证明，在经济全球化的潮流面前，合作共赢才是大国相处之道。

启示之三：大国相处需要尊重对方的核心利益。从人类历史发展的经验看，大国关系决定着国际关系的发展方向，两次世界大战都与大国对抗相关。冷战时期的大国对抗带来了诸多消极后果，大量资财被浪费在了军备竞赛上，人类没有得到真正的和平。在当今世界发生百年未有之大变局的背景下，减少世界的动荡和不确定性，需要大国的协调与合作，中俄为大国合作树立了榜样。中俄战略协作不断深化，一个重要原因在于相互尊重对方的核心利益。中俄共同推进上海合作组织、金砖国家等多边合作机制的发展，中国尊重俄罗斯在原苏联地区，特别是中亚地区的传统利益，在中亚政策上注意与俄罗斯进行协调。中国与中亚国家加强经济贸易往来，没有像欧美国家那样引起俄罗斯的警惕和排斥，很大程度上是因为中国注意尊重俄罗斯的权益和维护中亚各国的独立自主地位。

启示之四：民间的交流和文化的互鉴有助于国家友好关系的发展。国之交在于民相亲，人民的深厚友谊是国家关系发展的力量源泉。中俄两国人民交往频繁而深入，为中俄关系发展奠定了良好基础。中俄两国文化交流有深厚基础，两国都能以欣赏的眼光看待对方的文化和文明。俄罗斯的文学、音乐、电影等对中国有深刻的影响，托尔斯泰的《战争与和平》、肖洛霍夫的《静静的顿河》、普加乔娃的歌曲、柴可夫斯基的音乐等，中国人所知甚多。俄罗斯文学家普希金、莱蒙托夫、屠格涅夫、陀思妥耶夫斯基、契诃夫等的作品在中国广为流传,孔子、老子等中国古代思想家也为俄罗斯人民所熟悉。俄罗斯科学院远东研究所集体编著的六卷本《中国精神文化大百科全书》描述了从古至今的中华文明,展现了中国文化的独特性、内在完整性及丰富多样性,使俄罗斯人民加深了对中国的了解。

总之,中俄都是世界大国,两国有4300多公里的共同边界,顺利发展的中俄全面战略协作伙伴关系对维护地区及世界和平安全具有特别突出的意义。

[左凤荣,中共中央党校(国家行政学院)国际战略研究院副院长、教授]

三、具有战略影响的伙伴：中欧关系

改革开放 40 多年来，中国经济社会发展成就巨大，特别是党的十八大以来，在习近平新时代中国特色社会主义思想指引下，坚定不移走和平发展道路，坚持全面深化改革，推动形成全面开放新格局，推动构建新型国际关系，推动构建人类命运共同体，为世界和平与发展创造新机遇、作出新贡献。欧洲一体化进程是欧洲国家和人民追求和平、联合自强的产物。作为当今世界一体化程度最高、综合实力雄厚的国家联合体，欧盟是国际格局中一支重要的战略性力量。虽然近年欧盟发展受到英国脱欧等事件影响，但欧盟没有改变一体化方向，继续致力于推进改革、应对挑战，在地区和国际事务中发挥重要作用。[①] 欧盟不仅是中国重要的贸易伙伴，也是一支全球性的战略力量。在中美战略竞争的背景下，中欧关系的战略价值更为突出，有利于为实现"两个一百年"奋斗目标创造良好的外部环境。

（一）中欧关系的转型与调整

1975 年中国与欧洲经济共同体建交，中欧关系的发展超越了双边层面。与欧洲一体化的"超国家"机构打交道使得中国从更为广泛的层面发展与

---

① 《中国对欧盟政策文件》，新华网 2018 年 12 月 18 日。

欧洲的关系。与此同时，中国的改革开放让欧洲意识到发展与中国的关系为欧洲所带来的巨大机遇，双方的经贸合作迅速发展起来。1980 年，欧洲经济共同体给予中国普遍优惠制待遇。冷战的结束给中欧关系带来短暂的困扰，但双方很快走出意识形态的干扰，务实合作成为中欧关系的主轴。2003 年欧盟出台的文件《成熟的伙伴关系：欧盟中国关系中的共同利益与挑战》更是明确了双方伙伴关系中的全球战略维度。该文件开篇即指出：中欧作为战略伙伴在保护和推动可持续发展、和平与稳定等问题上的共同利益日益增加。中欧双方在很多全球治理问题上的利益重合。2003 年 10 月中欧双方宣布建立"中欧全面战略伙伴关系"后，中欧关系进入蜜月期。

随着中国综合国力的快速提升，欧盟在对华政策中越来越强调双方竞争的一面。2006 年 10 月，欧盟推出对华政策文件《欧盟与中国：更紧密的伙伴、承担更多责任》，加上同期推出的经贸文件《竞争与伙伴关系：欧盟—中国贸易与投资政策》，标志着欧盟对华政策开始了初步的调整。这两个对华政策文件更加强调中国经济发展给欧洲带来的挑战，更多地关注中欧之间的竞争关系，以及督促中国承担更多的责任。此后，中欧之间麻烦不断。从经贸关系到气候变化，欧盟方面对中国的指责不断增多；中德关系因默克尔会见达赖而一度引发外交危机；到了 2008 年欧盟国家的一些政治领导人甚至发出抵制北京奥运会的呼吁，巴黎发生了干扰奥运火炬传递等一系列反华事件。[1] 随着肇端于美国次贷危机的全球金融风暴对世界经济的巨大冲击，各国政府携手合作应对金融危机成为全球共识，特别是之后欧债危机的爆发，让欧洲人对危机引发的自身社会经济动荡的恐惧大大超过了对中国崛起的恐惧，中国政府则明确表示支持欧洲一体化，支持欧元，对欧元有信心。这对欧洲而言无疑是雪中送炭。在全球金融危机的背景下，欧盟被迫暂停了 2006 年开启的对华政策调整，"危机红利"

---

[1]　关于欧盟及其成员国在 2006 年左右所启动的对华政策调整的详细内容，可参考周弘主编：《欧洲发展报告（2008—2009）：欧盟"中国观"的变化》，社会科学文献出版社 2009 年版，第 1—32 页。

让中欧关系从 2008 年的动荡中迅速稳定了下来。

2012 年底，欧债危机在金融层面基本结束。2013 年，欧洲经济实现温和复苏，中欧关系之间的"危机红利"开始逐渐消失，中欧关系的发展面临新的挑战。欧盟在对华政策上从危机期间的强调合作，转变为重新把目光聚焦在双方现实和潜在的竞争关系上，以更具"进攻性"的姿态和施加压力的方式来处理双方的分歧。2013 年 5 月，欧盟委员会宣布对中国太阳能板立案，展开反倾销调查，涉及金额高达 210 亿欧元，这是中欧之间规模最大的贸易摩擦，也是当时全球涉及金额最高的反倾销调查。虽然双方最终以谈判方式解决贸易纠纷，但其中透露出的趋势意味着欧洲在战略层面开始调整对华政策，这无疑会对中欧关系的发展以及中国的外部环境产生重大影响。中国政府显然感受到欧洲对外战略的这种变化，认识到中欧全面战略伙伴关系需要"准确定位"。

2013 年 11 月 20 日，习近平主席在会见来华出席第十六次中国—欧盟领导人会晤的时任欧洲理事会主席范龙佩和时任欧盟委员会主席巴罗佐时谈到，中欧要着眼历史变革趋势，抓住发展机遇，在世界多极化和经济全球化进程中准确定位中欧全面战略伙伴关系。习近平主席强调，要从战略高度看待中欧关系，将中欧两大力量、两大市场、两大文明结合起来，共同打造中欧和平、增长、改革、文明四大伙伴关系，为中欧合作注入新动力，为世界发展繁荣作出更大贡献。

习近平主席指出，中国和欧盟要做和平伙伴，带头走和平发展道路。中欧对构建多极世界格局具有重要战略共识。双方要尊重彼此自主选择的社会制度，照顾彼此核心利益，支持彼此走和平发展道路。双方要加强在国际和地区事务中的沟通与协调，共同推动地区热点问题政治解决，共同参与有关国际规制建设。中国和欧盟要做增长伙伴，相互提供发展机遇。要尽快谈成谈好投资协定，启动自由贸易协定可行性研究，共同提高中欧贸易质量和水平。把中欧合作和丝绸之路经济带等重大洲际合作倡议结合起来，以构建亚欧大市场为目标，加强基础设施互联互通。要坚持市场开放，携手维护多边贸易体制，共同致力于发展开放型世界经济。中国和欧盟要做改革的伙伴，相互借鉴、相互支持。当前，中国和欧盟的改革都进入深水区。双方要就宏观经济、社会治理、公共政策、农业农村、就业民生、环境保护等重要领域改革加强交流、分享经验、深化合作。中国和欧盟要做文明伙伴，为彼此进步提供更多营养。中欧关系具有文明属性和历史纵深。双方要通过平等对话交流，增进相互了解，加强文化、媒体、旅游等领域交流合作。

习近平主席对中欧"四大伙伴"关系的定位为中欧关系发展注入了新动力。中东欧是连接亚欧大陆的重要纽带，是"一带一路"建设的区域支点，中东欧国家敏锐地抓住机遇，响应习近平主席的重大倡议，双方握手"一带一路"，通过"16+1 合作"，中国与中东欧国家的经济贸易关系迅速发展，中欧金融合作也结出了丰硕的成果，预示着中欧关系开始走向新的阶段：双方通过不断加强的资本纽带，正从传统的贸易伙伴逐步转变为全球合伙人。2016 年 1 月 15 日，中国加入《欧洲复兴开发银行成立协定》并接受欧洲复兴开发银行理事会通过的《关于中国成员资格的决议》，这意味着中国加入欧洲复兴开发银行的相关法律程序已经完成，中国正式成为欧洲复兴开发银行成员。紧接着在第二天，1 月 16 日，习近平主席宣布亚洲基础设施投资银行（以下简称亚投行）正式成立并开业。众所周知，亚投行具有浓重的"欧洲色彩"，57 个正式的意向创始成员国中有 18 个是欧洲国家，占近 1/3。连续两天之内，先是中国加入欧洲复兴开发银行，紧接着具有浓重"欧洲色彩"的亚投行开业，这两件标志性事件意味着中欧合作达到一个全新的水平。

（二）中欧关系的新变化

世界金融危机以来，欧盟的焦虑感增强，强烈地感受到外部世界变化对欧洲经济社会结构所带来的压力。特别是以中国为代表的新兴市场国家的崛起对欧盟在全球市场上的地位形成了挑战，"中国制造"开始与"欧洲制造"同台竞技，并且获得了越来越多的竞争优势。作为现代工业的发源地，欧盟国家特别是法、德、意等核心成员国曾长期处于全球制造业的中心位置，通过其技术和品牌优势从国际分工中获取高附加值。随着冷战结束之后新一轮经济全球化推动的国际产业大调整，欧盟制造业全球主导地位不断动摇，欧盟制造业全球份额逐步萎缩。在欧盟的决策层看来，欧盟产业结构的"去工业化"不仅危及欧洲的长期增长和竞争力，还使得欧盟国家的经济社会模式变得不可持续。因而欧盟推出了"再工业化"战略，力图通过创造和使用多种政策工具来支持工业发展，提高欧盟工业制造业的比重。此外，欧盟的前沿产业发展相对缓慢，虽然欧盟的传统高端制造业在世界上仍然处于领先地位，比如德国的精密机床、机械、汽车、化工等产业，法国的航空、核电等产业在全球市场还具有很强的竞争力，但在前沿产业领域，美国以及以中国为代表的新兴市场国家发展更为迅速。欧盟产业结构的新变化逐渐与中国的产业转型升级之间形成了巨大的张力，提高了中欧产业间的竞争性，也由此给中欧经贸关系的稳定发展带来了挑战，并进而影响整体的中欧关系。这具体表现在三个方面：

1. 加强与中国的"系统性竞争"

欧盟近年来大力推动的"再工业化战略"初见成效，整体制造业比重开始回升，虽然还没有完全达到预期，但进一步鼓励了欧盟加大使用产业政策，维护其传统高端制造业领先地位的决心。与此同时，欧盟对自身在以数字化为核心的前沿产业领域相对中美两国发展落后的状况充满焦虑，担心自己在数字经济时代被边缘化，所以欧盟近年来在政策工具和资金投入上大大加强了对数字产业的扶持力度，力图要赶超中美。根据欧盟的设想，欧盟工业要在 2030 年成为全球领导者，并且创造出一种符合欧盟价值观的"欧洲工业模式"。同时，欧盟认为中国在全球价值链中不断攀升的地位是欧盟实现这一目标的重大挑战。

2019 年 1 月，德国工业联合会发布一份关于如何应对中国经济竞争力的报告，这份报告承认中国仍是具有活力的大市场，也是世界经济增长的重要推动力，中国市场是德国工业重要的利润来源，德国需要利用与中国经济合作所创造的机遇。这份报告同时认为中国正在通过积极的工业和创新政策成为一个技术领先的工业强国，这给德国乃至整个欧盟的工业界带来巨大的压力和挑战，德国工业界将这一挑战定义为欧盟国家的社会市场经济模式和中国的经济模式之间的"系统性竞争"，呼吁德国政府和欧盟要采取措施应对来自中国的"系统性竞争"。

鉴于德国在欧盟经济中的主导地位，德国工业联合会的这份报告在欧盟层面产生了重要的政治影响。2019 年 3 月 12 日，欧盟委员会发表《欧盟—中国战略展望》，这份文件接受了德国工业联合会对中国的最新定位，承认中国是合作伙伴，但认为中国不再是发展中国家，而是追求技术领先的经济竞争者，是"系统性竞争对手"。欧盟认为要保持自身的经济繁荣、社会模式和价值观念，就必须要加强欧盟的工业基础和产业政策。

引入"系统性竞争"的理念，是欧盟对华政策一个很大的转变，意味着欧盟一方面要通过产业政策和资金投入强化自身的工业力量，以维持对中国的市场竞争优势；另一方面欧盟会提高对中国商品和投资进入欧盟市场准入条件和监管标准。2019 年 4 月《欧盟外国直接投资审查框架》条例正式生效，在中国企业对欧盟直接投资快速增长的背景下，该条例出台的一个重要动因就是防范中国企业对欧盟核心科技企业的并购。根据该条例，欧盟委员会将被授权基于公共安全和公共秩序的原因审查特定的外商投资项目，欧盟委员会有权要求成员国提供审查程序所必需的任何信息。欧盟委员会虽然没有权力直接否决相关交易，但可以向成员国提出意见，成员国有义务听取欧盟委员会的审查意见。一直以来，欧盟国家都是中国技术引进的重要来源国，对中国工业的高质量发展具有重要的推动作用。欧盟强调"系统性竞争"的对华经贸政策，无疑将使中欧投资和技术合作面临新的挑战。

2. 制定对华"歧视性"经贸政策工具

欧盟认为正确的工业战略一定要体现欧洲价值观和社会市场经济传统，并且建立在竞争和开放的基础上，这就需要欧盟在摒弃保护主义和市场扭曲的同时，面对不公平的竞争不能过于天真，需要具备有力的政策工具。在欧盟看来，与中国的经贸关系是不平衡的，双方的市场准入并不对等，这使得中国企业获取了不公平的竞争优势。欧盟原本期望通过中欧投资协定来解决这一问题，但双方谈判进展缓慢使得欧盟决定采取新的、更加强硬的立场和创新政策工具来向中国施加更大的压力，迫使中国让步。2020年1月，欧盟贸易委员菲尔·霍根（Phil Hogan）提议制定欧盟的"国际采购工具"，如果东道国对欧盟企业采取了"歧视性"政策，使得欧盟企业无法在该国获得市场准入，那么欧盟各国公开招标时，可以对来自该国的非欧盟企业采取"歧视性"措施。霍根认为这一工具可以有效应对来自中国的挑战。同时他也坦承，因为当前中欧投资协定的谈判并没有让欧盟感到满意，所以欧盟必须在贸易政策领域拿出更为有力的武器。2020年3月10日，欧盟公布了《欧盟工业新战略》，霍根的这一建议正式写入了这份文件，这将为欧盟处理市场准入对等问题提供更为强大的杠杆。按照这份文件的计划，欧盟在2020年6月17日发布《外国补贴白皮书》，制定具体的发补贴工具和机制。

为了应对中国国有企业收购欧盟企业所带来的知识产权流失和地缘政治风险，负责竞争事务的欧委会副主席韦斯塔格（Margrethe Vestager）提出一项建议：当一家欧盟企业被收购之时，如果有政府背景的外资国有企业出价远高于其他欧洲本土企业，那么欧盟委员会有权进行审核，并在一定条件下可以直接禁止收购交易。《欧盟外国直接投资审查框架》并没有给欧盟机构禁止收购交易的权力，最终决定权在成员国政府，韦斯塔格的这一建议显然已经超出了《欧盟外国直接投资审查框架》的法律授权，在短期内很难实现，因为需要对原有的法律进行修改或者制定新的法律，这需要成员国的同意并且程序繁琐，但这并非不可能，荷兰政府就对韦斯塔格的建议表示支持。欧盟正在加紧更新和完善其对华经贸政策工具箱，更多地使用"歧视性"经贸政策工具，增强其谈判杠杆，这很可能成为欧盟处理对华经贸关系的趋势。

3. 中德经贸"压舱石"作用受到限制

中德经贸关系是中欧经贸关系的核心，也是中欧经贸关系的"压舱石"。根据德国联邦统计局的数据，2019 年两国的双边贸易额达到 2057 亿欧元，中国连续 4 年成为德国最大的贸易伙伴，中德贸易额占到了中欧贸易额的1/3。但是，中德经贸关系的紧密性并没有成比例地发挥对中欧经贸关系的"压舱石"功能，中德经贸关系反而在一定程度上成为中欧经贸关系紧张的来源。

德国是中国在欧盟内部最大的经贸伙伴，德国经济界在传统上是支持对华友好合作的积极力量。默克尔自 2005 年任期开始以来多次访问中国，是同期欧洲领导人中访问中国次数最多的。默克尔每次出访中国，几乎都有庞大的经济界代表成员随行，中德政府之间建立了定期磋商机制，经贸合作一直是两国政府的重点关切。近年来，德国经济界出现了要求调整对华政策的声音，要求欧盟以更加强硬的方式来处理对华经贸问题。比如，2020年1月，德国机械设备制造业联合会（Verband Deutscher Maschinen-und Anlagenbau）发表声明要求德国和欧盟调整对华贸易政策，并指出，中国在众多领域早已不是发展中国家，因此适用于德国或欧盟的贸易规定，同样适用于中国。

中德经贸"压舱石"作用之所以受限，与德国在欧盟工业结构内的位置变化分不开。德国是个贸易大国，以汽车、机械为代表的工业制成品出口是德国经济的支柱，德国的贸易顺差连续多年蝉联全球第一。外向型的经济结构决定了开放型的世界市场是德国利益之所在，与包括中国在内的全球主要经济体保持密切的经贸联系是德国经贸政策的优先选项。与此同时，作为欧盟的核心成员国，德国工业是欧洲一体化最大的受益者，特别是欧元的诞生大大强化了德国在欧洲产业链的主导地位，加速了德国经济利益"欧盟化"的进程，共同货币是德国从20世纪90年代的"欧洲病夫"一跃成为欧洲经济"发动机"的重要制度性保障。

正是由于德国工业在欧盟产业链中越来越强的主导作用，德国工业界视欧盟产业链为自身的价值延展，甚至是"势力范围"。德国政府显然也采取德国工业界的这一理念，在2019年发布的《德国工业战略2030》中，德国政府实际上就是以一种"势力范围"的思维来看待欧盟产业链，这份文件认为欧元区保持一个闭环的工业增值链非常重要，如果增值链的所有部分——从基础材料的生产，到整理和加工，再至分销、服务、研究和开发都在一个经济区域，那么链条中的各个环节就会更具抵抗力，增值链也更有可能实现或扩大竞争优势。

正因为此，虽然德国工业界在中国有巨大的利益，但对中国企业在欧盟的快速发展存在很强的防范心理，担心对德国在欧盟产业链的主导地位构成挑战。所以，当前德国工业界往往不以双边的角度，而是以代表"欧盟整体利益"的姿态来看待中德经贸关系，认为处理对华经贸问题要以欧盟单一市场的整体利益为导向，要置于欧盟整体框架下，要寻找一个欧盟整体的解决方案。如此一来，就容易导致中德经贸的"泛欧盟化"，德国对中欧经贸关系"压舱石"的作用受限。

（三）中国的应对之策

近年来欧盟产业结构的调整是当前欧盟以更具"对抗性"姿态来处理中欧经贸关系的关键因素，并且直接推动了欧盟及其成员国新一轮的对华政策调整。促进中欧关系的稳定发展需要把握好三个"平衡"：

1. 平衡好中欧经贸关系与中欧政治关系

随着中国经济的高质量发展，"欧洲制造"遭遇"中国制造"的强有力竞争，欧盟担心中国工业力量的崛起挤压其在全球市场的份额，特别是中国企业对欧盟国家高端制造业的收购，引发了欧盟对失去核心技术的焦虑。欧盟开始出现将中欧经贸纷争归结为制度之争的趋势。比如指责中国通过"市场扭曲"让中国企业获得竞争优势。对于中国企业在欧盟的并购，用"冷战思维"进行解读，认为来自中国的资本隐藏着政治目的。这使得欧盟在处理对华经贸关系时以对抗性的政治逻辑来看待中国的发展，忧虑中国对西方的政治挑战；对于中国在经济上的成功往往是采用"地缘战略"的角度去夸大中国对西方的威胁，而不是用理性的商业考量去分享机遇，甚至将双方在国际市场上的正常竞争"上纲上线"至"模式之争"和"制度之争"，认为包括欧盟在内的西方正面临"第三次制度之争"：第一次制度之争发生在冷战期间美苏之间；第二次制度之争是西方国家之间的经济社会模式的竞争，这场竞争仍在进行当中；而第三次制度之争则是西方国家与中国的竞争，核心是中国模式是否会在科学技术、经济活力和经济效率方面战胜西方的市场经济？第三次制度之争令欧盟面临诸多挑战，随着中国资本的进入，欧盟可能会流失核心技术，欧盟作为整体在政治上被分化。因为中欧政治关系中本就存在意识形态、政治体制等分歧，所以这种中欧经贸分歧的"政治化"很容易与中欧政治关系中的分歧"合流"，会恶化中欧经贸关系的氛围，为中欧经贸合作制造障碍。中国需要用加强合作共赢的理念引导中欧经贸关系的健康发展，主动塑造欧盟的"中国观"。

2. 平衡好中欧关系与中德关系

当前的欧盟治理进入了一个大国主导的新时代，德国的领导地位愈加突出，中欧关系和中德关系之间的互动性大大增强，出现了"互为前提"的趋势：不仅中欧关系的良好发展以中德关系的良好发展为前提，同时中德关系的良好发展也取决于中欧关系。这大大增加了处理对欧经贸问题的难度和复杂性。比如在对华政策领域，德国曾经一度对中德特殊关系"津津乐道"，认为如果德中保持良好的双边关系，那么对欧盟的共同对华政策也有利，认为中德关系和中欧关系可相互补充、相互促进。但是现在，德国不仅刻意避讳中德特殊关系的提法，并且处处以欧洲利益的"监护者"自居，要求中国尊重"一个欧洲"。

这就是为什么一方面默克尔表示"一带一路"倡议是一个非常重要的项目，欧洲希望在其中发挥作用，另一方面德国政府又对"一带一路"倡议保持怀疑，认为中国通过在希腊、巴尔干地区投资大型基础设施换取在当地的影响力，进而削弱欧洲内部的统一性，而这将侵蚀德国在欧盟的领导权。德国当前对华政策的一个突出表现就是不再刻意追求与中国建立"特殊"的双边关系，而是推动一个欧盟框架下的统一对华政策。比如在当前引起巨大关注和争议的 5G 网络建设问题上，默克尔表示，对于网络安全问题，应该提出一个欧洲联合解决方案。所以，要进一步促进中欧经贸合作的发展，必须采取"双轨"驱动的策略，化被动为主动，积极运作中欧关系和中德关系之间的互动性，使两者既能够相互补充，也能相互牵制。

3. 平衡好中欧关系与中美关系

在美国加强对中国战略竞争的背景下，欧洲对外战略走向的重要性无疑大为提高，中美欧三边关系的演变和发展，关乎未来全球多边秩序的演变，无疑会对中国实现"两个一百年"奋斗目标的外部环境产生影响。欧盟此轮对华政策的调整还正在进行中，还没有最终定型。所以中国应该主动引导和塑造，而不能被动接受，欧盟仍是中美欧三边关系中不确定的一环，这为中国外交提供了时间窗口和回旋空间，这主要体现在两个方面：第一，欧盟对中国的战略恶意要弱于美国很多。欧盟政治主流仍然认为应该通过公平竞争与协商合作的方式来处理与中国的关系，而非简单的敌对与孤立。正是秉持这一理念，德国在 2020 年下半年接任欧盟轮值主席国之时，举行一个由中国、欧盟 27 个成员国和欧盟机构的领导人参加的中欧峰会，这既是彰显德国推动形成欧盟框架下统一的对华政策的努力，同时也表明德国希望打造一个与中国合作解决地区及全球问题的新机制。这在客观上能为中国更为积极、主动塑造中欧关系提供新的机遇和动力，成为中欧合作维护多边贸易秩序的新平台。第二，对于如何应对中国带来的挑战，欧美其实还没有完全达成共识，虽然拜登政府上台后极力强调要重塑跨大西洋关系，与欧盟合作共同应对中国带来的挑战，但欧美双方在对华政策目标上并不一致，这为中欧关系的未来留下了很大的发展空间。

（四）"四个坚持"开辟中欧关系发展新时代

当今世界正经历百年未有之大变局。新冠肺炎疫情全球大流行使这个大变局加速变化，保护主义、单边主义上升，世界经济低迷，全球产业链供应链因非经济因素而面临冲击，国际经济、科技、文化、安全、政治等格局都在发生深刻调整，世界进入动荡变革期。这都给世界和平与全球经济增长蒙上了一层阴影，维护全球战略稳定，为世界经济注入新动力是各国政府的迫切希望，也是中欧的共同责任。

2020 年 9 月 14 日，中国国家主席习近平在北京同欧盟轮值主席国德国总理默克尔、欧洲理事会主席米歇尔、欧盟委员会主席冯德莱恩以视频的方式共同举行会晤。中欧是全面战略伙伴，面对当今错综复杂的国际形势，此次会晤充分展示了中欧作为世界两大力量、两大市场、两大文明，为国际社会最终战胜疫情、恢复全球经济增长，维护公平正义的国际秩序所提供的宝贵信心和坚定的行动力。习近平主席提出中欧要做到"四个坚持"。这为进一步深化互利共赢的中欧全面战略伙伴关系指明了发展方向，明确了中国将坚持从战略高度和长远角度看待和发展中欧关系的原则，这一对中欧关系的精准定位必将开辟中欧关系发展的新时代，使得中欧合作结出更加丰硕的成果：

坚持和平共处，中欧双方都认识到，世界上没有完全相同的政治制度模式，不同文明文化多元共生才是常态，中欧和平共处的力量坚定一分，世界的和平和繁荣就多一分保障；

坚持开放合作，中国在致力于逐步形成以国内大循环为主体、国内国际双循环相互促进的新发展格局的过程中，通过不断挖掘内需潜力，实现中欧两大市场、两方资源的更好联通、更大效益，推动中欧共同发展更加强劲、更可持续；

坚持多边主义，中欧在双边、地区、全球层面加强对话和协作，坚持共商共建共享的全球治理观，维护以联合国为核心的国际秩序和国际体系，推动政治解决国际和地区热点问题，推动构建人类命运共同体；

坚持对话协商，中欧要始终把握好中欧关系合作发展的主流，以对话化解误解，以发展破除难题，妥善管控分歧。

［赵　柯，中共中央党校（国家行政学院）国际战略研究院俄罗斯与欧洲研究所副所长、副教授］

四、复杂的邻邦：中日关系

中国和日本同为东亚地区大国，中国在发展与崛起的过程中不可避免会与日本"中途相遇"。两国之间既有大国属性又有周边属性，既有历史问题又有领土问题，两国的发展演变都深受国际战略格局和国际体系变迁的影响。中日关系具有历史和现实的特殊复杂性，对两国而言都是极为重要却又难以处理的一组双边关系。二战结束后至今，中日关系在70多年的互动过程中，反复经历"恶化—改善—恶化—改善"的循环。在世界百年未有大变局的背景下，系统梳理中日关系的复杂演变，深入思考当下和未来中日关系的发展方向，不仅可以展现中国在与日本这个复杂邻邦交往过程中的艰难曲折、外交智慧，更能为新时代构建和发展长期友好的中日关系提供启迪。

（一）中日关系发展的曲折历程

中日友好交往历史绵延两千多年，中日两大民族相互学习，相互促进。古代中华文明推动了日本文化的形成和发展，近代中国也通过日本学到了许多西方先进文明的重要成果。但是，从1894年的甲午战争到1945年第二次世界大战结束，两国的传统友谊被日本军国主义野蛮侵略中国引发的战火取代。日本军国主义者把侵略的魔爪伸向中国，给中国人民带来深重的灾难。

中华人民共和国成立后,中国政府从维护两国人民的根本利益出发,希望重建和发展中日睦邻友好关系,提出实现中日邦交正常化的目标。两国人民和有识之士也积极要求恢复邦交,开展合作。但在战后长达 20 多年时间里,日本各届政府奉行追随美国、敌视中国的政策。这一时期,由于中日之间未能建立正式的外交关系,两国只能局部地开展非官方性质的民间贸易与文化交往。毛泽东、周恩来等党和国家第一代领导集体创造性地制定了"民间先行,贸易入手"的对日关系的指导思想。周恩来指出:"我们的想法是,先从中日两国人民进行国民外交,再从国民外交发展到半官方外交,这样来突破美国对日本的控制。"[1]"在一个时期内中日邦交不能恢复,不能签订政府间的协定,我们就进行民间往来,以促进友好。"[2]通过加强两国国民的相互交流,弥合分歧,扩大共识,以民促官。

20 世纪 60 年代,中日关系在民间交往中得到了积极发展。1958 年 7 月,我国有关方面负责人在同日本友人的谈话中,遵照周恩来总理的指示,代表中国政府提出了"政治三原则",即日本政府不再发表敌视中国的言论,不参与制造"两个中国"的阴谋,不阻挠两国正常关系的发展。在此前提下,中日关系可以改善,贸易可以恢复,文化和友好往来可以发展,政府间的会谈也可以进行。1960 年 8 月,周恩来在与铃木一雄会谈时又提出了"贸易三原则",即由两国政府签署贸易协定,由民间贸易团体签订合同,对有特殊困难的中日中小企业给予特殊照顾。凡遵守"政治三原则"和"贸易三原则"的日本厂商,经日中贸易促进会、日本国际贸易促进会和日中友好协会的推荐,由中方认定为"友好企业"

---

[1] 中华人民共和国外交部、中共中央文献研究室编:《周恩来外交文选》,中央文献出版社 1990 年版,第 228 页。

[2] 中华人民共和国外交部、中共中央文献研究室编:《周恩来外交文选》,中央文献出版社 1990 年版,第 309 页。

后，直接与中国各贸易公司签订合同。"政治三原则"和"贸易三原则"的提出，赢得了日本各界人民，特别是商界的欢迎和支持，为中日关系的发展开创了一个新局面。1964年8月，中方在日本设立了"廖承志办事处驻东京联络处"。之后，日方在中国设立了"高崎事务所驻北京联络事务所"。双方还决定互派常驻记者。这样，中日关系在民间的基础上向前迈进了一大步，开始了半官半民的新阶段。

随着两国民间交往和经济贸易关系的不断发展，两国关系开始逐渐松动。进入1970年代，由于国际战略格局发生了转变，美国、日本感受到来自苏联的主要战略威胁，两国均有意愿进一步发展与中国的国家间关系，进而为中日推动谈判解决邦交正常化问题创造了有利条件。1971年7月，美国总统国家安全事务助理基辛格秘密访华。1972年2月，美国总统尼克松访华并发表《上海公报》。消息传出，立刻在日本国内引起轰动，将其视为美国的"越顶外交"。日本各界随即开始反思并调整之前消极的对华姿态，要求日中邦交正常化的呼声日益高涨。1972年7月19日，日本新当选首相田中角荣对记者表示："中国是日本的邻国，有两千多年的悠久的交往关系。日本受到中国文化的哺育，这是一个不以人们意志为转移的事实。日中两国就是在这样一个共同的联系中生活过来的。我认为，最好是日中两国恢复正常的状态，我认为所有的日本人都是这样想的。"[①]毛泽东和周恩来等中国党和国家领导人敏锐抓住时机，适时宣布：欢迎日本田中首相访华，以谈判解决中日邦交正常化问题。

1972年9月25日，田中首相率领日本政府代表团访华，随即开启中日恢复邦交谈判进程。9月29日，中日两国政府代表签署了《中日联合声明》，宣布两国实现邦交正常化。其中，关于中日之间的历史问题，联合声明指出："日本方面痛感日本国过去由于战争给中国人民造成的重大损

---

① 《日本内阁会议通过对在野党议员的书面答复》，《人民日报》1972年7月20日。

失的责任，表示深刻的反省。""中国政府宣布，为了中日两国人民的友好，放弃对日本的战争赔偿要求。"

中日联合声明的发表，结束了中日之间的战争状态，开启了两国关系发展的新纪元。但声明的发表并未让中日关系的发展一帆风顺，中日两国面前仍有大量的分歧和争议需待解决。两国在联合声明中提出"同意进行以缔结和平友好条约为目的的谈判"，此后，该条约的缔结并未如预想般顺利，双方围绕"反霸条款"等进行了反复谈判。邓小平指出，在《中日和平友好条约》中写进反对霸权主义的内容，主要有两点：一是中国和日本都不在亚洲、太平洋地区谋求霸权，都不搞霸权主义。二是反对任何国家、任何国家集团在这个地区谋求霸权的努力。中日两国之间只是贸易和人员来往还不够，还要有政治基础，"反霸条款"是政治基础，所以中国政府很重视这个问题。希望日本政府拿出勇气，做出决断。① 钓鱼岛及其附属岛屿的主权争议也是双方谈判中的棘手问题。无论是从历史，还是从国际法看，中国对钓鱼岛及其附属岛屿拥有无可争辩的主权。但为了维护中日关系的大局，中国在1972年与日本建交谈判时就建议对该问题进行搁置。周恩来在谈及中日邦交正常化时提到：钓鱼岛的问题也没有必要涉及。它和恢复邦交相比，就算不了什么问题。② 1978年，中国在与日本谈判签订《中日和平友好条约》时，再次与日本领导人达成了搁置争议、共同开发，留待后代解决的共识。邓小平指出"中日之间并不是没有任何问题，比如钓鱼岛问题、大陆架问题。这样的问题，现在不要牵进去，可以摆在一边，以后从容地讨论，慢慢地商量出一个双方都可以接受的办法"③。最终，

---

① 中共中央文献研究室编：《邓小平年谱（1975—1997）》（上），中央文献出版社2004年版，第35页。

② 田恒主编：《战后中日关系文献集（1971—1995）》（上），中国社会科学出版社1997年版，第92页。

③ 中共中央文献研究室编：《邓小平年谱（1975—1997）》（上），中央文献出版社2004年版，第355页。

在中日双方领导人"搁置争议"的政治勇气推动下，悬置6年的《中日和平友好条约》于1978年8月12日顺利签署。两国第一次用法律的形式确立了和平共处、世代友好的基本原则与方向，为双方沿着和平友好的轨道发展奠定了坚实的基础。

从1978年《中日和平友好条约》签署到冷战结束，中日两国关系进入了短暂的"全面友好"时期。其间，两国虽然依旧在历史问题、领土问题、台湾问题、贸易问题诸方面存在着很大的矛盾分歧，并曾围绕历史认识问题出现过多次外交摩擦，如1982年和1986年的两次"历史教科书事件"、1985年的"参拜靖国神社问题"和1987年的"光华寮事件"等，但从当时的国际环境看，中日两国需要携手抵抗苏联的霸权主义和强权政治，对日本外交走向有重要影响力的美国也热情拉拢中国共同抵抗苏联。从两国的国家实力看，当时中国与日本的国家实力相比有非常大的差距。日本在感激中国免除巨额战争赔款、看好中国广阔的市场前景等因素激励下，积极推动对华贸易和投资，并向中国提供大量的政府开发援助（ODA）。其中，日本向中国提供的政府开发援助曾长期成为推动中日关系稳步向前的重要动力。日本对华政府开发援助主要由日元贷款、无偿援助和技术合作三部分组成，其中日元贷款占90%以上。1979年12月5日，时任日本首相大平正芳在北京与邓小平会谈时表示，日本政府决定向中国提供日元贷款。1980年4月，中日有关部门首次签署日本向中国提供日元贷款的协议。此后，日本向中国提供的政府开发援助成为中日关系的重要组成部分，对中国改革开放初期的基础设施建设、环境保护、医疗卫生和技术合作等作出了积极贡献。截至2008年前后，日本宣布停止对华援助，日本累计向中国提供了300多亿美元的援助。这些援助也为日本的商品和投资找到了广阔而良好的市场。在总体友好的大背景之下，中日之间的历史问题等并没有演变成为大的问题，两国都采取了低调处理的方式，尽快将这些问题平息了下去。在长达15年左右的时间里，两国的政治关系不断发展，经贸合作突飞猛进，人文领域的交流合作得到了快速发展。1990 年代初，日本在发达国家中率先取消对中国的制裁。1992 年 10 月，日本明仁天皇首次对中国进行正式访问。在中日长达两千年交往史上，日本天皇访问中国还是第一次。

冷战结束后，国际格局加速重组变化，对中日关系的发展和变化产生了深远的影响。由于失去了苏联这一共同目标，日本与美国的同盟关系曾短暂经历"漂流期"，日本国内出现了质疑日美同盟是否还有必要继续存续的声音。其间，中日仍保持了良好的国家间关系，日本官员在中日之间的历史等问题上相对谨言慎行，一旦失言就会遭到严厉的批评甚至被迫辞职。1993 年和 1995 年，著名的细川护熙谈话与村山富市谈话都对当年日本发动的侵略战争表示道歉，展现出良好的历史观和悔罪态度。随着 1996 年"日美同盟再定义"以后，日本国内政治日趋保守化，日美同盟逐渐从"漂流期"进入"加强期"，中日关系则迅速从"友好期"退步到"摩擦期"。1996 年 4 月，日本同美国签署《日美安保联合宣言》，重新确认了冷战后同盟关系的基本框架，将假想敌由苏联变成了朝鲜和中国，强调共同对付"亚太地区的不稳定因素"，日本首次正式承诺在境外发挥作用，将原有被动单纯防卫向主动介入地区性事务进行转变。该宣言针对中国的意味强烈，成为中日关系从全面友好转向合作与竞争并存的重要标志。1996 年 8 月 30 日，日本国会发布报告，声称"中国是本地区主要的潜在军事威胁"。1997 年，日本与美国制定新的"防卫合作指针"，台湾海峡被不成文地暗中列入日美联合应对的所谓"周边事态"范围。美日建立导弹防御系统等军事合作的加强更严重威胁了中国的国家主权和安全。在此背景下，中日之间的战略互信、全面友好的民意基础均遭到严重破坏。同时，美日军事同盟的不断强化、中国军事力量的稳步提升也使中国与日本开始出现一定程度的"安全困境"，双方在安全上的相互不信任感和警惕感均有所提升。

1998 年 11 月，江泽民对日本进行正式访问，双方发表了《中日关于建立致力于和平与发展的友好合作伙伴关系的联合宣言》。作为指导两国关系的第三个政治文件，宣言在《中日联合声明》和《中日和平友好条约》的基础上，全面总结了两国交往正反两方面的经验教训，试图为即将进入新世纪的中日关系找到一个新的基础，为新世纪中日关系的健康稳定发展指明方向。2001 年至 2006 年期间，中日关系因为时任日本首相小泉纯一郎连续参拜靖国神社而严重恶化。两国围绕靖国神社问题出现了激烈的外交摩擦，两国高层互访中断、国民感情严重下滑，关系陷入僵局。[①] 在国家实力发生变化的背景下，日本也对原定向中国提供的政府开发援助政策进行了调整。2005 年 3 月，日本外相町村信孝表示："中国随着经济的发展，资金筹措能力大幅提高，日中政府间大规模资金合作的必要性已经减小。"日本于 2008 年正式停止向中国提供日元贷款，其对华无偿援助与技术合作也逐渐趋于结束。

2006 年安倍晋三出任日本首相后，中日经历了双方所谓的"破冰""融冰""迎春"和"暖春"首脑互访。2008 年 5 月 7 日，胡锦涛与日本首相福田康夫在东京签署了《中日关于全面推进战略互惠关系的联合声明》。2009 年 9 月，日本新上台的鸠山由纪夫首相提出了"友爱哲学""日中友好""东亚共同体"等外交理念，进一步推动中日关系回暖。然而，鸠山首相与民主党有识之士的"亲华疏美"外交很快引起美国政府的强烈反弹，并遭到日本右翼势力的抵制和反对，鸠山由纪夫内阁很快下台，中日关系再次遭遇挫折。

2010 年中国的 GDP 首次超过日本后，"中国威胁论"在日本不断涌现。同年，中日在钓鱼岛海域发生"撞船事件"，日本制定出台了新的防卫计划大纲，将中国列为重要的防范对象，大幅增强军事力量、军费开支、军

---

① 冯昭奎：《中日关系的"进"与"退"——基于"区分开来"原则预测的可能前景》，《日本学刊》2017 年第 1 期，第 5—6 页。

事部署和军事演练。中日关系进入更加复杂的战略磨合期与相互适应期。2012 年 9 月，日本野田佳彦内阁炮制"钓鱼岛国有化"闹剧，激起了中方强烈反对，中日钓鱼岛主权争端进一步升温，两国关系降至了 20 世纪 70 年代两国建交以来的最低点。随着中国海警船巡航钓鱼岛开始常态化，中日之间的海空对峙时有发生，甚至一度在国际舆论中引发东亚地区局势失控或中日之间出现局部战争的担忧。

（二）新时代中日关系的发展及其特点

党的十八大以来，中国更加积极有为地对中日关系进行管控和引导，取得了一系列积极的成果。但与此同时，由于中国相比日本的国家实力优势仍在持续扩大、中日关系中的"美国因素"更加凸显等，中日关系的发展进入竞争与合作并存的时期。

1. 中国实力优势持续扩大与日本的心理落差

2010 年中国的 GDP 超越日本，对日本的国家认知、民族情绪造成了严重的冲击和影响，"中国威胁论""中国单方面以实力改变现状"的论调在日本甚嚣尘上。经贸合作曾被认为是中日关系的"压舱石"，但在中日国家实力差距持续扩大的背后，两国之间的经济关系也在发生变化。中国与日本曾长期互为重要的经济和贸易合作伙伴，双边进出口贸易额从 1972 年的 10.38 亿美元增长至 2020 年的 3175.38 亿美元，在不到 50 年的时间里增长了约 306 倍。过去日本向中国提供援助、中国向日本提供市场，日本向中国出口高技术产品、中国向日本出口原料和初级制成品的经济合作结构正在发生快速变化，双方的经济互补性相对下降，竞争性正在上升。

2020 年中国的 GDP 为 14.72 万亿美元，日本为 4.98 万亿美元，中国的经济总量已到达日本的约 2.96 倍，中日之间的经济实力落差进一步拉大。在日美同盟框架下，日本认为自身还有很多的资源和"杠杆"可以平衡中国的影响力。正如王毅外长指出："我们当然希望中日关系能够真正地好起来。但是俗话说'治病要断根'，对中日关系而言，病根就在于日本当政者的对华认知出了问题。面对中国的发展，究竟是把中国当作朋友还是敌人？当作伙伴还是对手？日方应该认真想好这个问题，想透这个问题。"可以预见，日本要真正接受中国崛起，将两国关系从竞争完全转向协调，还有相当长的路要走，两国关系的改善不可能一蹴而就。

2. 美国因素日益凸显于日本对中国的制衡

美国是影响甚至决定中日关系发展走向的最关键外因。奥巴马时期提出"亚太再平衡战略"，日本随即积极扮演牵制中国的角色。2017 年 11 月，特朗普访问日本，提出打造"开放、自由的印太"，鼓励日本加入美国主导、以制衡中国为目的的所谓"印太战略"。日本对特朗普政府时期"美国优先"的外交政策有所警惕，与美国的政策框架保持有一定距离，转而推动与中国的关系缓和。2018 年 11 月，日本政府提出自己的印太政策概念，将印太战略改称为"印太构想"，把中日关系中竞争性的一面扩散到更广阔的地理范围，延续其制衡中国的地缘政治色彩，也与美国的战略轨道保持有一定距离。2021 年，拜登政府上台后将重建盟友关系放在其外交政策议程的首位，日本再次改变其身份定位，积极参与美国对中国的"战略围堵"，这导致中日关系面临更复杂、微妙的局面。

3. 竞争与合作复杂交替

2013 年 12 月，第二次出任首相的安倍晋三参拜靖国神社对中日关系造成了严重的冲击和影响，甚至引发舆论对中日可能发生局部军事冲突的猜测，两国之间的战略互信、安全环境遭到严重破坏。尽管如此，中国领导人仍对中日关系的再次出现缓和保持耐心和努力。习近平总书记强调："新形势下，我们要像两国老一辈领导人那样，体现出国家责任、政治智慧和历史担当，推动中日关系克服困难，继续向前发展。"①2014 年 11 月 7 日，国务委员杨洁篪与来访的日本国家安全保障局局长谷内正太郎举行会谈，双方就处理和改善中日关系达成四点原则共识。11 月 10 日，习近平应约会见日本首相安倍晋三时强调："历史问题事关 13 亿多中国人民感情，关系到本地区和平、稳定、发展大局，日本只有信守中日双边政治文件和'村山谈话'等历届政府作出的承诺，才能同亚洲邻国发展面向未来的友好关系。"②2015 年 4 月，习近平主席在印尼首都雅加达应约会见安倍晋三，并于 5 月接见日本三千人访华团等。2016 年 9 月，习近平主席在会见日本首相安倍晋三时强调，"中方致力于改善发展中日关系的基本立场没有改变。两国关系现在正处于爬坡过坎、不进则退的关键阶段"③。2019 年 6 月，习近平主席在出席大阪 G20 峰会前会见安倍晋三首相，开宗明义地指出："中日都进入发展的新时代，双方共同利益和共同关切日益增多，两国关系面临新的发展机遇。双方应共同致力于构建契合新时代要求的中日关系。"④在 2020 年新冠肺炎疫情发生后，中日两国相互援助，促进了中日关系的改善。

---

① 《习近平会见日本公明党党首山口那津男》，《人民日报》2013 年 1 月 26 日。

② 《习近平分别会见韩国总统，越南国家主席，文莱、苏丹、马来西亚总理，巴布亚新几内亚总理和日本首相》，《人民日报》2014 年 11 月 11 日。

③ 《习近平应约会见日本首相安倍晋三》，《人民日报》2019 年 12 月 24 日。

④ 《中日双方达成多项共识》，《人民日报》2019 年 6 月 28 日。

菅义伟担任日本首相以来，在改善对华关系上并不积极。2021 年 3 月 12 日，美国、日本、澳大利亚、印度四国领导人举行了视频会议，并发表了联合声明，被认为主要针对中国的"四边机制"初具雏形。3 月 16 日，美国与日本举行外长防长"2+2"会晤，并发表联合声明对中国在现行国际秩序中的角色妄加指责，并就台湾、涉海、涉疆等问题表示所谓"关切"。外交部发言人赵立坚在例行记者会上明确表示：日本为满足阻遏中国崛起复兴的一己之私，甘愿仰人鼻息，充当美国战略附庸，不惜背信弃义、破坏中日关系，不惜引狼入室、出卖本地区整体利益。3 月 27 日，日本前首相安倍晋三在国内演讲时所指出的：包括日本在内的亚洲地区已成为"中美两国对立的前线"。4 月 5 日，国务委员兼外交部部长王毅同日本外相茂木敏充通电话时指出："希望日本作为独立自主国家，客观、理性看待中国的发展，而不是被一些对中国持有偏见的国家'带节奏'。"[1] 妥善处理美国因素，对于中日关系的发展十分重要。

（三）促进中日关系改善与发展的思考

"和则两利，斗则两伤"是中日关系历史经验的总结。中日作为复杂的邻邦，双边关系风风雨雨、时有起落，但两国的发展与繁荣均有赖于良好的相互关系。在世界百年未有之大变局下，中日需要排除干扰、相互适应对方的发展，为构建新时代的中日关系而努力。

1. 加强抗击新冠肺炎疫情的国际合作

2020 年，突如其来的新冠肺炎疫情给中日两国的公共卫生、经济发展、国家治理等造成了严重的冲击和挑战。中日作为世界第二和第三大经济体，

---

[1] 《王毅同日本外相茂木敏充通电话》，《人民日报》2021 年 4 月 6 日。

承担着抗击疫情和使世界重回正常发展轨道的巨大责任。疫情发生后，两国在防疫物资相互援助等方面开展了富有成效的合作。疫情初期，中日双方守望相助、共克时艰，使中日友好更加深入人心，两国关系一度获得短期利好因素。尤其是日本各界在向中国援助的抗疫物资包装箱外的诗句"山川异域，风月同天""青山一道同云雨，明月何曾是两乡"等展现了疫情当前一衣带水的中日友谊温暖人心。当疫情在日本出现后，中国在做好自身应对疫情工作的同时，也及时向日方提供医疗物资援助，开展了各方面的合作。未来一段时期，中日两国仍有必要携手合作，共同维护世界卫生安全。

2. 加强文化体育交流

中日之间有源远流长的文化交流历史，恢复邦交前夕也有"民间先行、以民促官"的优良传统。2021 年 7 月 23 日至 9 月 5 日，日本在东京举办第 32 届夏季奥运会和残奥会，这是日本东京成为继法国巴黎、英国伦敦、美国洛杉矶和希腊雅典后的世界上第 5 个至少两次举办夏季奥运会的城市，对于日本来说意义重大。该届奥运会和残奥会原本应于 2020 年举行，因新冠肺炎疫情大流行而延期一年举办。2021 年 3 月 20 日，东京奥组委与国际奥委会等 5 方举行会谈后正式宣布：东京奥运会及残奥会不接待国外观众。6 月 19 日，日本再次宣布，东京取消奥运期间公众观赛活动。尽管如此，东京奥运会还是因为疫情防控备受日本国内和国际质疑。中国一直坚定支持日本办好东京奥运会，并为此提供了力所能及的支持。2022 年 2 月，中国在北京和张家口举办第 24 届冬季奥林匹克运动会，日本派出体育代表团参赛选手 124 人。中日两国领导人早已就相互支持对方举办奥运会达成重要共识，并将 2021、2022 年确定为"中日文化体育交流促进年"。这对中日双方加强包括奥运会在内的人文交流、迎接 2022 年邦交正常化

50 周年具有重要意义。两国应相互支持，共同反对体育运动政治化，加强两国在文化体育方面的交流与合作，努力改善两国国民感情，为改善和发展中日关系作出积极贡献。

3. 以 RCEP 为抓手推动经贸合作

中日经济互补性强，是东亚和全球产业链供应链的重要组成部分，经贸合作一直被认为是中日关系的"压舱石"。近年来，中日关系中政治互信与经贸合作的相关性正在进一步增强。2012 至 2016 年，中日两国受政治、领土争端等因素影响，政治互信程度降低，经贸合作连续 5 年为负增长。2017 年开始，在中日邦交正常化 45 周年的积极推动下，中日政治关系回暖，双方的经贸合作也重新呈现增长态势。[①] 中国是日本最大出口对象国，日本也稳居中国第二大贸易伙伴国地位。尽管面临新冠肺炎疫情的严峻挑战，2020 年中日两国务实合作仍然展现出强劲韧性和巨大潜力。2020 年全年，中日贸易额近 3175.3 亿美元，同比增长 0.8%。

同时，也应注意到，日本政府近年来正在配合美国对华经济遏制打压，实施或正在研究一系列政策，搞所谓产业链供应链"对华脱钩"，不仅给中日正常经贸合作制造障碍，也给两国企业互利合作带来了风险。2020 年 11 月 15 日，在中日两国的积极推动下，东盟 10 国和中国、日本、韩国、澳大利亚、新西兰共 15 个亚太国家正式签署《区域全面经济伙伴关系协定》（RCEP）。通过该协定，中国和日本首次达成了双边关税减让安排，实现历史性的突破，双方在经济领域的务实合作有望进一步增强。RCEP 协定生效后，日本出口至中国的商品中 86% 的税目实行免税，日本对自中国进口商品的 88% 的货物实行零关税，这有助于进一步发挥两国市场的增长潜力。2022 年 1 月 1 日起，RCEP 正式生效，文莱、柬埔寨、

---

① 任晓菲：《中日经贸合作的历史与现实》，《东北亚经济研究》2021 年第 2 期，第 117 页。

老挝、新加坡、泰国、越南这 6 个东盟成员加中国、日本、新西兰、澳大利亚共 10 个国家开始实施这项协定。RCEP 的正式实施，可以为未来中日之间的经贸合作提供新动能，有利于提升中日两国企业和民间的信任与交流，夯实中日两国关系的经济基础，引导日本减少对中日经贸合作非市场化人为设限和无谓的政治干扰，推动两国政治关系的持久改善。

4. 积极推动第三方市场合作

务实合作是中日关系的"推进器"。近年来，中日第三方市场合作的合作机制正在稳步取得实质性进展。两国企业在国际市场上各自具有比较优势，开展第三方市场合作潜力巨大、前景广阔。2018 年 5 月，李克强总理访问日本期间与安倍晋三首相达成共识：中日双方共同开展第三方合作，共同开拓第三方市场。10 月，双方在北京共同举办了第一届中日第三方市场合作论坛，两国地方政府、金融机构、企业之间签署了 52 项合作协议，金额超过 180 亿美元，涉及基础设施、金融、物流、信息技术等广泛领域。[①]中日之间开展第三方市场合作不仅有利于发挥两国的比较优势、节省成本、做大共同利益，还能有效管控彼此在"一带一路"国家和地区的相互竞争，协调和处理好第三方因素，引导两国关系改善和发展。

5. 加强高层引领

2017 年以后，日本领导人多次表示对"一带一路"倡议持合作态度，希望推动日本企业与中方的合作。中日领导人之间随即开始了一系列积极互动，两国关系也开始渐进从"竞争"转向"协调"。2018 年是《中

---

① 《李克强与日本首相安倍晋三共同出席首届中日第三方市场合作论坛并致辞》，《人民日报》2018 年 10 月 27 日。

日和平友好条约》缔结 40 周年，中国两国关系发展迎来一次重要契机，两国举办了一系列周年纪念活动，以此推动实现进一步和解。日本首相安倍晋三在多个政治场合提出了开启日中关系新时代的愿景。5 月 4 日，习近平主席应约同安倍首相通电话时指出："中日关系处在承前启后的重要节点。双方要重温和平友好条约精神，恪守中日四个政治文件各项原则，落实四点原则共识，信守承诺，按规矩办事，管控好矛盾和分歧，确保中日关系重回正轨并得到新的发展。"①2019 年 1 月 1 日，安倍晋三发表新年感言，称 2019 年将是日中关系新时代的到来。2019 年 12 月，习近平主席同日本首相安倍晋三举行会晤时强调：应该践行中日"互为合作伙伴、互不构成威胁"的政治共识，本着"化竞争为协调"的精神，推动两国关系始终沿着正确轨道持续向前发展，推动构建契合新时代要求的中日关系。② 其间，中日还一致同意以"永远的邻国"来定位和确认新时代的中日关系，为两国关系赋予了新的内涵。

2020 年 9 月 3 日，习近平总书记在纪念中国人民抗日战争暨世界反法西斯战争胜利 75 周年座谈会上讲话时指出："中日友好关系发展到今天的水平，来之不易。""正确对待和深刻反省日本军国主义的侵略历史，是建立和发展中日关系的重要政治基础。"③ 近年来，中日两国领导人就双方"互为合作伙伴、互不构成威胁"达成重要共识。在中日邦交正常化50 周年的重要历史节点，两国应以此为契机，重回邦交正常化初心和原点，深入思考两国关系现状和未来，促进两国关系的持久改善与发展。

［邓　涵，中共中央党校（国家行政学院）国际战略研究院讲师］

---

① 《习近平应约同日本首相安倍晋三通电话》，《人民日报》2018 年 5 月 5 日。

② 《习近平会见日本首相安倍晋三》，《人民日报》2019 年 12 月 25 日。

③ 习近平：《在纪念中国人民抗日战争暨世界反法西斯战争胜利 75 周年座谈会上的讲话》，《人民日报》2020 年 9 月 4 日。

五、中印两个新兴大国的共处

中印两国分别作为中华文明和印度文明的继承者，有着悠久的人文交往历史。据可考史料记载，中印两国的人文交流最早可追溯至公元前2世纪，至今已有2200余年的历史。1950年，中华人民共和国同印度共和国建立外交关系，两国关系在70多年的发展历程中跌宕起伏，既经历过反帝反殖民旗帜下的并肩作战，也曾因边界问题而兵戎相见。在现今百年未有之大变局下，中印关系发生了许多新的变化，呈现出一些新的特点。

（一）中印关系的发展历程

中印两国建交于冷战初期，作为两极格局之下的发展中国家，两国关系的发展历程除了受国内因素左右之外，还深受国际局势的影响。冷战末期，两国立足于新的时代趋势和国情变化，开始探索新的发展道路和对外战略，双边关系随之迎来了新的变化。总体而言，70余年的中印关系呈现出较强的阶段性特征，可大致将其划分成四个时期。

1. 中印建立睦邻友好关系

1950 年 4 月 1 日，中华人民共和国和印度共和国正式建立外交关系。印度是第一个同新中国建交的非社会主义国家，对新中国释放了充分的善意。作为建交的前提条件，印度断绝了同国民党当局的官方联系，并在建交之后支持恢复中华人民共和国在联合国的合法席位。在 20 世纪 50 年代的大部分时期，中印关系都处于高开高走的状态，双方在一系列国内和国际问题上相互协调与合作，整体处于两国关系的蜜月期。在这一时期，有三件标志性事件。

第一，印度在朝鲜战争中声援中国。在整个朝鲜战争期间，印度成为了新中国向世界发声的重要渠道。特别是在美国主导的联合国军声称跨越"三八线"之时，中方通过印度驻华大使向美国传递中方的严正立场。在中国人民志愿军出兵朝鲜后，中国政府持续地通过印度外交机构在全世界发声，传达希望和平解决朝鲜问题的立场。[①]1951 年 1 月，美国在联合国提出将中国定性为"侵略者"的提案，印度驻联合国代表劳氏发表了与美方看法完全不同的修正案，并在最终的"侵略者"提案的表决中投了反对票。在交战双方停战谈判中因战俘遣返问题而相持不下时，印度为双方斡旋折中方案做出努力，并受邀主持战俘遣返工作，在整个过程中保持了较为客观公正的立场，受到中国领导人的肯定与称赞。

第二，中印高层互访。1954 年 6 月周恩来总理应邀对印度进行国事访问。作为中华人民共和国成立以来领导人对非社会主义国家的首次访问，事件本身意义重大。访印期间，周恩来总理和尼赫鲁发表联合声明，倡议将和平共处五项原则作为指导中印关系发展的原则，同时认为这些原则不仅适用于各国之间，而且适用于一般国际关系之中。[②]和平共处五项原则

---

① 中华人民共和国外交部外交史研究室编：《周恩来外交活动大事记（1949—1975）》，世界知识出版社 1993 年版，第 25 页。

② 王存刚：《中华人民共和国外交的内质与追求》，《世界经济与政治》2019 年第 6 期，第 19—42 页。

日后被越来越多国家所接受，成为国际关系的重要准则。1954 年 10 月，尼赫鲁受邀对中国进行回访，在长达 12 天的访问中，尼赫鲁分别和毛泽东主席和周恩来总理进行 4 次会谈，就两国关系、亚洲问题和国际局势等问题深入地交换了意见，在重大问题上两国领导人达成了多项共识，共同表达了争取世界和平的愿望。元首成功互访标志着中印关系进入了较高的水平。

第三，中印在万隆会议上的合作。1955 年 4 月召开的万隆会议是历史上第一次完全由亚非国家参加的国际会议，对于当时希望打开外交局面的新中国意义重大。作为召集国之一，印度政府力排众议，坚持主张邀请中国参加会议，认为中国作为大国对于会议的成功非常重要。在万隆会议过程中，印度时任总理尼赫鲁回击了有关国家对新中国的质疑，努力维护大会的团结。在周恩来总理做出著名的"求同存异"讲话后，尼赫鲁率先对讲话内容给予高度的赞赏和评价，一定意义上而言，中印领导人的合作共同引领了万隆会议的走向。万隆会议是中华人民共和国成立以来外交事业的一个高峰，也是中印关系友好的一个高峰。

2. 中印从友好走向对峙

中印两国在建立外交关系之后迅速进入蜜月期，在一系列双边和地区问题上进行合作，一时间成为新兴国家合作的典范。但这并非中印关系的全貌，中印友好的背后仍存在西藏问题和边界问题两大隐患。

西藏问题需追溯到英属印度时期，英国殖民政府企图把西藏地区作为印度同中国之间的缓冲地带，多次入侵我国西藏地区，蚕食大量的土地。同时，英国殖民政府任意修改印藏之间的地图，歪曲边境地区的客观事实，埋下了日后中印领土争端的祸根。[①] 印度独立后希望继承英殖民者的

---

① 曾皓：《中印边界争端中的西藏因素》，《中国藏学》2020 年第 3 期，第 164—166 页。

政策和特权，将西藏作为中印之间的缓冲区。而在中方看来，中华人民共和国对西藏拥有无可争议的主权，因而印方缓冲区的论调是不可接受的。在主权原则的前提下，中方从大局出发保留了一些印度在西藏的权利，双方于1954年4月签署了《中印关于中国西藏地方和印度之间的通商和交通协定》，暂时解决了西藏问题。1959年3月，西藏地方政府和上层反动集团发动武装叛乱，印度政府在叛乱事件中的做法严重伤害了中印关系。印度驻西藏总领馆公开支持叛乱分子，为其提供窝藏点。印度政府为达赖集团提供政治庇护，并违背对中方的承诺，允许达赖喇嘛在印度境内建立所谓的流亡政府，挑战了中方西藏政策的底线。尼赫鲁政府在西藏问题上摇摆不定，试图在维持与中国友好关系和干涉中国内政之间左右逢源，严重损害了中印高层之间的政治互信。

边界问题的焦点是所谓的"麦克马洪线"，该线本为英国殖民者未经中国政府同意单方面与西藏地方代表炮制的边境线，从未被任何一届中国政府所承认。印度独立后竭力要求将其作为中印之间的正式国界，并在谈判中试图将其与西藏问题挂钩。[①] 中方当时认为解决中印划界的时机尚不成熟，便未将其列入谈判议题中，因而边界问题成了中印关系的暗礁。1959年中印在西藏叛乱事件上的矛盾很快传导到两国边界纠纷上：当年8月，中印军队在西藏朗久地区发生武装交火，造成人员伤亡，酿成"朗久事件"。事件发生之后，中印两国政府开始了外交辩论，曾经友好的气氛烟消云散。1959年10月，印军再次从空喀山口入侵我国领土，引发两国军队冲突，造成十多人伤亡。两起武装冲突事件使中印边界局势空前紧张，尼赫鲁政府错误地判断了两国关系的大局，在中印边界地区采取"前进政策"，将中印关系推向了战争的边缘。

面对尼赫鲁政府步步紧逼的"前进政策"，中国领导人决定进行自卫

---

① 戴超武：《中央驻藏代表张经武1953年10月21日电报探析——兼论中国处理边界问题"暂维现状"政策及其影响》，《华东师范大学学报》（哲学社会科学版）2015年第5期，第55—58页。

反击，捍卫国家的领土和主权完整。1962 年 10 月 20 日，中国人民解放军和印度军队在中印边界地区爆发军事冲突。印军在军事较量中被我军迅速击溃，遭遇了重大军事失败。在取得战场上的决定性胜利后，中国领导人从两国关系大局出发主动声明停火，并从 1957 年 11 月 7 日的双方实控线后撤 20 公里，向印方释放了充分的善意。经此一役，尼赫鲁政府的"前进政策"彻底破产，在国内各方压力下，印度持续对华实施强硬政策，两国关系由此一落千丈。战后不久，中印互撤大使、互关总领事馆，外交关系近乎中断。与此同时，双边的经贸往来几乎完全停滞，这种状态一直持续到 20 世纪 70 年代中期。

3. 中印关系走向缓和

中印边界自卫反击战之后，两国关系降至历史最低点，直到 20 世纪 70 年代才显现缓和迹象。彼时国际局势发生了深刻的变化：中美打破坚冰开始走向合作，中国迎来了与西方国家建交的高潮，大国关系出现重要调整；美苏两极格局有所松动，两大阵营内部成员自主性倾向明显，国际局势步入缓和期。

1970 年印度时任总理英迪拉·甘地公开表示愿意寻求解决边界领土争端的途径，中国政府对此予以积极回应，两国开始进行试探性接触。1976 年双方恢复互派大使，结束了长达 14 年大使职位空缺状态。尔后一年双方恢复了直接贸易和人员往来，两国关系逐渐缓和。1979 年，印度时任外长瓦杰帕伊成功访华，两国同意设立边界问题谈判代表，以机制化方案解决边界问题，从而正式为 1962 年的边界战争画上句号。然而，20 世纪 70 年代中印关系并未取得大的进展，1975 年双方在土伦山口的武装冲突使两国关系陷入紧张状态。

1981 年到 1987 年，中印共举行 8 轮副外长级别的边界问题谈判，体现了双方通过和平方式解决领土问题的意愿。由于立场差距较远，边界问题谈判并未能够取得任何实质性成果，其象征意义大于实际意义。1986年，印度政府单方面宣布将其实际控制的中国藏南地区由所谓的"阿鲁纳恰尔中央直辖区"变更为"阿鲁纳恰尔邦"，严重侵犯了中国的主权，中印东段边境地区的局势一度紧张。总体而言，20世纪70年代到80年代中后期中印关系逐渐走出战争阴影，开始恢复正常的外交接触和人员往来，但双方在核心问题上的立场并未发生变化，关系缓和幅度较为有限。

4. 中印关系进入新时期

1988年12月，中印关系迎来重要的历史节点：印度时任总理拉吉夫·甘地对中国进行为期5天的访问，成为继尼赫鲁之后34年来首位访华的总理。访华期间拉吉夫·甘地同邓小平等国家领导人进行了友好会谈，就两国关系的发展方向达成重要共识。1991年12月中国时任总理李鹏对印度进行正式友好访问，成为继1960年周恩来总理访印之后31年来第一位访印的中国政府首脑。

在两国领导人友好互访的氛围之下，中印之间既有争端的解决也出现积极的势头。1993年9月，印度总理拉奥访华，两国签订了《中华人民共和国政府和印度共和国政府关于在中印边境实际控制线地区保持和平与安宁的协定》。1996年11月，江泽民主席对印度进行正式国事访问，将两国关系定位为"面向21世纪的建设性合作伙伴关系"，签署了《中华人民共和国政府和印度共和国政府关于在中印边境实际控制线地区军事领域建立信任措施的协定》。两个边界协议的签订和伙伴关系的确立，标志着两国关系进入稳步发展的新阶段。

中印关系改善的道路并非一帆风顺，而是体现为螺旋上升态势。1998年5月，印度悍然发动核试验，引发国际社会的强烈谴责和反对，对中印关系也造成了负面的影响。2000 年以后中印关系逐渐走出印度核试验的阴影，开始恢复高层互访。2003 年 6 月，印度时任总理瓦杰帕伊对中国进行正式访问，中印签署了《中华人民共和国和印度共和国关系原则和全面合作的宣言》等多项文件，再次重申了和平共处五项原则以及互不视对方为威胁的友好立场。在宣言中，印度官方首次承认西藏自治区是中华人民共和国领土的一部分，故而中印之间的西藏问题得到彻底解决。

2005 年 4 月，温家宝总理访印，两国领导人确认建立"面向和平与繁荣的战略合作伙伴关系"，将两国关系从建设性伙伴关系进一步提升到战略层面。此外，在 2003 年中印协议的基础上，两国签署了《关于解决中印边界问题政治指导原则的协定》和《关于在中印边境实际控制线地区军事领域建立信任措施的实施办法的议定书》，为边界领土问题的解决提供了关键的指导原则。

经贸关系和全球议题合作是中印关系的重要推动力。2006 年 11 月，中印领导人在会晤中一致认为全面经济和贸易关系是两国战略合作伙伴关系的核心组成部分。2008 年经济危机导致西方国家陷入普遍衰退，中印以发展中大国的身份走向国际舞台的中心位置，在气候变化、能源安全、金融治理等一系列全球性议题上相互支持，共同协调立场，推动两国的关系稳步向前发展。2010 年 12 月，温家宝在访印中提出中印关系超越双边范畴、具有全球和战略意义，决定建立两国国家元首／政府首脑定期互访机制，中印关系稳步上升。

（二）百年未有之大变局下中印关系新态势

相邻大国之间的共处从来都是不容易的。第一，大国的利益范围较广，大多情况下远远超出了其领土范围；第二，大国的影响力较大，其国内政治的变化往往具有地区甚至全球影响力。相邻的大国意味着两国在利益范围和影响力辐射范围上的重叠与冲突，如果一国狭隘地追求排他性的势力范围，那么这将加剧大国之间的紧张关系。过去 70 年磕磕碰碰的中印两国关系大致印证了这一观点。当今世界正处于百年未有之大变局，作为变局中的主要推动力和重要组成部分，中印两国面临的国内外形势都发生较大变化。面对这些变化，两国主动调整了各自的内政外交战略，中印关系随之出现新的发展态势。

1. 中印的国际影响力都在提升

百年未有之大变局最大的特征之一是国际格局发生了重大变化，以中印为代表的发展中大国的实力迅速上升，过去在国际关系中占据主导地位的传统强国实力相对下降，中印两国的国际影响力大幅度提升，从国际舞台的次中心位置走向舞台的中央。按照 GDP 总量计算，2020 年中国是世界第二大经济体，印度为世界第六大经济体，从经济影响力而言，都是对世界经济有重大影响的国家。

既有的国际机制是第二次世界大战结束前后建立的，当时印度尚未脱离英国的殖民统治。随着新兴国家的崛起，国际多极化趋势加速发展，必然引发国际体系的变化。中印作为主要崛起力量，在国际舞台上愈发自信，都提出关于国际秩序变革的主张。中国倡导构建人类命运共同体和新型国际关系，推出"一带一路"倡议和亚洲基础设施投资银行（AIIB）等包容性合作倡议和机制，努力推动全球治理体系变革。印度则呼吁"基于规则的、透明的、有改革的多边主义"，主张对联合国、WTO 等多边组织进行改革，以体现印度不断扩大的国际影响力，显示了其成为引领性大国的渴望。

需要着重强调的是，虽同为崛起国，但中印两国之间的综合国力距离在不断扩大。从硬指标来看，2020 年印度 GDP 仅为中国的 17.8%，双边贸易中印度长期处于逆差地位，对华依赖较为明显。在世界银行和国际货币国际组织等主要国际组织中，中国的投票权和话语权也远超印度。面对不断拉大的差距，以领导型大国为目标的印度对华心态发生变化：一方面，在气候变化和能源安全等全球性议题上印度仍有对华合作的需要；另一方面，印度在联合国、世界卫生组织、G20 等多边平台同中国展开或明或暗的较量，双方在多边领域的合作基础受到侵蚀。

2. 中印关系的新调整

亚太地区是百年未有之大变局的核心区域，中印作为相邻的亚洲大国，在东南亚、南亚和中亚地区的政治和经济事务上关联甚多。从地区多边机制而言，中印皆是上海合作组织、东盟地区论坛、亚洲基础设施投资银行等主要地区机制的成员国，合作领域覆盖全面。然而，两国综合实力上升在地区层面最主要的表现并非是在多边机制内愈发重大的影响力，而是双方各自推出的、在实际上影响了地区发展的一系列倡议、战略和机制。

在综合国力不断上升的过程中，中国面临的国内外形势出现了新的变化：党的十八大以后，中国经济发展进入新常态。与此同时，世界经济和全球治理呈现出停滞不前的特征。基于国内外的一系列变化，中国领导人以更加自信、开放和包容的心态向世界提出中国方案。2013 年 9 月以来，中国国家主席习近平根据古丝绸之路留下的宝贵启示，着眼于各国人民追求和平与发展的共同梦想，提出"一带一路"倡议，倡导各国在遵循共商共建共享原则的基础上，加强沿线各国的政策沟通、道路联通、贸易畅通、货币流通、民心相通，实现共同发展繁荣。2016 年 1 月，中国倡议设立的亚洲基础设施投资银行正式挂牌运行。作为全球首个由中国倡议设立的多边金融机构，亚投行重点支持亚洲地区及"一带一路"有关沿线国家的基础设施建设，促进经济合作。它的成立是中国承担更多国际责任、推动完善现有国际经济体系、提供国际公共产品的建设性举动。[1]中国领导人多次指出，"一带一路"和亚投行都是中国为世界各国共同繁荣发展提供的东方智慧，中国倡导的新机制新倡议，不是为了另起炉灶，而是对现有国际机制的有益补充和完善，目标是实现合作共赢、共同发展。[2]

"一带一路"倡议提出后获得中国周边国家的积极响应，在中国的大力支持和周边各国的共同努力下，互联互通建设迅速铺开，一系列工程落地生根，为地区发展提供源源不断的动力。亚投行自成立后坚持公开透明的原则，积极履行多边金融机构的职能，为成员国的基础设施建设提供资金支持，对促进地区繁荣发挥了重要的作用。值得一提的是，印度是亚投行至今为止最大的借贷国和受益国。

莫迪政府上台正值印度经济增速最快时期，繁荣的经济、不断攀升的国际地位以及稳固的政局使莫迪政府加大了对周边地区的关注和投入，谋求抓住历史机遇在印太地区发挥引领性作用。其一，实行"邻国优先"的外交政策，激活环孟加拉湾多领域经济技术合作倡议，多管齐下加强与邻国的互联互通，强化印度在地区内的主导地位；其二，将东向政策升级为东向行动，强调和东亚、东南亚国家之间的全方位联系与互动；其三，将西望政策升级为西联政策，更加注重同中东地区的联通交往，特别是强化与以色列的关系，试图在中东地区搞平衡外交；其四，继承前任连接中亚政策，建设连通中亚的能源管道和交通运输线路，竭力在阿富汗问题中发挥独特作用。[3]与中国的"一带一路"等多边倡议不同，印度版本的"互

①　《习近平出席亚洲基础设施投资银行开业仪式并致辞》，《人民日报》2016年1月17日。

②　《中国发展新起点　全球增长新蓝图——在二十国集团工商峰会开幕式上的主旨演讲》，《人民日报》2016年9月4日。

③　林民旺：《印度与周边互联互通的进展及战略诉求》，《现代国际关系》2019年第4期，第56—59页。

联互通"倡议并非是完全具有包容性的，而是具有竞争性和排他性的。在针对邻国的合作战略中，巴基斯坦被排除在外。更重要的是，印度对南亚地区的"一带一路"项目充满疑虑，不仅拒绝参加，还屡次对中国同南亚国家合作实施的互联互通项目指手画脚。

随着全球政治和经济重心向亚太地区转移，唯一的超级大国美国也将对外战略聚焦到亚太地区。从奥巴马政府时期的"重返亚洲"和"亚太再平衡"到特朗普政府时期的"印太战略"再到拜登政府在2022年2月推出《印太战略》报告，美国在该地区投放越来越多的战略资源。面对中国的持续崛起，美国对华战略发生了显著变化，由过去的接触政策开始转向遏制与全面竞争。特别是特朗普政府上台以来，从经济贸易、政治体制、意识形态和卫生政策等各个方面同中国展开激烈竞争，以遏制中国的崛起。拜登政府上台后也不例外。

在美国的"印太战略"设计中，印度占有重要的地位。为此，特朗普政府屡屡向印度示好，拉拢其加入美日印澳四国集团。莫迪政府在经过初期的犹豫不定后，开始全面拥抱美国的"印太战略"。2020年11月，美日印澳四国海军举行联合军事演习，针对中国的意图较为明显。印度严重排斥中国在该地区的合作倡议，并且公开加入了反华色彩浓厚的军事合作机制，使两国在地区层面的竞争逐步凸显。但两国在地区多边机制内尚能保持合作与对话，中国一直以开放的姿态接纳印度进入中国主导或参与的地区多边机制和协议。

3. 中印两国关系的起伏变化

客观而言，大国同时崛起会造成全球/地区诸如领导权等要素分配的紧张，邻国的因素放大了资源的紧缺性，但远非两国关系的决定性因素。中印在全球或者地区层面关系的好坏，主要还在于双方的选择。2014年以来，中印关系呈现出起伏不定的特征。2014年和2015年，两国关系呈现高开局面，双方领导人展开良性互动：习近平主席和莫迪总理实现"家乡互访"，两国领导人在一系列全球和地区多边机制内保持密切的双边会晤，在诸多全球性议题上达成多项重要共识。

2016年开始，中印关系出现滑坡，主要体现在两个问题领域。第一是2016年6月印度申请加入核供应国集团（NSG）受挫。印度将原因归咎于中国所提出的、受到大多数成员国认可的"两步走"入会方案，认为中国在为印度的加入设置障碍，因此在失败后印度国内掀起了一波反华的浪潮。第二是涉巴基斯坦问题，2016年6月在联合国制裁委员会的表决中，中国代表对印度在提供信息不充分的前提下要求制裁巴基斯坦的提案投反对票，一些印度人认为此举是间接支持巴基斯坦。同时，印度政府对中巴经济走廊心怀芥蒂，一直以所谓主权和地缘安全的思维抹黑中巴经济走廊。

2017年6月至8月，中印两国边境部队在中国和不丹交界的洞朗地区发生长达70多天的武装对峙，两国关系骤降到两国关系正常化以来的冰点。对峙发生的时机和印度在对峙过程中的军事部署充分体现了莫迪政府的投机性和侵略性，虽然洞朗对峙以双方和平撤军收尾，但它对双方的战略互信造成了严重伤害。2018年4月，中印两国领导人在武汉东湖举行非正式会晤，就中印关系及共同关心的重大国际问题全面深入交换意见。2019年10月，国家主席习近平赴印度金奈参加第二次中印领导人非正式会晤，就国际和地区的全局性、长期性、战略性问题深入交换意见，一致同意加强两国更加紧密的发展伙伴关系。因而2018年和2019年中印关系处于平稳的恢复期。

2020年，中印关系又遭变局，6月15日印度官兵违反中印军长级会谈共识，越线非法活动，并对中方人员进行挑衅、攻击，导致双方边防部队发生严重肢体冲突，造成人员伤亡。事后两国加强了在该地区的军事部署，形成了武装对峙的局面。经过十轮军长级会谈，中印两国完成了在班公湖北岸和南岸对峙点的脱离接触进程，事态朝着和平的方向发展。

中国政府一贯坚持"亲、诚、惠、容"的周边外交理念，高度重视同周边国家的外交关系。对于印度这一兼具周边、大国和发展中国家多重身份的邻国，中国政府一直致力于两国关系的健康发展。莫迪政府上台以来，在对华政策上频频出现反复，屡屡在领土和边界问题上挑战中国的政策红线，其原因很大程度可归结于印度在百年大变局中迷失了战略方向，并未以一种包容和健康的心态对待同中国的关系。

首先，印度在近些年加速崛起，不断接近"有声有色大国"的目标，这些成就强化了印度的势力范围意识，进一步将南亚地区视为印度的后院，对中国在此地区的合作和倡议充满敌视心理。同时，增强的国力使印度国内民族主义膨胀，使印度生发了短期内解决边境领土问题的虚妄之想，在具体路径上缺乏足够的灵活性，造成同中国等邻国军事冲突风险急剧上升。其次，印度在处理同中国关系中充满矛盾，一方面寄希望从中国崛起中获取经济红利，另一方面又在安全上忌惮中国军力的增强，在操作上狭隘地将安全议题同两国关系挂钩，严重阻碍了两国关系的正常发展。最后，面对百年未有之大变局，印度谋划联合西方一些抱有冷战思维的国家，试图在军事上威慑和围堵中国，在经济上建立排他性产业链延缓中国的发展，甚至取代中国最大的发展中国家地位。印度的行为方式注定会使得中印关系坎坷不断。

（三）中印关系的发展趋势

2020年6月加勒万河谷冲突事件之后，中印两国关系跌到1962年以来的最低点。经过多轮外交和军事谈判，截至2021年2月，中印两军已完成班公湖南北岸脱离接触，其他地点的军事对峙仍在继续。在军事问题未能彻底解决的情况下，中印关系仍处于低谷。更重要的是，新冠肺炎疫情的暴发以及后续发展使两国的发展前景出现分野。

新冠肺炎疫情作为新中国成立以来发生的传播速度最快、感染范围最广、防控难度最大的一次重大突发公共卫生事件，中国政府果断采取有效措施迅速控制住了疫情的蔓延，并取得了相对优异的经济社会发展成果，中国成为 2020 年世界上唯一实现正增长的主要经济体。在经受住新冠肺炎疫情的考验之后，中国未来发展局势稳步向好。2021 年 3 月，第十三届全国人民代表大会通过了《中华人民共和国国民经济和社会发展第十四个五年规划和 2035 年远景目标纲要》，确定了中国在未来五年乃至十五年的发展路径和发展目标。根据当前的发展态势，中国的综合实力在未来将持续稳步提升。与此同时，中国的地区和国际影响力将随之上升，客观上将不可避免地增强在亚太地区的存在。

反观印度，尽管莫迪政府在新冠肺炎疫情全球暴发初期对全国采取了严厉封锁措施，但随着防控措施的放松，国内疫情几乎失控。严峻的疫情使印度本已放缓的经济受到重创，2019 年遭遇数十年来首次 GDP 负增长，而后疫情时代能否再现高速经济增长也存在变数。在经济表现极为糟糕的情况下，印度人民党在 2019 年数场地方邦议会选举中屡获佳绩，加上其在联邦议会稳固的多数党地位，可以合理推断未来数年印度政府的施政方针将大体保持稳定。在此背景下，目前仍在持续的边界问题和印度联合他国制华问题将成为近期两国关系发展最为关键的两个问题。

领土问题是当前中印关系所面临的最为棘手的问题，2014 年以来，每当中印边境地区局势趋于紧张，两国关系便会受到显著的影响。中印领土问题是英国殖民统治的遗留问题，1962 年的战争使印方背上沉重的历史包袱，而边境地区复杂多变的地理环境为问题解决带来诸多技术上的困难。基于各种困难因素的叠加，中国政府从战略高度出发，提出将边界等历史遗留问题放在中印关系的恰当位置加以妥善管控处理的主张，防止其影响两国关系发展大局。印度领导人虽然在公开场合将妥善处理边界分歧尊为两国共识，但实际行动中却屡屡打破这一共识，近年来先后挑起洞朗对峙事件和加勒万河谷事件，将分歧扩大化、复杂化。更为严重的是，在边界问题谈判的过程中，印方把问题的解决作为恢复双边关系的前提，使其消极影响扩散到两国关系的所有领域。印度政府对边界领土问题的偏执追求对问题的解决以及两国关系的良性发展造成巨大的破坏。

结合印度在边界地区的新动态，未来一段时间中印边界地区的安全局势不容乐观。一方面，印度仍在加快中印边界地区军用基础设施的修筑进度。2021年3月，印国防部部长在人民院国防事务委员会中表示，印度正加速修建和翻新靠近中印边境的公路、直升机坪和哨所，以提升边境地区的响应能力。国防参谋长拉瓦特甚至放言将在三年至四年内赶上中国在中印边境地区的基础设施水平。军用基础设施的修建提高了印军的部署能力和动员能力，增大了双方巡逻部队相遇的概率，进而提升了潜在的军事冲突风险。另一方面，印军拟设立北部战区专门针对中国。2020年10月，印媒披露军方已完成战区制改革方案，拟设立5个战区，其中北部战区负责中国方向，其范围将从伪拉达克地区的喀喇昆仑山口一直延伸至伪阿鲁纳恰尔邦的最后一个哨所"吉比图"。虽然印度战区制改革的前景仍不确定，但改革方案已经凸显出其在安全领域与中国的重视程度同过去相比发生了质的变化。

印度联合他国制衡中国是两国关系面临的第二大问题。近年来莫迪政府大幅度推进同美国的军事合作，随着2020年10月《地理空间合作基本交流与合作协议》的签署，美印间三个基础性防务合作文件业已完成，两国已经构成"准盟友"级别的军事关系。拜登政府上台后，美印之间的防务合作并未受到政府更迭的影响，显示出持续深化的趋势。在此背景下，印度政府深度融入美国主导的四国安全对话，并推动其机制化的进程。2020年11月，在美国的推动下，美日印澳四国首次举行海上联合军事演习，军事合作初具雏形。2021年3月，四国安全对话首次举行线上领导人峰会，会后发布联合声明虽未直接提及中国，但处处可见针对中国。尽管四国安全对话对中国的影响尚未完全显露，但客观而言，印度的选择无疑增加了中国在周边地区面临的地缘政治压力。

印度素有战略自主的传统，莫迪政府牺牲外交政策灵活性与美日澳等国绑在一起，其借美抑华的意图十分明显。然而，意图并不能自动转化成结果，无论是印美联合还是四国安全对话，都尚未开展对华具有实质性影响的行动。印美虽然拥有遏制中国的共识，但双方关系的进一步走近仍面临内外因素的羁绊：其一，美国民主党精英一直对印度人权问题颇为介怀，该议题是两国关系潜在隐患；其二，美国至今仍未就印度购买俄罗斯S-400防空导弹系统达成豁免；其三，俄罗斯作为印度重要战略伙伴国，对于印美安全合作持消极看法，这也会在一定程度上牵制印度过度亲美的立场。同理，当前四国主要依靠对"遏制中国"这一不良动机的不同理解凝聚在一起，合作的基础并不牢固。随着合作的深入，印度与其他三国的异质性将会愈发凸显，因此该机制的有效性和稳定性尚有待观察。针对领土问题和印联合他国制华问题，中方可从以下三方面入手，争取中印关系的逐步改善：

第一，做好低谷期的政策准备，有理有节回应印方敌对行为。2020年初以来莫迪政府对华敌意行为整体呈上升态势，加上印度人民党在印度国内政治中稳固的地位，其对华政策很有可能会持续较长的时间。因此需抛弃中印关系可能回到过去的期待，坚持底线思维，充分评估印度敌对行为对我国边疆安全和航运安全的影响，制定全面的应对方案。在对印敌对行为进行反制时，仍应遵循当前重点回应、有理有节的原则，划定政策红线，将分歧和争议置于可控区间内。尤其在涉及领土问题和台湾问题等核心利益时，应划定清晰的政策红线，对印方任何投机行为予以坚决回击。

第二，适当向印方释放善意，助其缓解对华疑惧心态。当前印度政府和战略界对中国外交政策存在普遍的偏见和误解，其中许多是国强必霸的陈旧思维下对中国强大国家实力的恐惧与担忧。在对印度敌对行为进行有理有节反制的同时，中方可适当采取柔性的政策，彰显和平发展的姿态。2021年4月，当印度陷入疫情高发期而出现大量医疗物资短缺时，中国国家领导人主动向印度表达了慰问，中国企业迅速扩大了对印医疗物资出口力度，助其渡过难关。在美日澳等国对印度医疗紧急状态口惠而实不至之时，中方的善举有助于赢得好感，累积互信，进而缓和两国关系的紧张态势。

第三，保持战略定力，增强综合国力。发展不仅是解决国内问题的良药，也是应对国外挑战的核心支撑力。百年未有之大变局与新冠肺炎疫情的叠加使国际形势的不确定性显著增强，在此情况下更应当保持战略定力，有条不紊地推进国内建设和发展对外关系。虽然未来印度独自或联合他国的对华不友好行为会给中国带来巨大的压力，但尚不足以从根本上影响到中国面临的国际环境，因此需努力做好自己的事情，切忌陷入与印度及其伙同国的缠斗而损耗过多资源。

中印两国山水相邻，是搬不走的邻居。当前中印关系已经成为亚太地区乃至全球最重要的双边关系之一。庞大的人口规模、巨大的经济体量以及广泛的国际影响力意味着两国关系的走向将对亚洲和世界格局产生重大而深远的影响。回顾两国70余年的交往历史，中印曾因相似的国情而肝胆相照，也曾因领土纠纷而兵戎相见，如今借着时代大潮快速崛起。在百年变局与世纪疫情叠加的时代背景下，两国关系正经历边界问题和外部干扰的考验。中印交往的历史反复证明：中印互不构成威胁，互为发展机遇。展望未来，双方应坚持两国领导人的重要共识，妥善解决现实问题，管控好两国间分歧，助力双边关系平稳可持续发展。

［杨　路，中共中央党校（国家行政学院）国际战略研究院讲师］

第六编
国际秩序与全球治理之变

20 世纪以来，国际秩序经历了几次大的变化。第一次世界大战结束时建立的凡尔赛 - 华盛顿体系通过一系列条约和协定调解大国之间的关系，维护战后国际秩序，防止战火再燃。然而，第二次世界大战持续的时间更长，波及的范围更广，造成的损失更大。吸取两次世界大战的教训，美、苏、英三国首脑于 1945 年 2 月 4 日至 11 日在苏联克里米亚半岛雅尔塔举行会晤，讨论与战争相关的问题以及战后的秩序，并就成立联合国达成一致，形成雅尔塔体系。这一体系包括以联合国为核心的政治秩序和以关贸总协定、国际货币基金组织和世界银行为核心的国际经济秩序。

在冷战时期，美苏的争斗限制了战后国际秩序的发挥。随着冷战之后国际格局的变化和经济全球化的发展，学界谈得多的话题是全球治理，其实质仍然是维护全球的和平与发展秩序。在新的全球治理格局下，国际秩序的基础仍是战后所建立的国际秩序，其不适应时代发展要求的部分应该进行改革。同时，对新出现的全球性问题应做出回应，制定新的国际规则和国际规范。

一、凡尔赛-华盛顿体系：成效有限的全球治理

从 1648 年威斯特伐利亚体系形成以来，欧洲强国在多数时间里主导着国际秩序。经过第一次世界大战，情况开始发生变化，远在北美大陆的美国开始参与国际进程。在凡尔赛会议上，虽然美国未能主导会议的议程，但美国人提出的许多主张还是被接受了，特别是成立了维护和平的国际联盟。此后，美国主导召开了华盛顿会议，达成了限制五国军备的协议，解决了被中国反对的让日本继承德国在山东权益的问题，凸显了美国国际地位的提高。

（一）巴黎和会与华盛顿会议

第一次世界大战结束后，召开了处理战后问题的巴黎和会。会议于 1919 年 1 月 18 日开幕，有 27 个战胜国的代表 1000 人参加，其中全权代表 70 人。苏俄未被邀请，德国、土耳其、保加利亚、奥地利等战败国被拒之门外，中国作为战胜国参加此次会议。会议签署了一系列针对战败国的条约，但未能满足中国的要求，把德国在中国的权益转让给了日本。英法在巴黎和会上发挥着决定性的作用，会议主要解决的问题是如何处理战败国。美国方面对会议的结果并不完全接受，于是 1921 年 11 月 12 日至 1922 年 2 月 6 日在美国的建议下在华盛顿又举行了大型国际会议，

参加国有美国、英国、法国、意大利、日本、比利时、荷兰、葡萄牙和中国，此次会议主要解决远东和太平洋地区的秩序和各国军备限制的问题。巴黎和会和华盛顿会议签署的一系列条约和协定所确立的第一次世界大战后的世界秩序，被称为凡尔赛－华盛顿体系。

1919 年 6 月 28 日，巴黎近郊凡尔赛宫镜厅举行的《协约和参战各国对德和约》（《凡尔赛和约》）的签字仪式上，德国外长穆勒等代表德国签字。《凡尔赛和约》共 15 部分 440 条，内容十分苛刻。根据和约，德国丧失了所有海外殖民地，法国收回阿尔萨斯和洛林，德国萨尔区的煤矿由法国开采，行政由国际联盟管理 15 年，期满后经公民投票决定归属；莱茵河左岸的德国领土被划分为 3 个占领区，分别由协约国占领 5 年、10 年、15 年，右岸 50 公里为不设防区；德国只能维持 10 万人的陆军和 1.5 万人的海军，废除义务兵役制，不得拥有主力舰和潜艇，不得拥有飞机、坦克和火炮等重武器；德国要向战胜国支付巨额战争赔款。根据这个条约，德国损失 10% 的领土、12.5% 的人口、所有的海外殖民地和 16% 的煤产地及半数的钢铁工业。正是因为条约对德国处罚过于严厉，埋下了第二次世界大战的种子。凡尔赛体系还包括对奥地利的《圣日尔曼条约》、对保加利亚的《纳伊条约》、对匈牙利的《特里亚农条约》、对土耳其的《色佛尔条约》。《色佛尔条约》遭到土耳其资产阶级的反对，凯末尔革命后最终签订了《洛桑条约》。

特别值得一提的是中国。中国在第一次世界大战中加入协约国一方，虽然没有直接派军队参战，但派出了大量华工。中国作为战胜国派出 50 多人庞大代表团与会，陆征祥为首席代表，主要代表还有顾维钧、施肇基、王正廷和魏宸组。中国希望解决的问题有：（1）收回德国在山东享有的一切特殊利益；（2）取消《民四条约》之全部或一部分；（3）取消外国人在中国享有的一切特殊利益，如领事裁判权、外国在华势力范围；（4）结束德奥在华政治经济利益。1919 年 1 月 27 日，在讨论德国殖民地处理问题时，日本陈述自己的主张，顾维钧、王正廷列席会议。28 日继续开会，顾维钧代表中国发言，他从历史、地理、文化等方面，根据和会所承认的民族领土完整的原则，明确表示德国在山东的权益应该归还中国。对于日本和英国一起攻打德国，夺取被德国占领的青岛，以及西方各国在欧洲与德开战，牵制德国，中国表示感激，但是中国人也遭受了损失，会议应顾及中国主权，体现会议宗旨。中国对德宣战之时，已经声明废止中德间的一切约章。《中德胶澳租借条约》是德国强加给中国的不平等条约，自当废除，原条约明文规定德国不得将此项权利让与它国，因此日本不能继承德国在山东的原有权益。尽管顾维钧的发言很有说服力，但中国的要求并没有得到满足，英法决定把德国在山东的权益让与日本。消息传到国内，中国爆发了五四运动。在民众的压力下，中国代表团没有在《凡尔赛和约》上签字。顾维钧说："弱国交涉，始争终让，几成惯例。此次若再隐忍签字，我国前途将更无外交可言。"[1] 这是中国第一次在世界上说"不"，是具有划时代意义的事件。中国参加了对奥和约、对保和约、对匈和约的签字，没有在《色佛尔条约》上签字。

美国没有批准《巴黎和约》。美国作为大国，不允许日本独占德国在远东和太平洋的遗产，提议召开与中国有关的华盛顿会议。议题主要有两个：限制海军军备、讨论远东及太平洋地区秩序。华盛顿会议签署了《四国条约》《五国海军条约》和《九国公约》。

《四国条约》是美、英、日、法四国签订的《关于太平洋区域岛屿属地和领地的条约》，有效期 10 年。条约规定：四国"互相尊重它们在太平洋区域内岛屿属地和岛屿领地的权利"，"缔约国之间发生有关太平洋某一问题的争端"而未能通过外交途径获得满意解决时，应召开缔约国会议解决。缔约国在太平洋区域的权利遭受任何国家威胁时，缔约各国应全

---

① 金光耀主编：《顾维钧与中国外交》，上海古籍出版社 2001 年版，第 155 页。

面进行协商，以便"联合地或单独地采取最有效的措施"应付局势。有关"岛屿属地"和"岛屿领地"的概念对日本只适用于库页岛南部、日本从中国夺取的台湾澎湖列岛以及由日本委任统治的各岛。

《五国海军条约》又称《关于限制海军军备的条约》，规定英、美、日、法、意主力舰吨位比为5：5：3：1.75：1.75，没有规定非主力舰和潜艇的吨位比，也没有规定航母的吨位限额。这是人类历史上第一个真正意义上的海军军备控制条约，遗憾的是没有有效的监督与核查机制，难以执行。美国得到了与英国平起平坐的地位，英国丧失唯一海军最强国家的位置，是大英帝国衰落的标志。当时，日本主力舰的吨位实际比美国大，却屈居第二位。

《九国公约》是关于中国问题的，主要内容是保障中国的主权和领土完整，规定各国在华机会均等，不谋求在华特权。对独占机会者，不予支持赞助。这是条约第一次以国际公约的形式赋予"门户开放"政策以国际法地位，"门户开放"政策成为列强处理中国问题的条约法原则，表明美国的国际话语权增强。《九国公约》虽然没有触动各国在华利益，但写入尊重中国领土主权完整，为中国后来在国际上维护和争取国家利益提供一个条约依据，减弱了第一次世界大战以来日本对中国的咄咄逼人的气势。这也是鸦片战争以来中国参与的第一个平等的国际条约，战后审判日本战犯时，《九国公约》是法律依据之一。

中国重视华盛顿会议，派出了130多人的代表团，施肇基、顾维钧、王宠惠为全权代表；顾问有周自齐、梁如浩、蔡廷干海军中将。中国的目的是夺回山东权益，同时还想废除部分不平等条约，提高国际地位。中国提出十项原则，其核心是：承认门户开放政策；宣布中国不以本国领土或沿海地方之无论何处，割让或租借与无论何国；中国在政治上、法权上、行政上之自由行动之各种限制，应严重取消，或按照情形从速废止。中国提出的原则没有在会上认真讨论，美国代表罗脱提出四点原则：尊重中国之主权与独立、中国领土与行政之完整；保护各国在中国全境商务实业之机会均等；各国不得营谋特别权利和优先权利；中国接受门户开放政策。这些原则遏制了日本独占中国的图谋。

对中国而言，核心是解决山东问题，从日本手中收回胶济铁路。华盛顿会议拒绝中国讨论山东问题的要求。在英美的斡旋下，中日经过两个月谈判，于 1922 年 2 月 4 日签订解决山东悬案条约，规定：日本在半年内把德国在胶州湾旧租借地归还中国，并撤军，中国把归还之地开为商埠；日本归还胶济铁路，中国向日本偿还铁路实价，以国库券支付，为期 15 年；中日联合管理德国原在山东的煤、铁矿等。山东问题的解决是中国外交的一次胜利，等于废除了《民四条约》等中日有关山东问题的条约协定。

凡尔赛－华盛顿体系形成了战后世界政治的新版图，其本质仍是强权政治，从一开始它就是一个脆弱的国际体系。随着时间的推移，当列强间力量发生新变化时，要求在新的力量基础上重新分配利益的紧张冲突导致了该体系的崩溃。

（二）维护国际安全的体制——国际联盟的建立

鉴于第一次世界大战带来的巨大损失，协约国希望建立防止战争、维护和平的国际机制。在战争还在进行时，英国外交大臣爱德华·格雷就提议建立防止战争的国际联盟。1918 年 1 月 8 日，第一次世界大战接近尾声，美国总统威尔逊在国会发表的著名演说中提出了十四点促进世界和平计划，即《十四点和平原则》，其最后一点便是建议成立国际联合组织，各国互相保证彼此的政治独立、领土完整。随后，这十四点被采用作为和平谈判的基础。在巴黎和会进行的过程中，英法支持由威尔逊为首的起草委员会草拟《国际联盟盟约》，准备筹组国联。1919 年 1 月 28 日，巴黎和会通过建立国际联盟的草案，到 1919 年 4 月 28 日，有

44个国家签订了国联盟约。1920年1月10日，《凡尔赛和约》正式生效，这一天，在威尔逊主持下国际联盟（League of Nations）宣告正式成立。凡是在大战中对同盟国宣战的国家和新成立的国家都是国际联盟的创始会员国。1月16日，国联第一次议会会议在巴黎举行；11月，国联总部迁至日内瓦威尔逊宫；11月15日，国联在总部内举行第一次全体大会，有41个国家代表出席。国际联盟是美国总统威尔逊力主建立的，但是美国并没有参加。受孤立主义影响严重的美国并不想介入欧洲的是非，1920年1月19日美国参议院拒绝批准《凡尔赛和约》及《国际联盟盟约》。中国于1920年6月29日加入国际联盟。

国际联盟是国际关系史上的一个创举，各国试图通过建立一个各国认可的国际机构来解决国际纷争、维护世界和平。国联的宗旨是减少武器数量、平息国际纠纷、提高民众的生活水平以及促进国际合作和国际贸易。《国际联盟盟约》规定："联盟会员国承允为维护和平起见，必须将本国军备减至最少之限度，以足以保卫国家之安全及共同实行国际义务为限。""联盟会员国有尊重并保持所有联盟各会员国领土之完整及现有政治上之独立，以防御外来侵略之义务，如遇此种侵犯或有任何威胁或危险之虞时，行政院应筹划履行此项义务之办法。""凡任何战争或战争之威胁，不论其直接或间接涉及联盟任何会员国，皆为有关联盟全体之事，联盟应采取措施，以保持各国间之和平；如遇联盟任何会员国之请求，秘书长应即召集行政院会议。""凡涉及国际关系上任何足以扰乱国际和平或危及国际和平所依赖之良好谅解之情势，联盟任何会员国有权以友谊名义提请大会或行政院注意。""联盟会员国约定倘联盟会员国间发生争端，势将决裂者，应将此事提交仲裁，或法律裁判，或交行政院审查，并约定无论如何非俟仲裁员之裁决或法律判决，或行政院报告三个月以后不得从事于战争。"[1] 从

① ［英］E. H. 卡尔著，徐蓝译：《两次世界大战之间的的国际关系（1919—1939）》，商务印书馆2017年版，第229—230页。

规定来看，各成员国实际上结成了联盟，共同保障和平与领土完整、政治独立，共同抵御外来侵略，成员国之间发生冲突由国联的相关机构进行调解。

国际联盟的主要机构有全体大会、行政院和秘书处。全体大会由各成员国代表组成，每国一票；行政院由常任理事国和非常任理事国的代表组成。每年9月，国联在日内瓦召开大会。国联最主要的机构是理事会，英、法、意、日为常任理事国，另外还有4个非常任理事国。1922年9月22日，非常任理事国升至6个，后升至9个。1926年9月8日，德国加入国联，并成为常任理事国。1933年，德国和日本退出国联。1934年，苏联加入并成为常任理事国。1937年，意大利退出国联。1939年，苏联发动对芬兰的战争，被国联开除。到第二次世界大战前，国联的常任理事国只有英国和法国了。国联还附设国际法庭、国际劳工局等。在国联第一次会议上，由于顾维钧的努力，中国当选为国联行政院第一届非常任会员，提高了国际地位。1921年9月，国联建立国际法庭，王宠惠当选为副法官，对中国来说是一项殊荣。

国联曾发挥过积极的作用。在20世纪二三十年代初，国联曾协助调解某些国际争端和处理某些国际问题，解决了一些有关领土的争端，如瑞典和芬兰有关奥兰群岛之争、立陶宛和波兰有关维尔纽斯之争、土耳其和伊拉克有关摩苏尔之争，此外还在玻利维亚和巴拉圭之间斡旋，为结束旷日持久的查科战争做了大量工作。国际联盟还关注并协助处理国际范围内的卫生、知识产权交流、奴隶贸易、鸦片贸易、难民及妇女权利等问题，如1922年国联签发南森护照给无国籍难民，最终被52个国家承认。但对于强国的行为，国联实际上没什么制约和好的解决办法。面对20世纪30年代德、意、日法西斯同盟的形成和对外扩张，国联并没有发挥制止侵略、维护和平的作用。最突出的表现在对日本侵略中国和意大利侵略埃塞俄比亚的问题上。

1931年9月18日，日本在中国东北制造事端，借机侵略中国。面对日军的暴行，当时人们要求政府出兵，但此时蒋介石正在江西"剿共"，他寄希望于国际公理裁决。9月21日，中国驻国联代表施肇基博士向国联申诉，要求各国共同努力恢复事变前状态，确定中国应得的赔偿。日本代表诬称事件是由中国挑起，声称日军是自卫。日本要求与中国直接交涉，阻挠国联进行调查。中国坚持日军不撤退，不与日本直接交涉。国联理事会通过的决议案，要求中日双方不采取使事态恶化或妨碍和平解决的任何行动。中方接受，日方拒不撤兵，并扩大对东北的侵略，进攻锦州。9月30日，国联通过决议，要求日军在10月14日前撤兵，日本反对并不断增兵。

1932年1月21日，国联成立了以李顿爵士为首的调查团。调查团从法国出发，先到英国，再到美国，然后到日本，最后才到中国，在南京受到蒋介石等的接见。4月21日，调查组到达沈阳，在东北考察了一个半月。1932年9月4日，李顿调查团在北平签署了调查报告书，将其送回日内瓦。报告书写明"日本占领行为是错误的"及"满洲须交还予中国人"。报告书肯定东北是中国领土一部分，主权属于中国，这是有一定积极意义的。1933年2月24日，国联大会以42票赞成、日本1票反对通过了19国委员会关于接受《李顿调查团报告书》决议，重申不承认伪满洲国。日本于3月27日宣布退出国联，国联对日本没有采取任何惩罚措施。蒋介石寄希望靠国联的干预使日本撤兵的计划破产。当时英法也正陷于危机之中，加之它们在中国东北利益不大，无论如何它们都不会为了中国而与日本发生冲突。

1935年10月，墨索里尼派出40万意大利大军入侵埃塞俄比亚，意大利人甚至在战争中使用毒气等极不人道的手段，于1936年5月占领埃塞俄比亚首都。对于意大利的侵略行为，国联予以谴责，并对意大利进行经济制裁。但国联拒绝对意大利进行石油禁运和封锁苏伊士运河，对意大利的侵略行为没起到什么制约作用。1936年6月30日，被迫流亡英国的埃塞俄比亚皇帝海尔·塞拉西一世在国际联盟大会上谴责意大利的侵略行为，并呼吁各国伸出援手，但没什么效果。德国重整军备进行扩张之时，国联同样也没发挥什么作用。

国联没能在 20 世纪 30 年代有效地阻止和制裁日本、意大利和德国的侵略行径，没有起到防止再次爆发世界大战的作用，有多方面的原因。首先，起主导作用的大国特别是英法力量有限，美国这个当时实力最强的国家没有参加国联，影响着国联有效性的发挥。其次，国联没有强制性的执行机构，缺乏执行决议的强制力，其国际制裁亦影响同样施行制裁的国联会员，往往难以执行。"国际联盟手中最强有力的武器，不是经济的武器，不是军事的武器，也不是任何物质性的武器。国联最强有力的武器是大众的舆论。"① 舆论并没有制止日本侵略中国，国联的调停基本不起作用。依靠舆论制约侵略是乌托邦。第二次世界大战的爆发标志着国联的失败。最后，国联盟约没有明确规定"侵略"定义，使发动侵略的国家能够找各种理由逃脱制裁，制裁侵略者的行动程序繁杂，效率太低。

正是吸取了国联不成功的教训，第二次世界大战后建立的联合国，无论从维护和平的机制上还是法律上都更加健全。

（三）凡尔赛－华盛顿体系的破产

第一次世界大战后国际联盟的成立和一系列限制军备条约的签署，表明当时的大国已经有了全球治理的意识，希望通过国际条约协定和组织机制来维持世界秩序和保障和平。

20 世纪 20 年代还有一个防止战争的重要公约，即《非战公约》，其全称为《关于废弃战争作为国家政策工具的普遍公约》，也称《巴黎非战

---

① ［英］爱德华·卡尔著，秦亚青译：《20 年危机（1919—1939）：国际关系研究导论》，世界知识出版社 2005 年版，第 35 页。

公约》或《白里安—凯洛格公约》。该公约由法国外长 A.白里安和美国国务卿弗兰克·凯洛格倡议，比利时、捷克斯洛伐克、法国、德国、日本、意大利、波兰、英国、澳大利亚、加拿大、印度、爱尔兰、新西兰、美国、南非等 15 个国家和地区的代表于 1928 年 8 月 27 日在巴黎签署，1929 年 7 月 25 日生效。至 1933 年，共有 63 个国家批准或加入，中国也参加了该公约。

《非战公约》包括序言和 3 条正文，规定缔约各国谴责用战争解决国际争端，并废弃以战争作为在其相互关系中实施国家政策的工具；缔约国之间的一切争端或冲突，不论性质和起因如何，只能用和平方法加以解决；任何签字国如用战争手段谋求利益，即不得享受公约给予的益处。这是人类第一次以普遍性国际公约的形式，正式宣布废弃以战争作为推行国家政策的工具。该公约的意图很好，但它也像一战后其他一些条约协定那样，缺少制裁侵略的具体措施，难以发挥作用。该公约虽然没有达到阻止战争的目的，但成为第二次世界大战后审判德日主要战犯的重要法律依据。

英国历史学家爱德华·卡尔在分析两次世界大战期间的欧洲国际关系时指出："国际秩序的最大获益者必须做出足够的牺牲，使获益最少的国家容忍这种秩序，这样才有希望维持秩序的延续。要保证国际秩序的变革达到最大程度的平稳有序，不仅取决于现行秩序的挑战者，也取决于现行秩序的维护者。"① 一战后建立的国际秩序的最大受益者是法国和英国，但限于实力，让它们做出牺牲保障这个秩序不现实。"国际新秩序和新的国际利益和谐只能建立在一个上升大国的基础之上，这个大国至少要被普遍认为是容忍度高、非强制性的，至少要比其他任何可能的替代方式更能

---

① ［英］爱德华·卡尔著，秦亚青译：《20 年危机（1919—1939）：国际关系研究导论》，世界知识出版社 2005 年版，第 152 页。

得到人们的接受。创造这些条件是一个或诸个上升大国的道德责任。"①
一战后的国际秩序也没有得到普遍认可，当时实力最强的美国没有参加凡
尔赛体系，当欧洲出现战争危机时，美国没有发挥一个大国的作用。威尔
逊是国际联盟的发起者，但美国自己并未参加这个联盟，在第二次世界大
战时，"威尔逊的主张似乎得到了印证。假如美国民众听从了他的建议，
假如美国没有拒绝成为国际联盟的一部分，希特勒、墨索里尼，以及第二
次世界大战带来的后果，就都可以避免了"②。也正因为有第二次世界大
战的教训，在二战后建立新的国际秩序时，美国积极发挥作用。

　　［左凤荣，中共中央党校（国家行政学院）国际战略研究院副院长、
教授］

---

① ［英］爱德华·卡尔著，秦亚青译：《20 年危机（1919—1939）：国际关系研究导论》，世界
　知识出版社 2005 年版，第 213 页。

② ［美］约翰·卢卡斯著，梁健译：《美国的崛起：1945 年美国的崛起与现代世界的诞生》，新
　世纪出版社 2016 年版，第 73 页。

二、以联合国为核心的战后国际秩序的创建

第二次世界大战不同于第一次世界大战，这是一场正义战胜邪恶之战。在反法西斯战争中，体现了人们追求人权、和平、生存的正义性。国际社会形成了反法西斯统一战线，确定了进行战争的目的和原则，为联合国的创建奠定了基础。吸取第一次世界大战后所建立国际秩序未能防止战争的教训，二战后建立了更为有效的国际秩序。这一秩序不仅有以《联合国宪章》为核心的国际法为准则，还有包括联合国、国际货币基金组织、世界银行、关税及贸易总协定等在内的国际机制为保障，调解各国矛盾，保障人权，惩罚侵略行为，有效地维护了世界和平。第二次世界大战结束 70 多年来，世界人民没有再遭受世界大战之苦，与战后的国际秩序不无关系。

（一）从美英大西洋会议到雅尔塔会议

在第二次世界大战爆发之初，美国奉行的是中立政策。美国国内民众反对卷入欧洲事务。随着战事的进行，德国法西斯军队征服了西欧，法国败亡，戴高乐将军在英国组织法国抵抗运动，英国独自应对德国法西斯。1941 年 6 月 22 日，德国军队对苏联发起闪电战，苏联红军初战失利，德国大军突破苏军防线快速向莫斯科推进。在这一背景下，美国不得不伸出

援手，英、美迫切需要进一步协调反法西斯的战略。

1941 年 8 月，美国总统和英国首相在大西洋北部纽芬兰阿金夏海湾内的美国的重巡洋舰奥古斯塔号上举行大西洋会议，13 日两国首脑在威尔士亲王号战列舰上签署《大西洋宪章》，14 日正式对外公布。

《大西洋宪章》全文共 8 条，宣布对德战争的目的和战后和平的原则，表明两国不追求领土或其他方面的扩张；不承认法西斯通过侵略造成的领土变更；尊重各国人民选择其政府形式的权利，希望看到曾经被武力剥夺其主权及自治权的民族重新获得主权与自治；在尊重他们现有的义务下，努力促使所有国家，不分大小，战胜者或战败者，都有机会在同等条件下为了实现它们经济的繁荣参加世界贸易和获得世界的原料；希望促成所有国家在经济领域内最充分的合作，以促进所有国家的劳动水平、经济进步和社会保障；在纳粹暴政被最后消灭之后，他们希望建立和平，使所有国家能够在它们境内安然自存，并保障所有地方的所有人在免于恐惧和不虞匮乏的自由中，安度他们的一生；所有人能够在公海上自由航行；世界上所有国家，为了现实的和精神上的理由，必须放弃使用武力，解除侵略国家的武装。

《大西洋宪章》是二战期间最重要的国际法文件，凸显了二战的正义性，确立了战时同盟原则，团结反法西斯国家共同战斗，为人类伸张正义，为战后解决问题、规划蓝图，确立了各国平等的原则，保障民众免于恐惧和匮乏的自由，保障和平与安全，确立裁军和集体安全的原则等，这些重要原则为战后国际秩序奠定了基础。

1942 年 1 月 1 日，美国、英国、苏联、中国等 26 国在华盛顿发表《联合国家共同宣言》，宣言签字国政府对 1941 年 8 月 14 日美利坚合众国总统和大不列颠及北爱尔兰联合王国首相所作联合宣言（《大西洋宪章》）内所载宗旨与原则的共同方案表示赞同，深信完全战胜它们的敌国对于保卫生命、自由、独立和宗教自由并对于保全其本国和其他各国的人权和正义非常重要。同时，参加签字的国家承诺：保证运用军事和经济的全部资源同与之处于战争状态的轴心国及其仆从国家作战；相互合作，不与敌国单独缔结停战协定和和约。"宣言"的签署，标志着世界反法西斯统一战线正式形成，表明了各国要与法西斯决战到底的决心。截至 1945 年 5 月 1 日，陆续在"宣言"上签字的有法国、墨西哥、菲律宾等 21 国。《联合国家共同宣言》的发表，标志着世界反法西斯同盟的形成，其一系列原则奠定了战后秩序的基础。

此后，反法西斯同盟中的大国开了一系列会议，在共同谋划对敌斗争的同时，也谋划战后国际秩序，保障战后世界的永久安全，给人类一个美好的未来。1943 年 10 月 30 日，中、美、英、苏四国在莫斯科发表《普遍安全宣言》，提出有必要建立一个普遍性的国际组织，以维护国际和平与安全。1944 年 8 月至 10 月，苏、英、美三国和中、英、美三国代表先后在华盛顿的敦巴顿橡树园举行会议，提出了组织联合国的方案，并拟定出《联合国宪章》的基本轮廓。

1945 年 2 月，美、苏、英三国首领在苏联雅尔塔举行会晤，确立了大国合作，安排战后秩序的原则。会议召开前，美国驻苏大使哈里曼在会晤苏联副外交人民委员迈斯基时强调，雅尔塔会议与德黑兰会议不同，建立一个国际安全组织，建立起永久和平机制，防止战争的悲剧重演，是罗斯福关注的主要问题。

雅尔塔会议就有关联合国的分歧达成妥协，为联合国的建立扫清了障碍。在敦巴顿橡树园会议讨论联合国章程时，有两个问题未能达成共识，即安理会的表决程序和创始会员国资格问题。在雅尔塔会议上，关于安理会的表决程序，美国提出的"雅尔塔公式"获得通过。"雅尔塔公式"规定：安理会每一理事国有一个投票权，安理会关于程序事项的决议，应以七理事国（美苏中英法五大常任理事国，外加乌克兰和白俄罗斯）的多数票通过，安理会对于其他一切事项的决议，应以七理事国的多数票包括全体常任理事国的同意票通过，但对于依区域办法或由区域机关而求地方争端之和平解决内各事项之决议，争端当事国不得投票。也就是说，安理会通过除程序性之外的实质性决议时，必须贯彻"大国一致原则"，大国在实质性问题上享有否决权。"三巨头"同意尽快建立一个一般性的国际组织以维持世界的和平与安全，决定于 1945 年 4 月 25 日在旧金山举行联合国会议，确认"中国及法国政府将被邀与美英苏三国政府会商并共同召集此一会议"，讨论将建立的国际组织的宪章。被邀请参加会议的国家应是 1945 年 2 月 8 日前在《联合国家共同宣言》上签字的国家以及在 1945 年 3 月 1 日前向共同的敌人宣战的协同国家，它们都将作为联合国的创始会员国。在斯大林的强烈要求下，罗斯福和丘吉尔同意苏联的乌克兰和白俄罗斯两个加盟共和国作为联合国创始会员国。

（二）《联合国宪章》及联合国的建立

1945 年 4 月 25 日，由美、英、中、苏、法 5 国发起并邀请《联合国家共同宣言》各签字国参加的联合国制宪大会在美国旧金山隆重举行，来自 50 个国家的 282 名代表出席了大会，还有 1700 多名顾问、专家及记者与会。中国代表团由顾维钧任团长，共有 10 名代表。会议以敦巴顿橡胶园会议的建议为基础，经过两个多月的讨论，起草了《联合国宪章》。6 月 25 日，与会代表一致通过了《联合国宪章》。6 月 26 日，举行联合国宪章签字仪式。先是由五大常任理事国的代表签字，美国作为东道国最后签署，其他四国代表按国家名称的英文字母顺序签字。《联合国宪章》有中、法、俄、英、西 5 种正式文本，中国代表第一个在《联合国宪章》上签字，随后是法、苏、英、美 4 国代表依次签字，然后才是与会的其他 45 个国家的代表签字，后来又有波兰代表补签。同年 10 月 24 日宪章开始生效，联合国正式成立，共有 51 个国家成为联合国创始会员国。

《联合国宪章》共分19章111条，是联合国的基本大法，确立了联合国的宗旨、原则和组织机构设置，规定了成员国的责任、权利和义务，以及处理国际关系、维护世界和平与安全的基本原则和方法。《联合国宪章》作为各国共同遵循的国际法文件，在人类历史上是史无前例的，表达了人们对两次世界大战教训的吸取和使人类不再遭受战祸的决心。《联合国宪章》明确了成员国必须奉行的四大宗旨和七项原则，确定了安理会维护世界和平与安全的国际责任，提高了联合国维护国际安全的有效性。

以《联合国宪章》为核心的国际法体系中，保障人权的法律占有重要地位。1948年12月10日，联合国大会通过的《世界人权宣言》和之后颁布的一系列《国际人权公约》发挥着重要作用。为了防止法西斯严重侵犯人权的行为重演，《世界人权宣言》的人权理念被以法律的形式固定成为国际条约，成为联合国进行国际监督的一个有约束力的标准，世界上大多数国家成为人权公约的签约国。《世界人权宣言》和《国际人权公约》所约定的民主、自由、平等、公平、正义、人权等，已经成为一种国际法的规范，任何国家、组织如果违反了基本人权，都会受到谴责，甚至受到惩罚。

二战后所建立的这个国际秩序建立在多边体系之上，由联合国的宪章和机构，由从贸易到气候保护的一系列协定和规章制度所组成，这一切也许并不完美，对各方也不是都具有同等效力，但是这些仍是人类取得的巨大成就，是人类重要的文明成果。

（三）联合国为维护世界和平发挥了重要作用

在美、苏、英三大国主导下，创建了以联合国为核心的国际政治秩序，以国际货币基金组织、世界银行、关税与贸易总协定为主体的国际经济秩序。这一秩序在维护世界和平、防止战争、促进世界平衡发展方面发挥了重要作用，第二次世界大战结束以来70多年，世界上没有再发生大国之间的世界大战，大国之间虽然有矛盾，但摒弃了用军事手段解决问题。战后建立的国际机制，能够有效调解它们之间的矛盾，问题可以在谈判桌上而不是战场上解决。

当然，由于二战结束后不久美苏进入冷战对抗阶段，世界分裂为资本主义和社会主义两大阵营，随着殖民地区民族国家的纷纷独立，两大阵营之外形成了"第三世界"，全球治理并没有真正实现。美苏的对抗限制了联合国行动的有效性，安理会成了美苏对抗的舞台。在经济上，很长一段时间不存在全球性的"自由国际秩序"，国际货币基金组织、世界银行、关税与贸易总协定（后为世界贸易组织）等制度安排，苏联并没有参加，主要是由西方大国主导确立并适用于西方内部的秩序。随着冷战的结束和中国、原苏联东欧国家加入世界贸易组织，才真正形成了经济的全球化和经济秩序的全球化。

冷战结束初期，联合国在制止伊拉克侵略科威特、防止大规模杀伤性武器扩散、应对传染病危机等问题上发挥了重要作用。随着美国单边主义行为的膨胀，美国经常绕过联合国安理会采取行动，如发动伊拉克战争、进军阿富汗等，联合国对安理会常任理事国的行为仍发挥不了多大作用。安理会常任理事国需要自觉维护《联合国宪章》的宗旨与原则。

2014 年乌克兰危机以来，俄美、俄欧、中美关系紧张，影响了联合国效用的发挥，特别是在全球新冠肺炎疫情发生后，大国相互攻击影响了全球抗疫。2017 年 10 月 19 日，普京在瓦尔代会议上说："具有普遍合法性的联合国仍应是国际体系的中心，提升其权威和效率是所有人的共同任务。""联合国安理会的否决权有时也受到挑战，我想提醒的是，设计和建立这一机制的目的是防止最强大的国家直接对抗，杜绝专横和鲁莽的行为，让任何一个国家都无法给自己的侵略行为披上合法外衣，哪怕是最有影响力的国家。""我们需要改革，需要完善联合国机制，但改革必须是逐步推进的，而且应得到组织内绝大多数国际进程参与者的支持，用外交术语来说，必须取得广泛一致。"普京还建议召开安理会常任理事国首脑会议，共同讨论解决人类社会面临的诸如气候变化、新冠肺炎疫情扩散等全球性问题。

人类面临的挑战越来越多，需要发挥联合国在全球治理中的核心作用，需要大国承担责任。当前，单边主义严重冲击国际法治和国际秩序，保护主义让世界经济充满不确定性，霸凌行径威胁世界和平稳定。各国应坚持《联合国宪章》的宗旨与原则，树立合作共赢的理念，坚持共商共建共享的全球治理观，保障人类发展有美好的未来。

［左凤荣，中共中央党校（国家行政学院）国际战略研究院副院长、教授］

三、经济治理新格局：全球与地区一体化并举

当前世界政治经济格局正在发生深刻变化。随着发展中国家和新兴经济体较快崛起而传统发达国家经济地位相对衰落，当前国际政治经济秩序以及既有的全球经济治理制度安排已难以适应这一结构性转变，改革在所难免。2008 年金融危机爆发以来，国际社会愈发意识到既有的全球经济治理机制存在严重缺陷，难以有效应对重大挑战的冲击；而 2020 年全球蔓延的新冠肺炎疫情再次暴露出全球治理体系领导力缺失和碎片化格局等问题，各国"单打独斗"态势加剧，逆全球化、反全球化、民粹主义力量持续高涨。总的来看，现有的以美国霸权为中心的国际经济秩序难以为继，这对全球治理和国际合作提出了难题。各国在不放弃全球多边合作的前提下，向区域合作找寻经济治理的新答案，这造就了当前经济治理的新格局，即全球化与地区一体化并举，世界主要大国的战略竞争与合作加速了这一新格局的形成与巩固。

（一）全球经济治理变革迫在眉睫

现行的全球经济治理体系主要是在布雷顿森林体系制度基础上建立形成的。二战后美国主导确立了以世界银行（WB）、国际货币基金组织（IMF）、关税与贸易总协定（GATT）为三根支柱的战后国际经济

新秩序，由此形成的布雷顿森林体系奠定了美国在世界经济秩序格局中的霸权地位。而后尽管布雷顿森林体系难以为继并最终瓦解，但三大制度支柱依旧留存下来，关贸总协定后来发展为世界贸易组织（WTO），与其他两大国际经济制度一起为当今世界经济正常运行提供基本的制度规范与保障。

近年来，美国等西方国家主导下的几大国际经济治理机制在治理效能和制度代表性上都出现不同程度的衰落与弱化。首先，身为经济霸权国的美国战略收缩的态势明显，其提供全球公共物品的意愿大幅下降，特别是在特朗普政府时期，美国以"退群""另起炉灶"等方式将国内意志贯彻于全球治理体系中的做法直接导致全球治理群龙无首的局面加剧；拜登政府上台后虽高调宣称"重返多边"，但其对全球治理平台付出的力度显然仍将大不如前，美国很可能以维护自身霸权地位的最低限度参与全球治理。本应提供公共物品的制度霸权国"少作为"，将给全球经济治理进程投下巨大阴影。其次，中国等新兴经济体和发展中国家致力于推动全球治理体系改革，现已取得一定的成果，如人民币已于 2016 年 10 月正式加入 IMF特别提款权（SDR）货币篮子，在 WTO、世行等国际经济组织中任职的非西方国家官员数量有所增加等，但总体来看，既有国际经济组织或经济治理机制在代表性上有所缺陷的问题还是很难在短期内得到完全解决。随着经济全球化不断涌现新问题、出现新形势，既有的全球经济治理机制亟待变革，并在变革中找寻继续指导世界经济运转和自身持续发展的力量。

1. 以 WTO 为核心的国际贸易体系出现失能

贸易是国家间经济往来最基本的表现形式。自古以来，贸易在实现国家经济发展、维护国家间友好关系等方面发挥了重要作用。由此，贸易与一国外交政策紧密相连，也就是说，国家在制定对外政策的过程中，很大程度上会考虑采取对维护本国贸易利益最有利的举措。

20 世纪上半叶，经济大萧条下各国纷纷采取贸易保护主义措施进行相互限制，第二次世界大战又进一步对世界经济运行秩序造成重挫。二战后，为解决复杂的国际经济问题，对国际贸易行为进行规范，美国等 23 个国家在经过多轮谈判后于 1947 年 10 月在日内瓦签订了关税与贸易总协定，承诺在今后国际贸易中大幅度削减关税和减少其他贸易限制，取消国际贸易中的歧视性待遇。由此，法律化、制度化的全球多边贸易体制初具雏形，GATT 在全球层面形成了一套规范和处理国家间贸易关系的原则，对国际贸易进行全面的协调和管理并为全球贸易自由化创造了条件，也为解决成员国间贸易矛盾与争端提供了场所和依据。

不过，由于 GATT 在法律标准上存在先天不足，而且欧日经济崛起后有意绕开美国主导的贸易规则体系以与美国相抗衡，非关税壁垒取代高关税成为国际贸易畅通发展的新障碍，GATT 面临生存危机。在 1994 年 GATT 第八轮谈判即"乌拉圭回合"上，各国达成了一揽子解决多边贸易体制问题的共识，决定成立更具全球性的 WTO 以取代 GATT。由此，WTO 于 1995 年 1 月 1 日正式成立。WTO 继承了 GATT 的主要原则，但在对成员国的制度有效性和规则约束力方面远远超过 GATT，是真正意义上的国际贸易组织。以 WTO 为核心的全球多边贸易体制在较长一段时间内为促进国际贸易与世界经济稳定发展发挥了重要作用。

然而，近年来以 WTO 为核心的国际贸易体系愈发失能。从机构面临的外部挑战来看，WTO 无力应对由美国主导的一系列贸易限制措施，更难以破解因逆全球化、反全球化和贸易保护主义浪潮持续高涨所带来的多边贸易合作停滞困局，新冠肺炎疫情的冲击也使得 WTO 维系全球正常贸易秩序运转困难重重。更艰难的是，如今大型区域贸易协定纷纷涌现并在促进国际贸易的职能发挥上对 WTO 形成前所未有的功能替代与制度冲击。此外，WTO 自身也遭遇了一定的"生存危机"，近几年不仅多边贸易规则谈判成果寥寥，贸易监督功能长期流于形式，而且上诉机构还在美国掣肘之下停摆从而导致正式的贸易争端解决机制失灵。

全球贸易多边主义没有过时，WTO构建了"以规则为基础"的全球贸易体系，世界上多数国家客观上受益于WTO体制规则而实现了国家经济的巨大发展。因而，坚定维护以WTO为核心的多边贸易体制不仅必需，而且必要。支持WTO改革需要世界更多国家共同参与，以尽快恢复正常的全球多边贸易体制运转。

2. 以IMF、世界银行等为核心的国际金融体系亟待改革

1945年12月，在布雷顿森林会议召开后，IMF和世界银行正式宣告成立，二者并列为世界两大金融机构，奠定了二战后国际经济金融新秩序。IMF的主要职责是监察货币汇率与国际支付情况，确保国际金融体系正常稳定运行；世行则聚焦各个主要发展领域，以提供贷款和技术协助等方式力图消除世界贫困、促进共享繁荣。

IMF和世行在推动全球经济增长、促进国际经济合作、提供全球经济安全保障方面曾扮演过积极的角色，但自20世纪90年代以来，针对这两个机构的争议日渐增加，其制度合理性、合法性也备受质疑。其一，两大经济金融机构的危机应对能力不足，事前预防准备存在缺陷，事后应对方案也未必完全有效。1997年亚洲金融危机、2008年全球金融危机之时，两个机构尤其是IMF未能及时捕捉到危机爆发的苗头，采取的救助措施不够及时，最终没有阻止危机的快速蔓延。而且，IMF的借贷往往有严苛的条件性，某种程度上甚至还有影响国家主权之嫌。其二，IMF、世行的治理结构不够合理，长期以来由发达国家主导这两个机构决策权的局面没有发生根本上的改变，未能解决新兴经济体和发展中国家代表性不足问题，份额和治理改革进程持续受阻。例如，2019年10月，IMF发表

声明称"由于第十五次份额总检查没有取得进展"，将份额调整推迟到不晚于 2023 年底，这意味着新兴经济体和发展中国家在 IMF 的份额比重未能如期提升，美国继续干扰 IMF 合理的制度改革进程，致使 IMF 的代表性、治理能力及合法性大大削弱。而在世行方面，2018 年艰难达成的 130 亿美元增资计划中，尽管美国的投票权略有下降但仍超过 15%，美国对世行重要决议依旧具有一票否决权。由于存在明显的制度缺陷，当前的国际金融治理体系在进一步推动发展中国家经济投资发展等方面既缺乏强劲动力，也难以维持决策的自主性。

为了弥补全球金融安全治理不力的状况，更多国家向区域层次寻求更为稳定的金融安全保障。换言之，在国际金融领域，全球治理机制也遭遇了来自区域治理机制的挑战，这与国际贸易领域的情况有类似之处。从长远来看，全球治理问题主要还是有赖于国际多边合作来予以解决，IMF、世行等全球经济金融治理仍有极大的存在必要性，关键就在于其如何改革以适应国际政治经济新格局的持续演化与发展。

3. 国际投资治理难度明显增大

与国际贸易、国际金融领域不同，目前国际投资领域尚未成立一个国际性的监管机构，也没有一个覆盖全球多数国家的国际协定。这主要是因为投资规则涉及的问题复杂和敏感，制定全球通用的投资规则难度大。

从二战后国际直接投资规则的演进历程来看，大体可以分为三个阶段。[①] 20 世纪 50—70 年代国际投资规则主要以寻求多边共识、搭建规则框架为主，世界银行的《国际投资争端解决公约》（1965 年）、经合组织（OECD）的《资本流动自由化法典》（1961 年）、《国际投资与多国企业声明》（1976 年）等协议为国际投资行为确立了基本规则框架，并成为

---

① 张蕴岭、马天月：《国际投资新规则及中国应对策略》，《国际展望》2019 年第 4 期，第 23—38 页。

日后诸多双边和区域投资规则的参照。1980—2008年由于国际投资大规模增长，这一阶段的国际投资规则侧重于推动投资自由化，降低东道国监管门槛并强调对投资方利益的保护，GATT于1994年签署了《与贸易有关的投资措施协议》（TRIMs）、《服务贸易总协定》（GATS）及《与贸易有关的知识产权协定》（TRIPs），这是多边投资规则的标志性进展。2008年以后在世界经济发生结构性转变的背景下，国际投资规则水平有所深化，不仅在范围上涉及了电子商务、网络化、人工智能等投资新领域，而且在诸如准入前国民待遇、负面清单方式等投资规则上，全球接受度也有所提高。目前，由于投资行为与贸易及其他领域紧密联系，国家间遵循的投资规则除了以双边投资协定形式存在之外，往往也作为综合贸易协定中的一个重要组成部分呈现。总体来看，随着跨境投资规模的增加、投资主体的多元化、投资领域的多样化，对国际投资规则制定的需求只会越来越大。

然而，新冠肺炎疫情给国际投资治理带来新的不确定性。与贸易保护主义相伴而生的投资保护主义在疫情的催化之下愈发抬头，以美国为首的多国纷纷收紧外商投资审查，这对跨国资本流动的基本规律造成破坏，也对全球生产与供应链正常运转带来负面影响。例如，美国于2020年1月公布新法规以扩大美国外国投资委员会（CFIUS）的管辖范围，以国家安全为由限制外资进入美国；欧盟的《外商投资审查条例》也已于2019年4月生效，其中有鼓励成员国审查"国家主导的对外投资项目"等条款。美欧的举措在全球引发投资保护示范效应，危及正常的国际投资秩序，极大地提高了多边投资协调与合作的难度。

从长远发展来看，由于国际投资已成为普遍的国际经济要素，与之相关的普适性投资规则有必要成为更多国家及投资者的行为准绳。虽然各国签订全球多边投资协定存在较大困难，但依旧可以作为一项长远目标存在。在国际投资领域的全球治理碎片化程度严重，相关治理规则的整合任重道远。

4. G20 等多边机制难以继续推动全球宏观经济政策协调

近年来，世界经济增长动能不足，贸易局势持续紧张，疫情使得全球经济增长前景进一步黯淡。G20、金砖国家等机制曾经在加强国家间政策协调、完善全球经济治理方面发挥过亮眼的作用，但如今政策协调结果有限，甚至还有成为"清谈馆"的风险。

G20 机制在 2008 年金融危机爆发后迅速从部长级机制升级为国家元首峰会，成为处理和应对全球金融危机的核心治理平台，世界主要发展中国家由此得以在全球经济治理议题领域集中发出更响亮的声音。随着各国已逐渐走出金融危机的阴影，世界各方对 G20 机制的治理有效性和可持续性提出质疑。G20 成员间在经济体制、发展思路、资源配置能力等方面存在明显差异，主要大国（例如中美两国）之间的摩擦又使得 G20 内部协调嫌隙丛生。由于国家之间竞争逻辑在一定程度上超越了合作逻辑，地缘政治在国家经济政策制定中的影响越来越大，这就使得 G20 作为发达国家与发展中国家相互协调以共同推进全球经济治理的平台难以继续发挥更大作用，而这无疑加剧了全球治理赤字。

金砖国家机制在 2008 年金融危机爆发的背景下诞生，是新兴国家借助集体力量开展合作、参与全球金融安全治理的尝试与努力。金砖国家以既有国际多边金融治理机构为框架推动治理改革，同时以金砖国家新开发银行、外汇储备库为着力点构筑金融安全网，在双边层面也积极开展货币合作，拓展了全球金融安全治理的金砖路径。然而，金砖机制本质上仍是新兴国家间合作共识的松散联合，加上各国经济实力悬殊，又因新冠肺炎疫情，更是加剧了各国经济增长及发展前景的分化。可见，由新兴经济体国家牵头的全球经济治理路径如何在新时期继续焕发活力，仍有待观察。

（二）区域经济治理路径方兴未艾

在经济全球化快速发展的同时，新一轮"经济地区主义"（Ecomomic regionalism）浪潮也接连涌起。20世纪90年代初，向GATT通报并生效的自由贸易协定（FTA）仅14个；截至2021年底，各国在WTO备案并已生效的FTA增至307个。在全球经济治理路径效力衰弱的背景下，不同地区、不同经济发展水平的国家纷纷根据自身需要缔结了大量双边、多边以及区域性自由贸易协定，一个日益复杂的全球FTA网络逐渐成形。如今的FTA解决的不仅仅是国家间贸易关系问题，而是在贸易、投资、金融、技术合作等诸多经济领域对国家间关系及行为进行综合的规范与约束。可以说，FTA正逐渐成为国际经济规则制定与推广的重要载体，也是新时期世界主要大国实现经济治理所倚重的新渠道。当前，国际FTA的地域重心已经转向亚太，《全面与进步跨太平洋伙伴关系协定》（CPTPP）、《区域全面经济伙伴关系协定》（RCEP）、《美国－墨西哥－加拿大协定》（简称美墨加协定，USMCA）等大型甚至超大型FTA在亚太地区纷纷涌现。这些FTA对不同经济领域所制定的具体规则有所不同，由此形成了多个规则集团，加剧了国际经贸规则碎片化程度，多种区域经济治理方案呈现出竞争态势。

1.《全面与进步跨太平洋伙伴关系协定》（CPTPP）

CPTPP由《跨太平洋伙伴关系协议》（Trans-Pacific Partnership Agreement，TPP）演变而来。TPP最初是由文莱、智利、新西兰、新加坡四国发起的一个多边自由贸易协定，因美国奥巴马政府高调宣布加入而强势崛起，随后吸引了秘鲁、澳大利亚、越南、马来西亚、日本、墨西哥、加拿大等国家接连加入谈判，成员国一度达到12个。TPP在美国奥巴马政府时期曾被倚重为美国争夺规则制定权、对中国实行制度制衡的重要工具；2017年1月，特朗普政府正式宣布退出TPP，日本挑起了继续推进TPP谈判的重担，于2017年11月与除美国外的11个原TPP成员国达成框架协议，且TPP正式更名为CPTPP。2018年3月，参与CPTPP谈判的11国正式在智利圣地亚哥签署了CPTPP，在没有美国参与的情况下实现了TPP的延续与"复活"。CPTPP由此成为日本实现地区抱负的重要制度手段。

脱胎于TPP的CPTPP在规则标准和成员结构上较大程度地保留了原协定的一些内容与特点，也出现了一些新变化。CPTPP仍是迄今为止标准规格最高的一项自由贸易协定，这延续了先前要达成高水平贸易规则的目标，不过在实质内容上有所缩水。在实质性规则方面，尽管超过95%的TPP协定内容得以原样保留，但先前应美国要求而加入谈判的一些项目条款则被搁置。这些被搁置的条款主要集中于投资和知识产权章节，还有涉及海关管理与贸易便利化、跨境服务贸易、金融服务、电信、政府采购、环境、透明度与反腐败等内容的条款。例如，CPTPP暂停了适用原TPP文本中的"投资协议""投资授权"等条款；原先美国力推的技术保护措施（TPM）、权利管理信息、加密卫星与电缆信号、互联网服务提供商（ISPs）安全港等相对严苛的规则也被冻结。在程序性规则方面，CPTPP重新修订了关于协定生效、退出、加入的制度条款，对新成员的准入门槛有所降低。

2018年12月30日，CPTPP正式生效，亚太乃至全球经贸格局洗牌。日本是CPTPP主导国，在当前亚太经贸格局中占据了相对有利的先机，不仅享受到CPTPP生效后关税大幅减免的经济红利，而且其推动自由贸易的领导力和协调力得到国际社会一定的认可。CPTPP生效给其他亚太经济体带来新契机，成员国间贸易关系得以加强或巩固，诸如越南等发展中国家在CPTPP框架内还通过较早实施高标准经贸规则而抢先登上争取规则制定权的快速列车。随着CPTPP扩员被提上日程，其倡导和实施的经贸规则将在更大范围内实施，制度影响力也会随之扩大，中国、英国等非CPTPP成员国的国家也释放出有意加入的信号，避免被排斥在实施高水准规则的经济集团之外。这意味着，CPTPP作为一项区域经济治理方案已不仅仅是对国家间经济关系的规范与约束，更成了国家间地缘政治较量的一种鲜明体现。

2.《区域全面经济伙伴关系协定》(RCEP)

RCEP是推动亚太一体化建设、加强亚太区域经济治理的又一重要路径。RCEP构想最早由东盟十国在2011年提出并发起，它以东盟-中国、东盟-日本、东盟-韩国、东盟-澳大利亚-新西兰以及东盟-印度5个FTA为基础，寻求建立一个覆盖亚太主要国家的大规模自贸区，以改善亚太自贸区建设的碎片化效应。2012年11月，上述16个国家在东亚峰会上共同发布《启动〈区域全面经济伙伴关系协定〉谈判的联合声明》，从而正式启动RCEP谈判进程。自2013年5月RCEP启动首轮谈判，截至协议签署之时，RCEP至少经历了28轮谈判，先后举办了8次例行的部长级会议、10次部长级会间会和4次领导人会议，历时将近8年，谈判历程漫长而艰难，主要原因在于成员国利益各异，对关税削减承诺、敏感产品类型的诉求有所不同。在谈判的最后关头，印度决定退出并且得到日本等其他成员国的接受，在2019年第三次RCEP领导人会议上，除印度外的15个成员国共同宣布结束全部文本谈判及实质上所有市场准入谈判。2020年11月，RCEP协议最终得以正式签署。2022年1月1日，RCEP正式生效，首批生效的国家包括文莱、柬埔寨、老挝、新加坡、泰国、越南等东盟6国和中国、日本、新西兰、澳大利亚等4国。

RCEP的初衷是要整合东亚乃至亚太地区纷繁复杂的经贸规则并形成相对统一的规则体系，降低地区经济往来的经营成本。从最终达成的协议文本来看，RCEP 基本实现了这样的初衷。协议文本最终包含 20 个章节，除了货物贸易、服务贸易、投资准入等自贸协定基本内容外，还涵盖了电子商务、知识产权、竞争政策、政府采购等新兴贸易议题的规则内容。首先，RCEP 在自贸协定基本规则特别是贸易投资自由化方面取得了突出成果。RCEP 的货物贸易整体开放水平达到 90% 以上，各成员之间的关税减让也多以立即降至零关税或是十年内降至零关税的承诺为主；RCEP 成员国企业可灵活选择原产地规则选项，提高企业对 RCEP 的利用率；而在投资方面，RCEP 成员国以负面清单方式进行投资准入谈判，进一步为外国投资者提供实质性开放待遇。其次，RCEP 在最终文本中保留了相当的制度弹性与灵活性，这是 RCEP 制度设计之初各成员国强调的制度特点所在。RCEP 明确考虑各成员国差异化的经济发展水平与国家能力，在经济技术合作、知识产权等章节有意做出了更有针对性的特殊安排。最后，RCEP 紧跟全球贸易发展新趋势，在电子商务等新兴贸易议题领域也做出了相关规定，客观上在制定下一代国际经贸新规则方面做出了重要探讨。

RCEP 历经重重波折最终得以签订，这对国际经贸秩序以及地缘政治格局重塑都具有十分重要的意义。作为亚太地区的一项重大经济联合组织，RCEP 以经济上最为活跃的亚太区域经济集团化为筹码，推动区域经济治理更加完善，在未来也更有可能通过制度扩员的方式邀请世界更多国家共同分享亚太地区这一世界经济增长重要引擎的发展红利，从而为全球经济治理贡献力量。

3.《美国 – 墨西哥 – 加拿大协定》（USMCA）

美墨加协定是美国、墨西哥、加拿大在《北美自由贸易协定》（NAFTA）基础上重新修订签署的三方贸易协议，替代北美自贸协定以重新规范美国、墨西哥、加拿大三国贸易关系。2018 年 11 月，美、墨、加三国在经历了一年多的艰难谈判后才正式签署 USMCA。2019 年 12 月，美国国会众议院投票通过修订后的《美国 – 墨西哥 – 加拿大协定》，为这份贸易协定的最终生效扫除主要障碍；2020 年 7 月，USMCA 生效。

作为北美国家强化区域经济联合的一项新的制度规定，USMCA 较之先前的《北美自由贸易协定》在原产地规则、争端解决等章节进行了较大修订，在数字贸易、知识产权、金融服务、投资、劳工、环境保护等议题上也进行了规则更新与升级。例如，根据新协议，只有汽车组装部件中超过 75% 来自北美三国方可在成员国间出口时享受零关税优惠，而北美自贸协定中的标准是 62.5%，此项规定对墨西哥、加拿大两国从欧洲等其他地区进口钢铝原材料形成限制，实际上更多地有利于美国铁锈地带的再发展；在劳工待遇方面，新协议规定到 2023 年零关税汽车 40% ~ 45% 的零部件必须由时薪最低 16 美元的工人生产，挫伤了墨西哥作为发展中国家所拥有的劳动力成本优势。可见，USMCA 的诞生实则是"美国优先"原则淋漓尽致的体现。

此外，USMCA 协定文本中还包含"毒丸条款"，即成员国中任何一方与非市场经济国家达成自贸协定，另外两方都有权在 6 个月后退出 USMCA 并以新的双边协议取而代之。这项条款强化了 USMCA 的排他性，有了这一先例，"毒丸条款"未来还可能会在其他贸易协定中复制，这实质上是对其他成员国贸易自主权的干涉与破坏。由于"毒丸条款"中所谓的"非市场经济国家"具有明显的对中国的指向性，美国可以根据 USMCA 条款限制墨西哥和加拿大与中国开展正常的自贸合作。这意味着，美国是以战略竞争的逻辑在制定并推行对其更有利的区域经济治理方案，事实上是将利己动机置于区域发展利益之上。从长远来看，USMCA 的区域经济治理模式似乎并不是最佳的治理发展之道。

从以上分析可以看出，世界各国共同参与的经济治理从一开始的全球路径逐渐演变成当前全球与地区一体化并举的局面，这主要受到国际政治经济格局变迁的根本性影响，同时也是金融危机、新冠肺炎疫情等全球性冲击推动形成的结果。随着 CPTPP、RCEP 等区域经济治理方案相继达成，未来"经济区域化 +X"模式或将加速成型，以此作为多边治理机制的补充甚至是替代，很可能会成为全球化下一步演变的新样态。随着国家间制度竞争态势的延续甚至加剧，经济治理不论在全球层面还是区域层面都早已被赋予了更鲜明的政治意味。未来经济治理格局谁主沉浮、形态如何，还将视大国战略竞争演变态势而定。

［孙　忆，中共中央党校（国家行政学院）国际战略研究院助理研究员］

四、全球治理的新趋势与新需求

随着经济全球化的快速发展，生产要素在全球范围内得以快速实现优化配置，推动各国相互联系日趋紧密。全球化在为各国发展带来积极意义的同时，也导致贫富差距扩大、跨国犯罪增加、传染性疾病威胁加大、恐怖主义滋生、气候变化加剧、移民难民问题频发等亟需全球共同治理的难题。以美国为首的西方国家借助其超强实力，曾在全球范围内建立起其制度霸权，并主导了众多领域的全球治理。随着各国实力地位的变化，国际秩序需要变革，单一国家主导的全球治理已不再适应新形势的发展需要。同时，新治理领域的出现以及新冠肺炎疫情的暴发对当今全球治理提出新的挑战。

（一）国际秩序的变革与多边主义的兴起

当今世界正处于百年未有之大变局。回顾近百年世界历史发展进程，可以发现近百年的国际秩序与百年前最大的不同是霸权秩序的衰落和多边主义的兴起。美国依然是世界上实力最强的国家，但是其作为单极霸权的地位已经不复存在。美国主导的全球制度体系和价值观体系遭到前所未有的挑战。与此同时，以中国为代表的发展中国家群体性崛起，世界逐渐形成美国、中国、欧盟等多个力量中心。同时，全球治理中非政府组织等非国家行为体的出现，进一步充实了以国家为治理核心行为体的传统治理模式，多边主义的国际秩序逐渐形成，并成为全球治理的核心理念。

历史上曾经出现过两种霸权秩序：第一种是帝国霸权秩序。帝国霸权秩序的特点，是处于中心的帝国以自己的实力和法律实施统治和治理。帝国的实力是维持秩序的基础，帝国的消亡意味着帝国主导的世界秩序的消亡。突出的例子如罗马治下的和平。罗马通过长期武力征服控制了从莱茵河到大西洋沿岸的西欧大陆、多半个不列颠岛、多瑙河流域以南的中欧部分及其以北的罗马尼亚、黑海沿岸、尼罗河流域、阿拉伯沙漠的西北边缘等广袤领土。在这一地域范围内，罗马帝国的权力是国际秩序的保障，罗马帝国所制定的法律就是国际秩序的法律。[①] 第二种是制度霸权秩序。制度霸权秩序的特点是虽然存在霸权国，但是霸权国却无法将其一国之制度强行施加于他国，而是需要一种"普遍适用的制度作为霸权秩序的支撑和运行机制"。[②] 同时，霸权国可以以自己的制度原则和理念主导国际秩序的构建。美国主导的国际秩序是制度霸权秩序的典型案例。不同于帝国霸权秩序，美国建立其霸权地位依靠的不再是武力征服，而是依靠建立一套它所主导的制度体系。

美国这一制度体系思想的萌芽，最早可以追溯到一战之后伍德罗·威尔逊于 1918 年 1 月 8 日在美国国会演讲中提到的"十四点原则"，尤其是其第十四点提出"必须成立广泛的国际联合组织，制定专门条款，使各国不论大小，相互保证政治独立和领土完整"，这一构想鲜明地体现了基于国际组织基础上的全球治理思想。由于美国国内当时孤立主义盛行，美国并未真正主导此时的国际秩序。二战之后，美国一跃成为世界上实力最为强大的国家，摒弃了其孤立主义政策，逐步将其制度霸权体系付诸实践。

---

① 秦亚青：《世界秩序的变革：从霸权到包容性多边主义》，《亚太安全与海洋研究》2021 年第 2 期，第 3—4 页。

② 秦亚青：《世界秩序的变革：从霸权到包容性多边主义》，《亚太安全与海洋研究》2021 年第 2 期，第 3—4 页。

在实践路径上，美国开始以国际制度取代实力均衡，以国际组织取代列强结盟，以自由主义取代权力政治。例如，在军事领域，美西方成立了北大西洋公约组织，在冷战期间与苏联领导建立的华沙条约组织激烈对抗，严重影响了世界和平与稳定；在经济领域，美西方成立了"七国集团"，建立了在全球经济治理中的霸主地位，全力维护发达国家集团的利益。

美国的全球制度霸权在2008年全球金融危机爆发前达到顶峰。在此期间，美国的霸权制度体系曾经遭受多次考验。尤其是1973年石油危机之后，美元进一步贬值，世界各主要货币被迫实行浮动汇率制，布雷顿森林体系彻底瓦解。然而从整体上看，美元地位的下降并未影响美国全球制度霸权体系的整体稳定性。相反，美国在二战之后主导的国际制度向更大范围拓展，特别是在苏联解体、冷战结束时实现全球范围的扩张。因此，日裔美籍学者弗朗西斯·福山称冷战之后，美国所主导的资本主义国际秩序取得"决定性胜利"，社会主义"历史性退场"，资本主义的自由民主制是人类社会政治制度中的最优样态，并因此宣告"历史的终结"。

美国主导的制度霸权秩序虽然盛极一时，却难以经受不断变化的世界发展形势的考验。2008年金融危机标志着美国霸权秩序的真正衰退。此前，以美国为首的西方发达国家建立的制度霸权体系经过修整，依然维持着主导地位。尤其在经济领域，布雷顿森林体系虽然瓦解，但是以美国为首的"七国集团"的GDP依然占世界经济总量70%以上，贸易总量占全球一半以上，依然把控着全球经济命脉。同时，这一"富国集团"通过邀请联合国、国际货币基金组织、世界银行、世界贸易组织等国际机构的代表参与其峰会，以增加对现有国际机制的协调和联系，提升了其在全球治理领域的合法性和公信力。

2008年金融危机之后，这一"富国集团"难以独霸世界经济舞台，以中国、印度、巴西为代表的发展中国家群体性崛起，冲击旧有的美国主导的霸权秩序。至2010年，新兴经济体GDP总量占全球比重从2000

年的 11% 上升至 18.7%，而包括美国在内的"七国集团"则由 77% 下降
至 55.8%。[①] 现在美国的国内生产总值虽然仍是世界第一，但是中国和欧
盟均已达到美国的 70% 左右，在经济总量上逐渐形成鼎立之势。这一发
展的结果，是美国一国主导的制度霸权体系衰退，世界多个权力中心形成。
全球治理的制度体系只有通过多国而非美国一国的参与和主导，方可顺
利推行。

与此同时，非国家行为体，尤其是国际非政府组织在国际秩序发生变
革时进一步弥补了主权国家在全球治理中的不足，促进了多边主义的进一
步发展。根据联合国发展项目组 1995 年的评估，发展中国家中已有 2.5 亿
人接触到非政府组织。另据国际协会年鉴的统计，1909 年的国际非政府组
织仅有 176 个，1951 年时发展到 832 个，到 2000 年时则有 43958 个，远
远超过同时期政府间组织的数量。[②] 大量国际非政府组织的出现体现了全
球治理体系中的多元治理价值，促进了全球治理的有效性、规范性、广泛
性和民主性。

国际非政府组织参与全球治理具有主权国家及其主导的政府间国际组
织所不具有的独特优势。第一，运行机制灵活，受政治羁绊相对较少。非
政府组织由于资金来源的多样化，受主权国家的政治影响相对较弱，得以
灵活地开展主权国家所不愿或无法开展的全球性治理工作。例如 1997 年
1000 多个国际非政府组织组成"国际禁止地雷运动"成功促使 122 个国家
签署了禁止使用对人地雷的国际公约。[③] 此外，国际非政府组织在反非法
人口贩卖、非法移民、非法洗钱等众多领域都发挥了重要作用。第二，专
业素质高，有效传播全球治理新理念。非政府组织往往超越单一主权国家
的利益诉求，着眼于全球共同面临的问题，在维护世界和平与发展、促进

---

① 何亚非著：《选择：中国与全球治理》，中国人民大学出版社 2015 年版，第 30—31 页。
② 刘锦前：《当前国际非政府组织与全球治理研究述评》，《国际关系研究》2014 年第 1 期，第 57 页。
③ 陶涛：《全球治理中的非政府组织》，《当代世界》2007 年第 4 期，第 20 页。

环境保护等议题上有效影响国家的治理理念。例如在国际非政府组织的大力倡议和推动下，环境保护和可持续发展逐渐成为举世公认的全球治理重要议题。

（二）霸权的衰落与全球治理的新挑战

全球治理的思想可以追溯至 16—17 世纪荷兰"国际法之父"格劳秀斯通过国际法条约来约束国家间行为的著述。马克思、恩格斯关于科学共产主义和"第一国际"的论述也体现了其在世界范围内追求"国际主义"的思想。其后，国际联盟、联合国体系和布雷顿森林体系的确立为全球治理的提出奠定了前期基础。真正将"全球治理"的理念完整提出并设立专门机构则始于 1992 年成立的全球治理委员会及 1995 年该委员会《天涯成比邻——全球治理委员会的报告》的发布。[①]

根据该报告，全球治理是"各种各样的个人、团体——公共的或个人的——处理其共同事务的总和。这是一个持续的过程，通过这一过程，各种相互冲突和不同的利益可望得到调和，并采取行动"[②]。可以看出，全球治理是包罗各种治理行为体和被治理对象的。然而，实际上战后的全球治理进程并非从一开始就是包容各种治理行为体的，而是经历了从美国主导到多方共同参与的变化。现代全球治理的发展大致经历了三个阶段：

第一阶段（1945—1971 年），此阶段始于 1945 年第二次世界大战的结束和联合国的建立，终于 1971 年联合国恢复中国的合法席位。经过第二次世界大战的蹂躏，世界各国普遍渴望重建世界秩序，恢复和平与发展。联合国六大主要机关、16 个专门机构和大量基金、方案，围绕安全、发展、

---

① 何亚非著：《选择：中国与全球治理》，中国人民大学出版社 2015 年版。

② ［瑞典］英瓦尔·卡尔松、［圭］什里达特·兰法尔主编，赵仲强等译：《天涯成比邻——全球治理委员会的报告》，中国对外翻译出版公司 1995 年版，第 2 页。

人权三大领域，为维护战后国际政治、经济、安全秩序提供了国际层面的基础保障。美国在二战之后全面崛起，亦成为这一阶段全球治理的主导国，建立了美国在全球治理中的制度霸权。

第二阶段（1971—2008 年），此阶段为全球治理的快速转型期。美国主导的布雷顿森林体系瓦解。由美国主导的全球治理逐渐转变为由西方国家集团主导，标志性事件为七国集团的建立。冷战结束，苏联和东欧多国政权相继垮台，全球政治经济版图被重新绘制。同时，中国等发展中国家加入联合国，迅速壮大了联合国决策机制中发展中国家的力量。世界多极化、经济全球化进程加速，世界各国贫富差距加大，引发全球治理新的改革。

第三阶段（2008 年以来），此阶段为全球治理的继续深化阶段。在前两个发展阶段，西方发达国家始终保持了对全球贸易、投资、金融、技术等全球治理核心领域的领导和支配地位。然而，2008 年经济危机凸显了西方发达国家固有的经济、社会矛盾，全球治理机制面临质疑和改革。与此同时，以中国、印度、巴西等国为代表的新兴经济体在金融危机中表现突出，二十国集团在全球经济治理中的角色愈发凸显，发展中国家更加深入地参与进全球治理进程中。

从全球治理发展历程可以看出，全球治理经历了从美国主导转变为多国共同参与的转变。这一转变体现了世界秩序的变革，尤其是非西方国家经济的迅猛发展和西方发达国家的相对衰落。不可否认，以美国为首的西方发达国家集团的实力虽然相对下降，但是依然主导着多个全球治理传统领域的制度霸权，创造了所谓的"美国治下和平"。随着全球化的深入发展以及国际格局的变动，以美国为首的西方发达国家在全球治理上逐渐展现出各种问题，其治理能力和意愿均有所下降。特朗普政府更是以"退群"的极端方法将西方主导下全球治理的困境集中体现出来。特朗普执政时期，美国一改其前任全面插手世界事务，担当"世界警察"的姿态，将"美国优先"的单边主义外交原则奉为执政方针，先后退出多个领域的全球治理机制，为全球治理的国际合作增加了前所未有的新挑战。

在经济领域，美国于2017年1月退出《跨太平洋伙伴关系协定》（TPP）；2018年3月大幅提高钢铁关税，实行贸易保护主义，并对中国发起贸易战；消极应对世贸组织仲裁人选问题，甚至扬言欲退出世贸组织；2018年10月宣布启动退出万国邮政联盟程序。在军事安全领域，2018年4月宣布希望从叙利亚撤军，不愿加大对中东地区的军事投入；2018年5月退出伊朗核协议；2018年10月宣布退出《中导条约》；2020年11月退出《开放天空条约》；在人权、人道主义、教育、环保等领域，美国发布"禁穆令"，严格限制多个穆斯林国家公民入境美国；退出联合国人权理事会；2017年退出全球移民难民治理新机制《纽约宣言》，并大幅削减国际援助预算；2019年1月退出联合国教科文组织；2020年11月退出《巴黎协定》。

美国"退群"领域众多，其中甚至包括自己主导建立的国际组织和国际机制。这种行为不仅对美国作为全球头号强国维护其长期宣称的自由、民主、人权的"公信力"造成了重大破坏，而且对以美国为首的全球治理体系造成深远的负面影响。2021年初，拜登政府上台，总体上尽可能扭转特朗普政府时期大范围"退群"的极端做法，重新回归多边主义和全球共治，但是这一扭转难以挽回其公信力的下降。对于部分国际组织和国际机制，美国可以重新启动加入程序，恢复之前的席位，但在某些领域，拜登政府回归多边主义路线将面临其国内政党政治的掣肘。即使拜登政府下的美国重新回到原有多边机制，其出尔反尔的做法已经难以挽回其在全球治理的头号领导国形象，给传统的全球治理秩序带来新的挑战。

2020年初，新冠肺炎疫情的暴发使全球治理难上加难。此次疫情被世界卫生组织评估为全球大流行疾病，全球风险级别达到最高级别，是历次全球突发公共卫生事件中影响最为深远的一次，世界多国面临严重的公共卫生安全危机、经济危机和人道主义危机。新冠肺炎疫情对全球治理造成了多重复杂的影响：

第一，新冠肺炎疫情对世界各国经济造成重大冲击。国际货币基金组织报告称新冠肺炎疫情对全球经济造成的冲击至少将造成比2008—2009年全球经济危机更严重的经济冲击。据统计，受新冠肺炎疫情影响，2020年世界经济萎缩达4.3%。新冠肺炎疫情亦对全球产业链造成极大冲击。疫情发生前世界各国货物、服务、贸易自由流通的便利不复存在，各国纷纷加强边境管控，甚至"闭关锁国"，极大地破坏了经济全球化下的供应链、技术链、消费链、价值链，尤其对全球旅游业、航空业、跨境服务贸易业等产业造成毁灭性打击。

第二，新冠肺炎疫情暴露了非传统安全领域治理的短板，加剧了全球范围内的人道主义危机。疫情暴发前的全球治理重点关注全球经济治理，但是对传染性疾病、气候变化、移民难民危机、恐怖主义等非传统安全领域治理的关注相对较弱。此次全球大疫情的暴发充分体现了非传统安全对全球治理产生的颠覆性甚至是划时代性影响。疫情对各国治理能力亦提出了挑战。尤其对经济发展缓慢、政治腐败甚至处于无政府状态的国家造成了更加深重的影响，导致世界范围内人道主义危机加剧。例如联合国数据报告称由于疫情的暴发，大部分难民仅能够满足其一半的生活所需。

疫情之下，全球治理面临新的困难：

第一，全球合作抗疫困难重重。疫情的暴发本是促进全球合作、共同捍卫人类健康的良好机会。然而，现实却是疫情之下逆全球化思潮愈演愈烈，无法实现全球范围的合作。特别是疫情暴发之初，以美国为首的西方国家纷纷将矛头对准中国，在尚未确定疫情源头的情况下盲目指责中国，试图借机打压中国。同时，面临抗疫物资短缺，世界多国还出现盲目截断他国抗疫物资，排斥少数族裔和弱势群体的现象。

第二，全球治理机制效能有限。面对新冠肺炎疫情，世界各国本可以通过各种国际组织和机制进行充分协调，共同抗疫。然而，在美国等大国全球领导力的下降以及遍布全球的逆全球化思潮影响之下，世界卫生组织这一抗疫最为关键的国际组织却面临因美国退出而经费紧张等困难。众多全球治理领域的国际组织，例如世界贸易组织、国际货币基金组织、世界银行等亦面临资金短缺、内部协调不畅等问题。全球性国际组织的治理效能在疫情期间面临前所未有的质疑。

（三）新领域的出现与全球治理的新需求

随着科技的飞速发展和人类活动空间的不断拓展，新的全球治理议题开始涌现，并对传统的全球治理提出新的需求和挑战。浩瀚无垠的太空、深邃莫测的海洋、寒冷遥远的极地和隐秘虚幻的网络空间这四大领域构成了当今全球治理的新领域。虽然人类涉足这些领域的时间相对较晚，但是新领域的出现对各国国家安全和国际关系的未来发展却愈发重要。充分认识这些新领域的独特特征，制定新领域的治理规则，促进新领域的全球共治，是当前全球治理研究新的增长点。

太空、深海、极地和网络空间的治理有各自不同的特征。随着空间技术的发展，人类进入、探索、开发和利用太空的步伐越来越快。自1957年苏联发射第一颗人造地球卫星以来，人类开始了太空探索。越来越多的人造天体进入太空，对太空治理的迫切性愈发凸显。首先，太空垃圾增多，太空环境恶化。美国国防部太空监视网络跟踪的直径大约为10厘米的太空物体已达到4万件左右，其中大部分是大碎片和无源卫星。这些游荡在太空中的碎片一旦与正在运行的卫星发生剐蹭或碰撞，可以直接将卫星摧毁，并产生更多碎片。其次，太空中的在轨航天器增多，相互干扰的概率增加。尤其是随着商业航天的发展，人类向太空"放卫星"

的节奏越来越快。2019 年 2 月，美俄卫星发生历史上首例卫星相撞事故。

再次，各国针对卫星频率、轨道资源的竞争愈发激烈。虽然理论上太空的轨道资源可以无限开发，但囿于人类技术有限，各国对太空资源的竞争日益激烈。有的国家为了保护自身太空资源安全，发展了各式陆海空天基武器，成立了太空军，成为太空安全的重大隐患。如美国 2019 年成立太空司令部，明确太空是物理作战战场，并于同年 2 月发布《太空安全挑战》报告，将中国和俄罗斯看作对美国太空安全的挑战，并联合盟国开展常态化太空作战演习。

与太空治理类似，深海曾经是人类望而却步的领域。[①] 深海面积广阔，蕴藏着丰富的矿产资源，部分矿产资源，如镍、铜、锰等的总储量高于陆地相应储量的几十倍甚至几千倍。[②] 随着载人深海潜航器、深海综合大洋钻探考察船、海底观测网、海洋机器人、深海实验平台等核心装备和技术的发展，海洋世纪已然到来，世界各国围绕争夺深海资源及相关权益的竞争日益激烈。围绕深海治理，全球已经形成了以《联合国海洋法公约》和国际海底管理局为核心的国际机制，然而这一机制缺乏具有针对性、整体性、可操作性的规制细则，使得全球深海治理面临多重挑战。

各国在深海资源勘探和开采上的竞争激烈，缺乏有效规则约束。在地球陆地资源已被瓜分殆尽的情况下，世界大国纷纷抱着"先圈先占""多采多赚"的心态在全球深海海域开展"蓝色圈地"运动。如美国、俄罗斯、加拿大等海洋强国自 20 世纪 50 年代以来在开展深海矿产资源的勘探方面捷足先登，形成各种"大国共同体""富国俱乐部"，将深海的全球治理

---

① 目前，世界各国对深海的界定标准不一。本文所述"深海"特指世界各国主权管辖范围以外的深海海床、洋底、底土及上覆水体。参见王发龙：《全球深海治理：发展态势、现实困境及中国的战略选择》，《青海社会科学》2020 年第 3 期，第 59 页。

② 彭建明、鞠成伟：《深海资源开发的全球治理：形势、体制与未来》，《国外理论动态》2016 年第 11 期，第 115 页。

异化为西方治理、大国治理乃至霸权治理。①其次，深海海域污染问题加重，生态恶化。例如漂浮于美国加州和夏威夷之间的"大太平洋垃圾岛"至今未能得到有效治理。同时研究表明，深海矿物开采导致太平洋海域群体性深海生物密度与多样性降低。

极地是太空、深海之外的又一全球治理新领域。南北极地区均是冰雪覆盖的高纬度地区，二者的地理结构和治理结构存在明显差距。北极地区包括北冰洋和围绕其周边的加拿大、美国、俄罗斯、芬兰、瑞典、挪威、丹麦和冰岛八国。南极地区是被海洋包围的南极洲大陆，没有人类长久居住。1961年生效的《南极条约》暂时"冻结"了南极的领土主权争议，并确立了非军事化、人类和平利用、科考优先和开放视察等基本原则。②因此，南极地区目前的主要活动集中于科学考察，而北极治理则是目前极地治理的重点。

北极地区自然资源丰富，蕴藏了全球30%的未开采天然气和13%的未开采石油，以及丰富的稀有金属、石墨、稀土等矿藏。随着气候变暖、海冰融化，北极地区的资源开发和航道利用呈现出巨大的发展潜力。可以说，北极治理已经从"科考时代"进入"开发时代"：从治理主体上看，参与北极治理的行为体更加多元，不仅包括国家行为体，还涌现出了大量非政府组织、跨国公司等非国家行为体；从治理领域看，新兴议题大量涌现，不仅包括传统的科学考察，还包括资源开发、航道利用、环境保护、渔业捕捞、原住民权利保护等。然而，北极地区治理依然存在突出的困难，主要包括：北极治理的全球性需求和北极域内国家"排他性开放"政策之间的矛盾；北极地区资源开发与环境保护之间的矛盾；北极治理国际

① 王发龙：《全球深海治理：发展态势、现实困境及中国的战略选择》，《青海社会科学》2020年第3期，第60—61页。

② 杨剑：《中国发展极地事业的战略思考》，《人民论坛·学术前沿》2017年第11期，第9页。

机制缺乏法律约束力与北极治理的紧迫性之间的矛盾。[①]

网络领域的全球治理亦给传统全球治理带来了新挑战。网络的发明与快速发展是人类社会进入新世纪最鲜明的特征之一。虽然早在 19 世纪 80 年代，建立全球性网络的提法已经出现，然而彼时的互联网仅仅被少数发达国家所统领，大多数发展中国家还不能大范围享受互联网带来的便利。根据网络世界数据（World Internet Users Statistics）的统计，2020 年 9 月全球互联网使用人数达到 49 亿多。互联网如今已经渗透到人们日常生活的方方面面，互联网的快速发展对全球网络安全治理提出了新的挑战。

第一，网络空间的开放性和自由性导致网络空间的治理缺乏权威。1996 年，巴洛于瑞士达沃斯论坛发表的《网络空间独立宣言》认为网络空间是独立于主权国家之外的无主权空间。[②]这一思想即为网络治理中"多利益攸关方"的治理模式。具体而言，网络空间"多利益攸关方"的全球治理架构及相关制度原则的建立应体现广泛的国家和非国家行为体等层面的利益攸关方的切身关注，亦可概括为"全球网络空间治理组织的'扁平化'、治理决策的'民主化'和治理权威的'去中心化'"。[③]网络空间的这一特征容易造成网络空间霸权治理的产生。尤其是当前西方发达国家掌控了网络空间的核心技术和发展动向，虽然网络空间对各国是开放的，但是技术的差别导致发达国家更容易向发展中国家通过网络技术进行攻击。例如 1991 年的海湾战争中，美国在伊拉克的防空系统中植入电脑病毒，使美军在飞临巴格达上空时伊拉克的防空系统全面瘫痪。[④]

第二，网络空间的治理主体多元且复杂，但是核心治理行为却被垄断

① 孙凯、武珺欢：《北极治理新态势与中国的深度参与战略》，《国际展望》2015 年第 6 期，第 71—74 页。

② 何百华：《因特网的新界限》，《国外社会科学文摘》2001 年第 11 期。

③ 阚天舒、李虹：《网络空间命运共同体：构建全球网络治理新秩序的中国方案》，《当代世界与社会主义》2019 年第 3 期，第 173 页。

④ 魏岳江：《全球范围的"网络军备竞争"》，《网络传播》2011 年 7 月，第 89 页。

在发达国家以及少量大型跨国公司手中，造成治理权的不平衡。例如，根据 UNCTAD 的统计，微软、苹果、亚马逊、谷歌、脸书、腾讯和阿里巴巴这世界 7 大公司平台的市值占到了全球前 70 大平台总市值的 2/3；美国和中国占全球前七十大数字平台市值的 90%，而欧洲仅占 4%。同时，网络空间的发展导致越来越多的生产领域得以以数字技术取代传统劳动力，中间品和服务越来越多地来自少量发达经济体内部，进而导致生产更加区域化，全球价值链缩短，造成世界绝大部分人口在网络空间被治理而无法掌控治理主动权。①

总的来看，太空、深海、极地和网络空间的治理具有不同于传统全球治理的特点。传统的全球治理议题如全球经济治理、全球环境气候治理、全球卫生健康治理等领域涉及世界各国的国内发展而普遍受到关注，介入其治理的技术要求相对较低，因而参与度高。相比之下，太空、深海、极地和网络空间这些新领域的治理需要大量的资金投入和技术基础，因此，目前仅有少量大国能够有效参与其治理进程。传统的全球治理议题因人类介入时间长、参与度高，普遍建立了相对完善的国际法和国际机制，治理规则相对明确。相比之下，新领域的治理缺乏普遍适用的规则，很大程度上处于无法可依、无章可循的状态，属新的治理议题，并对未来国家安全和国际关系造成深远影响，需要大国加强合作。

［吴昊昙，中共中央党校（国家行政学院）国际战略研究院讲师］

---

① 黄鹏、陈靓：《数字经济全球化下的世界经济运行机制与规则构建：基于要素流动理论的视角》，《世界经济研究》2021 年第 3 期，第 9—10 页。

五、中国积极参与全球治理

当今国际形势正在发生深刻复杂变化，世界多极化、经济全球化深入发展，文化多样化、社会信息化持续推进，国际格局和国际秩序加速调整演变，各国国家利益交融不断加深，越来越成为你中有我、我中有你的命运共同体。在此背景下，一国的发展离不开其他国家的合作，尤其是面对全球气候变化、疫情防控、恐怖主义、难民移民危机等全球性治理难题时。当前，中华民族迎来了从富起来到强起来的伟大飞跃，中国进入了实现中华民族伟大复兴的关键阶段，正日益走近世界舞台中央。一方面，快速发展的中国与外部世界的利益关切越来越深，中国对长期稳定和平的外部发展环境的需求越来越强烈；另一方面，国际秩序出现深刻调整，中国要实现"两个一百年"奋斗目标、实现中华民族伟大复兴的中国梦就必须顺应世界发展潮流，积极参与全球治理。

（一）秉持共商共建共享的全球治理观

近年来全球经济形势持续低迷、安全状况日趋严峻，地区冲突此起彼伏，现有的全球治理机制的代表性不足引发全球治理有效性和合法性危机。不公正、不合理是当代全球治理体系陷入困境的重要原因。[①] 特别是近年

---

① 吴志成、吴宇：《习近平全球治理思想初探》，《国际问题研究》2018 年第 3 期，第 28 页。

来新兴市场国家和发展中国家实力增强，但在全球治理中的代表性和发言权并不充分，与实力不相称，影响着全球治理的效果。因此，中国政府为顺应全球治理体系变革和自身发展需要，提出了共商共建共享的全球治理观，积极参与全球治理体系改革和建设。

倡导共商共建共享原则，彰显了习近平主席的全球视野和政治智慧，反映了中国真正把推动全球治理体系变革视为国际社会大家庭的事，有利于把全球治理体系变革的主张转化为各方共识，形成一致行动。2014年中央外事工作会议强调，中国作为大国要在全球治理中发挥更大作用。2015年10月和2016年9月，中共中央两次就全球治理进行集体学习，明确提出共商共建共享的全球治理观，加强同各国在全球治理、坚持多边主义、维护自由贸易等领域的合作。从2009年到2018年的10年间，中国共加入政治、经济、科教文卫、通信、人权、劳工保护、知识产权保护、环保等多领域的85项多边条约，并逐步引领在气候环保、网络空间等非传统安全领域的全球治理。①

习近平主席强调，共商就是以开放为导向，坚持理念、政策、机制开放，充分听取社会各界建议和诉求，鼓励各方积极参与和融入，不搞排他性安排，防止治理机制封闭化和规则碎片化；共建就是以合作为动力，各国在全球治理体制机制的调整改革中加强沟通和协调，照顾彼此利益关切；共享就是提倡所有人参与，所有人受益，不搞一家独大或者赢者通吃，而是寻求利益共享，实现共赢目标。②坚持共商共建共享的全球治理观为推动全球治理体系向着更加公正合理的方向发展提供了中国方案，为纠正旧有全球治理秩序中的不公正不合理成分贡献了中国智慧。

长期以来，率先实现工业化的西方发达国家利用先发优势，在全球

---

① 杨慧、刘昌明：《中国制度性权力提升的现状与困境》，《延边大学学报》（社会科学版）2019年第6期，第115页。

② 习近平：《中国发展新起点 全球增长新蓝图——在二十国集团工商峰会开幕式上的主旨演讲》，《人民日报》2016年9月4日。

范围内建立了一系列全球治理机制，并主导了全球治理的规则制定和话语体系。政治民主化、经济自由化、思想大同化是发达国家所力求达到的统领全球的目标。然而，随着人员、物资、服务的全球化发展，全球化以及全球治理开始面临诸多问题。首先，全球化固然已是大势所趋，但是全球化在整体促进各国发展的同时，也拉大了国家和地区之间越来越明显的发展鸿沟。由于在整个全球化和全球治理体系中发展中国家处于被动从属地位，不仅无法建立起自身的国家治理能力，而且由于受制于人而失去自由发展空间。

在全球化的浪潮中，西方发达国家不仅攫取发展中国家的资源，还坚持输出其政治理念。突出的例证是西方发达国家针对发展中国家的经济援助大多捆绑政治理念的兜售，缺乏对地区性历史传统和文化差异的尊重。西方式民主在发达国家眼中是唯一正确的政治道路选择，其他形式的民主实践则不被允许并遭到打压。由此造成的政治乱象比比皆是。例如，二战之后，美国倚仗其强大的经济、科技优势和日益膨胀的军事力量对越南、伊拉克、索马里、前南斯拉夫、阿富汗、利比亚、叙利亚、也门等多个国家的内政进行军事干预。这些军事干预不但未能给当地人民带来和平与发展，反而制造了一个又一个"失败国家"，大量无辜平民死亡，移民难民危机此起彼伏，世界范围内的人道主义危机加剧。

共商共建共享的全球治理观则倡导国际关系民主化，坚持国家不分大小、强弱、贫富，一律平等，支持广大发展中国家在国际事务中的代表性和发言权。这即意味着中国的全球治理是建立在国与国之间"相互尊重、公平正义、合作共赢"的基础上。首先，共商共建共享的全球治理观，以各国之间的相互尊重为前提。自古以来，中华民族就拥有"协和万邦""世界大同"的思想。北宋大儒张载提倡"民胞物与""仇必和而解"，主张把他人乃至自然万物都视作自己的同胞、朋友，强调以"和"的方式来化解矛盾。以联合国为核心的国际体系形成以来，国际社会依然出现大量有悖和平共处、平等互利基本原则的现象，其重要原因即在于国家之间缺少相互尊重，特别是大国、强国不能充分尊重小国、弱国的利益。例如美国凭借其超强实力在世界范围内输出其所谓"美国式民主""美国式价值观""美国式制度"，无视当地国家的发展历史和文化，盲目干预当地国家内政，给国际安全带来众多隐患。共商共建共享的全球治理观则反对强权政治，提倡充分尊重不同国家的国家利益、社会制度、意识形态、发展模式、文明传统，尊重每一个国家的国际地位和话语权。

共商共建共享的全球治理观旨在促进公平正义的全球治理。当前全球社会面临的诸多治理难题，如全球经济危机、全球性传染病、全球气候变暖、全球移民难民危机、全球恐怖主义等问题需要每一个国家的平等参与，共同治理。大国强国富国发声，小国弱国穷国沉默的模式不能从根本上解决全球治理的困境。不认真面对和广泛吸纳不同发展程度的国家全面参与全球治理，全球治理的合法性就会存疑。例如，在全球气候、环境治理的问题上，不应该强迫发展中国家承担与发达国家相同的责任。发展中国家的环境问题在很大程度上是发展不足造成的。对于大多数发展中国家来说，解决生存和发展问题，实现国家富强、民族振兴是第一要务，而达成节能减排目标，则需要在发展中国家的科学技术水平、国民教育和文化水平逐步改进的过程中逐步解决，更需要发达国家提供援助。

共商共建共享的全球治理观确保全球治理各方实现合作共赢。要合作不要对抗，要共赢不要独占。如果是单方赢，或者一方明显比另一方赢得多，这样的合作显然不利于各国共同繁荣，也不可能长久。当前，西方发达国家往往凭借既有的技术、话语优势在与发展中国家开展合作时获取明显不对称的优势。共商共建共享的全球治理观则提倡建立各方均赢的合作关系，"既要自己过得好，也要别人过得好"。中国政府秉持"己欲立而立人，己欲达而达人"的立身处世之道，积极倡导和平共处五项原则，致力于同各国开展友好合作，不仅为自己的发展添砖加瓦，也为别人的发展雪中送炭。40 多年前，5 万多中华儿女前往茫茫非洲草原，用血汗筑成 1860 多公里的坦赞铁路，为非洲国家的基础设施建设提供坚定的支持。在新冠肺炎疫情暴发的今天，中国秉持合作共赢的精神，向 30 余个国家派出医疗专家组，向 150 多个国家和国际组织提供 280 多批抗疫援助。同时，中国同世界各国建立起 110 对各种形式的伙伴关系，构建起遍布全球的伙伴关系网络，坚持走合作共赢的国与国交往新路。

因此，共商共建共享的全球治理观既是对现有全球治理机制不合理不公正成分的有效回应，提出了建设性的中国方案，也有利于为中国发展营造有利的国际环境，有力地回击了"中国威胁论""国强必霸""新殖民主义"等论调，增强了中国在国际话语博弈中的竞争力，提升了中国外交话语权，把世界的机遇转变为中国的机遇，把中国的机遇转变为世界的机遇，倡导在与世界各国的良性互动、互利共赢中开拓前进，助力全球治理向着更加公平合理的方向发展。

（二）发挥负责任大国作用，推动全球治理体系改革

当今世界正经历百年未有之大变局，旧有的国际秩序面临前所未有的挑战。长期以来，西方发达国家垄断了全球治理诸多领域的规则制定，并延续了冷战时期国际秩序的不合理层面，未能充分反映广大发展中国家，尤其是新兴市场国家在全球治理中越来越重要的作用。中国政府在取得自身发展长足进步的前提下，坚定维护以国际法为基础的国际秩序，坚定维护以联合国为核心的国际体系，坚定维护以世界贸易组织为基石的多边贸易体制。积极主动发挥负责任大国作用，参与并引领全球气候变化、全球公共卫生等领域的全球治理，推动全球治理体系改革。

原有的国际秩序充斥着诸多不平等不公平的因素，其中最重要的就是各国主权不平等。虽然早在 1648 年《威斯特伐利亚和约》就确立了主权

平等的原则，但这一原则的适用范围仅仅局限于欧洲国家之间，而欧洲国家与其他地区国家，特别是殖民地、半殖民地国家则无权享有"主权平等"原则。德国铁血宰相俾斯麦就曾称"只有欧洲才有权批准独立"。美国和日本在20世纪初加入"有权批准独立"的行列。彼时的世界俨然被划分为享有"主权平等"的少数"列强"国家和广大殖民地、半殖民地国家两大部分。1945年联合国的创立开启了一种崭新的国际秩序。《联合国宪章》确定的主权平等、不使用武力、和平解决争端等国际法基本原则和国际关系基本准则对世界和平与稳定发挥了重要作用。但在冷战时期，在两大阵营内部，各国依然无法享有主权平等原则。例如，在华沙条约组织中，勃列日涅夫认为成员国"主权有限"，苏联可以干涉匈牙利内政、出兵占领捷克斯洛伐克。而在西方阵营内部，西德和日本接受其他盟国驻军也让渡了其部分主权。冷战结束后，美国凭借其超强霸权，在世界范围内推行强权政治，强行干涉别国内政，造成阿富汗、索马里、也门、叙利亚等国家一个又一个深陷内战，严重影响了世界和平与稳定。

中国政府在处理对外关系问题时，坚持国家主权平等原则，主张国家不分大小、强弱、贫富，一律平等，不将自己的意志强加于人。坚持和平解决国际争端原则，主张通过平等对话协商，以和平方式解决分歧，反对诉诸武力。中国通过友好谈判同14个陆地邻国中的12个妥善解决了历史遗留的边界问题，划定并勘定2万公里边界线，创造了国际关系史上的伟大成就。中方强调，坚持多边主义与国际合作原则，倡导国际关系民主化，反对单边主义和霸权主义，支持广大发展中国家在国际舞台上的代表性和发言权，积极维护以联合国为核心的国际体系。

中国从20世纪70年代初在联合国的合法席位被恢复时，就提出了建立国际政治、经济新秩序的主张。结合冷战结束以来中国的对外政策，可以看出，中国主张建立的新秩序，不是抛开联合国"另起炉灶"，而是重视联合国的作用，并且要积极参与联合国事务，支持联合国在维护世界和平等国际事务中发挥积极作用。① 中国充分利用联合国这一平台为发展中国家发声，促使联合国通过一系列反帝反殖、建立国际新秩序的决议，为发展中国家伸张了正义。此外，中国政府积极参与联合国维和、发展、人权、气候变化等各领域活动，在一系列地区和国际热点问题上发挥"负责任大国"作用。

随着世界政治形势的发展变化，联合国内部强烈要求改革的呼声强烈。尤其是随着新兴大国群体性崛起，传统力量格局被打破，各方围绕权力再分配的博弈升级，严重冲击以安理会"五常"为核心的大国协调与集体安全机制。信息化也逐渐打破主权国家和联合国等政府间国际组织对全球治理的传统垄断地位，个人、非政府组织等新型治理行为体的涌现和发展进一步冲击现有全球治理安排。在此情况下，联合国系统内部进行了一系列改革，如完善以安理会"五常"为核心的集体安全机制，构建联合国主导的全球多边发展安排与框架，强化人权监督与保护等。对此，中国政府坚定维护联合国权威，主张以联合国既有治理框架为基础，不断调整改进，建立更加高效的全球治理框架。习近平主席在 2020 年 11 月 21 日二十国集团领导人第十五次峰会上的讲话中指出："联合国是合作处理国际事务的核心机制。各方应该坚定维护联合国权威和地位，恪守联合国宪章宗旨和原则，维护以国际法为基础的国际秩序。"②

在经济贸易领域，中国则坚定维护以世界贸易组织为基石的多边贸易体制。世贸组织成立 20 多年来，成员数量不断增加，目前涵盖全球 98% 的贸易额，充分彰显了多边贸易体制的代表性和吸引力。然而，随着世界经济格局深刻调整，单边主义、保护主义抬头，经济全球化遭遇

① 杨洁篪：《深刻认识和用好国际法　坚定捍卫国家利益共同维护世界和平与发展》，《求是》2020 年第 20 期。

② 《习近平在二十国集团领导人第十五次峰会第一阶段会议上的讲话》，新华网 2020 年 11 月 21 日。

波折，多边贸易体制的权威性和有效性受到严峻挑战。特别是美国近年来多次阻扰世贸组织上诉机构法官遴选，导致世贸组织争端解决机制无法正常运转。在这种形势下，世贸组织的改革日益紧迫和重要。中国作为多边贸易体制的积极参与者，坚定维护世贸组织的基石地位，于2018年6月发表《中国与世界贸易组织》白皮书，全面阐述了中国对世贸组织和多边贸易体制的立场主张。2019年5月，中国正式向世贸组织提交《中国关于世贸组织改革的建议文件》，支持世贸组织为建设公平竞争的世界市场完善现有规则。

除了坚定维护以国际法为基础的国际秩序，坚定维护以联合国为核心的国际体系，坚定维护以世贸组织为基石的多边贸易体制，中国政府还积极参与解决人类面临的重要问题，在应对全球气候变化、全球公共卫生危机等领域作出卓越贡献。气候变化是迄今为止全球调动资源最多、发动范围最大，世界舆论最为关注的公共话题之一。面对气候变化对人类生存环境的重大挑战，世界各国在寻找节能减排对策方面进行了长期努力，先后通过《联合国气候变化框架公约》和《京都议定书》。2015年12月，巴黎气候大会通过了《巴黎协定》。2016年4月22日，170多个国家在联合国总部签署《巴黎协定》，推动其正式生效。随着英国"脱欧"和美国前任总统特朗普以《巴黎协定》会破坏美国经济为由退出《巴黎协定》，全球气候治理面临前所未有的巨大挑战。中国政府积极作为，党的十九大报告中明确指出，中国"引导应对气候变化国际合作，成为全球生态文明建设的重要参与者、贡献者、引领者"[①]。在国际层面，中国政府于2016年9月批准加入《巴黎协定》，成为最早加入该协定的国家之一。在随后的杭州G20峰会上，习近平主席同美国时任总统奥巴马分别向联合国时任秘书长潘基文递交了各自国家的《巴黎协定》批

① 习近平：《决胜全面建成小康社会 夺取新时代中国特色社会主义伟大胜利——在中国共产党第十九次全国代表大会上的报告》，人民出版社2017年版，第6页。

准文件。在国内层面，中国政府提出 2020—2030 年国家自主贡献目标：二氧化碳排放 2030 年左右达到峰值并争取尽早实现，单位国内生产总值二氧化碳排放比 2005 年下降 60% 至 65%，非化石能源占一次能源消费比重达到 20% 左右，森林蓄积量比 2005 年增加 45 亿立方米左右。[①]

此外，在《"十三五"国家战略性新兴产业发展规划》中，中国将新能源汽车、节能环保等产业确立为支柱产业，先后出台政策淘汰落后产能、推动化石能源清洁化利用。中国政府还通过"一带一路"倡议，为发展中国家的气候融资提供大力支持。2015 年 9 月，中国承诺成立"气候变化南南合作基金"，并于 2016 年启动"十百千"项目，即 10 个低碳示范项目、100 个左右气候减缓和适应项目以及 1000 个面向发展中国家的应对气候变化的培训名额。[②]中国还积极与"一带一路"沿线国家开展清洁能源合作，将自身发展成果与更多国家分享，逐步引领全球气候治理的前进方向。

在全球卫生治理领域，中国政府亦是全球卫生合作的积极倡导者和坚定践行者。1978 年，中国与世界卫生组织签署卫生技术合作备忘录，开启了双方务实友好合作的历史。40 多年来，中国始终高度重视同世卫组织的合作，积极参与全球卫生治理。国内层面，中国在医疗卫生领域取得巨大进步，基本医疗保险参保率稳定在 95% 以上，人均预期寿命从新中国成立初期的 35 岁提高到 2016 年的 76.5 岁，居民主要健康指标总体上优于中高收入国家平均水平。

中国积极开展全球卫生合作。从 1963 年派出第一支援外医疗队以来，中国先后向 69 个发展中国家和地区派遣援外医疗队，累计派出医疗队员 2.5 万人次，治疗患者 2.8 亿人次。从 20 世纪 70 年代起，中国开始为发展中国家援建医院、卫生中心等设施。在西非埃博拉疫情暴发后，中国

---

① 《中国为气候治理做了多大贡献》，新华网 2015 年 11 月 30 日。

② 冯志军：《中国六年斥资逾 7 亿元开展气候变化南南合作》，中国新闻网 2017 年 9 月 6 日。

向疫区及周边国家提供数亿元人民币紧急援助，展开中国有史以来最大规模的公共卫生对外援助行动。此外，中国与中东欧国家在传染病防控、慢性病防控、疫苗接种等领域开展合作；与缅甸、越南、老挝、柬埔寨、泰国等东南亚国家合作开展疟疾治疗药物抗药性联防项目；与中亚国家开展结核病控制合作等。

从为全球抗击传染病提供资金，到积极参与全球卫生安全行动，再到加强卫生领域的"南南合作"，为发展中国家提供医疗、培训和奖学金资助等，中国参与全球卫生治理的援助形式日趋多样，规模也不断扩大。2017年1月，中国与世卫组织签署关于"一带一路"卫生领域合作谅解备忘录。这一具有里程碑意义的文件，意味着中国同世卫组织的务实合作扩展到"一带一路"沿线国家、区域和全球层面。中国在抗击新冠肺炎疫情中也积极展现大国担当。截至2020年4月，中国政府向127个国家和4个国际组织提供包括医用口罩、防护服、检测试剂等在内的物资援助，向世界卫生组织捐助2000万美元，累计向11国派出13批医疗专家组，同150多个国家以及国际组织举行了70多场专家视频会。此外，中国地方政府、企业和民间团体已向100多个国家和地区以及国际组织捐赠了医疗物资。在全球公共卫生治理领域，中国政府同国际社会一道为人类健康发展事业作出了卓越贡献。

在全球治理面临深刻变革的历史时期，虽然西方国家是传统的主要推动者，占有主导性话语权，但是以中国为首的发展中国家以积极姿态深度参与并逐渐引领全球气候变化、全球公共卫生等领域的治理，在世界舞台上展示了负责任大国形象，为推动全球治理体系改革，提升发展中国家的代表性和发言权作出了实质性贡献。

（三）积极参与新兴领域国际规则的制定

西方发达国家主导了当今全球治理诸多领域的规则制定，这一规则体系未能充分反映中国在内的广大发展中国家的利益。面对国际力量对比的消长变化和全球性挑战的日益增多，中国政府秉持共商共建共享的全球治理观，一方面推动既有国际规则和全球治理体系改革；另一方面，积极参与网络、太空、数字经济等新兴领域的规则制定，更好地维护我国和广大发展中国家的共同利益，推动国际秩序和全球治理体系朝着更加公正合理的方向发展。

在网络空间治理领域，中国创造性地提出基于主权的网络空间治理方案。长期以来，美国等西方发达国家凭借其技术、制度等方面的优势，成功地制造了其网络空间的治理霸权。目前美国不仅通过互联网名称与数字地址分配机构（ICANN）掌握着网络空间中最重要的域名和 IP 地址分配权，而且控制着全世界绝大多数的根服务器，并拥有大量在世界上具有广泛影响力的互联网公司和产品。以这一先发优势为基础，美国不仅在全世界范围内开展如"斯诺登事件"所揭露的网络监听和监控行动，还不断加强其网络战能力，建立了专门的网络战部队，加速了网络空间军事化。

与美国不同，虽然中国是网络空间的后来者，但是从 20 世纪 90 年代接入全球互联网算起，中国在短短 30 余年时间里实现了网络空间的跨越式发展。截至 2020 年 12 月，中国网民规模达 9.89 亿，互联网普及率达 70.4%，成为名副其实的互联网大国。[①] 随着中国在互联网领域的飞速发展，中国政府高度重视网络空间治理。在党的十八届五中全会上，习近平总书记指出，实施网络强国战略，实施"互联网+"行动计划，发展

---

① 《第 47 次中国互联网络发展状况统计报告》，中国网信网 2021 年 2 月 3 日。

分享经济，实施国家大数据战略。在 2016 年召开的国家网络安全和信息化工作座谈会上，他再次指出："这（信息技术革命）是中华民族的一个重要历史机遇，我们必须牢牢抓住，决不能同这样的历史机遇失之交臂。"[①] 中国政府顺势而为，积极参与全球网络空间的全球治理，并提出符合各国利益的网络空间治理新理念、新规则。

首先，中国政府提出网络空间的全球治理应充分尊重各国的主权原则，坚决抵制网络霸权。2011 年 9 月，中国、俄罗斯等国联合向第 66 届联合国大会提交了《信息安全国际行为准则》草案，呼吁国际社会将网络主权作为网络空间全球治理的基础。2015 年 1 月，中国、俄罗斯等国再次向联合国大会提交了《信息安全国际行为准则》更新版。同时，中国还利用中美之间建立的网络安全对话机制，共同探讨网络空间的国际规则。在国内法规建设上，中国政府制定了《中华人民共和国网络安全法》《国家网络空间安全战略》《网络空间国际合作战略》等文件，为全球网络空间治理提供了中国方案。

其次，中国政府创造性地提出"网络空间命运共同体"的理念，并高度重视网络空间治理的多方合作。2015 年，在浙江乌镇举办的第二届世界互联网大会开幕式上的讲话中，习近平主席首次提出"网络空间命运共同体"构想。在 2016 年第三届世界互联网大会开幕式上的视频讲话中，他再次强调："互联网发展是无国界、无边界的，利用好、发展好、治理好互联网必须深化网络空间国际合作，携手构建网络空间命运共同体。"为了突出多方合作的重要性，他在 2018 年 4 月全国网络安全与信息化工作会议上强调，既要推动联合国框架内的网络治理，也要更好发挥各类非国家行为体的积极作用。2019 年 9 月，在对国家网络安全宣传周作出的重要指示中，他再次强调要坚持安全可控和开放创新并重，立足于开放环境维

---

① 习近平：《在网络安全和信息化工作座谈会上的讲话》，《人民日报》2016 年 4 月 26 日。

护网络安全，加强国际交流合作。

中国在航天技术、空间应用和空间科学等领域取得了举世瞩目的成就，并积极参与太空治理。长期以来，中国政府坚持合作共赢的发展理念，与40多个国家、空间机构和国际组织签署了140余项航天合作协定，与俄罗斯、法国等国建立了17个双边合作机制。中国政府不仅致力于自身发展，同时为促进太空领域的全球治理，防止太空军事化、武器化作出了积极贡献。20世纪50年代，随着苏联、美国相继发射卫星以及美国成立航空航天局、颁布《太空法》，以及美苏两国在太空进行核试验，激烈争夺太空优势开始，太空就被赋予了军事意义，并由此拉开了太空军事化和武器化的序幕。[①] 此后，美国、苏联等国大力推行太空军事化和太空武器化政策，组建天军、研制太空武器、反卫星武器、空天飞机等，给太空安全和国际安全造成严重挑战和威胁。

为了有效限制太空军事化和武器化，包括中国在内的国际社会制定了一系列规则，先后达成1967年的《外层空间条约》、1968年的《营救协定》、1972年的《责任公约》、1976年的《登记公约》、1984年的《月球协定》等国际太空法。这些国际法以直接或间接的方式规定，不得在太空内的星球上部署核武器、大规模杀伤性武器，防止太空军事化、武器化。中国政府在2008年与俄罗斯一道向裁军大会提交了《防止在外空放置武器、对外空物体使用或威胁使用武力条约草案》（PPWT），提出禁止在环绕地球的轨道放置任何携带武器的物体，禁止以任何其他方式在外空放置武器，禁止对外空物体使用或威胁使用武力等倡议，得到众多国家支持。2014年6月，中俄两国再次向裁军大会提交该草案修改版。然而，由于美国阻扰，裁军大会就禁止太空武器化的谈判举步维艰。尽管如此，中国在积极参与并致力于防止太空军事化、武器化，制定太空治理的国际规则，提升太空

---

① 程道华、何奇松：《太空军事化、武器化及其治理》，《国际关系研究》2014年第6期，第51—52页。

安全方面仍旧作出了有益贡献。

在数字贸易领域，中国政府也积极探索制定新规则，力求更好地代表广大发展中国家的利益诉求。随着信息通信技术的迅猛发展，数字贸易正成为国际贸易新的增长点，并推动国际贸易实现转型升级。长期以来，西方发达国家为维护自身利益，抢占数字贸易规则制高点，塑造了数字贸易规则的"美国范式""欧盟范式"，这些规则往往无法反映广大发展中国家的切身利益。在此背景下，中国政府从国际、国内两个层面加强数字贸易的规则制定权。在国际层面，中国寻求在"一带一路"倡议的合作框架下，与沿线国家和地区加强数字贸易合作并制定互利共赢的数字贸易规则。自2017年习近平主席提出"共建21世纪数字丝绸之路"以来，中国已经与20多个国家签署了"丝路电商"合作备忘录，建立了双边合作机制。2020年，中国在国际服务贸易交易会上发布《"一带一路"数字贸易指数发展报告》，中国与"一带一路"沿线国家的数字贸易发展效果显著、潜力巨大。

同时，中国努力寻求建设自贸区网络，制定符合各方利益的数字贸易规则。迄今为止，中国已经签订了19个自贸协定、涵盖26个国家和地区。由于不同国家和地区的发展水平差异较大，这些地区性自贸协定为中国制定分地区分层次的数字贸易协定提供了良好平台。其中，《中国—澳大利亚自由贸易协定》《中国—韩国自由贸易协定》和RCEP均将"电子商务"独立成章。RCEP还首次提到"计算设施的位置""通过电子方式跨境传输信息"等高标准的数字贸易规则内容。

中国积极寻求数字贸易规则制定的国际合作，努力化解全球数字贸易规则中的分歧。目前全球并未就数字贸易规则达成共识，中国政府努力寻求可能的国际合作，实现数字贸易的公平公正发展。例如，2020年8月外交部部长王毅访欧期间，就曾强调努力开拓中欧之间的数字贸易等合作新机遇，进一步推进中欧经贸合作，维护产业链、供应链稳定。

中国政府提出的共商共建共享的全球治理观，是中国政府面对当今世界百年未有之大变局，对全球治理提出的中国方案。它深刻反映了国际力量格局的变化，尤其是发展中国家的群体性崛起对全球治理体系改革的需求。中国政府坚持要合作而不要对抗，要双赢、多赢、共赢而不要单赢，不断寻求最大公约数、扩大合作面，引导各方形成共识，加强协调合作，积极参与网络安全、太空、数字贸易等新兴领域的全球治理，推动全球治理体系向更加公正、合理的方向发展。

[吴昊昙，中共中央党校（国家行政学院）国际战略研究院讲师]

结束语

纵观世界百年来的大变局，人们站在不同角度，会有不同的感悟。这一百年最令人吃惊的，是科学技术的进步改变了人们的生活方式和生产方式，使世界真正变成了地球村。这个百年，是充满不确定性和血腥的一百年，两次世界大战和无数的内战、国际冲突、恐怖主义，造成的人力物力损失是前所未有的。当然，这也与科技进步相关，科技的进步使战争造成的损失扩大了，一颗原子弹可以使一座城市、几万人瞬间化为灰烬。好在人类从历史中吸取了教训，通过联合国等机制调解矛盾，管控冲突，使人类免遭毁灭性打击。

世界百年大变局最重要的变化是中国角色地位的变化。百年前，中国是无足轻重的国家，作为第一次世界大战的战胜国，拿不回战败国德国在中国的权益；作为第二次世界大战的战胜国，要被美苏秘密达成的《雅尔塔协议》侵害。中国人民在中国共产党的领导下，通过改革开放的伟大实践，发展成世界第二大经济体，中华民族由此走上了民族复兴不可逆转的新征程。面对新征程，回望人类走过的百年风雨路，最需要总结的是大国兴衰成败的经验与教训。

在这百年世界大舞台上，主角当然是大国。从大国角色的变换看，能够保持长久繁荣，崛起而不跌落的国家并不多。崛起的国家如果犯了战略性错误，有可能会迅速跌落。英国曾号称"日不落帝国"，两场大战打下来，变成了二流国家，法国也一样。苏联曾辉煌一时，令资本主义世界胆寒，但令人始料不及的是，1991年12月苏联迅速解体了。实际上苏联早已外强中干，它的衰落与其国家发展战略的失误直接相关。第二次世界大战后，苏联不再有被侵略之虞，完全可以把重心放在和平建设、提高人民生活水平上，但苏联的领导者却热衷于搞势力范围，与美国抗衡，把大量资财浪费在军备竞赛上。德国在1871年完成统一后发展迅速，成为欧洲工业化的领头羊；日本在1868年明治维新后成功脱亚入欧，进入列强行列。这两个国家有个共同的特点就是好战，结果害人害己。第二次世界大战后，德国和日本把它们的无限创造力集中到了发展经济上，日本这个人口和面积仅相当于中国四川省、资源缺乏的国家，从20世纪60年代末起成为世界公认的第二大资本主义经济强国，到80年代中期，日本的国内生产总值超过苏联，成为世界第二大经济体。联邦德国也实现了迅速发展，成为欧洲经济的领跑者。20世纪大国的兴衰表明，靠战争和穷兵黩武难以支撑国家的强大，支撑一个国家强大的主要是科技和经济实力。

大国是国际舞台上的主角，大国如何相处，是一个值得思考的问题，不仅领导者需要思考，普通民众也需要思考，因为民众舆论对决策者的影响越来越大。从百年世界变局的发展看，无论是热战还是冷战，无论是战争的发动者还是迎战者，都不是胜利者，获得胜利的往往是第三方。第一次世界大战中同盟国战败了，协约国战胜了，但获利最大的是美国；第二次世界大战中战争的发动者德意日遭到惨败，英国、法国和苏联被战火摧毁，遭受了巨大的人力物力损失，美国最后被迫参战，因远离本土作战，损失最小，可以视为战争的最大胜利者，实现了世界霸权。在冷战中，美国和苏联都耗费了大量金钱用于军备竞赛，得利最大的是日本和德国以及第三世界国家。如果未来中美之间爆发新的冷战，俄罗斯、日本、欧盟会是得利方。如果中美对抗过于激烈，不惜兵戎相见，那么不会有得利者，也许是人类社会的终结。经常有人用历史上崛起的大国与既有大国间的冲突来预测中美关系，认为中美逃脱不了"修昔底德陷阱"，美国右翼政客对中国的打压似乎也在为此提供证据。但是他们忘记了，时代已经不同了，中美之间的关系既不同于当年的英德、法德，也不同于过去的美苏。中美不是邻国，不存在邻国之间的利益纷争，中美也不像美苏那样有尖锐的意识形态分歧，因为中国并不输出自己的意识形态。中美是在一个世界体系下的博弈，两国经济深度融合，有巨大的共同利益。正如当年列宁所说的，资本的力量胜过政治家的意志。中美两个大国只能学着相互尊重与和平相处。

不管外部世界怎样变化，中国坚信当今的世界仍是和平与发展为主题的世界，仍是经济全球化不断发展的世界。在总结大国兴衰成败和中国成功经验的基础上，未来中国会选择一条既有利于实现中华民族伟大复兴，也有利于推进人类进步的道路。这条道路有几个关键点：

一是继续坚持走和平发展道路。世界历史上大国的兴衰更替，主要是由综合国力决定的。历史上有过英国打败西班牙无敌舰队，从而称霸欧洲与世界的先例。在那个年代，大国要保持贸易通道的畅通，不能不依靠海军力量，即使英国不用武力打败西班牙的无敌舰队，实现了工业革命的英国称霸世界也是早晚的事。20世纪以来，还没有哪个新兴大国靠武力直接打败霸权国而称雄世界的例证。德国两次挑战英法的霸权都以失败告终，德国的军国主义和法西斯化政策，损人不利己。日本在亚洲挑战英美的霸权同样输得惨重。苏联依靠武力与美国争夺世界霸权，最后也败下阵来。美国出兵越南使其实力地位下降，苏联出兵阿富汗成为其国家解体的重要因素。经历了战争痛苦的德国和日本，从历史中吸取教训，二战后实现了国富民强。1952年，当盟军结束军事占领时，日本的国内生产总值仅比英国或法国的国内生产总值的1/3略高一点。但到了20世纪70年代后期，日本的国内生产总值已相当于英、法两国的总和以及美国的一半以上。在不到 30 年的时间内，日本在世界制造业生产和国民经济总产值中所占的比例，从大约 2% ～ 3% 上升到约 10%。^①德国与历史上的宿敌法国实现了和解，德国在和平年代迅速成长为世界经济强国。德国国内生产总值在 1952 年只有 320 亿美元，而 10 年之后却跃居欧洲第一（约 890 亿美元），到 20 世纪 70 年代又超过了 6000 亿美元。其人均可支配收入在 1960 年不过 1186 美元（当时美国为 2491 美元），到 1979 年已猛增至 10837 美元，超过了美国的 9595 美元的人均数。^②20 世纪 80 年代，美国对日本和德国这两个强大的对手进行打压，签署《广场协议》，德国马克和日元大幅升值，日本失去了良好的发展势头，经济长期低迷，但德国却通过加强与欧洲国家的经济联系，成为欧洲和世界的制造业大国，经济发展势头并未受多大影响，当今德国成了欧盟的引领者。中国正处于从富向强的关键历史时期，许多人担心中国强大后，也会走上霸权的道路，因此要遏制中国。这种想法如果不是误解的话，就是为遏制中国找借口。不管发展到什么程度，中国都不会像历史上的西方强国那样把自己的发展建立在欺凌弱小国家与民族上，也不会像苏联那样推广自己的制度与模式，挑战现行国际秩序。和平发展道路保障了中国的成功，中国没有理由放弃。

二是继续坚持以人民为中心的发展战略，把解决民生问题放在首位。集中力量办大事是社会主义国家的优势，这就特别需要国家政策是顺应世界潮流的，是服务于人民的。中国利用集中力量办大事的优势，解决了几千年没有解决的贫困问题；建设了世界上最长、最快捷的高铁，把许多小城市和乡村都连在一起，方便了边远地区产品进入国内大市场。类似这样的事例很多。中国的发展不仅惠及本国人民，也惠及了周边国家，许多国家搭上中国发展的快车一起前行，如中亚内陆国家的货物可以通过中欧班

---

① ［英］保罗·肯尼迪著，王保存等译：《大国的兴衰：1500—2000 年的经济变革与军事冲突》（下），中信出版社 2013 年版。

② ［英］保罗·肯尼迪著，王保存等译：《大国的兴衰：1500—2000 年的经济变革与军事冲突》（下），中信出版社 2013 年版。

列出口到东南亚地区，进入国际大市场。

三是以自己的制度与文明新形态，推动世界的多样化发展。在 1978 年实行改革开放时，中国的 GDP 只占世界 GDP 总量的 1.8%，2019 年中国 GDP 达 14.34 万亿美元，全球占比约为 16.34%，2020 年中国是主要经济体中唯一实现正增长的国家，GDP 约为 14.73 万亿美元，全球占比为 17.42%。不管跟哪类国家比，中国的发展速度都是惊人的。中国从绝大多数人口处于贫困状态，到消除贫困，实现小康，人均 GDP 突破 1 万美元。这些成绩的取得，得益于中国积极借鉴、学习和消化人类先进文明成果。中国特色社会主义制度的成功，是中国为世界政治与精神文明作出的贡献。未来中国共产党将团结带领中国人民深入推进中国式现代化，为人类对现代化道路的探索作出新贡献。历史和实践证明，中国特色社会主义道路是人民富裕、国家强盛之路，其经验将为解决世界性问题提供思路和办法，也将使世界更加丰富多彩，有利于增强世界文明与制度的多样性。

四是继续在与世界的良性互动中发展。改革开放以来，中国努力融入世界经济体系，在与世界的良性互动中实现了发展。2001 年底，中国加入 WTO 以后，中国经济真正开始起飞，在全球产业链、供应链中占据了重要地位。中国对世界经济增长的贡献率连续几年保持在 30% 左右，包括美国在内的许多国家都从中国的发展中获益。习近平总书记在总结历史经验时说："历史告诉我们，拥抱世界，才能拥抱明天；携手共进，才能行稳致远。中国共产党愿同各国政党一起努力，让梦想照进现实，让行动成就未来，始终不渝做世界和平的建设者、全球发展的贡献者、国际秩序的维护者。"[①] "中国的发展离不开世界，世界的发展离不开中国"已经成为人们的共识。世界关心中国发展起来怎么走，会不会走传统大国"国强必霸"的老路，也有些国家从传统的"国强必霸""修昔底德陷阱"的思维出发，

① 习近平：《加强政党合作　共谋人民幸福——在中国共产党与世界政党领导人峰会上的主旨讲话》，《人民日报》2021 年 7 月 7 日。

防范中国成为其对手，试图遏制中国的发展。但是，中国已经全面建成了小康社会，历史性地解决了绝对贫困问题，正意气风发向着全面建成社会主义现代化强国的奋斗目标前进，中国具备了实现可持续发展的物质条件，有克服一切艰难险阻的基础。在中国向第二个百年目标迈进、中国对世界发展方向具有重要影响的关键历史节点上，中国再次向世界表明，无论中国发展到哪一步，中国永不称霸、永不扩张、永不谋求势力范围。习近平总书记提出的构建人类命运共同体，建设相互尊重、公平正义、合作共赢的新型国际关系，弘扬和平、发展、公平、正义、民主、自由的全人类共同价值，就是要寻找世界最大公约数和共同点，凝聚共识，共同推进人类的发展与进步。

五是秉持共商共建共享原则，推动全球治理体系朝更加公正合理的方向发展。第二次世界大战结束以来世界没有再发生大规模战争，战后国际体系在其中发挥了重要作用。中国坚定维护以联合国为核心的国际体系、以国际法为基础的国际秩序、以世界贸易组织为核心的多边贸易体制。同时，中国也积极参与全球治理体系的改革和建设，主张国家不分大小、强弱、贫富都有平等的参与权，主张提高发展中国家在全球治理体系中的代表性和发言权，推动国际秩序和国际体系朝着更加公正合理的方向发展。中国倡导和平、发展、公平、正义、民主、自由的全人类共同价值，坚持共商共建共享的全球治理原则，发挥负责任大国作用，推动建设持久和平、普遍安全、共同繁荣、开放包容、清洁美丽的美好世界。

六是积极参与解决世界性难题，推动构建人类命运共同体。习近平总书记在中国共产党与世界政党领导人峰会上发表主旨讲话时说："人类是一个整体，地球是一个家园。面对共同挑战，任何人任何国家都无法独善其身，人类只有和衷共济、和合共生这一条出路。"[①] 新冠肺炎

---

① 习近平：《加强政党合作　共谋人民幸福——在中国共产党与世界政党领导人峰会上的主旨讲话》，《人民日报》2021 年 7 月 7 日。

疫情是当今世界最大的不确定性因素，对各国经济和社会发展都产生了极大的消极影响。中国积极为世界提供抗疫经验和物资，承担解决人类公共卫生危机的大国责任，习近平主席在 2021 年 5 月出席全球健康峰会时向世界承诺，中国将在未来 3 年内再提供 30 亿美元国际援助，用于支持发展中国家抗疫和恢复经济社会发展。中国共产党不仅致力于中华民族的伟大复兴，也关注人类前途命运，同世界上一切进步力量携手前进，中国始终是世界和平的建设者、全球发展的贡献者、国际秩序的维护者！中国无论发展到什么程度，永远不称霸、不扩张、不谋求势力范围，不搞军备竞赛。中国的承诺与善意，减少了世界的不确定性和大国竞争的危险性，使和平可期、发展可待。

总之，经过 40 多年的改革开放，中国与世界的关系发生了根本性变化。"世界好，中国才能好；中国好，世界才更好。"中国是世界的重要部分，离开中国的参与，世界上任何重大问题都难以解决；中国的稳定发展是对世界作出的重要贡献，中国实力的增强为世界更多国家提供了发展机遇。中国是在与世界的良性互动中迅速发展起来的，未来的世界也需要在与中国的良性互动中前行。

图书在版编目（CIP）数据

世界百年大变局 / 左凤荣等著. —长沙：湖南人民出版社，2022.9

ISBN 978-7-5561-2875-4

Ⅰ．①世… Ⅱ．①左… Ⅲ．①国际问题—研究 Ⅳ．①D815

中国版本图书馆CIP数据核字（2022）第030952号

SHIJIE BAINIAN DABIANJU

世界百年大变局

著　　者	左凤荣等
责任编辑	杨　纯　曹晓彤
装帧设计	许婷怡
责任印制	肖　晖
责任校对	谢　喆

出版发行	湖南人民出版社［http://www.hnppp.com］
地　　址	长沙市营盘东路3号
邮　　编	410005
经　　销	湖南省新华书店

印　　刷	湖南汇昌印务有限公司
版　　次	2022年9月第1版
印　　次	2022年9月第1次印刷
开　　本	710 mm × 1000 mm　　1/16
印　　张	28.5
字　　数	394千字
书　　号	ISBN 978-7-5561-2875-4
定　　价	78.00元

营销电话：0731-82221529（如发现印装质量问题请与出版社调换）